DE VERSAILLES AUX EXPERTS

COMMANDANT GASTON A. FURST

ANCIEN SECRÉTAIRE GÉNÉRAL ADJOINT DE LA DÉLÉGATION BELGE
A LA COMMISSION DES RÉPARATIONS

DE VERSAILLES
AUX EXPERTS

BERGER-LEVRAULT, ÉDITEURS
NANCY-PARIS-STRASBOURG

1927

L'auteur du présent livre, le commandant Gaston A. Furst, officier d'artillerie belge, dont la conduite pendant la guerre fut particulièrement brillante, occupa les fonctions de secrétaire général adjoint de la Délégation belge à la Commission des Réparations, depuis le mois de novembre 1920 jusqu'au 15 février 1925.

En qualité de conseil technique, il prit part à plusieurs des plus importantes réunions interalliées et notamment aux travaux d'élaboration du plan Dawes.

Son ardente activité hâta la marche du mal dont il mourut le 15 juin 1925, âgé de quarante ans.

Cœur héroïque, vigoureuse et originale intelligence, poète et entraîneur d'hommes, il laisse à ses amis un souvenir qui ne s'affaiblit pas.

Réalisant son dernier vœu, un groupe de parents et d'amis publient aujourd'hui cet ouvrage, tel qu'ils l'ont trouvé.

AVERTISSEMENT

Deux événements : le Congrès de Versailles et l'Expertise de 1924, deux noms : Wilson et Dawes, encadrent et dominent jusqu'à présent l'histoire sans joie de l'après-guerre.

Le Congrès de Versailles inaugure l'ère nouvelle, le « nouvel ordre de choses » que le président Wilson prétend fonder. Il s'ouvre le 12 janvier 1919, neuf semaines après l'armistice. Le Traité de Paix est terminé en moins de quatre mois, présenté aux Allemands le 7 mai 1919, signé par ceux-ci le 28 juin. Sept mois et demi après la fin de la guerre la nouvelle charte du monde est édifiée, l'ordre wilsonien est inauguré.

Néanmoins, du moins tout porte à le croire, bien des choses manquent encore à l'œuvre. Pour la parachever, pour la consolider, pour l'interpréter, parfois pour la modifier, les Alliés se réunissent à nouveau : à Londres (11-13 décembre 1919), à Londres (9 mars 1920), à San Remo (19-26 avril 1920), à Hythe (15-19 mai 1920), à Hythe (20 juin 1920), à Boulogne (21-22 juin 1920), à Bruxelles (2-3 juillet 1920), à Spa (5-16 juillet 1920), à Boulogne (27 juillet 1920), à Hythe (8 août 1920), à Lucerne (22-24 août 1920), à Aix-les-Bains (12-13 septembre 1920), à Bruxelles (24 septembre-7 octobre 1920), à Londres (26 novembre-4 décembre 1920), à Bruxelles (16-22 décembre 1920), à Paris (24-29 janvier 1921), à Londres (21 février-7 mars 1921), à Hythe (23-24 avril 1921), à Londres (29 avril-5 mai 1921), à Wiesbaden (12 juin 1921), à Paris (18 juin 1921), à Paris (2 août 1921), à Paris (8-13 août 1921), à Wiesbaden (26 août 1921), à Londres (9 septembre 1921), à Bruxelles (5-8 octobre 1921), à Washington (12 novembre 1921-8 février 1922), à Londres (19-22 décembre 1921), à Paris (26 décembre 1921), à Cannes (6-12 janvier 1922), à Boulogne (25 février 1922), à Paris (8-11 mars 1922), à Paris (6 avril 1922), à Gênes (10 avril-19 mai 1922), à Paris (22 mai-10 juin 1922), à Londres (19 juin 1922), à La Haye (19 juin-19 juillet 1922), à Paris (9 juillet 1922), à

Londres (7-15 août 1922), à Londres (9-12 décembre 1922), enfin à Paris (2-4 janvier 1923) (1).

Ces conférences interalliées occupent les années 1920, 1921 et 1922, mais n'épuisent pas le sujet. Le Traité révèle ses défauts, ses ambiguïtés, ses obscurités, ses insuffisances, ses contradictions, ses omissions, et surtout les difficultés de son application.

De plus, il n'est pas exécuté, ou mal, ou incomplètement. Dès les premières échéances, l'Allemagne se déclare en faillite. Les Alliés, qui n'ont rien prévu, s'étonnent. Leur désarroi s'augmente bientôt de cette désunion.

La crise économique et financière qui a succédé à la crise militaire, loin de s'atténuer, s'accroît. Le désordre européen s'accentue, le trouble augmente, le chaos se complique.

Tandis que les finances des pays alliés s'avarient de plus en plus, les finances allemandes s'effondrent, emportant dans leur débâcle tout espoir de Réparations.

Le 11 janvier 1923, la France et la Belgique envahissent la Ruhr. L'Allemagne résiste. L'Angleterre grommelle. Les difficultés sont à leur comble.

On cherche un moyen d'en sortir. Les Américains d'abord, les Anglais ensuite, les Français enfin, proposent et décident de faire étudier la situation par un comité de spécialistes impartiaux. Dix mois se passent à discuter la composition de ce comité et la mission dont on veut le charger.

Enfin, le 30 novembre 1923, deux comités d'experts sont constitués par la Commission des Réparations pour étudier la situation financière de l'Allemagne. Les rapports de ces comités sont déposés le 9 avril 1924. Les différents gouvernements intéressés y adhèrent avant la fin du même mois. Les premières mesures d'exécution sont prises immédiatement. La machine nouvelle est en marche.

Va-t-elle tourner à vide ou va-t-elle fabriquer la véritable paix? Le monde approche-t-il du terme de son calvaire? Le système des Experts est-il applicable? Va-t-on l'appliquer? Le problème des Réparations est-il résolu? La mise en œuvre du nou-

---

(1) Cette énumération s'arrête au moment de l'occupation de la Ruhr et ne comprend donc pas les conférences interalliées de 1924 et 1925.

veau système va-t-elle réduire enfin le gâchis, ramener l'ordre
et la stabilité, rendre au monde fatigué le calme et la prospérité
qui l'ont quitté depuis dix ans?

Qui ne se pose ces questions? C'est pour y répondre que les
pages suivantes ont été écrites.

On a voulu tout d'abord, après avoir dressé le bilan financier
de la guerre, expliquer, aussi simplement qu'il est possible, comment s'est présentée, dès le début, dès la Conférence de la Paix,
cette affaire des Réparations qui devait tant agiter le monde.
On a tenté de décrire son évolution au cours des années suivantes,
jusqu'au moment où les Experts, en 1924, ont apporté pour son
règlement les propositions qui furent acceptées par toutes les
nations intéressées.

Mais là n'est pas le but principal de cet ouvrage.

Ce que l'on a surtout essayé de mettre en évidence, parmi l'en-
chevêtrement des idées et des faits, ce sont les obstacles qui ont
jusqu'à présent retardé une liquidation définitive. Ces obstacles,
même après l'œuvre des Experts, n'ont pas disparu. Ils conti-
nuent à s'opposer, aujourd'hui encore, au règlement général,
complet et définitif sans lequel le retour à la prospérité d'avant-
guerre n'est qu'une vaine illusion.

Seuls, les obstacles que l'on ignore sont insurmontables. Ce
n'est que dans l'ambition de mettre en pleine lumière tout ce
qui s'oppose à la paix qu'un travail dans le genre de celui-ci
trouve sa justification.

*
* *

Dans une matière pareille à celle que l'on a voulu traiter, matière encore toute chaude et toute vivante d'actualité, le plus
difficile est de séparer l'essentiel de l'anecdotique, le principal
de l'accessoire; de discerner, pour le retenir seul, le fait décisif,
révélateur, parmi la foule des faits et la masse des détails qui
se pressent sans ordre et assaillent tous à la fois l'esprit du nar-
rateur soucieux de ne rien omettre d'important et conscient de
ce qu'il doit chercher son principal mérite dans son objectivité.

Cette difficulté, l'auteur n'ose espérer l'avoir vaincue. Il estimera néanmoins que son but aura été atteint s'il a réussi, en

entreprenant la classification des faits principaux de la fausse paix qui a suivi la guerre, à mettre en relief les plus importants d'entre eux : ceux qui ont eu une action décisive sur le cours des événements, ceux qui ont retardé jusqu'ici le rétablissement de la paix véritable, ceux qui font craindre, ceux qui permettent d'espérer.

DE VERSAILLES AUX EXPERTS

PREMIÈRE PARTIE

LE BILAN FINANCIER DE LA GUERRE

CHAPITRE I

LES DÉPENSES DE GUERRE

La guerre a coûté à l'ensemble des pays belligérants plus de 200 milliards de dollars (1.000 milliards de francs-or, 45 milliards de livres sterling). Tel fut le prix du sang de l'archiduc autrichien François-Ferdinand, tué par des étudiants bosniaques, à Sarajevo, le 28 juin 1914.

Les dépenses des Alliés se sont montées à 147 milliards de dollars, tandis que les puissances centrales n'ont dépensé que 62 milliards de dollars.

Quelle est la part de chacun des États belligérants dans ce total énorme, dans ce chiffre de 200 milliards de dollars, le plus gigantesque qu'ait jamais enregistré la comptabilité des hommes?

Chaque pays a naturellement tenu dans sa propre monnaie le compte de ses dépenses de guerre. Si l'on veut comparer ces comptes entre eux et les additionner pour avoir une idée de la dépense totale, il faut bien ramener tous les chiffres à une monnaie unique. On emploie généralement à cet effet le dollar des États-Unis d'Amérique, seule monnaie importante qui puisse être considérée comme ayant la valeur de l'or, et puisse par conséquent servir de commune mesure à toutes les monnaies plus ou moins variables dont on a à s'occuper (1).

Si l'on convertit en dollars les dépenses de guerre de chacun des États belligérants, en admettant, ce qui n'est d'ailleurs que relativement exact, que les monnaies respectives dans lesquelles ces dépenses ont été faites sont restées au pair de l'or pendant toute la durée de la guerre (2), on peut dresser de la façon suivante le tableau qui donne la répartition des dépenses de guerre entre les principales nations belligérantes :

Grande-Bretagne.	40	milliards de dollars
France	31	—
Russie	19	—
Italie.	19	—
États-Unis	27	—
Allemagne.	45	—
Autriche-Hongrie	14	—
Autres belligérants (3)	13	—

Ce tableau embrasse la période qui s'étend du début des hostilités à la fin de l'année 1919. La plupart des armées belligérantes sont en effet restées sur pied de guerre pendant la plus grande partie de l'année 1919, et d'autre part les effets financiers directs de la guerre (fabrications en cours, contrats en voie d'exécution, etc...) se sont prolongés au moins jusqu'à la fin de cette année.

La grandeur de ces chiffres rend difficile la compréhension de leur importance réelle.

Un des meilleurs moyens de se rendre compte de leur signification véritable est de les comparer, soit à la fortune des nations belligérantes, soit à leur revenu.

---

(1) Dans le cours de cet ouvrage on emploiera souvent aussi le mark-or, qui n'est d'ailleurs qu'une fraction fixe du dollar américain (1 dollar = 4,2 marks-or environ). Le mark-or est en effet la monnaie qui a été adoptée par le Traité de Versailles pour tout ce qui regarde les rapports financiers entre l'Allemagne et les Alliés. C'est également la monnaie qui est employée communément depuis 1919 pour tout ce qui se rapporte à cette question.

Une somme exprimée dans une monnaie quelconque se convertit facilement en marks-or par l'intermédiaire du cours de cette monnaie par rapport au dollar.

(2) On sait qu'en fait la plupart des monnaies des pays belligérants se déprécièrent dès le début de la guerre. Toutefois l'ère des grandes dépréciations ne commence en général qu'à la fin de l'année 1919.

(3) L'Australie, la Nouvelle-Zélande, le Canada, l'Afrique du Sud, l'Inde, la Belgique, la Roumanie, la Serbie, la Bulgarie, la Turquie, l'ensemble des colonies et protectorats britanniques, la Grèce, le Japon et le Portugal.

Les vingt et une nations ayant participé à la guerre comptaient en 1914 une population totale de 924 millions d'habitants, une moitié, et la moitié de beaucoup la plus riche, de l'espèce humaine. La fortune globale de ces vingt et une nations, qui possédaient la presque totalité de la richesse du monde, était estimée, avant la guerre, à 630 milliards de dollars. La guerre a donc coûté à l'ensemble des peuples qui l'ont faite le tiers de leur fortune, et ce n'est donc guère moins du tiers du patrimoine de l'humanité qui a disparu dans le désastre.

Dans quelle proportion chacun des belligérants en particulier participa-t-il à cet appauvrissement? C'est ce qu'indique le tableau suivant :

NATIONS belligérantes	FORTUNE avant la guerre	DÉPENSES de guerre	APPAU- VRISSEMENT
	(Milliards de $)	(Milliards de $)	%
Grande-Bretagne.	70,0	40,2	57
France	57,9	30,6	53
Russie	58,4	19,5	33
Italie.	21,8	18,6	86
États-Unis.	200,0	27,2	14
Allemagne.	80,5	44,9	56
Autriche-Hongrie	30,0	14,4	48
Autres belligérants.	111,5	13,3	12
TOTAL.	630,1	208,7	33 %

Il ne faudrait cependant pas accorder une signification absolue à cette comparaison. En effet, les sommes dépensées pour et pendant la guerre, converties ci-dessus en dollars aux pairs respectifs des monnaies de chacun des pays intéressés, ont servi en définitive au paiement des marchandises et des services nécessaires à la guerre. Les mêmes marchandises et les mêmes services, dont l'acquisition pendant la guerre représente la somme totale de 209 milliards de dollars, auraient certes coûté beaucoup moins cher s'ils avaient pu être achetés à leur valeur d'avant-guerre, c'est-à-dire si les prix étaient restés ce qu'ils étaient en 1913. Or les fortunes des différents pays, telles qu'elles sont reproduites ci-dessus, sont évaluées d'après les prix en usage avant la guerre. Il en résulte que la comparaison faite entre ces fortunes — évaluées aux prix d'avant-guerre — et les dépenses de guerre — encourues à des prix supérieurs — ne peut avoir qu'une valeur toute relative.

Il faut remarquer aussi qu'il serait peu exact de comparer entre eux — comme on pourrait être tenté de le faire — les différents États au point de vue de l'appauvrissement résultant de la guerre. Il faut se rappeler en effet que tous les peuples belligérants ne sont pas entrés dans la guerre en même temps, et n'en sont pas sortis non plus à la même époque. Il faut remarquer de plus que l'appauvrissement de certains pays (comme l'Italie) peut paraître relativement considérable, alors qu'il n'est dû qu'au fait que la fortune de ces pays était comparativement peu élevée. Mais il faut observer surtout que les dépenses de certains belligérants n'ont pas été réglées entièrement par leurs ressources propres, mais bien, pour partie, au moyen de prêts consentis par leurs alliés, prêts qui ne sont pas encore remboursés à l'heure actuelle; ce qui fait que certains pays ont financé la guerre, tout au moins en partie, avec l'argent d'autres pays, et que leur appauvrissement, tel qu'il est indiqué plus haut, ne correspondrait vraiment à la réalité qu'au moment où ils se seraient acquittés de leurs dettes. Ce moment n'est d'ailleurs pas venu...

Un point de repère qui, sans être parfait non plus, peut être utilisé également pour la compréhension de la grandeur des dépenses de guerre, et est peut-être plus instructif que celui des fortunes des nations belligérantes, peut être trouvé dans les revenus de ces mêmes nations.

Un rapprochement de cette sorte montrera combien d'années de revenus ont été englouties dans la catastrophe.

Le revenu d'avant-guerre de l'ensemble des vingt et un pays belligérants était, au total, d'après les meilleures estimations connues, de l'ordre de 93 milliards de dollars par an. Les dépenses de guerre ont donc dépassé le double du revenu annuel d'avant-guerre de l'ensemble des belligérants.

Cette confrontation globale ne donne cependant pas encore une image exacte de la situation à cet égard, parce que les États-Unis, entrés tardivement dans la guerre, et n'ayant supporté par conséquent que des dépenses proportionnellement beaucoup plus faibles que celles des Alliés, faussent la proportion finale. Il en est de même pour les dominions britanniques, ainsi que pour les petites puissances, dont l'effort financier n'a pu être proportionnellement aussi considérable que celui des principaux intéressés. Il en est enfin de même, quoique à un degré moindre, pour la Russie, qui a terminé la guerre plus tôt que les autres alliés.

Il n'est pas moins intéressant de rassembler, comme le fait le ta-

bleau suivant, les dépenses de guerre des principaux pays belligérants,
en inscrivant en regard les revenus d'avant-guerre correspondants :

BELLIGÉRANTS	REVENU d'avant-guerre	DÉPENSES de guerre	PROPORTION du revenu annuel absorbé par la guerre
	(Milliards de \$)	(Milliards de \$)	
Grande-Bretagne.	10,9	40,2	369 %
France	7,3	30,6	419
Russie	7,5	19,5	260
Italie.	3,9	18,6	477
États-Unis.	34,4	27,2	79
Allemagne.	10,5	44,9	427
Autriche-Hongrie.	4,5	14,4	320
Autres belligérants.	14,1	30,6	92
Total.	93,1	208,7	224 %

On voit qu'abstraction faite de la Russie, des États-Unis et des
petits belligérants, qui se sont trouvés en réalité dans des conditions
spéciales, la guerre a coûté en moyenne, aux grands États, une somme
égale à quatre fois leur revenu annuel d'avant-guerre (1).

*
* *

La somme énorme que la guerre a absorbée était de beaucoup supérieure à la fortune de l'Allemagne, de l'Autriche-Hongrie, de la Bulgarie et de la Turquie réunies. La fortune d'avant-guerre de ces quatre
pays était estimée à 120 milliards de dollars, alors que les dépenses
de guerre des pays alliés seuls ont atteint le total de 147 milliards de
dollars.

En admettant même qu'il eût été possible pour les vainqueurs d'ac-
caparer entièrement la fortune des quatre pays ennemis, c'est-à-dire
en supposant cette absurdité qu'ils aient pu faire disparaître d'un
seul coup de baguette magique tous les Allemands, tous les Autrichiens, tous les Hongrois, tous les Bulgares et tous les Turcs, et entrer
en possession de tout ce que ceux-ci possédaient, ils ne seraient pas
encore parvenus, on le voit, et de loin, à se couvrir de leurs dépenses
de guerre.

---

(1) On trouvera à l'Appendice I un tableau groupant, pour chacun des belligérants,
les chiffres de la population, de la fortune nationale, du revenu national et des dépenses de guerre, ainsi que les comparaisons et proportions utiles.

Ainsi donc, si même on l'eût voulu — et certains y pensèrent — il eût été complètement vain et parfaitement ridicule d'imputer le coût de la guerre aux pays vaincus. C'est là, on doit s'y arrêter un instant, une des leçons de la dernière guerre, leçon qui d'ailleurs n'était pas donnée à l'humanité pour la première fois. On savait depuis longtemps que, si les guerres ont de nombreux inconvénients, elles ne présentent que de médiocres avantages. On s'était déjà rendu compte, notamment, que les guerres modernes ne permettent que rarement aux belligérants, qu'ils soient vainqueurs ou vaincus, de rentrer dans leurs frais. Érasme déjà (1) écrivait que « la guerre est funeste aux vainqueurs comme aux vaincus ». Mais les guerres actuelles, pour lesquelles non seulement tous les citoyens sont appelés à combattre ou à servir, mais pour lesquelles la totalité des ressources financières et industrielles est mise en œuvre, sont si dispendieuses qu'il est devenu absolument impossible de réclamer aux vaincus, ainsi que cela s'était pratiqué à des époques anciennes, le remboursement des dépenses. Il est hors de doute qu'aujourd'hui, après une guerre quelque peu importante, les vainqueurs comme les vaincus se retrouvent, sinon complètement ruinés, du moins terriblement appauvris.

Il est possible que les vainqueurs, s'ils sont assez habiles et s'il leur reste assez de force pour exploiter la victoire, c'est-à-dire pour se faire octroyer d'une façon *certaine* et *durable* des avantages politiques ou économiques réels, puissent par ce fait améliorer d'une façon sensible l'avenir de leur pays. Mais cette amélioration, ce ne sera que bien rarement, on peut dire jamais, la génération qui a fait la guerre qui en profitera. Ce sont les générations suivantes qui cueilleront, s'ils mûrissent, les fruits des sacrifices et de l'habileté de la génération qui a combattu. Pour cette génération elle-même, et quelles que soient l'adresse des dirigeants de la nation victorieuse et la force qui reste à celle-ci au moment de la paix, la guerre est un facteur d'appauvrissement, un pourvoyeur de misère, comme elle l'est pour le pays vaincu.

*
* *

On vient de voir rapidement ce qui avait dû être dépensé pour la conduite de la guerre.

Il reste, pour clore le chapitre des dépenses de guerre, à montrer brièvement comment ont été réunies les sommes nécessaires au règlement de ces dépenses : il faut indiquer d'où est venu l'argent.

---

(1) Érasme : *Querela pacis indique gentium ejectæ profligatæque.*

Il n'y a pour un État, qu'il soit en guerre ou en paix, que trois moyens de se procurer des ressources : les exiger de ses nationaux, les emprunter à ces derniers, les emprunter à l'étranger. L'impôt, l'emprunt intérieur et l'emprunt extérieur sont les seules sources qui alimentent les finances d'une nation.

Tous les pays, pour le financement de la guerre, firent tout d'abord appel à l'impôt, mais dans des proportions fort différentes.

Pour un total de dépenses de 209 milliards de dollars, l'ensemble des nations belligérantes perçurent, indépendamment des impôts normaux destinés à la couverture des dépenses autres que les dépenses de guerre, une somme totale d'impôts de 46 milliards de dollars, soit environ 22 % de la dépense totale. Le reste, en continuant à considérer les belligérants comme un tout, fut couvert par les emprunts faits par les Gouvernements aux peuples belligérants eux-mêmes, à l'exception d'une somme de 2,5 milliards de dollars qui fut empruntée aux nations neutres.

Mais ceci ne donne qu'une image fort imparfaite et fort incomplète de la façon dont la guerre fut financée.

Certaines des Puissances en guerre, en effet, ne furent pas dans la possibilité de trouver à l'intérieur de leurs frontières tous les produits dont elles avaient besoin, et d'emprunter à leurs nationaux la totalité des sommes qui leur étaient nécessaires ; elles durent faire appel à leurs alliés pour leur prêter le surplus.

Les alliés prêteurs eux-mêmes ne purent parfois consentir ces prêts qu'en empruntant à leur tour à d'autres alliés.

La plupart des États en guerre, après avoir épuisé progressivement ce qu'ils jugeaient être la capacité contributive et la capacité prêteuse de leurs nationaux, se trouvèrent donc amenés à emprunter à certains de leurs alliés, soit pour couvrir leurs propres dépenses, soit pour aider d'autres alliés à couvrir les leurs.

C'est ainsi que la Grande-Bretagne obtint pendant la guerre 14,1 milliards de dollars de l'impôt, 28,1 milliards de dollars de l'emprunt intérieur et 6,8 milliards de dollars de l'emprunt extérieur, portant ainsi ses ressources totales à 49 milliards de dollars.

Sur cette somme, elle put prélever, pour les prêter à ses alliés, 8,8 milliards de dollars ; le solde, soit 40,2 milliards, représente ses dépenses propres.

On voit que la Grande-Bretagne n'a été dans l'obligation d'emprunter à l'extérieur que par le fait qu'elle a consenti des prêts à ses alliés. Le montant de ses ressources propres, impôt et emprunt intérieur, a atteint 42,2 milliards de dollars, somme qui lui permettait, non seulement de financer toutes ses dépenses, mais lui laissait encore un disponible de 2 milliards.

La France a pu affecter à la guerre 1,4 milliard de dollars sur le produit de ses impôts. Elle a emprunté à ses nationaux 25,6 milliards de dollars. Elle a recouru à l'emprunt extérieur pour 6,5 milliards de dollars. Elle a d'autre part prêté à ses alliés 2,8 milliards. Ce pays a donc utilisé pour son propre compte une somme de 3,7 milliards sur les prêts qui lui ont été consentis par l'étranger. Cette somme lui a servi à couvrir le solde de ses dépenses de guerre, qui se sont montées au total à 30,6 milliards de dollars, dont 27 couverts par l'impôt et l'emprunt intérieur.

Le cas des États-Unis est plus simple, cette nation ayant trouvé dans le rendement de ses impôts (13,7 milliards de dollars) et dans l'emprunt intérieur (22,7 milliards) toutes les ressources nécessaires, non seulement au financement de ses propres dépenses (27,2 milliards), mais aussi aux prêts qu'elle a consentis aux Alliés (9,2 milliards, déduction faite d'un prêt de 300 millions de dollars qui lui a été consenti).

Il serait extrêmement intéressant de pouvoir examiner avec plus de détails la façon dont chacun des États belligérants a financé la guerre, et la proportion dans laquelle chacun d'eux a utilisé l'impôt, l'emprunt intérieur et l'emprunt extérieur. Mais il faut craindre de surcharger de chiffres cet exposé, qui n'en contient déjà (et n'en contiendra encore) que trop. C'est pourquoi l'on reporte à l'Appendice II les renseignements plus détaillés, quoique encore assez sommaires, qui concernent ce sujet, et qui sont de nature à intéresser peut-être certains lecteurs.

Qu'il suffise de noter ici que les quatre cinquièmes des dépenses totales de la guerre — la somme énorme de 163 milliards de dollars — ont été obtenus en définitive par les prêts des particuliers aux États.

Or les emprunts doivent se rembourser, tôt ou tard. Ils donnent lieu en attendant à un service d'intérêts, et éventuellement d'amortissement, dont l'importance est considérable par suite de l'énormité du capital en jeu.

Il faut le souligner dès maintenant. C'est dans cette double existence des dettes que les États ont contractées vis-à-vis de leurs nationaux d'une part, et vis-à-vis les uns des autres d'autre part, que réside l'origine des difficultés financières dans lesquelles se débattent depuis la fin de la guerre la plupart des nations belligérantes.

Les nations qui ont emprunté à leurs alliés et qui n'ont pu encore commencer l'amortissement ni même le service d'intérêts de ces emprunts, ont perdu de ce chef une grande partie de leur crédit à

l'étranger. Elles ne pourront retrouver quelque crédit que lorsqu'elles
se seront acquittées, ou tout au moins lorsque leurs dettes auront fait
l'objet d'un règlement définitif, à moins que les nations prêteuses ne
consentent à l'annulation de leurs créances. En tout cas, tant que ces
dettes de guerre n'auront pas été soit liquidées, soit consolidées, les
nations débitrices ne pourront compter pour leur salut que sur leurs
propres forces financières, forces qui, comme on le sait, sont terriblement entamées.

De plus, l'existence de ces engagements considérables entre États
(jusqu'en 1919 la Grande-Bretagne avait prêté au total 8,8 milliards
de dollars, la Russie 0,3, la France 2,9, les États-Unis 9,5 et les neutres 0,3, soit au total, pour les Alliés seuls, 21,8 milliards de dollars) (1),
pèse d'un poids énorme sur les relations économiques qu'ils doivent
forcément entretenir entre eux.

Cette question sera examinée plus en détail dans la suite de cet
ouvrage, mais il n'est pas sans intérêt de remarquer ici que l'existence
de ces dettes de guerre, pour lesquelles aucun règlement général n'est
encore intervenu à l'heure actuelle, fait peser sur l'avenir financier
des nations créancières aussi bien que des nations débitrices une incertitude si grande et si nuisible qu'elle constitue l'une des causes principales du malaise économique et financier d'après guerre; l'existence
des dettes de guerre s'oppose aujourd'hui encore au rétablissement
d'un ordre stable et définitif dans le monde.

Si l'existence des dettes entre nations a une telle part au trouble
de l'économie d'après guerre, l'existence des dettes que les nations
elles-mêmes ont contractées vis-à-vis de leurs nationaux y a une part
qui n'est guère moindre.

Par suite des appels incessants que les États belligérants ont été
forcés d'adresser à leur épargne nationale pour trouver les moyens
de poursuivre la guerre, ils ont perdu pour la plupart beaucoup du
crédit dont ils jouissaient auprès de leurs nationaux. Cette diminution de leur crédit intérieur leur rend l'appel à ce crédit plus difficile
et d'autant plus onéreux que, pour beaucoup d'entre eux, la nécessité d'y avoir recours, non seulement n'a pas disparu, mais a été
rendue plus impérieuse encore par le fardeau de la restauration.

D'un autre côté, les États alliés, qui n'ont cessé d'emprunter à
leurs nationaux depuis 1914, se voient obligés d'affecter tous les ans
au service de ces emprunts des sommes de plus en plus considérables,

____

(1) On trouvera à l'appendice III un tableau des dettes interalliées contractées
pendant la guerre, telles qu'elles se trouvaient arrêtées au moment de l'Armistice.
Les montants qui y figurent sont arrêtés à fin 1918, tandis que les montants, légèrement différents, dont il est question plus haut, sont arrêtés à fin 1919.

sommes qui doivent être demandées à l'impôt, et qui sont soustraites par leur destination même à des fins plus productives (1).

Seule, peut-on dire, parmi les grands pays, l'Allemagne fait exception à cette misère générale des finances publiques. La guerre lui a coûté 45 milliards de dollars : elle a trouvé 5,8 milliards dans l'impôt, et 41,2 milliards dans l'emprunt intérieur, somme sur laquelle elle a pu prêter 2 milliards à ses alliés. Chargée à l'issue de la guerre de ces 41 milliards de dollars d'emprunt de guerre, sans parler du restant de sa dette publique, l'Allemagne se voit aujourd'hui, par suite de l'effondrement du mark, complètement libérée de toutes ses dettes, aussi bien de celles contractées pour financer la guerre que des autres : c'est le seul pays auquel, en tant qu'État, la guerre n'aura rien coûté.

Les pays alliés n'ont pas voulu procéder au même escamotage de leurs charges. La dette intérieure de la France, qui était de 34 milliards de francs le 1er août 1914, atteignait 124 milliards de francs à la fin de l'année 1918, et trois ans plus tard un chiffre double. A la fin de l'année 1921, la dette extérieure atteignait, elle, 90 milliards de francs, alors qu'avant la guerre elle n'existait pas. A la suite de la guerre, les finances publiques françaises se sont donc trouvées en présence d'un passif de 333 milliards de francs, supérieur de 300 milliards à ce qu'il était en 1914. Le service de la Dette publique française (de la dette intérieure seulement) absorbait en 1913 le tiers des recettes d'impôts; en 1920, il en consume la quasi-totalité (94 %).

On a cité, à titre d'exemple, l'état dans lequel la guerre a laissé les finances françaises. Les finances des autres belligérants ont été affectées, dans une mesure plus ou moins grande, des mêmes embarras.

Le service de la Dette publique britannique demandait, en 1913, 25,6 millions de livres; il exige, en 1920, 460 millions de livres. Malgré les énormes augmentations d'impôts qui ont pu être réalisées en Grande-Bretagne, le service de la Dette publique, qui absorbait avant la guerre 16 % des recettes d'impôts de ce pays, en épuise actuellement plus de la moitié.

La situation est la même aux États-Unis : la dette publique de la grande république américaine, qui était de 223 millions de dollars en 1913, est passée, après la guerre, à près de 2 milliards de dollars.

On a calculé que l'ensemble des dettes publiques de tous les pays du monde, qui était en 1914 de 44 milliards de dollars, avait atteint en 1920 un montant quintuple : 255 milliards de dollars. La différence

---

(1) On trouvera à l'appendice IV une comparaison des dettes publiques d'avan et d'après guerre des États belligérants, ainsi que des sommes nécessaires pour leur service.

— 211 milliards de dollars — correspond trop bien au montant total des dépenses de guerre pour ne pas confirmer tragiquement dans quelle mesure la guerre a irrémédiablement endetté le monde moderne.

Ainsi, d'une part, les États se sont redoutablement engagés les uns vis-à-vis des autres, et ne sont pas parvenus encore à un règlement général de ces engagements. Chacun d'eux, d'autre part, s'est sérieusement endetté vis-à-vis de ses propres nationaux, et voit peser d'une façon écrasante sur ses finances la charge annuelle qui en résulte.

Tels ne sont pas cependant les seuls méfaits de la guerre.

Les pages qui vont suivre montreront que les dépenses de guerre — origine des dettes internationales et des dettes nationales qui ont compromis l'avenir et avarié les finances de tous les pays — ne sont pas les seules charges que la guerre a léguées à l'humanité.

Il faut y joindre les sommes considérables qui devront être employées à la restauration des territoires dévastés et au soutien des mutilés et des familles des morts. Ces dépenses indispensables exigent de nouveaux emprunts, sont la source de nouvelles dettes, qui viennent grossir les précédentes.

Et ce n'est pas tout encore.

Aux effets néfastes de l'énorme dette qui pèse ainsi sur le monde moderne, il faut encore ajouter ceux de la détérioration profonde que la guerre a causée au mécanisme délicat de la production et des échanges internationaux. Le bouleversement économique causé par la guerre exerce une influence qui n'est ni moins réelle, ni moins importante, que celle de l'endettement formidable dans lequel la guerre a plongé l'humanité.

CHAPITRE II

LES DESTRUCTIONS ET LES PENSIONS

Les dépenses de la guerre ne sont donc pas les seules charges dont le lourd héritage ait été légué à l'humanité du xxe siècle.

Ces 200 milliards de dollars investis dans l'œuvre de destruction et de mort ont été employés à tuer des millions de jeunes hommes, dont les familles, privées de soutien, doivent être désormais assistées, et à en mutiler un aussi grand nombre, qu'il s'agit d'aider à vivre. Cette colossale fortune a servi enfin à élever des montagnes de ruines dont la coûteuse reconstruction a dû être le premier ouvrage de la paix.

Aux dépenses de guerre proprement dites viennent donc s'ajouter, au passif du monde civilisé, et singulièrement au passif des pays alliés qui furent les principales victimes, le coût de la reconstruction des territoires sur lesquels on s'est battu et la valeur des secours à verser aux mutilés de guerre (1) et aux familles des morts.

La France, sur le sol de laquelle les opérations s'étaient déroulées pendant plus de quatre ans, était naturellement la grande sinistrée.

Sans parler des 1.400.000 hommes tués et disparus et aux familles desquels il fallait fournir désormais les moyens d'existence, sans parler des 700.000 mutilés qu'il s'agissait de soigner et de faire vivre, ce pays avait vu plus de 3 millions d'hectares de son sol complètement bouleversés. Plus de 4.000 communes avaient été ruinées. 800.000 habitations avaient été détruites ou gravement endommagées. 23.000 usines et 85 hauts fourneaux avaient été pillés et mis hors de service. Dans les mines de charbon du Nord et du Pas-de-Calais, les Allemands avaient détruit 103 sièges d'extraction, 212 puits de mine allant jusqu'à 700 mètres de profondeur, 800 kilomètres de voie ferrée, des machines diverses pour une puissance totale de 380.000 chevaux-vapeur. Plus de 5.000 kilomètres de galeries de mine avaient été noyées ou éboulées, 140 puits avaient été dynamités, 30.000 maisons ouvrières étaient abattues.

L'Angleterre, dont le territoire n'avait pas été envahi, avait surtout été frappée dans sa marine marchande. 8 millions de tonnes brutes avaient été coulées, représentant, avec la perte du fret, une somme de 750 millions de livres sterling. La valeur des pensions à

---

(1) D'après une statistique publiée en 1923 par le Bureau international du Travail, le nombre total des invalides de guerre dépassait à ce moment 10 millions d'hommes.

payer aux familles des 946.000 sujets britanniques tués et à celles des 2 millions de blessés était estimée à 1 milliard 300 millions de livres sterling.

Les dommages subis par l'Italie, par la Belgique, par la Serbie et par les autres États belligérants étaient à l'avenant.

Mais, au moment de la conclusion de l'armistice, on n'était évidemment pas encore en possession de renseignements complets à ce sujet, et il était extrêmement difficile de se rendre compte avec quelque précision de l'importance des dommages qu'il y aurait à réparer ainsi que de la valeur des pensions et des allocations qu'il y aurait à payer.

On savait que les destructions avaient été considérables et qu'il faudrait beaucoup de temps et des dépenses énormes pour relever les ruines. Mais, si les chiffres les plus extraordinaires et les moins fondés avaient été avancés, aucun inventaire précis n'avait naturellement pu être établi. De même, la lugubre comptabilité des tués et des mutilés n'était pas dressée encore, et il n'était par conséquent pas possible à ce moment de calculer la valeur exacte des secours qu'il fallait prévoir pour eux dans l'avenir.

Comme on le verra plus loin, la Conférence de la Paix se contenta de définir la nature des dommages qui devaient être mis à la charge de l'Allemagne, mais ne put réussir à en déterminer le montant ; cette fixation fut laissée aux soins d'une commission permanente instituée par le Traité de Paix, la Commission des Réparations.

C'est donc à cette dernière que, dans les premiers mois de l'année 1921, les nations sinistrées présentèrent la liste de leurs revendications (1). Chacune de ces listes de revendications était établie soit dans la monnaie du pays sinistré, soit en livres sterling, en francs français, ou en or, soit même parfois dans plusieurs de ces monnaies à la fois.

Si l'on veut totaliser toutes ces demandes, il est nécessaire de les ramener à une monnaie unique, ayant la valeur de l'or, au dollar des États-Unis, par exemple. En adoptant comme cours de conversion les cours moyens des trois mois de février, mars et avril 1921, époque à laquelle ces réclamations furent arrêtées, on arrive à un total de plus de 50 milliards de dollars (213 milliards de marks-or environ), se partageant à peu près par moitié entre les dommages matériels et les pensions.

Le tableau suivant montre quelle est la part de chacune des puissances demanderesses dans ce total. On y a inscrit, en regard des revendications telles qu'elles furent produites par les gouvernements intéressés, leur contre-valeur en dollars et en marks-or aux cours moyens définis ci-dessus.

____

(1) On trouvera à l'appendice V un tableau résumant les demandes de réparations que les Gouvernements alliés adressèrent à la Commission des Réparations.

PUISSANCES DEMANDERESSES	REVENDICATIONS POUR DOMMAGES MATÉRIELS		
	Dans les monnaies dans lesquelles les revendications ont été présentées	Au cours moyen février, mars, avril 192...	
		Milliards de $	Milliards marks-or
France	140,8 milliards de francs.	10,07	42,27
Grande-Bretagne.	799,8 millions de £.	3,12	13,12
Italie.	20,9 milliards de lire. / 128 millions de £.	1,35	5,65
Belgique	29,9 milliards de fr. belges	2,22	9,33
Japon	298 millions de yens.	0,14	0,61
État serbe, croate et slovène . .	7,5 milliards de dinars-or	1,45	6,08
Roumanie.	9,7 milliards de francs-or.	1,87	7,86
Portugal	1,8 million de contos-or.	1,94	8,16
Grèce.	2,5 milliards de francs-or.	0,48	2,03
Brésil.	1,97 million de £. / 0,6 million de francs.	—	—
Tchéco-Slovaquie	7,6 milliards de francs. / 7,1 milliards couronnes.	0,64	2,67
Siam, Bolivie, Pérou, Haïti, Cuba et Libéria.	8,1 millions de marks-or. / 1,7 million de $. / 0,07 million de £. / 0,15 million de francs-or. / 0,15 million de francs.	—	—
Pologne.	12,1 milliards de francs-or. / 0,5 milliard de marks-or.	2,45	10,30
TOTAUX.	. . . .	25,73	108,08
TOTAUX, Pologne exclue.	. . . .	23,28	97,78

Dans les monnaies dans lesquelles les revendications ont été présentées	REVENDICATIONS POUR PENSIONS ET ALLOCATIONS Au cours moyen février, mars, avril 1921		REVENDICATIONS totales Au cours moyen février, mars, avril 1921	
	Milliards de $	Milliards marks-or	Milliards de $	Milliards marks-or
77,7 milliards de francs.	5,56	23,33	15,63	65,60
.743 millions de £. 7,6 milliards de francs.	7,35	30,86	10,47	43,98
12,2 milliards de lires. 37,9 milliards de francs.	3,20	13,45	4,55	19,10
4,3 milliards de francs belges. 2,4 milliards de francs français.	0,49	2,06	2,71	11,39
525 millions de yens.	0,25	1,07	0,39	1,68
0,9 milliard de dinars-or. 19,2 milliards de francs.	1,55	6,49	3,00	12,57
21,4 milliards de francs-or.	4,13	17,33	6,00	25,19
0,1 million de contos-or.	0,11	0,45	2,05	8,61
2,5 milliards de francs-or.	0,48	2,03	0,96	4,06
0,02 million de £.	—	—	—	—
—	—	—	0,64	2,67
1,1 million de marks-or. 3,2 millions de $. 0,4 million de francs.	—	—	—	—
9,8 milliards de francs-or.	1,89	7,93	4,34	18,23
. . . .	25,01	105,00	50,74	213,08
. . . .	23,12	97,07	46,40	194,85

Ces demandes des Alliés furent minutieusement examinées et discutées par la Commission des Réparations, dont elles occupèrent l'activité pendant plusieurs mois, comme on le rapportera dans la suite de cet ouvrage. Elles subirent, après une longue enquête contradictoire au cours de laquelle les représentants du Gouvernement allemand furent longuement entendus, certaines réductions, qui furent de peu d'importance d'ailleurs pour la France, pour la Grande-Bretagne et pour la Belgique, mais qui, pour certains autres pays, durent être considérables. Les demandes de quelques puissances furent d'ailleurs rejetées parce qu'elles n'avaient pas droit aux réparations aux termes des traités de paix.

On sait que le 27 avril 1921 la Commission des Réparations arrêta au total de 132 milliards de marks-or la dette de réparation de l'Allemagne et de ses alliés. On trouvera, relatée au chapitre intitulé : « Les 132 milliards », la façon dont la Commission des Réparations aboutit à ce chiffre désormais historique.

Le lecteur se demandera évidemment lequel de ces deux chiffres, celui de 195 milliards de marks-or (1) qui avait été réclamé par les Alliés, ou celui de 132 milliards de marks-or arrêté par la Commission des Réparations, représente le plus exactement le coût réel de la réparation des dommages de guerre et du paiement des pensions et des allocations.

Le coût véritable de la réparation des dommages matériels ne sera évidemment connu avec précision que lorsque la restauration des régions dévastées sera entièrement achevée. Des estimations faites en 1921 ne pouvaient correspondre que d'une façon fort approximative aux sommes qui devraient être réellement dépensées pour la reconstruction. Aujourd'hui que celle-ci est en général fort avancée, il est possible de se faire une idée plus exacte de ce qu'elle coûtera en fait.

Quant aux pensions, les sommes que l'on aurait à dépenser en réalité, converties en dollars, dépendraient avant tout de ce que seraient les changes des pays intéressés pendant la période sur laquelle devait s'échelonner leur paiement. Si ces changes devaient aller en s'améliorant, — comme on pouvait l'espérer en 1921 — les montants exprimés en dollars seraient plus élevés que ceux qui sont indiqués au tableau ci-dessus. Si les changes, au contraire, devaient se déprécier davantage, les montants exprimés en dollars seraient inférieurs à ces chiffres.

La question du change jouait d'ailleurs également un certain rôle

---

(1) C'est le total de 213 milliards, dont on a déduit les 18 milliards réclamés par la Pologne, étant donné que ce pays ne participe pas aux réparations.

dans l'évaluation en dollars des dommages matériels, les changements de valeur des monnaies devant influer non seulement sur les prix de reconstruction, mais encore sur le résultat de leur conversion en dollars. Mais ici l'influence du change est moindre, car, en cas de fluctuations limitées de monnaies, la valeur-or des prix et salaires ne varie que dans des limites assez étroites.

Avant de chercher à évaluer, d'après les sommes qui ont été réellement dépensées jusqu'à présent, quel sera le coût total de la réparation des dommages aux biens et aux personnes de tous les pays sinistrés, il est nécessaire de faire encore deux observations.

La première est, on l'aura remarqué, qu'on a fait abstraction dans ce qui précède des dommages subis par l'Allemagne et ses alliés, du fait des invasions russes notamment, parce que l'on se placera désormais dans le courant de cet ouvrage au seul point de vue des Alliés, et que c'est leurs comptes seuls que l'on cherchera à établir. Enfin, on n'aura pas manqué de remarquer non plus que l'on n'a pas fait mention des États-Unis. Ce pays n'ayant pas ratifié le Traité de Versailles ne participe pas en principe aux réparations inscrites dans ce Traité. Les revendications relatives à la réparation des dommages américains n'ont d'ailleurs été produites qu'en 1923; elles atteignent un montant total de 1 milliard et demi de dollars (1) qui, selon toute apparence, devait être réglé directement par l'Allemagne aux États-Unis en vertu du Traité de Berlin qui consacrait la paix séparée intervenue entre ces deux États. En 1924, lorsque le Plan Dawes fut mis à exécution, le gouvernement américain demanda néanmoins à concourir avec les Alliés à la répartition des versement faits par l'Allemagne en vertu de ce Plan, et les Gouvernements alliés y consentirent (2).

En se bornant donc aux pays alliés, on va essayer de déterminer le coût réel de la réparation des dommages de guerre (dommages matériels et pensions), ce coût que l'ensemble des demandes alliées portait à 195 milliards de marks-or et que la Commission des Réparations avait arrêté à 132 milliards de marks-or.

Les sommes dépensées en France (3) pour la réparation des dommages atteignent au 31 décembre 1923 un montant total de 118,2 milliards de francs français (dont 34,2 pour les pensions, 66,6 pour les dommages aux biens, et 17,4 pour les intérêts servis aux capitaux

---

(1) On trouvera à l'appendice VI un tableau résumant les revendications des États-Unis en matière de réparations.

(2) Voir *infra*.

(3) On trouvera à l'appendice VII un état des dépenses déjà engagées pour la restauration française et une estimation des dépenses restant à faire pour l'achever.

empruntés pour procéder à ces règlements). Cette somme de 118,2 milliards de francs français correspond, en faisant la conversion des dépenses au cours moyen des années où elles ont été effectuées, à un total de 48 milliards de marks-or environ (dont 19 pour les pensions, 23 pour les dommages aux biens et 6 pour les intérêts).

D'après les estimations officielles françaises, la valeur actuelle des pensions restant à payer se monte à 31,5 milliards de francs. La réparation des dommages aux biens restant à effectuer s'élève à 36,4 milliards de francs. Au total, il reste à dépenser 67,9 milliards de francs. En prenant pour la conversion en marks-or la moyenne des cours du franc français des quatre dernières années (1) (1 dollar = Fr. 14,1), ces 67,9 milliards de francs représentent 20 milliards de marks-or environ (dont 9 milliards pour les pensions, et 11 pour les dommages matériels).

La France a donc déjà dépensé pour sa restauration 48 milliards de marks-or. Il lui reste 20 milliards de marks-or à dépenser pour l'achever. La restauration française aura donc coûté finalement 68 milliards de marks-or, dont, approximativement, 34 milliards pour la réparation des dommages matériels et 28 milliards pour les pensions et allocations.

La France avait réclamé en 1921 une somme légèrement inférieure : 66 milliards de marks-or (15,6 milliards de dollars).

Pour l'Italie (2), les sommes déjà affectées à la reconstruction se totalisent au 31 décembre 1923 par 20,5 milliards de lires (dont 6,2 pour les pensions, 11,8 pour les dommages aux biens et 2,5 d'intérêts pour les capitaux empruntés). En convertissant ces dépenses en marks-or aux cours moyens de chacune des années où elles ont été effectuées, on arrive à un total de 5,6 milliards de marks-or (dont 1,6 pour les dommages aux personnes, 3,5 pour les dommages matériels et 0,5 pour les intérêts).

Pour achever la restauration italienne il resterait encore à dépenser une somme totale de 21,3 milliards de lires (dont 5 pour les dommages aux biens et 16,3 pour les pensions). En convertissant ce montant en marks-or aux cours moyens des quatre dernières années (1 dollar = 21,65 lires), les dépenses restant à engager se montent à 4,2 milliards de marks-or (dont 1 pour les biens et 3,2 pour les pensions).

La restauration italienne aura donc finalement coûté 5,6 + 4,2 = 9,6 milliards de marks-or (dont 4,5 pour les dommages matériels

---

(1) On admet que ce cours moyen des années 1920 à 1923 est celui que l'on peut considérer *actuellement* comme devant être le plus rapproché des cours des prochaines années.

(2) Voir appendice VIII : Les Dépenses de Restauration de l'Italie.

et 4,8 pour les pensions). Si l'on rapproche ce chiffre des 19,1 milliards de marks-or (environ 4,6 milliards de dollars) réclamés par l'Italie en 1921 on ne peut que constater qu'il lui est inférieur de près de moitié.

Les dommages subis par la Belgique avaient été évalués par celle-ci à 11 milliards de marks-or environ. D'après les dépenses déjà effectuées par ce pays pour sa restauration et l'estimation de celles qui restent à engager, ce chiffre sera vraisemblablement confirmé dans l'ensemble (1).

Les 68 milliards de marks-or que coûtera la restauration française et les 11 milliards de marks-or que coûtera la restauration belge sont donc des bases sûres qui permettent de calculer le coût de la réparation des dommages de guerre de tous les pays. Si les dommages français et belges, qui atteignent 79 milliards de marks-or, représentent, comme l'a arrêté l'accord de Spa, 60 % du dommage total, ce dernier atteindrait la somme de 131,7 milliards de marks-or, ce qui, par une singulière coïncidence (2), est précisément le montant arrêté par la Commission des Réparations en 1921.

Il est possible de conclure de cet examen rapide que si les pourcentages de réparations alloués à Spa sont conformes à l'équité, le chiffre de 132 milliards de marks-or auquel la Commission des Réparations a arrêté la dette de l'Allemagne représente bien l'ordre de grandeur de la totalité des dommages de guerre subis par les Alliés.

C'est donc une somme de 132 milliards de marks-or, sans compter les dommages américains, qu'il faut ajouter aux 147 milliards de dollars de dépenses de guerre des Alliés : le total atteint 180 milliards de dollars.

Cette énorme dépense, comme on va le voir, n'est d'ailleurs qu'une partie, celle qui peut être exprimée numériquement, de ce que la guerre a coûté finalement aux Alliés.

---

(1) Voir appendice IX : Les Dépenses de Restauration de la Belgique.

(2) Il ne faut pas oublier, en effet, le caractère arbitraire d'une partie des calculs résultant de l'adoption d'un certain taux de conversion pour les dépenses restant à effectuer.

CHAPITRE III

LE BILAN

L'énorme passif dont la guerre a chargé les Alliés peut se décomposer finalement en quelques traits fort simples : 147 milliards de dollars de dépenses de guerre, 15 milliards et demi de dollars de dommages, 15 milliards et demi de dollars de pensions à payer, les réparations des États-Unis.

La somme formidable de 180 milliards de dollars (765 milliards de marks-or) qui totalise ce passif a été dépensée entièrement à l'œuvre essentiellement improductive qu'est la guerre. Elle mesure en quelque sorte l'appauvrissement réel et définitif de l'ensemble des nations alliées.

Cette énorme perte de richesse ne constitue cependant qu'une partie — la partie mesurable en chiffres — du bilan de la guerre.

On sait que c'est sous la forme d'énormes dettes entre États, d'une part, de non moins énormes dettes des États vis-à-vis de leurs nationaux, d'autre part, que s'est résolu finalement cet appauvrissement. On sait combien lourdement l'existence des dettes internationales va peser sur les relations économiques futures, combien l'énormité des dettes nationales va assombrir la vie même des peuples.

Mais ces deux faits, la rupture des relations financières normales entre les nations, avec ses conséquences infinies, et la détérioration de leurs finances propres, avec tous ses funestes effets, ne sont pas encore, on l'a dit, les seuls méfaits de la guerre.

A ces deux ordres de maux, bien suffisants déjà par eux-mêmes à troubler l'économie d'après guerre, il faut encore ajouter, pour être complet, les redoutables effets dus au détraquement du mécanisme de la production et des échanges internationaux, ce mécanisme extrêmement complexe et délicat que la guerre a brutalement bouleversé.

Aux effets du gigantesque passif légué par la guerre, passif dont l'existence doit, pour de longues années, accabler le travail et paralyser la production de l'humanité, il convient donc de joindre ce que l'on pourrait appeler l'héritage moral de la guerre, c'est-à-dire l'ensemble des causes, dérivant de celle-ci, qui ont provoqué l'épouvantable désordre économique et financier dans lequel le monde d'après guerre s'est réveillé.

La paix signée n'a pas été la paix acceptée. Les engagements sous-crits ne sont pas exécutés. L'attente, l'étonnement, l'impatience, l'énervement, l'exaspération s'emparent successivement de l'esprit des vainqueurs. Un désir de revanche anime les vaincus. L'Allemagne et la France restent face à face. Cependant, les États-Unis et l'An-gleterre poursuivent entre eux une lutte sourde et ardente pour la domination fructueuse du marché financier du monde. Les États-Unis et le Japon préludent par des engagements de fer à un duel que l'on sent fatal, sinon imminent. La France, prise, comme on le verra, dans les tenailles d'un dilemme : les réparations ou la sécurité, ne parvient pas à s'en dégager. Néanmoins, sa force renaissante porte ombrage à l'Angleterre. Celle-ci, qui ne peut cependant se passer du continent européen pour commercer et vivre, craint la concurrence d'une Europe réparée. Mr. Stanley Baldwin, ancien premier ministre, peut déclarer à la Chambre des Communes que, pour l'Angleterre, « une Europe remise en ordre deviendra un concurrent plus formidable que l'Europe d'autrefois ». L'Angleterre, elle aussi, ne peut d'ailleurs sortir de ce dilemme dans lequel la fatalité l'enferme : favoriser l'assainis-sement financier des grandes nations du continent, assainissement qui seul peut assurer sa propre prospérité, ou l'entraver, pour pré-venir la dangereuse concurrence de ces nations. Plus que jamais, la Grande-Bretagne songe à opposer les uns aux autres les grands États continentaux, pour qu'en se neutralisant ils cessent de l'inquiéter.

La sombre condition dans laquelle vit ainsi l'Europe occidentale s'accompagne, dans l'ordre des réalités immédiates, de phénomènes non moins caractéristiques.

Renaissance d'un nationalisme économique et financier, plus fu-neste encore que le nationalisme politique. Méconnaissance de la grande loi naturelle de l'économie des forces, qui avait conduit avant la guerre à une heureuse division du travail entre les nations, cha-cune d'elles ne fabriquant que ce qu'elle était le plus apte à produire et se procurant le restant au moyen du surplus de sa propre production. Tendance née pendant la guerre, et s'accusant chez toutes les nations industrielles, à l'« omniproduction », à constituer un tout industriel complet, à se rendre indépendantes du travail des nations voisines. Réveil d'un protectionnisme agressif et démesuré, pouvant aller jus-qu'à un prohibitionnisme complet, comme aux États-Unis. Diminu-tion partout de la durée et de l'efficacité du travail, due non seule-ment aux charges énormes qui pèsent sur ce dernier du fait du passif de la guerre, mais encore aux appétits de luxe et de jouissance, à la furie de consommation, qui se sont emparés de toutes les classes de la société, et particulièrement des classes ouvrières. Pénurie de main-d'œuvre dans certains pays, chômage énorme dans d'autres. En un mot, énorme déperdition de force, avec l'abaissement du volume de la production, l'élévation de son coût, la hausse des prix, l'augmentation du coût de la vie qui en résultent.

Tels sont quelques-uns des traits principaux qui caractérisent le monde d'après guerre, et qu'on ne peut ici, malheureusement, qu'évoquer.

Le désordre des changes, élément le plus caractéristique, et le plus sensible, aux yeux des masses, de la situation troublée qui dure depuis cinq ans, est le symptôme de la maladie à laquelle la guerre a laissé le monde en proie. Il révèle à quel point l'économie de la plupart des nations belligérantes a été profondément bouleversée. Le désarroi des changes européens n'est en réalité que la manifestation extérieure et apparente du grave désordre apporté au fonctionnement de l'organisme économique mondial par des causes infiniment diverses et complexes, qui remontent pour la plus grande partie à la guerre. Ce désarroi des changes est la preuve, et non la cause, comme on veut le croire quelquefois, de la décadence économique et financière de l'Europe.

Il est vrai que ce symptôme, le change, réagit à son tour sur l'économie générale : l'instabilité des monnaies complique, paralyse et va même jusqu'à entraver complètement la production des biens nécessaires aux hommes et l'échange entre eux, dont ils vivent, de ces biens. Le symptôme aggrave la maladie. Cependant il n'est pas la maladie elle-même. Celle-ci guérie, il disparaîtrait. Ce n'est pas lui, c'est la maladie qu'il faut traiter. Mais pour la traiter, il faut la connaître. C'est toute l'étude du mal moderne, de ses causes multiples, de ses effets redoutables, qu'il faudrait entreprendre.

La question est digne de retenir l'attention des plus savants parmi les économistes. On ne peut songer ici à approfondir ce sujet, qui n'est pas celui de cet ouvrage, et qui eût constitué d'ailleurs une tâche bien au-dessus des forces de l'auteur.

Une première image du trouble apporté par la guerre à l'économie des peuples civilisés est donnée par le resserrement du commerce mondial, d'une part, et par sa nouvelle répartition entre les nations, d'autre part.

L'ensemble du commerce extérieur (la somme des importations et des exportations en commerce spécial) de douze des principaux pays, qui participent pour les six dixièmes au commerce total du monde, n'est plus en 1922 que 78 % et en 1923 que 87 % de ce qu'il était en 1913.

Non seulement le volume total des échanges a diminué, mais la part qu'y occupe chaque pays a été radicalement modifiée. La part de l'Allemagne dans le commerce du monde n'est plus en 1923 que la moitié de ce qu'elle était avant la guerre. Il en est de même pour la Belgique. L'Italie a vu diminuer sa participation au commerce mondial de 25 %. Certains pays neutres sont eux-mêmes atteints : le commerce de la Hollande en 1923 ne représente plus, vis-à-vis du commerce total, que le quart de ce qu'il était en 1913. D'autres nations, au contraire, ont vu l'importance relative de leur trafic international augmenter, le Japon de plus de 50 %, les États-Unis de plus de 40 %, le Canada également de plus de 40 %.

Cette crise du commerce mondial, due aux multiples éléments auxquels il a été fait allusion plus haut, montre à quel point les forces productives de l'humanité ont été atteintes et leur jeu naturel désorganisé. Cette diminution du volume total du commerce international et ce bouleversement radical de sa répartition entre les différents pays indiquent le trouble profond qui s'est emparé de la production, de la consommation et des échanges.

Mais ce n'est pas le seul aspect de cette situation. Non seulement il y a eu dans l'ensemble une réduction considérable des échanges commerciaux, qui ramène l'humanité civilisée à un stade qu'elle pouvait croire avoir quitté pour toujours, non seulement la participation des différentes nations au commerce international a été bouleversée, mais il s'est produit de plus une rupture brusque et complète du précieux équilibre commercial qui s'était lentement établi entre toutes les nations civilisées.

On l'a dit souvent, on n'achète finalement des marchandises que contre des marchandises. Chaque pays avant la guerre était arrivé à produire celles qu'il pouvait fabriquer le plus facilement, au meilleur prix, et en plus grande quantité. Il obtenait ainsi sur les marchés étrangers le pouvoir d'achat maximum que son travail pouvait lui procurer. La production de chaque pays était en somme ordonnée de façon à permettre à chacun d'eux d'acheter et de consommer la plus grande quantité possible des marchandises qu'il ne produisait pas lui-même.

La guerre a profondément troublé cet état de prospérité. Cet équilibre commercial, conforme à la loi de l'économie des forces et basé sur la division du travail entre les nations, a été brusquement et complètement rompu. Les besoins énormes et anormaux nés de la guerre ont primé toute autre considération. Les États ont augmenté leur consommation dans des proportions fabuleuses, en même temps que leur production, entièrement vouée à l'œuvre destructrice de la guerre, cessait d'être disponible pour l'acquisition des marchandises nécessaires. Les balances commerciales s'en sont trouvées radicalement bouleversées, avec toutes les conséquences que ce bouleversement comporte.

On ne saurait faire mieux sentir l'importance de ce phénomène et de ses conséquences qu'en rappelant les déficits énormes enregistrés par les balances commerciales des pays en guerre. La situation qui en est résultée a posé devant l'humanité un problème de règlement aussi formidable que celui du règlement des dettes internationales et des dettes nationales nées de la guerre. Comme ce dernier, il n'a pas encore reçu de solution.

Cette rupture de l'équilibre du commerce mondial, qui s'est produite pendant la guerre et pendant les années qui l'ont suivie, a sur l'économie d'après-guerre des effets qui, pour ne pas être immédiatement traduisibles en chiffres, n'en sont pas moins importants.

Les énormes déficits des balances commerciales des principaux pays belligérants, tels que l'on va les indiquer, et qui expriment, sous une autre forme que celle qui a été étudiée dans les pages qui précèdent, l'appauvrissement de ces nations, n'ont pu être couverts que par des moyens provisoires, qui ne pouvaient être évités sans doute, mais qui étaient la source des difficultés inextricables de l'avenir.

Mais avant de jeter un coup d'œil sur ce que furent les balances commerciales des pays en guerre, il est nécessaire d'indiquer que les statistiques sur lesquelles elles se fondent ne peuvent être maniées qu'avec une grande prudence.

Les statistiques douanières de tous les pays, dans une mesure plus ou moins grande, ne fournissent que des renseignements incomplets et des évaluations approximatives (1). Tout d'abord, les relevés des importations et des exportations ne comprennent généralement que ce que l'on appelle le *commerce spécial*, c'est-à-dire uniquement, à l'importation, les marchandises étrangères qui acquittent des droits ou dont l'admission en franchise est autorisée, et à l'exportation, les marchandises nationales ou nationalisées par le paiement de droits. Les marchandises admises temporairement dans un pays, et réexportées après avoir subi un complément de main-d'œuvre, les opérations de transit, les opérations d'entrepôt, en un mot toutes les opérations qui, en dehors du commerce spécial, participent au *commerce général*, échappent aux statistiques douanières. Il en est de même

___

(1) On pourra croire que les indications qui suivent, et qui sont relatives à l'inexactitude des statistiques des douanes, constituent une digression inutile. On en verra cependant l'utilité dans la suite de cet ouvrage.

pour les objets personnels des voyageurs, pour les colis postaux, pour les monnaies et les métaux précieux (1). Indépendamment des marchandises qui échappent au recensement de fait même de la façon dont celui-ci est effectué, il y a dans les statistiques de tous les pays, quel que soit le soin apporté à leur établissement, une quantité d'erreurs qui se glissent. Un chiffre de transactions, dont le total peut être très important, échappe finalement toujours à l'enregistrement.

Si les statistiques douanières ne fournissent, en période normale, que des renseignements approximatifs, cela est encore plus vrai, naturellement, des statistiques de la période de guerre.

On ne pourrait songer à énumérer ici toutes les causes d'erreurs des statistiques commerciales, mais il fallait noter que ces dernières ne sont en réalité qu'un moyen très imparfait d'apprécier l'importance des échanges internationaux, et ne peuvent fournir en somme que des indications générales sur les tendances de ces échanges. Mais comme c'est le seul élément dont on dispose pour se rendre compte de l'importance des transactions commerciales entre les différents pays, on est bien forcé d'y avoir recours. Il suffit de ne pas oublier que les chiffres que l'on manie ne doivent pas être considérés comme absolument exacts, mais seulement comme propres à donner une indication d'ensemble du mouvement commercial que l'on cherche à se représenter.

On ne saurait obtenir une meilleure impression générale du prodigieux déséquilibre qui s'est produit dans le mouvement commercial des pays belligérants qu'en comparant, pour la France, pour l'Angleterre et pour les États-Unis (2) par exemple, les mouvements du commerce extérieur des six années de la guerre et de l'après-guerre immédiat avec celui des six années d'avant-guerre.

En isolant l'année 1914, dont une moitié seulement a été normale, on constate que le déficit commercial de la France qui était pour les années 1908 à 1913 de 7 milliards de francs, a atteint, pour la période de 1915 à 1920, 107 milliards de francs.

Pour les deux mêmes périodes, le déficit commercial de la Grande-

______

(1) Pour ne donner qu'un seul exemple de l'insuffisance des statistiques douanières, on peut noter que les douanes françaises ont accusé pour les années 1915 et 1916 des sorties d'or de France pour un total de 113,5 millions de francs. Or, pendant ces deux années, la Banque de France seule (à l'exclusion de tout autre exportateur d'or) en a envoyé à l'étranger pour plus de 2,5 milliards de francs.

(2) Voir appendice X : Le Commerce extérieur de la France de 1908 à 1913 et de 1915 à 1920.

Voir appendice XI : Le Commerce extérieur de la Grande-Bretagne de 1908 à 1913 et de 1915 à 1920.

Voir appendice XII : Le Commerce extérieur des États-Unis de 1908 à 1913 et de 1915 à 1920.

Bretagne est passé de 840 millions de livres à 3 milliards un tiers de livres.

La France s'est donc trouvée pour la période de guerre en face d'un excédent de dettes commerciales supérieur de 100 milliards de francs à celui de la période 1908 à 1923, l'Angleterre en face d'un excédent débiteur de 2,2 milliards de livres. Ces énormes soldes débiteurs, qu'on n'aurait jamais osé envisager avant la guerre, représentent, sinon pour la totalité, du moins pour une part très importante, un appauvrissement définitif des pays qui les ont encourus. Ne pouvant être réglés par les voies normales des relàtions financières entre les États, ces soldes ont dû être couverts par le crédit, et souvent au prix de la baisse des monnaies, non seulement pendant la période des hostilités, mais encore et surtout pendant les années qui lui ont succédé. C'est ainsi du passif futur qui s'est accumulé et qui grève lourdement les balances des paiements de l'avenir.

Pour les États-Unis, la situation, comme on le sait, a été inverse. Malgré l'accroissement considérable de ses importations, le mouvement commercial a laissé à cette nation un solde créditeur considérable, qui s'est élevé pour les années 1915 à 1920 à plus de 18 milliards de dollars, contre 3 milliards de dollars pour la période de 1908 à 1913.

On pourra faire observer qu'au début de la guerre le change américain subit une dépréciation sérieuse, indice d'une balance des comptes devenue brusquement défavorable. Les États-Unis, en effet, avaient, avant leur entrée en guerre, fourni aux Alliés des sommes considérables sous forme de prêts et d'ouvertures de crédits. Ces mouvements considérables de valeurs avaient perturbé aussi leur balance économique. Mais cette perturbation ne peut être considérée que comme momentanée, les avances accordées par les États-Unis à l'Europe ménageant en réalité à la république américaine un actif futur considérable. Les emprunts émis sur le marché américain, les placements faits par des Américains à l'étranger, les crédits ouverts dans les banques américaines, les avances faites directement aux Alliés par le Gouvernement américain, constituent autant de créances sur l'Europe qui repasseront tôt ou tard à l'actif des finances américaines. Il faut ajouter encore que bien des fournitures faites par les États-Unis aux Alliés ont été payées pendant la guerre, non seulement par des envois d'or (pendant les années 1915 à 1918, on a calculé qu'il était entré aux États-Unis près de 1,2 milliard de dollars d'or de plus qu'il n'en était sorti), mais surtout par d'importants rapatriements de valeurs américaines détenues jusque-là par les Européens. On évalue à 2,5 milliards de dollars en valeur nominale les valeurs américaines qui sont ainsi repassées d'Europe en Amérique, allégeant dès ce moment la balance des paiements américaine du service de l'intérêt et de l'amortissement de ces titres (1).

C'est ainsi que M. Mac Kenna, président de la *London Joint City et Midland Bank*, a pu dire, dans un discours prononcé le 3 octobre 1922 à la Convention de l'Association des banquiers américains, que c'est grâce à la guerre que les États-Unis furent en mesure de s'acquitter presque entièrement en quelques années d'une dette qui grossissait depuis plus de deux siècles. A cette occasion, l'économiste anglais put noter que l'Amérique avait été le pays qui, avant la guerre, avait emprunté le plus à l'étranger (à l'Angleterre seule, il avait emprunté au cours des temps plus de 3 milliards de dollars). La dette extérieure des États-Unis au moment de la déclaration de guerre était, il est vrai, devenue stationnaire, et l'excédent des exportations américaines sur les importations suffisait à en payer l'intérêt. Mais M. Mac Kenna fait remarquer dans son discours que, sans la guerre, le remboursement du capital lui-même eût été impossible. Il montre que ce n'est que parce que les exportations américaines s'accrurent énormément par suite des besoins de l'Europe, besoins qui furent soldés, tout au moins partiellement, par la vente des titres et des obligations américaines que détenaient les porteurs européens, que l'Amérique put se libérer en peu de temps de sa dette vis-à-vis de l'Europe, dette dont elle n'avait autrement aucun espoir de se débarrasser.

On voit d'après cela, et sans qu'il soit nécessaire d'insister davantage, le retournement brusque et prodigieux de la situation réciproque des États, que la guerre a provoqué.

De nation incurablement endettée qu'elle était avant la guerre, l'Amérique est devenue la créancière du monde et, on le verra, une créancière sans tendresse. La France et l'Angleterre, au contraire, pays prêteurs avant la guerre, ont été transformés en emprunteurs, en mendiants, et sont plongés irrémédiablement dans l'endettement.

Ces deux grandes nations européennes présentaient entre elles une certaine analogie, que l'on n'aperçoit pas toujours, quant à leur situation commerciale et financière dans le monde. La balance commerciale de l'une et de l'autre, avant la guerre, était généralement débitrice, mais l'une et l'autre disposaient d'assez de créances sur l'étranger

---

(1) Il est intéressant à cet égard de citer comme exemple les actions de la Steel Corporation, dont 1.600.000 étaient en possession d'étrangers, et dont 1.200.000 sont rentrées aux États-Unis pendant la guerre. L'Angleterre, qui détenait plus de 900.000 actions, n'en avait plus que 200.000 en 1921. Le portefeuille français, à cette dernière date, ne possédait plus que 30.000 actions, alors qu'il en possédait 100.000 avant la guerre.

pour compenser leur déficit commercial et assurer même un solde final favorable à leur balance des comptes. Ce solde était employé par la France et par l'Angleterre à prêter aux pays étrangers, à y placer leurs capitaux en excès. Ces deux nations s'étaient ainsi composé chacune un gros portefeuille de valeurs étrangères, dont elles touchaient les revenus; elles-mêmes n'avaient guère de dettes financières vis-à-vis de l'étranger. Ces portefeuilles, la guerre a exigé leur liquidation; c'est aux États-Unis que, pour la plus grande partie, ils durent être vendus. Tout le bénéfice d'une fortune qui s'était accumulée lentement en Europe depuis des siècles a ainsi été perdu en un coup. Les riches nations européennes, plaçant l'excédent de leurs capitaux dans les pays moins évolués, vivaient en quelque sorte en partie du revenu de ces capitaux obtenu par le labeur des pays emprunteurs. La guerre leur a fait perdre brusquement cette situation extrêmement favorable, qui était le fruit d'un travail et d'une épargne séculaires. Ces nations se sont vues réduites, non seulement à se démunir de toutes leurs créances sur l'étranger, mais encore à emprunter elles-mêmes, à devenir elles-mêmes débitrices, c'est-à-dire à se condamner désormais à travailler elles-mêmes pour la rémunération des capitaux étrangers. Quatre années de guerre y ont suffi.

*
* *

Les quelques remarques qui précèdent donneront sans doute une impression suffisamment exacte et vive de la condition lamentable dans laquelle la guerre a précipité la plupart des peuples alliés.

Cette situation était telle, si on la comprenait, que tout homme au courant des lois générales qui régissent l'activité des nations ne devait avoir, au moment de la paix, qu'une seule ambition : rechercher les moyens propres à atténuer le plus possible et le plus vite possible le prodigieux déséquilibre économique et financier engendré par la guerre, essayer d'enrayer la décadence du monde européen.

On voit la grandeur de la tâche qui allait incomber aux hommes d'État chargés de formuler la paix.

Il s'agissait de conclure entre les États créanciers et leurs débiteurs des arrangements définitifs pour un règlement raisonnable des dettes de guerre interalliées.

Il s'agissait pour les pays les moins appauvris de prévoir les modalités de l'aide efficace que leur intérêt même leur commandait d'accorder aux pays les plus atteints.

Il s'agissait pour les Alliés de déterminer dans quelle mesure et de quelle façon les vaincus pouvaient et devaient participer à la restauration matérielle et financière de ceux des vainqueurs qui y avaient le plus de titres et en avaient en même temps le plus impérieux besoin.

Les négociateurs de la paix allaient avoir à travailler en ayant sans cesse présente à l'esprit cette vérité qu'aucune nation, dans le monde moderne, ne peut espérer de progrès de sa propre culture et d'accroissement de sa propre prospérité en s'isolant, en refusant la collaboration des autres nations. Les chefs d'État assemblés à Versailles allaient devoir agir dans la conviction profonde que le monde entier courrait à la ruine si chacune des grandes nations persistait à ne vouloir s'occuper que de son salut particulier.

Il s'agissait en somme de procéder à la liquidation financière de la guerre, d'asseoir le monde civilisé d'après guerre sur des bases qui permettraient son prompt rétablissement. La sagesse des hommes allait pouvoir reconstruire ce que leur folie avait détruit.

Les pages qui vont suivre montreront ce qu'il en advint.

CHAPITRE IV

LES BASES FINANCIÈRES DE LA PAIX

C'est le 5 octobre 1918 que, sous la pression du maréchal Hindenburg, le prince Max de Bade, le nouveau chancelier de l'Empire allemand, se résoud à la paix.

Il télégraphie par l'intermédiaire du Gouvernement suisse au président des États-Unis, pour lui demander de convoquer les belligérants à des négociations de paix sur la base de ses « Quatorze points » (1). Le chancelier allemand le prie d'arrêter l'effusion de sang, en attendant l'ouverture de ces négociations, par la conclusion immédiate d'un armistice.

A la suite de cette demande un échange de communications se poursuit entre le Gouvernement allemand et le président Wilson, ce dernier voulant définir clairement au préalable dans quelles conditions se ferait la suspension des hostilités.

Il exige avant tout la cessation des destructions et des torpillages de navires, l'évacuation des territoires occupés, la disparition de la suprématie du pouvoir militaire en Allemagne. L'Allemagne doit s'engager en outre à accepter sans discussion les conditions d'armistice qui lui seront dictées par le commandement allié.

Le Cabinet allemand réfléchit, hésite, ergote. Mais finalement, convaincu que l'invasion du territoire allemand n'est plus qu'une question de mois, peut-être de semaines, il se résigne à la capitulation. Les conditions du président Wilson sont acceptées sans réserve le 21 octobre.

Deux jours plus tard, le président des États-Unis prend acte de la soumission allemande. Il saisit à leur tour les Gouvernements alliés de ses propositions d'armistice, et leur annonce qu'elles ont déjà été acceptées par l'ennemi.

Le 26 octobre, les chefs des États alliés européens se trouvent réunis à Paris. Le Conseil suprême siège à Versailles le 31 et les jours

---

(1) Ces « Quatorze Points » étaient les quatorze articles d'un discours prononcé le 8 janvier 1918 par le président Wilson au Congrès des États-Unis pour définir les conditions de la paix. On en trouvera la traduction *in extenso* à l'appendice XIII·

suivants. Le 2 novembre, les chefs des Gouvernements alliés font savoir au président Wilson qu'ils sont disposés à conclure la paix « aux conditions posées dans l'adresse du Président au Congrès le 8 janvier 1918, et selon les principes énoncés dans ses déclarations ultérieures ». Les Alliés prennent de plus la précaution de préciser dans cette communication comment ils entendent « la restauration des territoires envahis » mentionnée dans les conditions de paix du président des États-Unis.

Le consentement des Alliés à la conclusion de l'armistice et à l'ouverture des négociations de paix était formulé dans les termes suivants :

« Les Gouvernements alliés ont examiné avec soin la correspondance échangée entre le Président des États-Unis et le Gouvernement allemand.

« Sous réserve des observations qui suivent, ils se déclarent disposés à conclure la paix avec le Gouvernement allemand *aux conditions posées dans l'adresse du Président au Congrès, le 8 janvier 1918, et selon les principes énoncés dans ses déclarations ultérieures.* Ils doivent toutefois faire remarquer que l'article 2, relatif à ce que l'on appelle couramment la liberté des mers, se prête à diverses interprétations dont certaines sont telles qu'ils ne pourraient pas les accepter. Ils doivent, en conséquence, se réserver une liberté d'action entière sur cette question, quand ils viendront siéger à la Conférence de la paix.

« D'autre part, lorsqu'il a formulé les conditions de paix dans son adresse au Congrès du 8 janvier 1918, le Président a déclaré que *les territoires envahis doivent être non seulement évacués et libérés, mais restaurés.* Les Alliés pensent qu'il ne faudrait laisser subsister aucun doute sur ce que signifie cette condition. Ils comprennent par là que *l'Allemagne devra compenser tous les dommages subis par les populations civiles des nations alliées et par leurs propriétés,* du fait de l'agression par l'Allemagne des pays alliés, soit sur terre, soit sur mer, soit en conséquence d'opérations aériennes. »

A cette séance historique du 2 novembre où ils acceptèrent la suspension des hostilités, les plénipotentiaires alliés convinrent, à l'intervention de M. Clemenceau, et après une longue discussion, que l'on mentionnerait expressément dans les conditions de l'armistice à signer l'obligation pour l'Allemagne de réparer les dommages causés par elle. Cette mention se ferait en trois mots : *Réparation des dommages,* sans autres commentaires. Toutefois, sur la proposition de M. Klotz, ministre des Finances français, on complète cette formule par une addition, qui devait être grosse de conséquences. La rédaction définitive est arrêtée comme suit : « *sous réserve de toutes revendications et réclamations ultérieures de la part des Alliés et des États-Unis, réparations des dommages* ». C'était se réserver, si les circonstances s'y prêtaient, le droit de revendiquer ultérieurement n'importe quoi d'autre que la simple réparat'on des dommages, par exemple tout ou partie des dépenses de guerre, ou le remboursement des pensions.

Ainsi, dès avant la conclusion de l'armistice, une équivoque était déjà créée. Le président Wilson avait dit, et l'Allemagne l'avait enregistré, que seule la restauration des territoires envahis serait exigée des vaincus. Les Alliés étaient décidés, d'ores et déjà, tout en acceptant cette condition, à se réserver la possibilité de réclamer davantage. Cette situation ambiguë allait avoir, comme on le verra, une influence malheureuse, mais capitale, sur la suite des événements.

Quoi qu'il en soit, l'adhésion sans réserve des Alliés aux conditions de paix formulées par le président des États-Unis fixait le caractère de la paix : les principes généraux d'après lesquels allait se faire la liquidation financière de la guerre étaient établis, tant par ce que les principes wilsoniens contenaient que par ce qu'ils avaient omis.

Le gigantesque passif légué par la guerre aux nations alliées (147 milliards de dollars de dépenses, plus de 32 milliards de dollars de ruines à relever et de pensions à payer) était tel que nul n'aurait pu songer sérieusement à l'endosser entièrement aux pays vaincus.

Les 147 milliards de dollars qui avaient été dépensés devaient donc bien être considérés comme définitivement perdus, nul ne pouvant même entrevoir comment il serait possible de se les faire rembourser.

Quant aux 32 milliards et demi de dollars qu'il allait falloir trouver pour la réparation des destructions, le relèvement des ruines et le paiement des pensions aux mutilés et aux familles des morts (1), la question allait se poser de savoir, non seulement dans quelle mesure on pourrait les faire payer par les États vaincus, mais encore de quelle manière ces paiements — dont le total était énorme — pourraient être effectués.

Si les Alliés ne pouvaient songer raisonnablement à réclamer à l'Allemagne le remboursement des 147 milliards de dollars dépensés à la conduite de la guerre, ils se l'étaient d'ailleurs interdit en acceptant les Quatorze Points, qui excluaient ce remboursement. Comme on vient de le voir, les Alliés, en effet, n'arrivèrent pas les mains libres à la Conférence de Versailles, ni même à l'armistice. Ils s'étaient déjà liés dès avant la conclusion de ce dernier, au sujet des bases financières de la paix. Les Quatorze Points et les déclarations wilsoniennes ultérieures étaient la charte qu'ils avaient acceptée formellement, et sous l'empire de laquelle la paix devait être conclue.

---

(1) Le paiement des pensions, exclu par les Quatorze Points, fut néanmoins inclus par la Conférence de Versailles dans les dommages à réparer par l'Allemagne.

C'était l'intervention américaine qui avait décidé du sort de l'Europe en guerre. C'était une formule américaine qui allait dicter la paix aux peuples européens.

Or les conditions de paix, telles que les avait énoncées le président des États-Unis, prévoyaient uniquement, dans le domaine économique et financier, la restauration de la Belgique et des portions envahies du territoire français, de la Roumanie, de la Serbie et du Monténégro.

Déjà, dans son discours du 22 janvier 1917, le président Wilson avait défini la paix à faire comme devant être « une paix sans victoire, car la victoire signifierait une paix imposée au perdant, les conditions du vainqueur imposées au vaincu, et serait acceptée avec humiliation ». Et les Alliés, qui connaissaient cette déclaration, l'avaient implicitement acceptée.

Cette définition de la paix éclairait singulièrement l'esprit qui avait inspiré les Quatorze Points, et ne laissait aucun doute quant aux indemnités dont on pourrait imposer le paiement à l'Allemagne. Or, le remboursement des dépenses de guerre par le vaincu est la véritable consécration de la défaite. Déclarer que l'on ferait une paix sans vainqueur ni vaincu revenait à dire que l'on s'engageait à ne réclamer aux ennemis aucun remboursement des dépenses de la guerre.

Une lecture attentive des Quatorze Points, dont on retrouvera le texte intégral à l'appendice XIII, fera découvrir tout ce que la pensée wilsonienne contenait quant au règlement financier de la guerre. Elle montrera surtout ce qu'elle ne contenait pas. M. Tardieu (1) en a donné le résumé incisif que voici :

1º Évacuation et restauration de la Belgique, sans aucune tentative pour restreindre sa souveraineté;

2º Évacuation du territoire français; restauration des régions envahies; réparation du préjudice causé à la France en 1871, en ce qui concerne l'Alsace-Lorraine;

3º Évacuation du territoire russe et règlement lui permettant de décider de son sort en toute indépendance;

4º Rectification des frontières italiennes, conformément au principe des nationalités;

5º Possibilité d'un développement autonome pour les peuples de l'Autriche-Hongrie;

6º Évacuation et restauration de la Roumanie, de la Serbie et du Monténégro; accès à la mer pour la Serbie;

_____

(1) *La Paix.*

7º Limitation de la souveraineté ottomane aux régions réellement turques; autonomie à toutes les autres nationalités; garanties internationales pour le libre usage des Dardanelles;

8º Pologne indépendante, avec libre accès à la mer;

9º Création d'une Société des Nations, donnant des garanties mutuelles d'indépendance politique et d'intégrité territoriale aux grands comme aux petits États;

10º Règlement impartial des questions coloniales;

11º Échange de garanties pour la réduction des armements;

12º Suppression, autant que possible, des barrières économiques; égalité commerciale pour toutes les nations;

13º Liberté de la navigation sur mer;

14º Conventions de paix publiques, excluant pour l'avenir les ententes secrètes entre nations.

*
* *

Le 8 novembre, les plénipotentiaires allemands se rencontrent à Rethondes, dans le train du maréchal Foch, avec les plénipotentiaires alliés. Ils y reçoivent la communication des conditions d'armistice qui avaient été arrêtées par les vainqueurs une semaine auparavant.

Le 10 novembre, le secrétaire d'État Solf fait savoir par télégraphie sans fil que le Gouvernement allemand accepte les conditions imposées. Le lendemain, à 5 heures du matin, le protocole d'armistice est signé. A 11 heures il entre en vigueur. Le dernier coup de canon a été tiré.

La paix allait donc se bâtir sur la base des principes wilsoniens. Il résultait de ces principes que seule la restauration des territoires dévastés allait pouvoir être réclamée à l'Allemagne. Cette restauration, les Alliés l'avaient précisé et le président Wilson n'y avait pas contredit, comportait la réparation de tous les dommages subis par les populations civiles des nations alliées et par leurs propriétés.

Le remboursement des dépenses militaires était nettement exclu, aussi bien le remboursement des dépenses de guerre que le remboursement de celles qu'allait occasionner le paiement des pensions. La fameuse phrase que M. Klotz avait réussi à faire insérer dans les conditions d'armistice laissait toutefois une porte ouverte sur ce domaine; les Alliés, comme on le verra, ne manquèrent pas de l'utiliser.

Quant aux dettes énormes que les Alliés avaient contractées entre eux pour la poursuite commune de la guerre, il n'y était fait aucune allusion. Les dépenses de guerre ne pouvant être réclamées à l'Allemagne, chacun des belligérants garderait-il ses propres dépenses à sa charge, y comprenant celles qu'il avait faites pour aider ses associés à poursuivre la guerre? Ou bien les États prêteurs se réservaient-ils le droit — qu'ils se refusaient à exercer et à laisser exercer vis-à-vis de l'Allemagne — de réclamer à leurs débiteurs le remboursement des sommes employées au but commun?

Aucune mention non plus, dans le programme wilsonien, de ce qui devait être fait pour prévenir l'effondrement financier des nations qui avaient versé dans la guerre non seulement leur sang, mais la totalité de leurs ressources, et que la catastrophe guettait. Nulle allusion à la solidarité financière des Alliés, qui avait été assurée tant bien que mal pendant les hostilités; la fin de celles-ci allait-elle la rompre brutalement? Nulle proposition des États-Unis à cet égard, nulle demande des Gouvernements européens. Les uns et les autres se précipitaient en aveugles dans cette aventure prodigieuse dont l'histoire économique du monde n'offrait aucun précédent.

Mais tout n'était cependant pas encore perdu.

Ce que le statut wilsonien avait ignoré, ce que les Alliés, au moment de l'armistice, n'avaient pas vu, la Conférence de la Paix pouvait encore le comprendre.

C'était à elle, en somme, s'il n'était pas trop tard, que revenaient l'étude et la solution des formidables problèmes financiers que la guerre posait aux hommes d'État chargés des destinées de l'humanité. Tout à la lutte et à l'ardent désir de la voir cesser, on était excusable de les avoir oubliés. Quand on se bat pour la vie, on ne songe pas à sa bourse. Ce n'est que lorsque l'ennemi est à terre qu'on revient à ses intérêts. Versailles allait pouvoir régler librement ce que le président Wilson et les chefs d'État alliés avaient passé sous silence dans leur hâte de faire la paix.

DEUXIÈME PARTIE

LA FAILLITE DE VERSAILLES

CHAPITRE I

LA RUPTURE DE LA SOLIDARITÉ FINANCIÈRE

L'histoire de la Conférence de la Paix a été souvent écrite.

Presque tous les récits qui en ont été faits sont dus à des hommes qui participèrent à ses travaux et qui furent mêlés de plus ou moins près aux fiévreuses études et aux controverses passionnées qui occupèrent à Versailles les premiers mois de l'année 1919.

La plupart de ces relations sont extrêmement intéressantes, non seulement en raison de leur valeur propre, mais aussi à cause du jour particulier que chacune d'elles jette sur ces négociations capitales dont l'histoire reste encore obscure sur plus d'un point. Elles offrent un intérêt supplémentaire par le fait que, malgré l'évident effort d'objectivité de la plupart des écrivains, ces récits constituent presque tous un plaidoyer inconscient en faveur de la thèse de leurs auteurs respectifs, thèse qu'avec la plus grande bonne foi chacun d'eux pouvait considérer comme suivant seule la vérité, mais qui n'en était pas moins destinée à défendre les intérêts et les idées du pays auquel il appartenait, intérêts et idées généralement opposés à ceux des autres nations.

On ne prendrait donc qu'une idée imparfaite de ce qui se passa en 1919 à Versailles si l'on se bornait à consulter les récits de témoins de la même nationalité. Il est essentiel de confronter les témoignages de toutes les parties. Encore se heurtera-t-on souvent à des obscurités, ou à des affirmations manifestement impossibles à concilier. Même plusieurs années après l'édification de la paix, les écrivains de chacun des pays intéressés aux problèmes qui furent évoqués à Versailles n'ont pu modifier le point de vue qui était le leur et celui de leur pays au moment de la Conférence. Ces auteurs sont tout naturellement, pour la plupart, conduits à mettre en pleine lumière le bien-fondé de leur thèse et les arguments qui l'étayaient, et à accorder dans leurs récits moins d'importance aux thèses et aux arguments des autres nations.

C'est pourquoi, si l'on veut se représenter avec quelque précision ce que furent réellement les débats de Versailles, il est absolument nécessaire de se documenter, non seulement chez les écrivains de son propre pays, mais aussi chez les auteurs des autres pays intéressés.

Bien des opinions fausses se sont répandues chez les peuples alliés, avec leur retentissement pernicieux sur la politique de leurs gouvernements, par suite de la méconnaissance de cette règle.

*
* *

On ne peut songer à refaire ici une fois de plus l'histoire de la Conférence de la Paix, même en se bornant à l'activité de cette dernière dans le seul domaine économique et financier.

On devra se limiter aux traits essentiels des négociations, aux étapes décisives qui marquèrent leur évolution. Il est plus important de signaler les thèses en présence, les grandes divergences d'opinion qui se firent jour, la manière dont elles furent conciliées, et d'en souligner la signification et les conséquences, que de relater minutieusement une infinité de petits faits et de détails secondaires, qui ont certes le mérite du pittoresque, mais qui n'eurent d'influence réelle ni sur l'édification de la paix, ni sur les événements qui suivirent.

Il y a deux choses qui frappent avant tout celui qui s'intéresse à ce qui fut fait à Versailles.

C'est d'abord que l'on parut n'y mesurer à aucun moment l'ampleur du problème économique et financier qui se posait devant l'humanité.

C'est ensuite que, à l'exception des délégués américains peut-être, et lorsqu'il ne s'agissait pas des intérêts de l'Amérique, aucun des représentants des peuples alliés ne parut comprendre (1) que les affaires à régler dépassaient les frontières des nations, et avaient même, peut-on dire, un caractère universel. Chacun d'eux ne parut soucieux que des avantages à obtenir pour son propre pays; aucun ne sembla se rendre compte de la solidarité fatale des nations civilisées, de l'impossibilité pour aucune d'elles de prospérer à l'exclusion de ses voisines, et sans la collaboration de ces dernières. Chacun agit

---

(1) Peut-être tous l'avaient-ils compris, mais chacun agit comme s'il ne le comprenait pas.

comme s'il croyait qu'il pouvait assurer le relèvement et la prospérité future de la nation à laquelle il appartenait, tout en laissant les
autres nations se débattre dans le désordre et dans la misère.

La Conférence de Versailles fut en réalité une réunion d'égoïsmes
nationaux. Son histoire est celle du conflit de ces égoïsmes.

Le grand problème financier que les négociat urs de Versailles
allaient avoir à évoquer et à résoudre comportait en tout premier
lieu l'établissement d'un programme de règlement général des engagements internationaux contractés pendant la guerre entre les Alliés.

C'est, en effet, de ce que serait ce règlement que dépendait la solution à donner aux autres questions. Ce n'est que lorsqu'un tel règlement serait établi que chacun pourrait mesurer clairement l'état de
ses finances et que l'on pourrait prévoir les mesures propres à soula-
ger les pays dont la situation financière, quasi désespérée, réclamait
une aide immédiate.

C'est encore à ce règlement général des dettes de guerre qu'était
subordonnée la question de l'indemnité à réclamer à l'Allemagne. Les
États alliés ne pouvaient en toute logique déterminer ce qu'ils entendaient recevoir sans savoir ce qu'ils auraient à payer.

Mais l'importante, la primordiale question des dettes de guerre, que
les Quatorze Points passaient sous silence et qui n'avait fait non plus
l'objet d'aucun arrangement au moment de l'armistice, fut rapidement écartée, comme on va le voir, du programme de la Conférence
de la Paix. La question de la solidarité financière des peuples alliés
fut ainsi esquivée; elle n'a pas été reprise depuis, et c'est là qu'il
faut voir la cause fondamentale du trouble européen.

Tout essai de maintien de cette solidarité financière devait s'appuyer immanquablement sur la générosité des États-Unis d'Amérique.

Or, ces derniers, pendant la guerre même, et malgré le concours sans
prix que leur trésorerie accordait aux peuples européens, avaient
maintenu jalousement leur autonomie financière, faisant certes le
maximum de sacrifices pour arriver à la victoire, mais s'abstenant
soigneusement de rien faire qui pût devenir, soit pendant la guerre
même, soit après la conclusion de la paix, le principe d'un engagement
financier permanent et d'ordre général.

La guerre venait de coûter à l'Amérique 36 milliards de dollars,
dont 27 absorbés par ses propres dépenses et plus de 9 par des prêts
aux Alliés.

Le Parlement américain trouvait que c'était cher, et ne désirait
pas aller au delà.

La dette publique américaine, qui était en 1913 de 223 millions
de dollars, avait presque décuplé.

Les élections, qui s'étaient faites aux États-Unis au mois de novembre 1918, indiquaient clairement que l'opinion publique tendait non seulement à mettre le président Wilson en échec, mais inclinait encore de plus en plus à se désintéresser des affaires européennes.

Les effets de cet état de choses devinrent très nets lorsque le bruit se répandit à Washington, au début de l'année 1919, que la Conférence de la Paix allait aborder la question de la répartition entre les différents Alliés des charges de la guerre.

La réaction américaine fut immédiate et violente. M. Rathbone, ministre adjoint du Trésor américain, avertit les nations européennes, par une lettre adressée le 8 mars 1919 au Haut Commissaire de France aux États-Unis, qu'elles ne devaient pas s'attendre à voir les États-Unis autoriser aucune discussion de ce genre. Cette lettre, qui est restée fameuse, montre avec trop de netteté, et même, peut-on dire, de brutalité, le point de vue américain pour ne pas la reproduire. On en trouvera le texte intégral à l'appendice XIV.

Les Gouvernements européens, qui se trouvaient absolument hors d'état d'envisager le remboursement immédiat de sommes empruntées pendant la guerre aux États-Unis, et qui n'avaient au contraire qu'un seul espoir, la continuation de l'aide financière américaine, se trouvaient dans l'impossibilité de discuter. Débiteurs et ruinés, ils ne pouvaient que céder à la menace, et se taire. L'incident n'eut d'ailleurs pas au moment même d'autres suites, pour la France tout au moins, car, pour l'Italie, il entraîna, dit-on, la suppression brusque des crédits qui lui avaient été ouverts aux États-Unis et qu'elle n'avait pas encore épuisés. Mais tout espoir de voir l'Amérique collaborer au relèvement financier de l'Europe était perdu.

L'Amérique faisait de la question de ses créances de guerre une affaire intérieure, un domaine réservé dans lequel il était interdit aux puissances européennes de pénétrer. Elle s'opposait à tout règlement, à toute discussion même de cette question. La solidarité financière interalliée avait vécu. Tous les projets qui avaient vu le jour pour une répartition équitable des charges de la guerre entre tous les Alliés, et dont certains étaient fort ingénieux, durent être abandonnés.

En fait, on y avait pensé trop tard. C'était pendant la guerre même que des accords eussent dû être conclus. C'était pendant la guerre que chacun aurait dû s'assurer les engagements propres à le sauver au moment de la paix. Nul doute que dans le feu de la lutte, dans l'enthousiasme de la partie où les efforts de tous étaient tendus vers le même but, on avait plus de chances de jeter les bases de la solidarité financière d'après guerre qu'au moment où, les passions refroidies avec le but atteint, chacun faisait ses comptes et gémissait sur ses pertes.

Les Alliés avaient fini par réaliser le commandement unique. N'eussent-ils pu, en s'y prenant à temps, obtenir la caisse unique également?

L'attitude du Gouvernement américain — que n'approuvaient d'ailleurs pas nécessairement ses représentants à Versailles — était sans doute une fatalité de l'heure, une nécessité due à l'état de l'opinion publique aux États-Unis à ce moment. Elle était due aussi à la situation du marché des capitaux dans ce pays. Tout allégement des charges financières européennes eût entraîné évidemment un appel immédiat au crédit sur le marché américain; de bons esprits ont pensé, et pensent encore maintenant, que cet appel eût été voué, à ce moment, à un retentissant échec.

Le président Wilson comprenait fort bien, a-t-on dit, que les États-Unis devaient aider à la reconstruction économique de l'Europe, que c'était à la fois leur intérêt et leur devoir. Mais il se rendait compte que l'on ne pourrait obtenir la collaboration du peuple américain à cette œuvre qu'en lui expliquant à fond tout le problème, dont ce peuple n'avait aucune idée. Toute l'éducation du pays était à faire à cet égard. M. Wilson était d'avis que cette tâche ne pouvait être abordée qu'après la conclusion de la paix et après que les grandes nations européennes auraient prouvé, par leurs propres efforts d'assainissement financier, qu'elles étaient dignes de recevoir l'aide de l'Amérique et que celle-ci ne serait pas fournie en pure perte.

On sait à la suite de quels événements malheureux tout espoir d'une collaboration financière américaine dut être définitivement abandonnée : la maladie du président Wilson, le rejet du Traité de paix par le Congrès des États-Unis, la victoire de la partie de l'opinion américaine se réclamant de la doctrine de Monroë dans toute sa rigueur.

Ce que le président Wilson avait cru pouvoir obtenir de l'opinion publique de son pays, et ce qui en advint, montre à quel point ce grand homme s'était trompé sur l'évolution des sentiments de ses propres nationaux.

Mais que dire des plénipotentiaires alliés, de leurs conseillers et de leurs diplomates, qui traitèrent pendant de longs mois avec le président Wilson et son état-major sans être préoccupés par la pensée que M. Wilson n'était pas un monarque absolu et qu'il ne représentait peut-être pas si solidement qu'il le croyait lui-même le sentiment américain, sans même être effleurés par un doute au sujet de la ratification par l'Amérique de tout ce qu'élaborait en Europe son président?

Le réveil fut terrible.....

Aujourd'hui encore, l'Amérique paraît en somme aussi éloignée qu'en 1919. sinon davantage, de s'intéresser aux affaires européennes (1). L'opinion américaine semble encore être en grande partie hostile à toute intervention en Europe, qu'elle soit d'ordre financier ou de toute autre nature. Les tiraillements continuels dont l'Europe lui a donné le spectacle n'ont fait que confirmer le désir de la grande république de rester à l'écart d'une situation confuse, incertaine, chaotique, et qu'elle ne comprend pas. Mais il est permis de remarquer que les États-Unis ont bien quelque responsabilité dans cet état de choses : les difficultés d'après guerre eussent été beaucoup moindres si les Alliés avaient trouvé l'Amérique auprès d'eux pour signer le Traité de paix et veiller à son application, après que ses représentants en avaient marqué tous les chapitres de leur autoritaire empreinte.

La Conférence de la Paix, à cause de l'état de l'opinion publique américaine, ne put donc même pas aborder le problème de la liquidation financière de la guerre. C'est toujours du fait de l'intransigeance américaine que ce problème reste, aujourd'hui encore, dressé devant l'humanité civilisée dans toute sa formidable ampleur.

Ce que la Conférence de Versailles n'a pu faire, les cinq années qui suivirent n'ont pu le réaliser davantage. Le monde est, aujourd'hui comme en 1919, courbé sous le poids des engagements internationaux gigantesques et des formidables dettes nationales contractés pendant la guerre, et dont rien ne permet d'espérer le règlement.

Ce règlement, qui dépend uniquement de la bonne volonté des États-Unis, ce grand peuple voudra-t-il y collaborer un jour?

*
* *

La question de la solidarité financière des Alliés ainsi écartée du programme de la Conférence de la Paix, laissant intact et sans solution le grand problème de la liquidation financière de la guerre, il ne restait aux négociateurs de Versailles qu'à s'occuper des vaincus, de ce qu'on pourrait leur réclamer, et de la façon dont ils pourraient effectuer les versements qu'on allait leur demander.

La question du remboursement des dépenses de guerre revint bien une dernière fois en discussion à Versailles, comme on va le voir, mais pour être définitivement repoussée.

Le problème de la réparation des dommages occupa à peu près seul, dans le domaine financier, toute l'activité de la Conférence de la Paix jusqu'à la signature du Traité.

---

(1) Malgré certaines apparences. Voir *infra*.

CHAPITRE II

LE PAIEMENT DES DÉPENSES DE GUERRE

Les Alliés, en souscrivant aux conditions de paix formulées par le président Wilson, s'étaient en réalité engagés à ne pas réclamer le remboursement de leurs dépenses de guerre. Seul le coût de la restauration des régions dévastées par les armées allemandes pouvait être mis à la charge des vaincus. Mais, grâce à la petite phrase que M. Klotz était parvenu à faire insérer dans le protocole d'armistice, les Alliés s'étaient réservé le droit, en somme illimité, de formuler ultérieurement n'importe quelle autre revendication. C'est en se basant sur cette réserve que la question du remboursement des dépenses de guerre put être évoquée à la Conférence de la Paix.

C'est le 22 janvier 1919 que la question des réparations, qui devait donner à Versailles plus de travail et plus de peine que n'importe laquelle des autres questions qu'il s'agissait de résoudre, est soulevée pour la première fois. Dès le début l'attitude des différentes délégations est fort nette. Lorsque, au Conseil des Dix, Lloyd George parle, ce jour-là, de « réparations et indemnités » il est interrompu immédiatement par le président Wilson, qui émet l'avis qu'il n'y a pas lieu de parler « d'indemnités », mais uniquement de la « réparation des dommages ». Le caractère restrictif des Quatorze Points se trouvait ainsi confirmé dès le début par leur auteur.

Le 23 janvier, le Conseil des Dix institue une commission chargée d'étudier le montant des réparations à payer par les vaincus, le mode, la forme et les délais de ce paiement, et la capacité des vaincus de l'exécuter.

La Commission plénière des Réparations (1) ainsi créée tient sa première séance le 3 février 1919. Dès le début de son activité la

----

(1) Cette commission plénière était composée comme suit :

Grande-Bretagne : Lord Sumner, Lord Culliffe, J. M. Keynes et C. S. Montagu.
France : Klotz et Loucheur.
Italie : Crespi et Chiesa.
Japon : Tatsumi et Mori.
États-Unis : Norman Davis, B. M. Thomas, W. Lamont et Vance McCormick.

délégation anglaise réclame le remboursement par l'Allemagne des dépenses de guerre, en soutenant que celles-ci se traduisaient en définitive par un fardeau financier qui retombait tout entier sur les populations civiles, populations qui, aux termes des Quatorze Points, devaient être indemnisées de tous les dommages qui leur avaient été causés.

Cette argumentation spécieuse est appuyée par les délégués de la France et par ceux de la plupart des autres nations.

Il est difficile de croire que les délégués français ne comprirent pas à ce moment qu'en étayant la tentative anglaise, ils aidaient à augmenter d'une façon fabuleuse la somme totale à mettre à la charge de l'Allemagne, ce qui aurait pour résultat, non seulement de rendre son recouvrement beaucoup plus aléatoire, sinon impossible, mais encore de diminuer sérieusement la part proportionnelle qui devait revenir à la France. La France, où les dommages à réparer étaient immenses et dépassaient de beaucoup ceux de tous les autres pays, aurait participé pour près des trois quarts peut-être aux paiements allemands si ces derniers s'étaient appliqués uniquement, comme le voulait le président Wilson, aux dommages matériels. Mais si l'on devait y ajouter les dépenses de guerre, les autres nations, et la Grande-Bretagne en premier lieu, arriveraient au partage avec des droits fortement accrus, réduisant la part française dans les versements allemands à une proportion bien moindre que celle qui lui était due sur la restauration matérielle seule.

Faut-il expliquer le fait que les délégués français soutinrent la proposition anglaise d'inclure les dépenses de guerre dans l'indemnité à réclamer à l'Allemagne par la poursuite d'un but d'ordre politique? Ce but était-il de faire peser sur le vaincu la charge la plus grande possible, sans espoir sérieux de pouvoir la recouvrer jamais, mais afin de le maintenir dans les difficultés et la misère, de l'empêcher de reprendre son ancienne prospérité, son ancienne force, et par là même de sauvegarder les destinées futures de la France?

Dès ce moment, la contradiction des desiderata français apparaît, contradiction qui résultait fatalement de la situation dans laquelle les circonstances avaient placé ce pays. Ou bien, percevoir des sommes substantielles sur l'Allemagne, et pour cela charger modérément ce pays et ne pas entraver sa prospérité économique et financière. Ou bien le maintenir dans la misère par le poids d'une dette dont il ne pourrait jamais s'acquitter, et par conséquent l'empêcher de redevenir dangereux, mais abandonner en même temps tout espoir d'en obtenir des paiements importants.

L'attitude des délégués anglais s'explique au contraire très facilement. En se bornant à la réparation des dommages matériels ils n'auraient participé, leur territoire n'ayant pas été envahi, que pour une faible part aux versements allemands. Si l'on introduisait au contraire dans l'indemnité allemande le remboursement des frais de guerre, leur part proportionnelle dans les versements qui seraient effectués en réalité devait augmenter considérablement, quel que fût le caractère douteux du paiement total.

La délégation américaine, s'appuyant sur les conditions de paix formulées par le président Wilson et acceptées par les vainqueurs et par les vaincus, s'opposa fermement à l'inclusion des dépenses de guerre dans les sommes à réclamer à l'Allemagne. Elle soutint la thèse, trop évidente pour ne pas triompher, que les dépenses militaires ne pouvaient à aucun point de vue être considérées comme des dommages causés à la population civile des États alliés.

Quinze jours se passèrent au sein de la Commission plénière des Réparations à discuter ces questions de principe, et chacune des délégations restant sur ses positions, aucun accord ne put être obtenu. C'est alors que le président Wilson, qui à ce moment faisait route vers l'Amérique, fut avisé en mer de l'impasse dans laquelle on se débattait à Paris. Il télégraphia immédiatement que la thèse défendue par la délégation américaine était la sienne, et que le point de vue des autres délégations, étant en désaccord avec ce qui avait été promis aux vaincus, il était impossible de s'y rallier sans manquer aux engagements qui avaient été souscrits.

Cette intervention du président des États-Unis mit fin aux revendications des Alliés relatives au remboursement de leurs dépenses de guerre. Dès ce moment, il était acquis que seule la réparation des dommages serait mise à la charge des vaincus.

*
* *

Si les Alliés européens essayèrent ainsi de comprendre les dépenses de guerre dans la somme à réclamer à l'Allemagne, de même que s'ils firent plus tard les plus grands efforts pour grossir autant que possible le montant des réparations à exiger de cette dernière, c'est évidemment, en partie tout au moins, parce qu'ils se savaient chargés du poids des énormes dettes de guerre, dont l'allégement leur était refusé par les Américains. Sous l'impression des formidables sommes à rembourser, il était logique, jusqu'à un certain point, de chercher à augmenter le plus possible les sommes à recevoir.

Les Américains, au contraire, s'opposaient, et cela fort raisonnablement, à faire rentrer les frais de guerre dans l'indemnité, de même que dans la question des réparations proprement dites, ils cherchèrent à aboutir à un montant forfaitaire raisonnable, et par conséquent relativement faible. Mais en même temps les Américains, si modérés et si clairvoyants quand il s'agissait des revendications de leurs alliés, se refusaient catégoriquement eux-mêmes à envisager tout adoucissement des charges qui, de leur fait, pesaient sur les États européens. Ces derniers étaient en somme mis en demeure de n'exiger de l'Allemagne que le minimum que celle-ci pourrait payer sûrement, tout en étant dûment avertis qu'eux-mêmes devraient s'acquitter intégralement de leurs dettes vis-à-vis des États-Unis.

Le nœud de la question était là.

L'avenir a prouvé que les Américains avaient raison en ne voulant exiger de l'Allemagne que la somme raisonnable que celle-ci pourrait payer, et en demandant à leurs alliés de s'incliner devant la nécessité de faire les sacrifices indispensables. Mais ces sacrifices qu'ils demandaient ainsi aux États européens de consentir, ils se refusaient à les consentir eux-mêmes en annulant ou en réduisant leurs propres créances. Jusqu'à quel point les délégués américains se rendirent-ils compte du caractère injuste de cette prétention ? Jusqu'à quel point comprirent-ils que jamais les nations européennes ne pourraient consentir à réduire leurs créances (1) tant qu'elles resteraient chargées du poids intégral de leurs dettes ?

---

(1) Elles finirent cependant par y consentir, lorsqu'elles furent arrivées à un degré d'esclavage suffisant.

CHAPITRE III

LES PENSIONS

Lorsque le principe du paiement des dépenses de guerre par l'Allemagne se fut heurté au *non possumus* de Wilson et eut été définitivement écarté, les délégués anglais sentirent la nécessité, s'ils voulaient participer à chacun des versements allemands d'une façon quelque peu substantielle, de ne pas borner leurs revendications aux dommages matériels seuls, dommages qui en Grande-Bretagne étaient relativement de peu d'importance. Ils demandèrent donc que la valeur des pensions de guerre fût comprise dans ces dommages.

Les délégués français, bien que la suggestion fut désavantageuse pour eux en ce sens qu'elle diminuait leur participation dans les versements qui seraient réellement exécutés, l'appuyèrent cependant (1).

Après l'avoir combattue longtemps, les Américains finirent par céder : une décisive intervention du général Smuts décida le président Wilson, plutôt par lassitude que par conviction, à admettre finalement que les pensions seraient comprises dans les dommages à réparer par l'Allemagne.

Les Américains paraissent avoir accepté cette infraction aux Quatorze Points pour une double raison. La première est qu'ils sentaient déjà l'étendue et le caractère injuste du sacrifice qu'ils avaient imposé aux Alliés européens en leur refusant le remboursement de leurs dé-

---

(1) Pour les mêmes raisons, probablement, que celles qui avaient incité la délégation française à appuyer la demande anglaise d'inclure les dépenses de guerre dans l'indemnité.

Il faut peut-être souligner ici la distinction qui est à faire à ce point de vue entre la dette totale et chacun des versements qui seraient faits pour son apurement progressif.

En augmentant la dette totale par l'inclusion des pensions, les Anglais augmentent leur pourcentage et les Français le diminuent. Si la dette totale devait être entièrement payée, les Français ne perdraient finalement rien, appliquant à une somme plus forte un pourcentage plus faible. Mais, en attendant, ce pourcentage plus faible leur donnait une part plus faible de chacun des versements successifs. Et comme il était bien certain que jamais la somme totale ne serait payée...

L'intérêt des Anglais était au contraire d'élever leur pourcentage dans chacun des versements, quitte à augmenter dangereusement un chiffre total qui n'avait pas d'importance *pratique* à leurs yeux.

penses de guerre tout en maintenant intégralement à leur charge les dettes qu'ils avaient contractées pendant la guerre envers les États-Unis. La seconde est que le président Wilson, convaincu que la dette de l'Allemagne serait limitée à sa capacité de paiement (1), évidemment inférieure aux dommages à réparer, considérait l'inclusion des pensions comme étant sans importance réelle, et propre seulement à modifier la répartition des versements allemands entre les Alliés, sans pouvoir augmenter le montant total à payer par le vaincu.

La suite se chargea de montrer combien le président des États-Unis se trompait, en ce qui concerne cette seconde raison. L'introduction des pensions dans les réparations augmenta singulièrement le montant total de ces dernières, montant qui fut arrêté finalement, non pas d'après la capacité de paiement de l'Allemagne, mais bien d'après la valeur des dommages eux-mêmes. Dans les 132 milliards de marks-or arrêtés par la Commission des Réparations, le 27 avril 1921, et bien que le détail n'en ait pas été rendu public, on peut estimer que les dommages matériels et les dommages aux personnes (pensions et allocations) interviennent respectivement pour la moitié chacun (2).

Mais les délégués américains avaient senti, en somme, que l'on approchait de la limite des sacrifices que pouvaient faire à ce moment les puissances européennes, à moins que les États-Unis ne consentissent à entrer, eux aussi, dans la voie des concessions. Mais cette voie leur était interdite par l'état de l'opinion publique dans leur pays.

Cette concession faite par la délégation américaine aux desiderata de ses alliés européens devait avoir cependant des conséquences funestes sur la suite des événements.

Si les Américains avaient été aussi fermes sur la question des pensions que sur celle des dépenses de guerre (où leur logique était inattaquable) et sur celle des dettes contractées à leur égard par les Européens (ou leur intransigeance fût et reste inexcusable), le montant total réclamé à l'Allemagne eût été de l'ordre de 65 milliards de marks-or, au lieu d'atteindre la somme trop considérable de 132 milliards. Cette somme, plus raisonnable, eût probablement été acceptée par l'Allemagne sans arrière-pensée, avec la volonté de s'en acquitter, et eût pu faire sans doute l'objet d'arrangements substantiels. Les Alliés eussent été payés.

La limitation de l'indemnité aux dommages matériels eût aug-

____

(1) Les deux thèses en présence à Versailles au sujet de la question des Réparations étaient, l'une, de fixer la somme à exiger des vaincus d'après leur capacité de paiement, l'autre, d'après la valeur des dommages à réparer (Voir *infra*).

(2) Voir *supra*.

menté la part de la France et de la Belgique, pays matériellement les plus atteints, dans les versements allemands. Ceux-ci, plus modérés, eussent été mieux assurés. Les événements de ces dernières années eussent pris une toute autre tournure, la coopération franco-anglaise eût peut-être survécu à la guerre, l'occupation de la Ruhr eût sans doute été évitée, et le monde serait apparemment beaucoup plus avancé dans la voie de l'apaisement et du relèvement économique qu'il ne l'est aujourd'hui.

Ainsi donc, et sans parler ici du rejet du Traité de Paix par les États-Unis (1), il est clair que c'est non seulement par l'intransigeance de l'Amérique dans la question de ses créances de guerre, mais encore par la faiblesse du président Wilson dans la question des pensions, qu'une liquidation convenable de la guerre a été rendue impossible. Les Américains invoquaient des principes de justice idéale, de sacrifices communs dans l'intérêt de la restauration générale du monde civilisé, leur désir de conclure une paix juste, prévoyante, et définitive, basée, non sur la force, mais sur la libre coopération de toutes les nations. Ils prétendaient amener les Européens à s'y conformer et à s'y soumettre, cependant que l'Amérique resterait à l'écart, créancière inflexible, arbitre d'un état de choses conçu et décidé par ses représentants pour les autres États, mais en dehors duquel elle-même était bien décidée à se tenir.

Le sceptre de l'hégémonie que l'Allemagne avait rêvé de conquérir était passé dans les mains des États-Unis.

Aussi bien par l'intransigeance de ses principes que, chose curieuse, par les transgressions que ses représentants y consentirent par faiblesse, l'Amérique est en grande partie responsable du chaos dans lequel se débat actuellement le monde européen, et à l'écart duquel elle se flatte de rester.

Si les faiblesses de ses représentants à Versailles ne sont plus réparables autrement que par la lente action du temps, son attitude figée de créancier implacable peut toujours être modifiée. Il faut espérer que le peuple américain se rendra compte un jour — un jour prochain — que là seulement est le remède au malaise dont souffre depuis cinq ans le monde européen, malaise qui s'étend au lieu de s'apaiser, et s'approche de l'Amérique plus vite peut-être qu'elle ne le croit elle-même.

---

(1) De bons esprits pensent que c'est la non-ratification du Traité par l'Amérique qui est la cause principale de la mauvaise volonté que l'Allemagne a montrée dès le début pour l'exécuter. Il est intéressant de rappeler à cet égard ce que disait au printemps de 1920 M. Alexandre Redlich, rédacteur en chef de la *Vossische Zeitung*, à M. André Tardieu : « L'Allemagne n'exécute pas le Traité, c'est vrai. Mais si elle ne l'exécute pas, c'est la faute des États-Unis qui ont refusé de le ratifier. »

Ces vérités ne trouvent pas leur place dans les communications officielles ni dans les ouvrages des personnalités qui ont été mêlées à la discussion de ces problèmes. Il n'est que plus nécessaire de les mettre en lumière.

*
* *

Insigne faiblesse de la part des délégués américains, l'inclusion des pensions dans les dommages fut de la part des plénipotentiaires européens un acte peu loyal et une faute à la fois.

Quelque révolté que l'on puisse être, plus de cinq ans après la guerre, de la façon à la fois habile et impudente avec laquelle l'Allemagne s'est dérobée presque entièrement au paiement des réparations; quelque navré que l'on puisse être de l'impuissance qu'ont montrée pendant ce temps les Alliés à obtenir de leur ancien ennemi le respect des engagements solennels assumés par lui; quelque mortifié que l'on soit de comprendre qu'on a été trompé continuellement par un vaincu sans remords et par un débiteur sans scrupules, il faut avoir le courage de reconnaître ses erreurs, il faut savoir entendre la vérité, même si elle est importune, même si elle est désagréable. Quelque dure, quelque déplaisante qu'elle soit, la vérité est finalement plus salutaire que n'importe quel pieux mensonge. Les Alliés ont d'ailleurs encore dans leur jeu assez d'atouts pour ne pas devoir craindre de reconnaître qu'ils n'ont pas toujours très bien joué, et qu'ils ont parfois voulu aider le destin en enfreignant quelque peu les règles du jeu. La façon dont l'Allemagne a respecté et exécuté le Traité qu'elle a signé est un tel monument de fraude et de cynisme que les fautes que les Alliés peuvent avoir à se reprocher n'apparaîtraient plus, en regard, que comme des peccadilles, n'étaient les funestes conséquences que ces fautes devaient avoir pour eux-mêmes.

La première de ces fautes, il faut le dire, et bien que grâce à l'attitude énergique de la délégation américaine elle n'eut pas de conséquences, fut de vouloir, au mépris des engagements, mettre à la charge de l'Allemagne le remboursement des dépenses de guerre.

La seconde, dont les conséquences furent autrement graves, et pèsent encore aujourd'hui sur le règlement de la paix, a consisté à ajouter les pensions au montant des dommages que l'Allemagne s'était engagée à réparer. Malgré la fameuse réserve de M. Klotz, il est incontestable que seuls, aux termes des engagements sur la base desquels l'armistice avait été conclu, les dommages matériels devaient être réparés par l'Allemagne. Les Alliés, en y ajoutant après coup les pensions, qui devaient à peu près doubler la somme, ne se conformèrent donc pas avec une entière bonne foi, il faut bien le reconnaître, aux engagements qu'ils avaient pris. Cette déloyauté fut en même temps, comme il arrive souvent, une sottise (1).

Si les Alliés s'étaient bornés à n'exiger, comme ils s'y étaient engagés, que la seule réparation des destructions, la question des réparations — plus facile, car s'appliquant à un montant moins élevé — aurait peut-être pu trouver déjà sa solution définitive; l'Europe eût échappé à bien des difficultés qui, depuis la fin de la guerre, ont entravé son relèvement.

La responsabilité des Alliés en cette matière est grande. Celle des Américains n'a pu être passée sous silence. L'attitude de ces derniers pendant la Conférence de la Paix a empêché celle-ci d'aboutir au règlement financier de la guerre qui était si nécessaire. La seule complaisance qu'eurent les États-Unis, au point de vue financier, pour les nations alliées, a été de consentir à la funeste introduction des pensions dans les dommages à réclamer à l'Allemagne, à cette malhonnêteté et à cette faute qui allait embrouiller considérablement la question des réparations et compliquer singulièrement l'avenir.

----

(1) On doit croire qu'en appuyant la demande anglaise d'inclure les pensions dans les dommages, les négociateurs français ne se rendirent pas compte des conséquences désastreuses que cette mesure allait avoir pour les réparations attendues par leur pays.

Lorsque la dette allemande, de réductions en réductions, finira par ne plus atteindre même le montant nécessaire à la réparation des dommages matériels, l'Angleterre n'en continuera pas moins à participer pour 22 % aux réparations. Alors que les pays comme la France, la Belgique et la Serbie, non seulement auront dû abandonner tout espoir d'être couverts du paiement de leurs pensions, mais n'auront même plus droit aux sommes nécessaires au relèvement de leurs ruines, l'Angleterre continuera, elle, à se voir indemnisée du paiement de ses pensions.

On n'ose supposer que les négociateurs de Versailles s'aperçurent en 1919 du fait qu'ils préparaient le paiement des pensions anglaises avec l'argent qui aurait dû aller à la restauration matérielle de la France,, de la Belgique, de l'Italie et de la Serbie. Mais cet injuste résultat n'en découla pas moins de l'erreur commise à Versailles.

CHAPITRE IV

LES RÉPARATIONS

Dès la signature de l'armistice l'opinion publique des pays alliés, particulièrement en France et en Angleterre, avait réclamé le remboursement intégral par l'Allemagne de tout ce qui avait été dépensé et détruit du fait de cette dernière.

Les élections anglaises du mois de décembre 1918 montrent l'exagération des espoirs des vainqueurs à ce sujet. Lloyd George est réélu triomphalement avec un programme comportant pour l'Allemagne l'obligation de payer « jusqu'au dernier shilling » et imposant à ce pays d'énormes indemnités; il n'était pas question à ce moment de moins de 24 milliards de livres sterling (120 milliards de dollars) (plus de 500 milliards de marks-or).

En France, c'est au cri de « l'Allemagne paiera » que s'étaient faites les élections de 1919, et tout le monde s'attendait à recevoir de ce pays de gigantesques dédommagements.

*
* *

La Commission plénière qu'avait instituée la Conférence de la Paix pour étudier la question des réparations se divisa dès sa constitution en trois sous-commissions : la première avait à définir les dommages à réparer par les vaincus, la seconde devait déterminer la capacité de paiement de l'Allemagne et les modalités d'acquittement de sa dette, et la troisième avait pour mission l'étude des sanctions à prendre éventuellement et des garanties d'exécution à exiger.

Cette division ne correspondait qu'approximativement aux quatre interrogations dans lesquelles peut se résumer en somme, en dehors des garanties d'exécution et des sanctions, toute la question des réparations : Combien? A qui? Quand? Comment?

Combien les vaincus devront-ils payer? Dans quelle proportion ces paiements seront-ils répartis entre les vainqueurs? Sur combien d'années les versements s'échelonneront-ils et quelle sera la valeur des versements annuels? Par quel moyen les paiements allemands seront-ils transférés aux Alliés?

La première question, celle de la détermination du montant à mettre à charge de l'Allemagne, pouvait être envisagée sous deux aspects. Ce montant serait-il le montant réel des dommages à réparer, ou bien serait-il le montant que l'on estimera l'Allemagne capable de payer? Chacune de ces deux thèses trouva à Versailles d'ardents défenseurs, sans que l'une ou l'autre pût être, comme on le verra, définitivement adoptée.

La question de la répartition des versements allemands entre les Alliés ne fut pas réglée non plus.

La dette de l'Allemagne n'étant pas arrêtée, il ne fut pas possible, naturellement, de déterminer ce qui serait payé chaque année. Seule la durée pendant laquelle ces paiements pourraient s'échelonner fut fixée à Versailles.

Quant aux modalités d'acquittement, à la façon dont les versements allemands seraient transférés aux Alliés, aucune solution n'intervint non plus, malgré les controverses passionnées que cette primordiale et difficile question suscita.

****

La sous-commission chargée d'étudier la capacité de paiement de l'Allemagne commence ses travaux le 21 février 1919.

Lord Cunliffe, qui la présidait, interpellé sur l'évaluation anglaise du montant total des dommages, déclare s'en tenir au chiffre mentionné par Lloyd George pendant la campagne électorale (plus de 500 milliards de marks-or).

M. Loucheur accepte ce chiffre, tout en admettant la possibilité de le porter à 800 milliards de marks-or. Il propose d'exiger le paiement immédiat de 20 milliards de marks-or, et le règlement du solde au moyen de 50 annuités de 25 à 30 milliards de marks-or chacune.

Le délégué américain, M. Lamont, parle d'abord d'une somme de 250 milliards de marks-or payable en 35 annuités de 6 milliards. Plus tard, il mentionne un chiffre de 30 milliards de dollars, dont 5 milliards payables avant le 1er mai 1921, et dont une autre partie serait payable en marks allemands.

La discussion s'engage et dure.

Cependant, à la suite de la dernière proposition américaine, le délégué français ne vise plus qu'à élever à 40 milliards de dollars les 30 milliards proposés par M. Lamont, tandis que la délégation britannique déclare ne pouvoir accepter un chiffre inférieur à 47 milliards de dollars. On voit qu'au cours de la discussion les délégations française et anglaise avaient fait des concessions considérables par rapport à leurs demandes primitives. Il est piquant aujourd'hui de remarquer que la délégation française n'était pas à ce moment la plus exigeante.

Quoi qu'il en soit, la sous-commission, malgré de laborieuses discussions, ne peut parvenir à s'entendre sur le montant de la dette allemande. Le Conseil des Quatre, qui avait succédé au Conseil des Dix, la dissout en pratique et la remplace par un Comité restreint composé de MM. Norman Davis (États-Unis), Loucheur (France) et Montagu (Grande-Bretagne).

Ce Comité se met activement au travail. Il dépose son rapport devant le Conseil des Trois (qui avait succédé au Conseil des Quatre), le 20 mars 1919. Ce rapport distinguait nettement d'une part le montant des dommages à réparer, d'autre part la capacité de l'Allemagne de pourvoir à cette réparation. Il chiffrait à 100 milliards de marks-or le montant des dommages dont l'Allemagne devait strictement la réparation aux termes des Quatorze Points. Mais il fixait d'autre part la capacité de paiement de l'Allemagne à une somme comprise entre 40 et 80 milliards de marks-or, payable en vingt ou trente ans.

Néanmoins, en conclusion, le Comité Davis-Loucheur-Montagu proposait de réclamer à l'Allemagne une somme totale de 120 milliards de marks-or, mais dont la moitié seulement serait payable en or et en monnaies étrangères, l'autre moitié pouvant être payée en monnaie allemande. (Cette seconde moitié serait placée, partiellement au moins, en Allemagne, et pourrait en être retirée dans un délai de trente à soixante ans.) Les 60 milliards de marks-or à payer en or et en devises seraient versés, à concurrence d'une vingtaine de milliards, dans le délai de deux à trois ans, au moyen de la liquidation des biens allemands à l'étranger, en y comprenant la valeur des bateaux remis aux Alliés et celle des biens d'État se trouvant dans les territoires allemands cédés à d'autres pays; le règlement du solde, une quarantaine de milliards de marks-or, commencerait cinq ans plus tard et s'échelonnerait sur trente ans.

Dans un mémorandum distinct adressé à Lloyd George, M. Norman Davis faisait d'ailleurs ressortir que les chiffres précédents étaient des maxima qu'il serait périlleux d'exiger en fait. Le danger, selon l'expert américain, existerait aussi bien du côté de l'Allemagne (refus de s'acquitter, avec toutes ses conséquences), que du côté des Alliés (répercussion d'importants paiements allemands sur le commerce de ces derniers).

Cependant la controverse se poursuivait, sans laisser entrevoir la possibilité d'un accord.

Les délégués américains continuaient à plaider pour la détermination d'une somme fixe et assez basse. Cette solution donnait l'avantage d'un règlement rapide et défini, rendant possible une prompte « mobilisation », et susceptible d'exercer une influence favorable sur les finances des nations alliées, dont l'amélioration dépendait en grande partie des paiements escomptés de l'Allemagne. Le fait de s'arrêter à une somme assez basse avait encore l'avantage que l'Allemagne pourrait l'accepter sans réserve et s'en acquitter sans trop de difficultés.

Mais les chefs des Gouvernements européens sentaient de plus en plus la difficulté de se rallier à ce point de vue. La plupart d'entre eux comprenaient bien, d'une part, qu'il serait vain de réclamer à l'Allemagne une somme supérieure à celle qu'elle pouvait payer sans compromettre son relèvement économique et financier, et que toute exigence trop grande, non seulement ne servirait de rien, mais encore ne pourrait qu'augmenter le malaise et le gâchis européens. Mais, d'un autre côté, ils craignaient par-dessus tout de désappointer gravement le sentiment public de leurs pays, fort imprudemment échauffé à cet égard, en fixant le montant des réparations à un chiffre qui, s'il était modéré, serait jugé trop faible.

C'est dans cet état d'esprit que les trouva une idée due à l'un des experts américains, M. John Foster Dulles.

Il s'agissait devant la difficulté, ou même devant l'impossibilité de déterminer dès ce moment la capacité de paiement de l'Allemagne, de s'en abstenir, et de se débarrasser de cette tâche sur une commission permanente qui aurait à y pourvoir plus tard.

MM. Clemenceau et Lloyd George virent dans cette proposition le moyen pratique qui allait leur permettre d'esquiver définitivement la responsabilité qu'ils n'osaient prendre ; le 7 avril 1919 la création d'une Commission des Réparations permanente fut décidée. Les auteurs du Traité se déchargeaient sur elle de l'embarrassante question de la fixation de la dette allemande et des délais et modalités de paiement.

Ainsi donc la dernière des questions se rapportant à la liquidation financière de la guerre, celle qui s'était présentée à Versailles après que tous les autres problèmes financiers avaient été successivement éludés, se trouvait à son tour esquivée par les négociateurs de la paix.

Par le fait de l'attitude américaine, aucun arrangement n'avait pu être amorcé, ni pour les dettes de guerre, ni pour la question des finances publiques des États alliés. La répartition entre les Alliés des dépenses de guerre avait été exclue du règlement. Enfin, la Conférence de la Paix se déclarait impuissante à régler la dernière question qui se posait à elle, la détermination de la somme à réclamer à l'Allemagne.

La faillite était complète.

*
* *

Les grands traits de l'œuvre financière de la paix n'ayant pu être tracés, il ne restait dès lors aux négociateurs de Versailles qu'à s'entendre sur les aspects en quelque sorte secondaires de la question des réparations.

Cette tâche, relativement aisée, fut rapidement menée à bien.

Il s'agissait tout d'abord de définir, plus en détails que n'avait pu le faire le président Wilson, les dommages dont la Commission des Réparations devrait faire le décompte pour en signifier le total à l'Allemagne.

Comme on l'a vu plus haut, on avait pris la malheureuse décision d'inclure dans ces dommages le montant des pensions. La définition des autres dommages ne pouvait pas donner lieu à de grandes difficultés, et elle fut faite sans peine. On la retrouve à l'annexe I à la partie VIII du Traité de Paix.

Parmi les autres mesures qui furent prises par la Conférence à l'égard des réparations, il faut encore citer la décision d'accorder aux Alliés un privilège de premier rang sur tous les biens et ressources de l'Empire et des États allemands (que l'on retrouve à l'article 248 du Traité), celle de stipuler que tous les revenus de l'Allemagne devaient être affectés par priorité aux réparations (§ 12 de l'annexe II à la partie VII), et que le système fiscal allemand devait être proportionnellement aussi lourd que celui de n'importe quelle puissance alliée (§ 12 de l'annexe II à la partie VIII).

Pour la question des modalités d'acquittement, la Conférence prévit toute une série de livraisons, qui font l'objet des annexes III (Bateaux), IV (Fournitures pour la restauration des régions dévastées), V (Charbons), VI (Matières colorantes et produits chimiques et pharmaceutiques) et VII (Câbles), et parmi lesquelles il faut citer particulièrement la construction par l'Allemagne de tonnage maritime au profit des Alliés qui, à ce moment, apparaissait comme fort importante, et les fournitures de charbon, qui constituent encore aujourd'hui le plus clair des prestations allemandes.

En ce qui concerne l'indemnité totale à réclamer à l'Allemagne, si la Conférence ne put aboutir à en arrêter le montant, elle stipula cependant (article 235) le paiement par l'Allemagne en marchandises, or ou devises, avant le 1er mai 1921, d'une somme de 20 milliards de marks-or.

En attendant que l'indemnité fût fixée, l'Allemagne devait remettre immédiatement aux Alliés des bons à concurrence de 60 milliards de marks-or (dont 20 milliards correspondant au versement qui devait être fait avant le 1er mai 1921), et devait s'engager à une nouvelle remise de bons pour 40 milliards de marks-or, bons qui seraient émis dès que l'Allemagne serait en mesure d'assurer le service de la première tranche. (On trouvera ces dispositions à l'article 235 du Traité et au paragraphe 12 de l'annexe II à la partie VIII).

En ce qui concerne les 20 milliards de marks-or qui devaient être versés aux Alliés avant le 1er mai 1921, il importe de remarquer qu'ils ne devaient pas s'appliquer entièrement aux réparations; cette somme devait couvrir également le coût de l'occupation militaire jusqu'à cette date (coût qui, comme on le verra, fut considérable), et le prix des vivres et des matières premières que l'Allemagne aurait été autorisée à importer pendant cette période.

Enfin, les Alliés adoptèrent une série de dispositions relatives à la solidarité financière de tous les vaincus pour le paiement des réparations.

La Conférence de la Paix posa tout d'abord le principe de la responsabilité de l'Allemagne et de ses alliés pour les pertes et les dommages que leur agression avait fait subir aux nations alliées. L'article 231 du Traité de Versailles enregistre cette responsabilité solidaire.

Par contre, les Alliés reconnurent (article 232) que les ressources de l'Allemagne n'étaient pas suffisantes pour assurer la complète réparation. L'article 232 restreint encore la responsabilité de l'Allemagne à la période où elle était en état de belligérance avec les puissances alliées intéressées; l'Allemagne n'est donc pas responsable des dommages causés par un de ses alliés à une puissance avec laquelle elle n'était pas encore elle-même en guerre au moment où le dommage a été causé. Mais elle reste responsable de tous les dommages causés par ses alliés à n'importe quel pays pendant la période où elle-même était en guerre avec ce pays.

Dans les traités conclus avec l'Autriche, la Hongrie, la Bulgarie et la Turquie, certaines responsabilités ont été également mises à charge de ces dernières nations, et certains paiements leur ont été imposés.

L'article 177 du Traité de Saint-Germain (Autriche) a, reproduisant la formule de l'article 231 du Traité de Versailles, commencé par déclarer que l'Autriche et ses alliés étaient responsables, pour les avoir causés, des pertes et des dommages subis par les Gouvernements alliés et associés et leurs nationaux, en conséquence de la guerre qui leur avait été imposée par l'agression de l'Autriche-Hongrie et de ses alliés.

L'article 178 a apporté à cette responsabilité une atténuation semblable à celle de l'article 232 du Traité de Versailles, en reconnaissant que les ressources de l'Autriche n'étaient pas suffisantes pour assurer la complète réparation des dommages, et en n'exigeant la réparation par l'Autriche que des dommages encourus pendant la période au cours de laquelle chacun des Alliés avait été en guerre avec elle.

Mais une restriction pratique plus grande est apportée à la responsabilité de l'Autriche par le troisième alinéa de l'article 179, qui stipule que la Commission des Réparations établira, pour l'Autriche, un « État de Paiements » *de la part de dette qui lui aura été assignée après que la Commission aura estimé si l'Allemagne est en situation de payer le solde du montant total des réclamations présentées contre l'Allemagne et ses alliés et vérifiées par la Commission.*

Des stipulations identiques se retrouvent dans le Traité de Trianon (Hongrie).

Dans le Traité de Neuilly, conclu avec la Bulgarie, une procédure différente a été adoptée : un forfait a été arrêté.

D'après l'article 121 de ce Traité, la Bulgarie reconnaît qu'en s'associant à la guerre d'agression que l'Allemagne et l'Autriche-Hongrie ont engagée contre les Puissances alliées et associées, elle a imposé à ces dernières des pertes et des sacrifices de toutes sortes dont elle devrait assurer la complète réparation. D'autre part, les Alliés reconnaissent que les ressources de la Bulgarie sont insuffisantes pour lui permettre d'effectuer cette complète réparation. En conséquence, la Bulgarie s'engage à payer aux Alliés, qui acceptent, la somme de 2 milliards 250 millions de francs-or comme représentant la réparation dont la Bulgarie est capable d'assumer la charge (1).

Enfin, par l'article 58 du Traité de Lausanne, conclu avec la Turquie, les puissances contractantes et la Turquie ont renoncé réciproquement à toute réclamation pécuniaire pour les pertes et dommages subis par leurs ressortissants (y compris les personnes morales), pendant la période comprise entre le 1er août 1914 et la mise en vigueur du Traité, et résultant, soit de faits de guerre, soit de mesures de réquisition, séquestre, disposition ou confiscation. Seules, dans les « clauses économiques » de ce traité, quelques mesures ont été prévues relativement à la restitution des biens séquestrés ou du produit de leur liquidation.

Cet exposé rapide permet de comprendre que l'Allemagne étant

---

(1) Un arrangement intervenu le 21 mars 1923 entre le Gouvernement bulgare et les Alliés a modifié ces dispositions et a mis en vigueur un état des paiements qui a été exécuté jusqu'aujourd'hui.

débitrice à raison de tous les dommages causés, non seulement par elle, mais aussi par ses alliés (sauf cependant pour les dommages causés par ceux-ci pendant la période où elle-même n'était pas encore en guerre avec la puissance alliée intéressée), et que ses alliés étant également, en vertu de leurs traités respectifs, débiteurs de certaines sommes pour ces mêmes dommages, un double emploi pourrait se produire si chacun exécutait intégralement les obligations assumées par lui. C'est pourquoi l'État des Paiements signifié à l'Allemagne le 5 mai 1921 a stipulé que les 132 milliards de marks-or mis à la charge de celle-ci pourraient être diminués de « toutes sommes reçues d'autres puissances ennemies ou ex-ennemies qui pourront être portées, par décision de la Commission des Réparations, au crédit de l'Allemagne ».

En somme, le montant total de 132 milliards, qui allait être notifié à l'Allemagne le 27 avril 1921, devait comprendre la totalité des dommages causés par celle-ci et par ses alliés. Toutes les sommes qui seront payées par l'Autriche, la Hongrie ou la Bulgarie viendront en déduction de ce montant. Mais l'Allemagne demeure cependant responsable pour la somme totale, c'est-à-dire que si aucun de ses alliés n'effectuait de versements, c'est à elle qu'en incomberait le paiement intégral (1).

Telle fut l'œuvre de Versailles. Après avoir esquivé la solution des grands problèmes qui se présentaient, les négociateurs alliés se mirent d'accord sur toute la série des mesures accessoires que l'on vient de rappeler brièvement et qui constituent la partie VIII du Traité de Paix.

En s'attachant à l'élaboration de ces différentes mesures, fort importantes en elles-mêmes, certes, mais bien secondaires vis-à-vis des grandes questions qu'il aurait fallu régler, les plénipotentiaires alliés avaient en quelque sorte dessiné amoureusement les fenêtres et l'ornementation d'un édifice dont ils avaient été incapables de concevoir la structure et de dresser le plan.

La détermination du montant à réclamer à l'Allemagne n'était pas le seul aspect, ni même l'aspect principal de la question des réparations.

---

(1) En fait, l'Autriche, la Hongrie et la Bulgarie ont jusqu'à présent effectué des paiements de quelque importance, la Bulgarie en espèces, et l'Autriche et la Hongrie au moyen des biens d'État qui se trouvaient dans les territoires qu'elles ont dû céder aux vainqueurs.

Il fallait aussi s'entendre sur la proportion suivant laquelle les versements allemands seraient répartis entre les Alliés, sans en excepter les petits États. Les pertes et les dommages subis par chacun étaient si différents, et surtout si incomplètement recensés à ce moment, l'importance de la participation à la guerre des divers pays était si inégale, que cette répartition présentait beaucoup de difficultés.

Il s'agissait enfin de voir le plus clairement possible de quelle façon l'Allemagne pourrait verser aux Alliés les sommes considérables qui étaient en jeu, et cela sans troubler l'équilibre économique des autres États. Il fallait en résumé dire, non seulement combien il fallait payer, mais encore à qui les paiements iraient et enfin comment ils seraient exécutés.

Mais, pour ces deux dernières questions comme pour la première la Conférence de la Paix n'arriva qu'à éluder les réalités et à esquiver les difficultés.

La répartition des versements allemands entre les Alliés ne put, faute d'accord, être décidée à Versailles. On y édicta toutefois certaines clauses en faveur de la Belgique (1), grâce à l'attitude habile et énergique de M. Hymans, et à l'intervention personnelle du roi Albert, qui, venu de Bruxelles en avion, débarqua inopinément à Paris au moment décisif pour appuyer les revendications belges devant le Conseil de Versailles. Les sommes en cause n'étaient d'ailleurs relativement pas très importantes. Mais, sauf ces prescriptions particulières à la Belgique, aucune décision concernant la répartition des versements allemands entre les Alliés ne put être prise. Ce n'est que l'année suivante que de longs pourparlers aboutirent à un arrangement à ce sujet (accord de Spa : 16 juillet 1920), arrangement dont on s'occupera plus loin, et qui est encore en vigueur aujourd'hui.

La question la plus importante de toutes, et aussi la plus difficile, celle de la manière dont les versements allemands pourraient se faire aux Alliés, et se faire sans inconvénients pour ceux-ci, donna lieu à Versailles à une controverse longue et ardente, mais son étude n'aboutit non plus à aucune conclusion substantielle.

C'est en vain que les principes fondamentaux de l'économie poli-

---

(1) La Belgique était déchargée, indirectement, de sa dette de guerre, qui était mise à charge de l'Allemagne (art. 232 du Traité), mais non cependant de toutes ses dépenses de guerre, comme elle le demandait. Elle devait de plus toucher par priorité une somme de 2 milliards de marks-or sur les versements de l'Allemagne. (A l'heure actuelle, cette somme n'a pas encore été entièrement perçue, par suite de l'importance des sommes absorbées par l'occupation militaire, et par suite aussi des livraisons en nature faites aux autres alliés et dont la Belgique n'a pas exigé, bien qu'elle y eût droit, le reversement en espèces à son profit.)

tique moderne furent invoqués, discutés, commentés. Les problèmes nouveaux qui furent soulevés à cette occasion ne purent qu'être énoncés : aucune solution ne fut trouvée à ce moment, pas plus d'ailleurs qu'à aucune des nombreuses occasions où, depuis cette époque, les mêmes problèmes furent évoqués. La Conférence de la Paix s'occupa bien, on le sait, de livraisons de charbon, de bétail, de navires et de toutes sortes de produits, mais le total s'en montra bien faible vis-à-vis de la grandeur des sommes en jeu. On élabora même, comme on l'a vu, un vaste projet financier d'émission de bons à concurrence de 60 et même de 100 milliards de marks-or, projet tout théorique, qu'on retrouve à l'annexe II à la partie VIII du Traité, mais qui ne put passer du Traité dans le domaine des réalités...

La manière d'effectuer d'importants transferts de capitaux d'un pays à un autre est une des questions les plus délicates qui puissent se poser à l'occasion des rapports financiers des nations entre elles.

En principe, des paiements aussi considérables que ceux qui étaient envisagés doivent donner lieu à des conséquences fâcheuses, aussi bien pour le pays qui les exécute que pour le pays qui les reçoit.

En fait, des paiements de la sorte ne peuvent être effectués qu'en utilisant, ou bien le solde favorable de la balance des comptes du pays qui doit payer, si cette balance présente un tel solde, ou bien les valeurs étrangères détenues par les nationaux du pays débiteur (1).

Encore faut-il, en ce qui concerne ces dernières, que leurs possesseurs consentent à les céder, moyennant paiement dans leur monnaie nationale, à leur Gouvernement, afin que celui-ci puisse en disposer. Il faut évidemment pour cela que gouvernement et population soient désireux, l'un aussi bien que l'autre, de s'acquitter réellement. Si, comme ce fut le cas en Allemagne dès le lendemain de l'armistice, cette volonté unanime de s'acquitter n'existe pas, le portefeuille étranger s'expatrie ou se cache, et l'État ne peut en disposer.

Il ne lui reste alors comme possibilité de paiement que l'utilisation de l'excédent favorable de sa balance des comptes. Cet excédent ne se compose pas uniquement, d'ailleurs, comme on le dit trop souvent, de l'excédent de la balance du commerce spécial, qui est le seul que les statistiques enregistrent. Dans la balance des comptes d'un pays interviennent des éléments multiples (2) qui font que, très souvent,

---

(1) Voir à cet égard les allusions faites plus haut à la façon dont les États européens firent face pendant la guerre à une situation de l'espèce (Iʳᵉ partie, chap. III).

(2) Il faut citer, notamment, en dehors du commerce extérieur spécial, toutes les transactions qui ne sont pas comprises dans ce dernier et qui font partie du commerce général. Il faut citer le bénéfice des transports par chemins de fer, celui des transports maritimes et celui des transports de correspondances et de paquets postaux, le pro-

malgré une balance du commerce spécial défavorable, on se trouve en présence d'une balance des comptes nettement active.

Encore cet excédent d'actif n'est-il réellement disponible pour effectuer les paiements à l'étranger que s'il reste ou rentre réellement dans le pays. Si, à la suite de circonstances politiques ou autres, les nationaux s'abstiennent systématiquement de rapatrier dans leur pays les capitaux et les revenus constitués par eux à l'étranger, et s'ils s'ingénient parallèlement à exporter à l'étranger les capitaux et les revenus qu'ils produisent dans leur propre pays — et ce fut le cas en Allemagne pendant les années qui suivirent la guerre — la balance des comptes cesse fatalement de présenter un solde favorable permettant à l'État d'effectuer des paiements à l'étranger. Ces paiements, dans ce cas, ne peuvent plus être exécutés que par des moyens de fortune, basés tous sur l'offre sans cesse répétée de la monnaie nationale sur le marché mondial. Ces moyens détériorent rapidement cette monnaie et finissent, si leur emploi se prolonge, par la conduire à l'avilissement complet.

On n'élude pas les lois impérieuses qui régissent l'économie des peuples civilisés. Un État, quel qu'il soit, est incapable de faire d'une façon continue des paiements importants à d'autres pays s'il ne reçoit pas la pleine collaboration de ses nationaux. Le devoir d'un gouvernement, désireux de réaliser les engagements internationaux qu'il a contractés, est de faire l'éducation de la population, de faire comprendre à celle-ci que le moindre mal est de collaborer sans réserve avec son gouvernement pour permettre à ce dernier de se libérer.

Quoi qu'il en soit, de cette primordiale question des transferts de capitaux d'Allemagne aux Alliés, la Conférence de la Paix parut ne retenir que les difficultés. En tout cas elle n'apporta aucune vue précise sur cet important sujet. Les experts de Versailles se préoccupèrent surtout de l'aspect négatif du problème, et, négligeant en somme l'étude des moyens à employer pour exécuter les paiements allemands, s'attachèrent à l'analyse des inconvénients que ces paiements pourraient avoir pour l'équilibre économique du monde en général, et en particulier pour l'économie des pays qui les recevraient.

Les hommes de Versailles, dans cette question de transferts de

---

duit des assurances, les dépenses des voyageurs et des touristes, les remises et retour des émigrants, les profits commerciaux, industriels et agricoles réalisés à l'étranger, les bénéfices des spéculations à l'étranger, les bénéfices d'exploitation des succursales et filiales des entreprises nationales établies à l'étranger, les commissions de banques et d'intermédiaires, les dépenses du personnel diplomatique et administratif étranger établi dans le pays, les rentes dotales servies aux étrangères mariées dans le pays, les redevances, offrandes et secours aux institutions et aux nationaux du pays, le revenu des câbles sous-marins et des stations de radio-télégraphie, etc..., etc...

capitaux, ne purent se dégager de la formule que M. Norman Davis avait concrétisée comme suit : « Le problème n'est pas de déterminer ce que l'Allemagne peut payer, mais ce que les Alliés peuvent se permettre de recevoir. »

L'expert américain avait adressé à Lloyd George, au mois de mars 1919, un mémorandum spécial sur cette question. Il y soutenait que le fait d'obliger l'Allemagne à l'économie à outrance (restriction de ses importations, d'où perte pour les Alliés du marché allemand) et à la production intensive (augmentation de ses exportations, d'où concurrence aux Alliés); économie à outrance et production intensive qui étaient toutes deux indispensables au paiement de réparations considérables, pouvait être pour les Alliés la cause de dommages, indirects il est vrai, mais supérieurs aux bénéfices attendus des réparations. M. Davis faisait valoir de plus (et cela avec d'autant moins de raison, semble-t-il, que les Américains encouraient volontairement, en maintenant leurs créances sur les Alliés, le danger qu'ils signalaient à ces derniers quant à l'Allemagne) que l'obligation pour un peuple de travailler durement pendant une génération pour apurer une lourde dette conduirait probablement à une agitation susceptible de troubler la paix et de modifier à tel point l'opinion mondiale que les Alliés eux-mêmes seraient forcés de s'incliner.

Ce second argument n'avait pas la force du premier. L'économiste américain ne pouvait prévoir, il est vrai, ce qui, depuis, s'est passé en Allemagne : l'annulation complète de la dette publique par suite de l'effondrement du mark, annulation qui fait que, même avec la dette Réparations, les finances allemandes sont beaucoup moins obérées, aujourd'hui, que celles des autres grands pays (1).

Mais cette annulation de la dette intérieure ne concerne en fait que la répartition des richesses à l'intérieur de l'Allemagne elle-même. La suppression de toute dette intérieure a été obtenue par le sacrifice total de certaines classes de la population. Il y a eu simplement une redistribution de la richesse entre les individus.

Ce qui est plus important, et ce qui était bien connu déjà au moment de la Conférence de la Paix, c'est que l'Allemagne, n'ayant pu emprunter à l'extérieur pour la conduite de la guerre, s'était vue, à la cessation des hostilités, et à l'encontre de la plupart des vainqueurs, indemne de tout engagement vis-à-vis de l'étranger. C'est là que se trouvait en réalité l'avantage qu'elle avait sur les Alliés. Imposer à l'Allemagne une dette Réparations du même ordre de grandeur que les

------

(1) Voir *supra*.

dettes extérieures des vainqueurs ne consistait finalement qu'à rétablir l'équilibre entre vainqueurs et vaincus.

Quant aux dangers — sur lesquels insistaient tant les Américains — que ferait courir aux Alliés eux-mêmes la réception d'importants paiements allemands, il est assez difficile de les apprécier. Les réactions économiques sont, en cette matière, bien difficiles à prévoir. Cette question est l'une des plus controversées de l'économie politique moderne; seule, semble-t-il, l'experience pourrait montrer jusqu'à quel point ces dangers sont réels. Et l'expérience n'a pu être faite jusqu'ici, les versements allemands n'ayant jamais été assez considérables que pour troubler, plus profondément qu'elle ne l'est déjà, l'économie des peuples alliés.

On ne peut songer à discuter ici en détail la thèse américaine (1), si brillamment soutenue par M. Norman Davis, sur le danger de recevoir de grandes sommes de l'Allemagne. Bien des objections pourraient y être faites, mais le moins qu'on puisse en dire est qu'elle n'embrasse pas l'ensemble de la question.

M. Davis admet implicitement que l'Allemagne ne pourrait s'acquitter qu'au moyen de l'excédent de ses exportations sur ses importations (2). Or, comme on l'a dit plus haut, il existe bien d'autres éléments de la balance des comptes qui permettent à un pays d'exécuter des paiements à l'étranger. De plus, il convient de remarquer que le postulat de M. Davis implique en somme aussi que les paiements ne pouvaient être pris que sur le revenu de l'Allemagne. L'expert américain exclut donc, en la passant sous silence, toute la catégorie des paiements qui peuvent être exécutés au moyen de prélèvements sur la fortune elle-même, sur le capital de la nation, sur la richesse acquise. C'est ainsi, par exemple, que l'État allemand est propriétaire d'un réseau ferré dont la valeur est généralement estimée au chiffre considérable de 25 milliards de marks-or. Cette valeur, sous une forme à déterminer, il n'eût pas été impossible de la transférer aux créanciers alliés. C'est ainsi encore que le Reich et les États qui le composent, possèdent toute une série d'exploitations et de domaines de tous genres, mines, forêts, salines, fabriques diverses, etc. (3), dont

---

(1) Si l'on s'y arrête un instant, c'est parce que, sous des formes diverses, cette thèse exclusive a été, depuis cette époque, inlassablement reprise et développée par un grand nombre de publicistes et d'économistes anglo-saxons.

(2) On doit rappeler ici la confiance toute relative qu'il y a lieu d'attribuer à la valeur des importations et des exportations telle qu'elle résulte des statistiques officielles (voir *supra*), et tout spécialement des statistiques allemandes.

(3) L'ensemble des domaines et des exploitations appartenant au Reich et aux États allemands représente, à l'exclusion des chemins de fer, une valeur de 20 milliards de marks-or environ, dont 4 pour le Reich, 7 pour la Prusse, 3 pour la Bavière et 6 pour les autres États allemands.

la propriété eût pu également être transférée aux créanciers alliés par l'emploi de moyens convenables.

Mais on ne peut songer à insister sur ce point, qui est quelque peu en dehors du sujet du présent ouvrage. Il faut se borner à remarquer que, si la Conférence de la Paix aborda l'importante et fondamentale question des transferts de capitaux, elle ne la résolut pas, et n'apporta même à sa solution aucune contribution substantielle. L'œuvre de Versailles, à cet égard, fut purement négative. Ne s'étant pas prononcée sur ce point fondamental, la Conférence de la Paix ne condamnat-elle pas ceux auxquels elle transmettait sa tâche à bâtir sur le sable tout l'édifice financier des réparations?

Compromit-elle irrémédiablement, en ne mettant pas immédiatement à profit un ensemble de circonstances (1) destiné à disparaître, toute possibilité réelle de réparations? C'est ce qui n'est pas certain, et ce que l'on se propose de rechercher dans la suite de cet ouvrage.

***

Ainsi donc, de même que pour la liquidation financière de la guerre, la Conférence de la Paix aboutit, pour la question des réparations, à un échec total : elle se montra incapable, aussi bien de fixer la somme à réclamer à l'Allemagne, que d'en déterminer la répartition entre les Alliés, et que de prévoir les modalités, la forme et les délais des paiements, ainsi que les mesures à prendre pour que ces paiements ne puissent mettre l'économie générale du monde en péril.

Les Anglais, partis comme on l'a vu de chiffres très élevés, avaient peu à peu réduit leurs prétentions, dans l'appréhension surtout de voir les Allemands refuser de signer le Traité. Mais, le 9 juin 1919, au Conseil des Quatre, Lloyd George déclarait encore que tout chiffre qui n'effrayerait pas les Allemands serait certainement inférieur à celui que Clemenceau et lui-même étaient en mesure de faire admettre par l'opinion publique de leurs pays respectifs. Bonar Law, qui était

---

(1) On a souvent dit qu'en ajournant la solution on l'a compliquée, et que ce qu'on pouvait exiger à Versailles d'une Allemagne terrassée, désemparée et démoralisée par la défaite, il est infiniment plus difficile de l'obtenir maintenant d'une Allemagne ressaisie, restaurée dans ses traditions d'ordre, de travail et d'orgueil national, et où les forces de résistance et de revanche se sont singulièrement développées.

Cela paraît incontestable, et c'est une faute de plus que les négociateurs de Versailles ont commise. Par exemple, au moment de l'armistice, il eût été possible d'exiger la remise du portefeuille étranger détenu par les Allemands, portefeuille estimé à une vingtaine de milliards de marks-or. En s'en abstenant à ce moment, on se condamnait naturellement à ne plus pouvoir y faire appel par la suite.

en contact intime avec l'opinion publique anglaise, lui avait déclaré, disait-il, que la simple énonciation d'un chiffre le faisait reculer, tant les espoirs en Angleterre étaient encore exagérés.

Cela est tellement net que, lorsque M. Brockdorff-Rantzau, président de la délégation allemande à Versailles, eut offert aux Alliés, par sa lettre du 29 mai 1919, un paiement total de 100 milliards de marks-or, ce furent les délégués britanniques qui se montrèrent les plus intransigeants, même après que la délégation américaine eut offert de porter ce chiffre à 120 milliards de marks-or. M. Hughes déclara au Conseil que les demandes alliées étaient « extrêmement modérées », qu'elles « couvraient une fraction seulement de l'obligation totale », et qu'une limitation à 100 milliards ne pouvait être acceptée. Lord Sumner le soutint en déclarant qu'il était « complètement opposé à toute concession » lui aussi.

La doctrine française fut invariablement d'exiger de l'Allemagne la réparation intégrale des dommages qu'elle avait causés, sans avoir égard à sa capacité de paiement, capacité que les Français considéraient, avec quelque raison, comme inévaluable. Les délégués français, vis-à-vis d'une opinion publique que l'on avait imprudemment accoutumée aux plus brillantes perspectives, se trouvaient dans la même situation que les Anglais, et ne tenaient pas plus que ces derniers à inscrire dans le Traité un chiffre qui, quel qu'il fût, soulèverait d'un côté ou de l'autre des clameurs d'indignation.

Quant aux Américains, il faut bien le redire, ils voulaient aboutir à la fixation d'un chiffre, et d'un chiffre raisonnable, mais refusaient de faire le sacrifice — l'annulation ou la réduction de leurs créances — qui aurait permis à leurs alliés de l'accepter.

C'est probablement pourquoi les plénipotentiaires américains cédèrent à Versailles dans la question des réparations, s'en remettant à l'avenir du soin de la régler définitivement. Ils espéraient sans doute qu'avec le temps les revendications des Alliés iraient s'atténuant, et qu'un moment viendrait où, par la force des choses, elles se trouveraient ramenées au niveau qu'eux-mêmes avaient, dès le début, jugé raisonnable. A ce moment, le résultat serait atteint, les peuples européens seraient résignés et s'inclineraient devant les possibilités; et ce résultat aurait été obtenu sans que l'Amérique ait eu aucune concession à faire.

Les événements montreront combien ce calcul était juste. D'abandon en abandon la créance alliée sur l'Allemagne fut sans cesse diminuée, depuis la Conférence de Versailles jusqu'à l'Expertise de 1924. Elle est ramenée en fait aujourd'hui à un montant parfaitement raisonnable, inférieur même à celui qui avait été envisagé par les experts américains à Versailles. Quant aux créances américaines sur l'Europe, elles subsistent dans leur intégralité, ou plutôt, par le jeu des intérêts, elles ont terriblement grossi depuis l'armistice. L'arme des Alliés s'est émoussée et usée; celle des Américains est restée tranchante comme au premier jour.

La Conférence de la Paix n'avait pu résoudre la question de la liquidation financière de la guerre. Elle avait à peine posé le problème. Elle avait laissé à la Commission des Réparations — et à l'avenir — le soin de régler financièrement la paix..., dans la mesure où elle pouvait l'être.

Peut-être, après tout, ne pouvait-elle faire autrement. Peut-être fallait-il laisser aux passions le temps de s'apaiser, à l'opinion publique le délai nécessaire à sa rééducation, de manière à rendre acceptables les solutions modérées qu'en 1919 le monde entier des Alliés eût rejetées avec un furieux mépris.

CHAPITRE V

LES COLONIES

On s'est volontairement borné, dans les pages qui précèdent, à explorer rapidement l'œuvre de Versailles dans le seul domaine financier.

On n'a pas parlé des décisions d'ordre politique que prit la Conférence de la Paix, encore que ces décisions dussent, dans une mesure plus ou moins grande, retentir sur toute l'économie allemande, et par conséquent sur le règlement des réparations.

Privée du charbon de la Sarre, du minerai lorrain, de la houille et de la métallurgie d'une partie de la Haute-Silésie, assujettie à des obligations douanières qui la mettaient au point de vue commercial en état d'infériorité vis-à-vis des Alliés, il est certain que l'Allemagne voyait réduire sa puissance productive et par conséquent diminuer dans une certaine mesure ses facultés de réparer les dommages causés aux Alliés. Toutefois, les immenses richesses minérales et les ressources de toutes sortes qui lui restaient encore rendaient cette perte proportionnellement trop peu sensible que pour compromettre réellement le paiement des réparations.

Mais il n'en est pas de même en ce qui concerne la saisie de toutes les colonies allemandes qui fut décidée à Versailles.

Il faut avoir le courage de comprendre que, comme pour l'inclusion des pensions dans les dommages à réclamer à l'Allemagne, décision qui, doublant l'importance de ces derniers, allait entraver singulièrement la solution du problème des réparations, la confiscation des colonies allemandes fut, non seulement une indélicatesse, mais une faute.

En se ralliant aux Quatorze Points du président Wilson (1), les Alliés avaient adhéré à un règlement impartial et librement débattu de toutes les revendications coloniales. En s'emparant de toutes les colonies allemandes sans distinction, ils donnaient une singulière preuve de l'impartialité à laquelle ils s'étaient obligés. Mais s'ils man-

____

(1) Voir appendice XIII, 5°.

quaient ainsi à leurs engagements, ils allaient de plus à l'encontre de leurs propres intérêts en enlevant à l'Allemagne un des plus précieux instruments qu'elle pourrait utiliser dans l'avenir pour le paiement des réparations.

Il fallait être aveuglé par la cupidité pour enlever à un peuple laborieux et expansif, comptant 60 millions d'individus et s'accroissant d'un demi-million tous les ans, la totalité de ses domaines d'outremer, sans qu'aucune raison historique ou ethnique (1) put d'ailleurs excuser cette totale dépossession. Mais si c'est peut-être là, au point de vue politique, la faute suprême que les Alliés commirent à Versailles, avec la complaisance des Américains, l'erreur au point de vue économique n'était pas moins grande.

On mettait à la charge de l'Allemagne une dette considérable vis-à-vis de l'étranger, dette dont le règlement devait s'étendre sur une longue série d'années, et qui n'admettait, on le sait, que deux modes d'acquittement.

La première façon de voir payer l'Allemagne consistait à saisir et à faire transférer immédiatement aux Alliés toutes les valeurs étrangères qui existaient chez les vaincus au moment de l'armistice. Les Alliés négligèrent d'employer ce moyen au profit des réparations au seul moment où il pouvait avoir de l'efficacité, c'est-à-dire dès la conclusion de la paix (2). En différant la saisie de ces valeurs, on se condamnait évidemment à les voir s'évader ou se cacher définitivement.

La seconde et la seule manière qui restait d'obtenir des paiements allemands consisterait à utiliser le solde disponible de la balance des comptes de l'Allemagne. Or, si ce solde ne dépend pas exclusivement de l'excédent des exportations sur les importations, ce dernier excédent peut en constituer une partie importante, et doit jouer un rôle primordial dans un pays qui est obligé de se livrer pendant longtemps à d'importants paiements à l'étranger.

Il fallait donc éviter avant tout les mesures susceptibles de nuire

---

(1) La cession de l'Alsace-Lorraine, celle des mines de la Sarre et des différents territoires à plébiscite, etc... pouvaient toutes se justifier par des raisons d'ordre historique, géographique, ethnique ou économique. Il n'en était pas de même pour la confiscation des colonies, pour laquelle aucune autre justification ne pouvait être invoquée que le droit pur et simple du vainqueur.

(2) On verra plus loin que si l'emploi de ce moyen de paiement fut oublié pour les réparations, on s'en souvint à propos lorsqu'on décida comment l'Allemagne devrait payer les denrées alimentaires et les matières premières que l'on allait lui fournir pour une valeur de plusieurs milliards de marks-or. Il est vrai que le paiement par l'Allemagne des marchandises qu'on allait lui vendre devait aller principalement aux Américains et aux Anglais!...

gravement dans l'avenir à la balance du commerce allemand. Le rôle général des domaines coloniaux — fournisseurs de denrées alimentaires et de matières premières, et consommateurs des produits métropolitains — est des plus importants à cet égard. En enlevant toutes ses colonies à l'Allemagne on le méconnaissait singulièrement. On diminuait pour l'avenir dans une mesure très sensible les possibilités pour l'Allemagne de payer les réparations. Ces possibilités diminuant, la volonté de payer, par une réaction psychologique fort naturelle, devait diminuer parallèlement.

Il est singulier d'observer que, par la suite, à chacune des nombreuses occasions où l'on a agité dans les conseils internationaux les questions de la reconstruction du monde et du rétablissement définitif de la paix, aucune voix autorisée ne s'est élevée pour déclarer que l'un des éléments importants de cette œuvre était la restitution à l'Allemagne d'une partie des domaines d'outre-mer qui lui ont été arbitrairement enlevés. Le silence persistant qui enveloppe la question coloniale provient-il du fait que c'est l'Angleterre qui devrait faire principalement les frais de cette restitution?

On a parlé inlassablement pendant cinq ans, du côté anglo-saxon, de la misère de l'Allemagne, de l'impossibilité dans laquelle elle se trouve de faire d'importants versements aux Alliés, de l'exagération et de l'inopportunité des revendications françaises, de la nécessité de réduire au minimum, sinon à presque rien, les sommes que l'on exigera désormais du vaincu. Mais c'est toujours des Français, des Belges, des Serbes, des Italiens, de toutes les victimes des ravages et des destructions, que l'on exige les renoncements et les sacrifices que l'on dit nécessaires à la paix. Cependant la restitution à l'Allemagne d'une partie des territoires d'outre-mer dont elle a été dépossédée aurait, elle aussi, une action très favorable sur la question des réparations et sur l'apaisement général qui en dépend. Cette restitution donnerait encore d'une autre manière, il est à peine besoin d'y insister, une garantie de paix future que l'on ne saurait trouver nulle part ailleurs.

Il est certain, en effet, que le phénomène originel, la cause profonde de toute guerre moderne, de celle qui vient de finir comme de celles qui se préparent, réside dans la disproportion qui existe entre la population de certains États et leur surface cultivable, dans la rupture de l'équilibre indispensable entre le nombre des habitants et la capacité nutritive de l'habitat.

La population rapidement croissante d'un pays comme l'Allemagne ne lui laisse que le choix entre l'émigration en masse et la surindustrialisation. Le sens de ce choix n'est guère douteux.

Aucune grande nation, puissante et prospère, consciente du degré de culture et de civilisation auquel elle est arrivée, ne saurait consentir indéfiniment à d'autres nations concurrentes — et qui serait assez fort pour le lui imposer? — le don gratuit de sa main-d'œuvre, de ce « matériel humain » aussi précieux pendant la paix que pendant la guerre. Aucune nation ne saurait se résigner à voir se dénationaliser, au profit des nations rivales cet excédent de population que des circonstances injustes l'empêchent de nourrir.

Seule la possession de colonies de peuplement, larges et nombreuses, et dotées de toutes les possibilités d'avenir, peut amener une nation prolifique à réaliser ses propres destins dans la paix.

Faute de débouchés de l'espèce pour sa population trop nombreuse, un grand État civilisé ne peut trouver d'autre salut que dans l'incessant développement de son industrie. C'est le prix retiré du travail de ses ouvriers, travail vendu à l'étranger sous la forme de produits de toute espèce, qui lui permettra de les nourrir, de combler par des achats à l'étranger l'insuffisance de l'agriculture nationale.

Mais cette surindustrialisation croissante porte en elle-même ses limites et ses inconvénients. L'importation de denrées alimentaires et de matières premières, pain de l'ouvrier et pain de l'usine, obligent de plus en plus impérieusement le pays qui s'y livre à une exportation sans cesse accrue des produits de son travail. Il faut exporter, sous peine de ne pouvoir importer. Il faut exporter ou périr. Il faut trouver sans cesse de nouveaux acheteurs, vaincre la concurrence des autres nations, développer ses marchés, en rechercher de nouveaux.

Devant la surindustrialisation de la plupart des pays civilisés du monde, la production augmente plus vite que la consommation, la concurrence se fait plus âpre, les marchés se saturent peu à peu. Et l'exportation des marchandises, comme celle des hommes, conduit finalement aussi au besoin de colonies. Seules les colonies apparaissent capables de fournir à leur métropole, en même temps que les denrées alimentaires et les matières premières qui leur manquent, les marchés pratiquement illimités qui, en absorbant le trop-plein de leurs industries, leur permettront de faire vivre leurs ouvriers.

L'incompressible besoin d'expansion d'une nation à forte natalité ne peut être satisfait que par l'émigration aux colonies, soit des hommes en surnombre, soit des produits de leur travail. En méconnaissant complètement cette loi impérieuse du monde moderne, les négociateurs de Versailles méconnurent singulièrement, et les engagements qui avaient été pris, et les possibilités des paiements qu'ils allaient exiger de l'Allemagne, et les conditions même de la stabilité de la paix qu'ils élaboraient.

Il faut bien ajouter que, si la restitution des colonies allemandes est une nécessité à laquelle on ne saurait se soustraire sans compromettre à la fois les réparations et la paix, elle n'entraînerait d'inconvénients réels, ni pour l'économie mondiale, ni même pour les puissances qui ont bénéficié de la confiscation. Nul ne peut contester que les domaines coloniaux de la France et de l'Angleterre sont bien suffisants pour combler l'activité de ces nations, et qu'il ne peut qu'être salutaire et profitable à tous d'admettre l'Allemagne à concourir, elle aussi, à la mise en valeur des pays neufs.

Il faudra bien comprendre un jour que c'est une absurdité **que** d'espérer une paix durable tant qu'on tiendra comprimés dans des frontières trop étroites, sur une terre qui ne peut les nourrir, 60 millions d'hommes qui sont parmi les plus actifs, les plus entreprenants et les plus prolifiques du monde.

TROISIÈME PARTIE

DE VERSAILLES A LA RUHR

CHAPITRE I

AU LENDEMAIN DE VERSAILLES

Cinq mois et demi avaient dû suffire à l'élaboration du Traité de Versailles. Plus de six mois s'écoulèrent entre sa signature et son entrée en vigueur.

Le Traité devait avoir force exécutoire dès que le dépôt des ratifications de l'Allemagne et de trois des principales Puissances alliées aurait été effectué à Paris.

Remis aux plénipotentiaires allemands le 7 mai 1919, et signé par eux le 28 juin, il est approuvé par le Parlement allemand le 16 juillet.

Les parlements français, italien et britannique, le ratifient entre le 3 et le 10 octobre suivant. Mais ce n'est que trois mois après, le 10 janvier 1920, que les ratifications de la France, de la Grande-Bretagne et de l'Italie sont déposées à Paris, en même temps que celles de la Belgique, du Japon et de huit autres signataires.

A la date du 10 janvier 1920 le Traité entre donc en vigueur.

Bien qu'il en ait été saisi par le président Wilson dès le 10 juillet 1919, ce n'est que le 19 mars 1920, deux mois après son entrée en vigueur, que le Sénat américain procède au vote. Quarante-neuf sénateurs se prononcent pour la ratification et trente-sept contre elle. La majorité absolue du Sénat est donc acquise. — Mais la ratification des traités requérant le consentement des deux tiers des sénateurs votants, le Traité de Versailles est en fait rejeté par les États-Unis.

C'est en vain que M. Wilson oppose à cette décision son veto présidentiel. Le Congrès s'ajourne sans que la question soit évoquée à nouveau.

Bientôt après, le mandat du président Wilson prend fin. M. Harding le remplace le 3 novembre 1920.

Le 30 avril de l'année suivante, deux ans et demi après la fin de la guerre, le Sénat américain rétablit enfin officiellement la paix entre les États-Unis et l'Allemagne. La résolution qu'il vote à cet effet réserve tous les droits que le Traité de Versailles attribuait aux États-Unis. Mais, tandis qu'ils se prévalaient ainsi du Traité de Versailles dans toute la mesure où il leur conférait des avantages, les États-Unis (par une contradiction dont le moins qu'on puisse dire est qu'elle était juridiquement fort critiquable) déclaraient dans la même résolution n'accepter aucun des engagements qui en résultaient pour eux.

Quatre mois plus tard, le 25 août 1921, le Traité de Paix entre l'Allemagne et l'Amérique est signé à Berlin.

Les Américains s'étaient ainsi définitivement désolidarisés d'avec les Alliés. L'Amérique ne se reconnaîtra désormais plus avec l'Europe — celle de ses anciens alliés comme celle de ses anciens ennemis — d'autres affinités que celles que commanderont ses finances et son commerce.

Les Alliés, pour la mise en œuvre du Traité de Versailles, n'avaient donc plus à espérer l'appui de leur ancien associé : ils ne pouvaient plus compter que sur eux-mêmes.

Néanmoins ils eussent peut-être réussi, s'ils avaient pu maintenir leur union, à tirer quelque chose de l'imparfait et incomplet instrument de Versailles.

Mais, dès les premières années de la paix, c'est un étrange spectacle — encore qu'on put le prévoir — qui va s'offrir. On va voir se succéder les résistances de l'Allemagne, le fléchissement des principes de la paix, le revirement britannique, le relâchement de l'alliance, la désunion, l'impuissance et l'inertie des vainqueurs. Dès la Conférence de la Paix, la solidarité financière des Alliés, par la volonté américaine, avait été rompue. On assistera bientôt, par la retraite de l'Angleterre, à la dissolution de leur solidarité politique.

La guerre, pour qui savait comprendre, n'avait été qu'une parenthèse (1) : la victoire n'avait pas altéré profondément les fatalités européennes préexistantes à la guerre et qui en avaient été la véritable cause. Ou, si elle les avait modifiées, ce n'avait pas été au bénéfice du vainqueur français. La France, liée au début du XXe siècle à un État à la fois énorme et anarchique qui devait disparaître dans la tourmente, et à un autre État ayant ses vrais intérêts hors d'Europe et dont le concours ne pouvait être qu'occasionnel, la France

____

(1) On se rappelle le mot du ministre belge Woeste, qui fit scandale à l'époque; mais dont on méconnut peut-être la profonde signification.

se retrouvait, après comme avant la victoire, en face de l'Allemagne
mais sans la Russie et bientôt sans l'Angleterre.

Replacée devant le même danger, la France avait perdu, avec la
guerre, les alliances capables de la neutraliser. Les bénéfices de la
victoire ne pouvaient être assez grands pour compenser cette perte.
Ces bénéfices ne seraient même pas suffisants pour équilibrer la diminution de puissance que la guerre'avait en réalité infligée à la France.

Ce peuple à natalité ralentie avait perdu 1.400.000 hommes représentant 3,6 % de sa population, alors que son prolifique adversaire
qui en avait laissé 1.600.000 sur les champs de bataille, n'avait vu sa
population diminuer de ce fait que de 2,6 %. La guerre, loin de rétablir
l'équilibre des masses, avait donc accentué l'avantage numérique de
l'Allemagne, cet avantage primordial que rien ne peut venir balancer.

Dès le début des hostilités la plus grande partie des mines et des
principales industries françaises avaient été occupées par l'ennemi.
La France, privée de la quasi-totalité de ses ressources économiques,
s'était vue contrainte d'acheter à ses alliés, le plus souvent à crédit,
les moyens matériels de poursuivre la guerre; elle était tombée ainsi
sous la dépendance financière de ses amis. Cette dépendance, se faisant de plus en plus lourde, allait survivre longtemps aux causes
qui l'avaient engendrée. La politique française, aujourd'hui encore,
en a perdu sa liberté. La victoire a transformé la France d'avant-
guerre, indépendante et libre d'engagements, en un État débiteur,
gêné, demi-vassal de ses créanciers anglo-saxons.

Ce n'est pas tout. C'est la France, le pays vainqueur, qui avait
servi de champ de bataille à tous les peuples en guerre, qui avait été
envahie, dévastée, abîmée, ravagée, ruinée. Le vaincu, l'Allemagne,
était indemne. Certes, il y avait les Réparations. Mais la guerre longue,
épuisant le peuple allemand comme le peuple français, n'avait-elle
pas, en même temps qu'elle accroissait le déficit de celui-ci, diminué
les facultés réparatrices de celui-là, rendant de plus en plus précaire
l'espoir d'une indemnité substantielle? Enfin, si, malgré tout, la
France parvenait à obtenir du vaincu des paiements importants, ces
paiements ne seraient-ils pas absorbés, pour la plus grande part, par
le remboursement des dettes contractées pendant la guerre envers ses
alliés? Quoique vainqueurs les citoyens français, après avoir en somme
payé la guerre de leurs propres deniers, n'allaient-ils pas encore se
voir contraints de payer eux-mêmes la restauration de leur territoire
ravagé par les vaincus?

Singulière victoire, en vérité, que cette victoire française! Mais,
quelque singulière qu'elle soit, il va falloir l'exploiter. De si piètres
conjonctures, de tant de circonstances contraires, d'un traité si

médiocre, il va falloir dégager les éléments de la paix française et du repos de l'Europe.

Or, au lieu de mettre en commun leurs efforts, les Gouvernements alliés s'engagent dès l'abord sur des voies divergentes.

Par la volonté des Anglo-Saxons le désordre des changes est immédiatement déchaîné, introduisant dans les relations économiques internationales un trouble sans remède.

Dans leur effort d'adaptation à la paix, certains peuples se mettent à réparer leurs richesses détruites, et s'endettent. D'autres paient leurs dettes, et s'occupent à restaurer leurs finances. D'autres encore, au moyen d'audacieuses manœuvres, se libèrent de leurs dettes par la faillite.

Les premiers affaiblissent leur monnaie pour rétablir leur activité économique. Les seconds, pour rétablir leur monnaie, écrasent leurs industries d'impôts nouveaux et voient naître le chômage. Les derniers sacrifient délibérément leur monnaie et en profitent pour équiper à neuf leur industrie et infuser une vie renouvelée à leur commerce.

L'Amérique s'étant retirée de la scène, c'est entre la France, l'Angleterre et l'Allemagne, que la partie va se jouer.

Elle s'engage immédiatement.

La Grande-Bretagne, qui avait été, à Versailles, la plus ardente à réclamer à l'Allemagne les indemnités les plus énormes, ne tarde pas à changer radicalement de politique.

Alors que les peuples continentaux entament laborieusement le relèvement de leurs ruines, l'Angleterre, qui a vu la flotte de guerre allemande disparaître à Scapa Flow, qui a reçu la plupart des anciennes colonies et une grande partie de la marine marchande du vaincu, estime que celui-ci, d'une part, a donné tout ce qu'il pouvait et, d'autre part, se trouve désormais hors d'état de nuire. Le peuple anglais, qui n'a pas de régions dévastées à reconstruire et que les réparations n'intéressent plus guère, non seulement se montre de plus en plus nonchalant à collaborer à la poursuite de ces dernières, mais bientôt s'y déclare résolument hostile, en s'opposant en toutes circonstances aux revendications françaises.

Quels peuvent être les motifs de cette attitude nouvelle, qui n'est qu'à première vue surprenante?

Le changement d'attitude de la Grande-Bretagne, que l'on voit se dessiner dès la signature de la paix, a exercé sur l'histoire de ces dernières années une action trop décisive pour qu'on s'abstienne d'en rechercher les principaux mobiles. On ne saurait comprendre sans cela la suite des événements, et leur impitoyable logique.

Les Réparations, qui sont désormais l'un des deux grands soucis de

la France, l'autre étant celui de la sécurité, les Réparations n'ont plus
pour la Grande-Bretagne, on l'a vu, qu'une importance secondaire·
Avec l'anéantissement de la puissance maritime et coloniale allemande les buts de guerre anglais ont été pleinement atteints. Pour
le surplus, l'Angleterre, dont le territoire est resté intact, n'a pas de
restauration matérielle à entreprendre ni à financer; il lui reste uniquement à payer des pensions, dont le montant décroît d'ailleurs
rapidement. Le problème essentiel auquel a à faire face la politique
anglaise est donc bien différent du problème français, et même s'y
·oppose. D'une part, il s'agit de reconstituer le commerce britannique,
dont la décadence, commencée dès avant la guerre, s'accentue; il
faut en même temps — problème connexe — parer au chômage,
cette rançon trop coûteuse de l'orgueilleuse politique financière
poursuivie depuis l'armistice. D'autre part, il s'agit de rétablir un
équilibre continental rompu par la défaite allemande : il faut neutraliser la nation européenne devenue la plus forte, l'empêcher de
menacer la puissance et la liberté d'action de la Grande-Bretagne,
dont le souci principal est du côté de ses intérêts impériaux.

On retrouve donc avant tout la séculaire politique britannique qui
consiste — à travers toutes les apparences — à faire obstinément
échec en Europe à la nation la plus puissante. A ce moment, cette
nation est la France, une France affaiblie par ses pertes, mais encouragée, tonifiée, par la victoire. Il faut l'empêcher de se relever trop
vite, de se pénétrer de sa puissance, de devenir dangereuse, de vouloir
s'affranchir de la tutelle britannique, de viser à l'hégémonie européenne. Le meilleur moyen, le seul même qui, tout en étant immédiatement disponible, soit efficace, est de s'opposer à tout ce qui peut
diminuer les embarras financiers dans lesquels la France se débat.
La détresse des finances françaises est devenue le meilleur atout du
jeu anglais. Il ne faut pas secourir cette détresse. Il ne faut donc pas,
en tout premier lieu, permettre que l'Allemagne fasse à la France des
paiements importants. Il faut empêcher les Réparations.

A l'issue des hostilités, rentrée dans son île, ayant recouvré son
calme, l'Angleterre s'est mise à réfléchir à toutes ces nations continentales dont l'une ou l'autre tenta toujours, au cours des siècles, d'of-
fusquer la puissance britannique : l'une de ces nations, qui fut si
redoutable pour la flotte et le commerce britanniques, est maintenant terrassée; les autres, alliées de l'Angleterre dans le conflit qui
l'a débarrassée de la marine et de la concurrence allemandes, sont
quasi ruinées; elles ont toutes été ravagées par suite de quelque erreur ou de quelque retard. La France ayant servi à abattre l'Allemagne, et l'Allemagne à ruiner la France, tout est bien désormais :

l'Angleterre règne en Europe sans conteste et sans craintes. Tel est le présent. Mais l'avenir aussi doit être prévu. Or, des deux dangers futurs qui se présentent à l'intelligence anglaise, l'un, le relèvement de l'Allemagne, n'est pas imminent. L'autre, le rétablissement français, va s'opérer pour ainsi dire sous ses yeux. La Grande-Bretagne a choisi. La crainte d'une France redevenant trop rapidement prospère la pousse à tendre à l'Allemagne, contrepoids historique de la puissance française, une main secourable.

Mais à côté de la nécessité, primordiale à ses yeux, et qui conditionne toute sa politique, de neutraliser l'une par l'autre les deux plus puissantes nations continentales, d'autres raisons la poussent encore à s'opposer au règlement des Réparations.

Le paiement de sommes considérables doit obliger en effet l'Allemagne à développer jusqu'à la limite des possibilités sa production et ses exportations. L'Allemagne y sera aidée par les conditions de travail très favorables qu'elle a su maintenir chez elle à travers toutes les difficultés. C'est une concurrence formidable qui se dessine ainsi pour le commerce anglais, et l'Angleterre ne tarde pas à le comprendre. Elle sait aussi que les anciennes colonies allemandes sont des débouchés commerciaux que l'Allemagne regrettera toujours, que les matières premières coloniales que l'Allemagne achète actuellement dans les colonies anglaises, elle cherchera fatalement tôt ou tard à les retrouver dans des colonies allemandes. Il faut donc tout faire pour éviter de stimuler la production allemande d'une part, pour rendre moins impérieux d'autre part pour l'Allemagne le besoin de reconquérir ses anciennes colonies. Ce double but ne peut être atteint qu'en débarrassant l'Allemagne des Réparations.

Cependant cette politique n'est pas sans inconvénients. Si l'Allemagne est une concurrente, elle est aussi une cliente, et même, avant la guerre, la principale cliente du commerce britannique. S'opposer au règlement des Réparations, c'est perpétuer le conflit entre la France et l'Allemagne, conflit aussi propre à entraver le relèvement de l'Allemagne que celui de la France. C'est donc priver le commerce britannique du rétablissement de ses deux plus précieux marchés, de ses deux meilleurs clients.

On voit que l'Angleterre n'a pu faire longtemps le rêve impossible d'une Allemagne ayant une monnaie stable et un budget équilibré, et malgré cela dépendante de la finance britannique, d'une Allemagne achetant mais ne vendant pas, consommant des marchandises anglaises sans produire elle-même des marchandises pouvant concurrencer ces dernières sur le marché mondial. On voit quel est le dilemme dans lequel la politique anglaise s'est trouvée enfermée.

Ou bien se prêter au paiement des Réparations, ce qui suppose le relèvement de l'Allemagne et, en même temps, concourt au relèvement de la France. Enrichir ainsi, pour le bénéfice de son propre commerce, ses meilleurs clients. Mais en même temps se créer de redoutables concurrents (1).

Ou bien perpétuer, en s'opposant aux Réparations, les difficultés chroniques entre la France et l'Allemagne, empêcher l'une et l'autre de se relever, les laisser toutes deux en proie au désordre économique et financier. Éviter ainsi leur concurrence, régner en maître sur le commerce du monde. Mais du même fait, maintenir dans la misère, au détriment de son propre commerce, ses deux principaux acheteurs.

L'Angleterre semble pour le moment, et quels que soient ses inconvénients, avoir pris ce second parti. C'est lui qui éclaire l'histoire de cette paix précaire sous laquelle gémit l'Europe depuis cinq ans.

On se rappelle que dès la Conférence de Versailles les délégués allemands avaient protesté notamment contre les conditions financières qui leur étaient imposées par les Alliés, et qu'à ce moment c'était chez les plénipotentiaires britanniques que leurs protestations avaient trouvé le moins d'écho. Un an plus tard la Grande-Bretagne s'est déjà rangée à l'avis de l'Allemagne et en a épousé la cause. Dans les Conseils des Alliés le vaincu a désormais un avocat.

*
* *

On oublie trop souvent que chaque peuple est prisonnier des fatalités de ses origines, de son histoire, de sa position géographique, de ses caractères ethnographiques, de son climat, de ses religions, de ses mœurs...

Envisagée à la lumière de cette vérité, une politique, quelle qu'elle soit, ne requiert ni l'approbation ni le blâme. Elle n'appelle que l'explication.

Si l'on y réfléchit, l'attitude de l'Angleterre est non seulement compréhensible, mais encore conditionnée tout entière par les circonstances mêmes de l'existence britannique en face des autres peuples d'Europe. Il s'agit de la comprendre. Il serait vain de la louer ou de la blâmer. Il faut la prendre comme un fait auquel on ne peut rien

---

(1) Dans une interpellation au Parlement anglais, Sir Philipp Lloyd Greame, président du *Board of Trade* (ministre du Commerce), dans les cabinets Bonar Law et Baldwin, pouvait dire, en juin 1924, avec l'approbation du Parlement entier :

« Le règlement de la question des Réparations va amener un développement formidable de la capacité productive de la France, de la Belgique, de l'Italie et de l'Allemagne. Dans ce cas, le commerce anglais va se trouver aux prises avec une concurrence terrible. »

changer, mais dont il s'agit uniquement de tenir compte pour le développement de sa propre conduite.

Ce qui paraîtra plus surprenant, lorsqu'on passera en revue les
principaux événements qui, dans le plan économique et financier,
se sont déroulés en Europe depuis la fin de la guerre, c'est dans quelle
mesure et avec quelle régularité cette politique anglaise, systématiquement hostile aux revendications et aux efforts français, a constamment prévalu. On s'expliquera avec peine l'immuable et monotone
persistance avec laquelle les désirs français, même les plus justes,
même les plus légitimes, même les plus impérieux, ont constamment
avorté devant l'opposition britannique.

Si les mobiles de la politique anglaise sont relativement faciles à
démêler, à quoi faut-il attribuer les causes de son incessant triomphe,
les causes de l'éternel échec dé la France?

Il faut bien reconnaître que le principal défaut de toute la politique étrangère française depuis la fin de la guerre a résidé dans son
ambiguïté et dans son indécision. Le flottement continuel de cette
politique vis-à-vis de l'Allemagne se révèle non seulement dans les
moyens, ce qui ne serait que trop important, mais même, chose infiniment plus grave, dans le but. Une conception unique, claire et
définitive de ses objectifs, des chances de les atteindre et des moyens de
les réaliser, paraît lui avoir toujours manqué. La France a fait trop
longtemps ce rêve contradictoire, d'une Allemagne assez prospère
pour payer les Réparations, assez faible pour n'être pas dangereuse.
Elle n'a pas su choisir définitivement entre ces deux conditions, ni
comprendre ce que la seconde avait d'irréel.

Tantôt, c'est la question des Réparations qui domine les préoccupations françaises. Tantôt c'est la considération de la sécurité qui
prévaut.

Parfois, c'est la force qui paraît seule susceptible au Gouvernement
français de vaincre la mauvaise volonté allemande. Parfois, au contraire, ce Gouvernement ne met son espoir que dans des négociations
et des ententes.

Lorsqu'on songe à des pourparlers avec l'Allemagne, ils apparaissent à certains moments ne pouvoir se dérouler que de commun
accord avec l'Angleterre. A d'autres moments, on considère au contraire que le tête-à-tête franco-allemand sera plus profitable.

Tantôt l'on considère l'Allemagne comme un bloc unique, unani
mement dressé contre les conséquences de sa défaite. Tantôt on
distingue plusieurs Allemagnes, et l'on sourit à une Allemagne répu-
blicaine et démocratique dont on croit pouvoir tout attendre.

Mais si ce sont les partis démocratiques qui semblent à certains moments les seuls susceptibles de mériter la confiance, si c'est un Gouvernement Wirth que l'on soutient, à d'autres on croit plus efficace et plus utile de nouer des relations avec la grande industrie, et l'on attend tout d'un Cabinet Cuno.

Aux époques de grande maladresse, c'est même aux conservatismes et aux particularismes locaux que l'on s'adresse, et l'on sait de quelle manière suspecte et avec quel pénible insuccès.

En somme, depuis la fin de la guerre, la France n'a jamais su choisir ni son but, ni ses moyens, et s'en tenir fermement à son choix.

Et cependant la situation semble si claire à l'observateur impartial! L'histoire offre de tels enseignements!

Comme l'Allemagne après 1870, et avec bien plus de raisons qu'elle, la France d'aujourd'hui est dominée par la crainte de la revanche du vaincu, de ce vaincu florissant qui n'a pu être anéanti ni même sérieusement affaibli.

Or, il n'est que trois méthodes capables de prévenir un danger si grand, et que toutes les fatalités de la situation rendent certain, sinon pressant. Il faut s'entourer d'amis fidèles et forts, ou désarmer l'ennemi et le rendre impuissant, ou s'entendre avec lui.

La première, la méthode de l'avant-guerre, celle du jeu des alliances, paraît désormais impraticable, la Russie ayant disparu de l'échiquier diplomatique, et la prépondérance militaire même de la France la privant par définition du soutien anglais. L'appui britannique ne se donne qu'au vaincu, au plus faible, à celui qui est momentanément le moins dangereux. Ce n'est pas la jeune Pologne ou la Petite Entente qui tiendra la place de l'ancien Empire russe dans l'équipe anti-germanique. Ce n'est pas non plus l'Italie, rivale de la France, mal disposée à son égard, et d'ailleurs d'une efficacité militaire insuffisante et d'une contestable sûreté dans les amitiés.

Puisqu'il est impossible pour la France de constituer désormais un faisceau d'alliances suffisamment fort pour balancer efficacement la redoutable force allemande, il lui faut trouver autre chose.

La sécurité pourrait certes lui venir du désarmement réel et permanent de l'ennemi. Mais ce désarmement, qui peut sérieusement le croire possible? Qui peut admettre que le peuple le plus prolifique et le mieux organisé d'Europe, celui qui possède l'outillage industriel le plus perfectionné, et d'où sont parties la plupart des découvertes et des inventions modernes, qui peut admettre que ce peuple, s'il est, comme c'est le cas, fier et fougueux, et impatient d'effacer sa défaite et ses conséquences, ne se retrouvera pas, au jour fatal, parfaitement et complètement armé? Qui peut l'admettre, de ceux qui savent combien les guerres de l'avenir — guerres aériennes, guerres chimiques, infiniment faciles à préparer secrètement — ressembleront probablement peu aux guerres d'hommes et de canons du passé?

Ainsi, pas plus que les alliances, le désarmement du vaincu ne peut donner à la France les garanties de sécurité qui lui manquent et qu'elle cherche éperdument.

Il ne reste en vérité à ce pays, pour conserver sa vie — et telle doit être son unique prétention, car tout lui défend, et sa natalité avant tout, de vouloir primer par la force l'Angleterre ou l'Allemagne — il ne lui reste que ce que l'Allemagne d'après 1870 avait essayé sans succès avec lui : se rapprocher du vaincu.

Des trois moyens de consol der sa victoire, ou mieux, de la rendre réelle, de s'assurer définitivement contre l'anéantissement futur, c'est le seul qui soit à portée de la France. Quel qu'en doive être le prix : autonomie de l'Alsace et de la Lorraine, règlement généreux et final des Réparations, restitution de la Sarre, de la Haute-Silésie et des colonies, et malgré les immenses difficultés d'ordre psychologique qu'une politique d'entente franco-allemande rencontrerait chez les peuples intéressés, et en Angleterre, c'est la seule que la France puisse poursuivre si elle veut conserver la vie sauve. C'est aussi la seule qui puisse conduire à une pacification de l'Europe.

Certes, l'empêchement est considérable, qui résulte du fait que, dans les deux pays, le sentiment public est si diamétralement opposé aux véritables intérêts des populations.

Mais la guerre précisément n'a-t-elle pas prouvé à quel point l'on pouvait agir sur les sentiments des masses et modeler l'opinion publique dans le sens que l'on jugeait conforme aux intérêts nationaux? L'art de mener les campagnes d'opinions, qui s'est tant perfectionné, serait-il essayé sans succès? Ne pourrait-on pas arriver à créer chez les Allemands et chez les Français ce désir d'entente, de collaboration et de paix qui est la condition de la prospérité des uns et des autres?

Ces deux grands peuples ne sont-ils pas mûrs pour cette œuvre, et la France qui voit les fruits de la victoire lui tomber des mains, ne trouvera-t-elle pas les hommes dont elle a besoin pour vaincre définitivement son indécision et l'engager résolument dans la seule voie qui puisse lui assurer, non seulement la paix, mais la vie même?

Il n'est que trop facile d'opposer aux incertitudes et aux hésitations continuelles de la politique française d'après-guerre, à ses revirements incessants, l'inflexible doctrine britannique.

De Lloyd George à Bonar Law, de Bonar Law à Baldwin, de Baldwin à Mac Donald, qu'elle soit conduite par les conservateurs, par les libéraux ou par les travaillistes, la politique étrangère de la Grande-Bretagne suit une voie dont elle ne s'écarte jamais.

Alors qu'au regard des Dominions et des Colonies, rajeunissant
la vieille politique impériale romaine, elle s'est faite toujours plus
souple et plus ingénieuse; alors que cette souplesse et cette habileté
ont crû en même temps qu'augmentait la disproportion entre la faiblesse et la petitesse de la métropole et la surface et l'hétérogénéité
de l'Empire, vis-à-vis des affaires d'Europe, vis-à-vis de ces peuples
qui ne sont pas des anglo-saxons, mais *seulement* des latins, des ger-
mains, et des slaves, la politique britannique a un tout autre caractère.

Elle poursuit ici, avec une obstination et une persévérance qui doivent lui assurer le succès, qui doivent lui assurer en tout cas le triomphe
sur ses maladroits rivaux, la conquête financière de l'Europe, et par
elle l'hégémonie du vieux monde. En empêchant alternativement la
France d'user de sa force, et l'Allemagne de venir à composition,
l'Angleterre réussit à éterniser le conflit franco-allemand, à le maintenir à l'état aigu, à prévenir cette entente qu'elle craint par-dessus
tout parce qu'elle ne pourrait se faire que contre elle, et à son détriment. C'est pour sa propre suprématie que la Grande-Bretagne entre-
tient depuis plus d'un demi-siècle cette plaie odieuse de l'hostilité
franco-allemande qui suppure au flanc de l'Europe, l'infecte, l'affaiblit, et la tue. Il ne faut pas que cette blessure, toujours rouverte
par des soins attentifs, se cicatrise jamais : c'en serait fait de la grandeur, de l'hégémonie britannique.

Il faut reconnaître que la Grande-Bretagne a constamment réussi
jusqu'ici dans ce dessein qui, ruinant les autres, lui assure la domination. Mais il semblera clair à tous ceux qui réfléchissent sans passion à ces questions, vitales pour la civilisation européenne, que si
cette politique anglaise a si régulièrement triomphé, c'est non seulement parce qu'elle fut conduite avec une énergie et une ténacité admi-
rables, mais surtout grâce à l'inconcevable naïveté des peuples contre
lesquels elle était dirigée. Entraînés dans le tourbillon de leurs haines
de races, aveuglés par leurs instincts guerriers et leurs appétits belli-
queux, les grands peuples continentaux n'ont pas assez compris qu'ils
n'étaient que les jouets, les instruments de la volonté britannique.
Tout empêtrés dans leurs querelles et dans leurs rivalités, ils n'ont
jamais su pénétrer les raisons profondes qui, à leur insu, les faisaient
s'entre-déchirer, la séculaire volonté britannique, éternellement triom-
phante, de les diviser et de les affaiblir l'un par l'autre; ils n'ont
jamais eu le bon sens de rejeter à jamais le dur joug de l'arbitrage
anglo-saxon qui les ruinait alternativement; ils n'ont jamais eu le
courage et la sagesse de se rapprocher et de s'unir.

De la même façon qu'une poignée d'Européens au centre de

l'Afrique parvient aisément, en exploitant les misérables rivalités des tribus indigènes, à imposer avec des moyens ridiculement faibles la domination de la race blanche sur des millions de nègres, de la même façon 40 millions d'Anglais et d'Écossais, exploitant et exaspérant les nationalismes aveugles et les stupides rivalités continentales, assoient leur domination sur 450 millions d'Européens, dont la plupart ne sont cependant ni moins intelligents, ni moins civilisés, ni moins armés qu'eux-mêmes.

Si l'on y réfléchit, la conduite des grandes nations continentales n'apparaît pas moins folle ni moins absurde que celle des tribus primitives de l'Afrique Centrale; mais celles-là n'ont même pas comme celles-ci, l'excuse de l'infériorité de leur civilisation.

Faut-il s'étonner qu'une Europe si peu consciente des conditions de sa propre prospérité ne parvienne pas à s'affranchir de cette guerre sournoise et latente qu'est en réalité la paix qu'elle subit? Faut-il s'étonner de la voir évoluer vers la perte définitive des supériorités qu'elle possédait, vers un état inférieur de pauvreté et de nationalisme que l'on pouvait croire périmé, vers la décadence économique et morale? Faut-il s'empêcher de se demander si le terme de cette évolution misérable n'est pas la ruine générale de l'Europe, le déclin de la civilisation occidentale, et son anéantissement?

CHAPITRE II

LA RÉPARTITION DE SPA

L'inertie et la mauvaise volonté de l'Allemagne à l'égard des Réparations, l'appui qui lui est accordé de plus en plus ouvertement par l'Angleterre, l'indécision et l'impuissance de la France, telles sont les lignes dominantes du tableau que l'on devrait brosser de la période qui s'étend du Congrès de Versailles à l'Expertise de 1924.

Cette période est trop proche encore pour qu'un tel tableau puisse être dressé avec assez de relief et de fidélité. On devra se contenter d'une esquisse de cette histoire complexe, assez sommaire pour qu'elle reste compréhensible, assez complète pour que rien d'essentiel ne soit omis. Aussi se bornera-t-on, dans les chapitres qui suivent, à tenter de dégager successivement, en bannissant tout ce qui n'est qu'accessoire, en bouleversant aussi parfois la chronologie au bénéfice de la clarté, les traits les plus décisifs, les étapes les plus importantes de l'histoire des Réparations pendant ces cinq années.

On mentionnera en passant quelques-unes des fautes commises, quelques-unes des occasions manquées. Mais on n'oubliera pas que ce n'est pas dans ces erreurs, quelque graves et quelque nombreuses qu'elles aient pu être, que gît la véritable cause du désordre européen.

Ces erreurs et ces fautes n'ont pu que hâter et qu'aggraver l'anarchie qui avait été rendue fatale par la faillite de Versailles, la retraite de l'Amérique et la politique anglaise.

***

On a vu que la Conférence de la Paix (1) n'avait pas fixé la part de

---

(1) Pendant la Conférence, on avait un jour, à l'issue d'un dîner chez le président Wilson, griffonné au crayon le projet suivant pour la répartition des Réparations :

France	50 %
Empire britannique	30
Italie.	7,5 %
Belgique.	7,5
Serbie.	2,5
Divers	2,5

mais l'affaire en était restée là.

chacun des Alliés dans les paiements de l'Allemagne. Le Traité de Versailles se bornait (art. 237) à laisser aux gouvernements alliés le soin de se distribuer les versements allemands « suivant les proportions déterminées par eux à l'avance et fondées sur l'équité et les droits de chacun ».

Cette question préoccupa naturellement les hommes d'État alliés aussitôt que la paix fut conclue.

Dès le 13 décembre 1919 un accord s'était fait à Londres entre les deux principaux pays intéressés : la France et l'Angleterre, stipulant que « la part proportionnelle à attribuer à titre de réparations à la France et à l'Empire britannique collectivement serait partagée entre la France et l'Empire britannique dans la proportion de 11 à 5 ».

Cet arrangement éliminait fort heureusement un sujet de discussion, voire de conflit, entre les deux nations les plus intéressées aux Réparations. Mais, s'il fixait la part respective de chacune d'elles dans la somme qui leur serait attribuée à toutes deux ensemble, il ne préjugeait aucunement, et ne pouvait préjuger, de la répartition des réparations entre la collectivité de tous les Alliés, et par conséquent du montant global que la France et l'Angleterre auraient à se partager.

Les délégués français n'en prétendirent pas moins, plus tard — lors de la Conférence de Boulogne, en juin 1920 — qu'il s'agissait pour la France de percevoir 55 % et pour l'Angleterre 25 % des versements allemands. Cette manière de faire n'aurait laissé que 20 % de ces versements disponibles pour l'ensemble des autres Alliés. Aussi l'Italie réclama-t-elle immédiatement. Lloyd George n'eut pas de peine à repousser cette interprétation, contraire aux termes mêmes de l'accord franco-anglais, et à ramener la Délégation française au sens véritable de l'arrangement du 13 décembre 1919.

Mais un accord général sur la répartition des versements allemands ne put être obtenu à Boulogne. Des experts alliés se réunirent à Paris pour tenter d'établir des propositions communes à soumettre aux Gouvernements intéressés. Ils ne purent y arriver, et lorsque les chefs d'État se rencontrèrent le 2 juillet 1920 à Bruxelles, pour préparer d'un commun accord la Conférence de Spa à laquelle le Gouvernement allemand avait été convoqué, la question de la répartition de l'indemnité allemande était toujours ouverte.

C'est à ce moment qu'elle fut enfin réglée. Encore ne le fut-elle que partiellement, car la part de certains pays ne fut fixée que beaucoup plus tard.

L'arrangement financier de Spa, signé le 16 juillet 1920, enregistre les dispositions arrêtées entre les Alliés quant à la distribution des paiements de réparations. Les sommes payées par les vaincus seraient réparties entre les Alliés d'une façon différente suivant que les paiements proviendraient de l'Allemagne d'une part, ou de l'Autriche, de la Hongrie et de la Bulgarie, d'autre part (1).

Les pourcentages de répartition qui firent l'objet de l'arrangement de Spa sont les suivants :

	Sur les versements de l'Allemagne	Sur les versements de l'Autriche, de la Hongrie et de la Bulgarie
France	52 %	26 %
Grande-Bretagne	22	11
Italie	10	25
Belgique (2)	8	4
Japon	0,75	0,375
Portugal	0,75	0,375
Autres nations	6,5	33,25

Ces pourcentages, fixés *a priori*, avant même qu'aucune évaluation des dommages eût été produite, ne correspondaient d'ailleurs pas exactement, comme il est facile de le calculer aujourd'hui, à l'importance respective des dommages de tous les Alliés. Ils furent le résultat de tractations longues et pénibles, et représentent en somme un compromis entre de multiples intérêts divergents. Ils ne satisfirent

---

(1) Les 132 milliards de marks-or auxquels a été arrêtée le 27 avril 1921 la dette de réparations de l'Allemagne comprennent également les sommes qui doivent être payées par l'Autriche, la Hongrie et la Bulgarie.

La dette de la Bulgarie était fixée par le Traité de Neuilly à 2 milliards de marks-or environ; elle a fait l'objet d'un état des paiements dont on a déjà parlé.

Quant aux sommes à payer par l'Autriche et par la Hongrie, elles n'ont pas encore été déterminées à l'heure actuelle.

Un arrangement financier interallié, daté du 11 mars 1922, stipule que ces sommes seront au moins égales à la valeur des biens d'État se trouvant dans les territoires cédés par l'ancienne monarchie austro-hongroise aux Alliés, augmentée de 6 milliards de marks-or.

Or, par un retard inexplicable dont la Commission des Réparations paraît être seule responsable, la valeur de ces biens d'État cédés par l'ancienne monarchie austro-hongroise n'a pas encore été arrêtée.

Il en résulte qu'il est impossible de séparer, dans le total de 132 milliards, ce qui incombe à l'Allemagne de ce qui incombe à l'Autriche et à la Hongrie.

En estimant, par pure hypothèse, à 12 milliards de marks-or la valeur des biens d'État austro-hongrois dont les Alliés ont pris possession, la part de l'Autriche et de la Hongrie dans les 132 milliards serait de 18 milliards, la part de la Bulgarie de 2 milliards et celle de l'Allemagne de 112 milliards de marks-or.

(2) La Belgique devait, comme on l'a déjà vu, percevoir par priorité une somme de 2 milliards de marks-or sur les premiers paiements de l'Allemagne, moyennant un réajustement à opérer par moins-prenant sur les paiements subséquents.

personne, et furent souvent remis en question par la suite. Mais on ne put jamais s'entendre sur une nouvelle répartition, et ce sont les pourcentages établis à Spa qui sont encore applicables actuellement.

L'arrangement de Spa n'avait pourvu que les six nations que l'on vient de citer. La part de la Serbie, de la Grèce, de la Roumanie, du Brésil, de la Tchécoslovaquie, du Siam, de Cuba et de Libéria restait indéterminée. Mais il ne restait que 6,5 % des versements allemands pour l'ensemble de ces huit pays.

Un accord ultérieur a fixé à 5 % le pourcentage de la Serbie dans les paiements de l'Allemagne, ce qui lui donne, par suite d'une stipulation de l'accord de Spa, 10 % dans les versements des anciens alliés de l'Allemagne.

Près de cinq ans après l'accord de Spa, un arrangement interallié du 14 janvier 1925 a attribué à la Grèce 0,4 % des paiements allemands et 12,7 % des paiements de l'Autriche, de la Hongrie et de la Bulgarie, et à la Roumanie, 1,1 % des paiements allemands et 10,55 % des versements de l'Autriche, de la Hongrie et de la Bulgarie.

Il ne reste ainsi aucune somme disponible pour le Brésil, la Tchécoslovaquie, Cuba, Libéria et le Siam (1), dont les droits à réparations sont plus théoriques que réels.

Si l'on applique ces divers pourcentages à la dette réparation nominale de 132 milliards de marks-or, en admettant arbitrairement faute d'autres éléments de calcul (2), que 112 milliards incombent à l'Allemagne et 20 milliards à l'Autriche, à la Hongrie et à la Bulgarie, les droits des Alliés aux réparations s'expriment, en milliards de marks-or, comme suit :

---

(1) Les droits éventuels de la Pologne restaient réservés. La Commission des Réparations décida plus tard de ne pas les comprendre dans les 132 milliards auxquels elle arrêta le 27 avril 1921 la dette de réparations des vaincus.

(2) Voir *supra*.

	Sur 112 milliards de marks-or à charge de l'Allemagne	Sur 20 milliards de marks-or à charge de l'Autriche, la Hongrie et la Bulgarie	Sur le total de 132 milliards de marks-or
France	58,24	5,2	63,44
Grande-Bretagne.	24,64	2,2	26,84
Italie.	11,20	5,0	16,20
Belgique.	8,96	0,8	9,76
Serbie.	5,60	2,0	7,60
Roumanie.	1,23	2,11	3,34
Grèce.	0,45	2,54	2,99
Japon.	0,84	0,075	0,915
Portugal.	0,84	0,075	0,915
	112,00	20,00	132,00

Cette récapitulation des droits respectifs des Alliés sur les sommes nominales attendues des ex-ennemis devait être faite afin de permettre de les comparer à leurs dépenses de reconstruction, d'apprécier la situation actuelle des différents États intéressés aux réparations, et de mesurer la grandeur des sacrifices qui leur ont été si souvent demandés et qu'ils ont si souvent consentis.

Il est à peine nécessaire de faire remarquer combien cette répartition eût été différente si, conformément aux engagements d'avant l'armistice, elle avait été basée uniquement sur les dommages matériels. Les chiffres cités dans la première partie de cet ouvrage permettent de s'en rendre compte : la France, la Serbie et surtout la Belgique, auraient vu augmenter sérieusement leurs parts respectives des versements allemands. Au contraire l'inclusion des pensions a permis l'accroissement du pourcentage britannique, et, quoique dans une mesure moindre, celui du pourcentage italien.

A présent qu'il est devenu manifeste que la somme que paieront en fait les vaincus, non seulement ne couvrira pas l'intégralité des dommages, mais sera même insuffisante pour la seule réparation des dommages matériels, on peut se demander comment une répartition aussi peu équitable a été maintenue jusqu'ici.

La somme que paiera l'Allemagne ne pouvant plus s'appliquer qu'à une partie seulement des dommages matériels, une nouvelle répartition ne devrait-elle pas être faite, en se basant exclusivement sur ceux-ci?

Tous les Gouvernements anglais se sont invariablement opposés à une revision des pourcentages. Le Premier Ministre britannique déclarait encore à son Parlement, à la fin du mois de juin 1924, qu'en aucun cas le pourcentage britannique ne pourrait être remis en question.

Mais comment les Français et les Belges, s'appuyant sur les réalités qui viennent d'être évoquées, n'ont-ils jamais fait d'une augmentation de leur participation aux réparations la condition des renoncements successifs qu'ils ont consentis sous la pression de leurs alliés anglo-saxons?

CHAPITRE III

LES VINGT MILLIARDS DU 1ᵉʳ MAI 1921

Aux termes de l'article 235 du Traité de Versailles, l'Allemagne devait verser aux Alliés « pendant les années 1919 et 1920 et pendant les quatre premiers mois de 1921 » une somme de 20 milliards de marks-or.

Le premier paiement que devait ainsi effectuer le vaincu avant le 1ᵉʳ mai 1921 était considérable, mais le Gouvernement allemand avait plus de deux années pour l'exécuter.

Encore cette somme de 20 milliards de marks-or ne devait-elle pas revenir entièrement aux Alliés, ainsi qu'on va l'expliquer. De plus, la partie de cette somme allouée à ces derniers n'était pas destinée uniquement au paiement des Réparations, mais aussi au remboursement des dépenses de l'occupation militaire, dépenses qui furent considérables (1).

Tout d'abord le Traité prescrivait d'imputer sur les 20 milliards la valeur des produits alimentaires et des matières premières que l'Allemagne aurait été autorisée à importer jusqu'au 1ᵉʳ mai 1921. Dès le mois de janvier 1919, les Alliés avaient admis la nécessité de ravitailler l'Allemagne, fort dépourvue par suite du blocus qu'elle venait de subir. D'autre part les Gouvernements alliés, particulièrement les Gouvernements anglais et américain, se trouvaient, à la fin des hostilités, en possession de quantités considérables de vivres et de marchandises de toute sorte, qui avaient été accumulées en vue de la guerre, et qui devenaient brusquement sans emploi. L'Angleterre et l'Amérique ne pouvaient songer à remettre cette énorme quantité de marchandises sur leurs marchés nationaux, sous peine d'y déterminer une violente crise économique. C'était l'Allemagne, affamée et manquant de tout, qui allait pouvoir l'absorber.

Mais, en décidant de procéder au ravitaillement de l'Allemagne, les Alliés s'inquiétèrent avant tout de la façon dont les marchandises qu'ils lui enverraient pourraient leur être payées, et leur être payées comptant.

---

(1) Voir chapitre IV : Le Coût de l'Occupation militaire.

Une série d'accords financiers enregistrent ces préoccupations.

En janvier 1919 à Trèves, en février à Spa, puis à Trèves, enfin le 14 mars à Bruxelles, il est décidé que l'Allemagne devra payer en or, florins hollandais, francs suisses, couronnes scandinaves, et autres devises étrangères, etc., les denrées alimentaires et les matières premières qui lui seront fournies. Les délégués alliés déclarent explicitement à Trèves, le 15 février, « que leurs Gouvernements ne sauraient envisager aucun arrangement pour l'octroi à l'Allemagne d'un prêt ou crédit quelconque pour les achats de denrées alimentaires ». Ils font observer de plus que tant qu'il y aura des doutes quant aux pouvoirs légaux du Gouvernement allemand de réquisitionner les titres étrangers possédés par les Allemands et tant que ces pouvoirs ne seront pas exercés, il ne pourra être soutenu que le Gouvernement allemand a fait tout ce qui était en son pouvoir pour s'assurer la possession d'avoirs disponibles pour les paiements à l'étranger ». A Bruxelles, le 13 mars 1919, l'amiral anglais Weymiss précise de la façon suivante, dans une « déclaration préliminaire », la façon dont l'Allemagne pourra payer le ravitaillement qu'on lui destine :

« *a*) Par l'exportation de marchandises et la vente de cargaisons des navires allemands actuellement en pays neutres ;

« *b*) *Par ses crédits dans les pays neutres ;*

« *c*) *Par la vente immédiate de valeurs étrangères ou de biens à l'étranger ;*

« *d*) Par des avances obtenues sur la garantie de valeurs étrangères ou de propriétés à l'étranger ;

« *e*) Par la location des navires ;

« *f*) En outre, l'or pourra être également employé comme garantie d'emprunts, garantie qui sera libérée au fur et à mesure que les autres moyens de paiement fourniront les moyens de liquider ces emprunts. La vente immédiate de l'or ne pourra être permise que dans le cas où les Puissances associées seront d'accord sur l'insuffisance des moyens de paiement sus-mentionnés. »

L'amiral anglais ajoute que l'Allemagne ne pourra de son côté exporter de marchandises qu'à condition que le produit de ces exportations soit utilisé au paiement de son ravitaillement.

A cette même conférence les délégués alliés exigent que le Gouvernement allemand prenne des mesures immédiates pour saisir toutes les obligations, actions et valeurs étrangères de toute nature détenues par ses nationaux, exception faite pour les titres autrichiens. hongrois, turcs, bulgares et russes, ces derniers ayant pratiquement perdu toute valeur. Les délégués allemands, après l'avoir discuté, acceptent le principe de la saisie; ils s'engagent à ce qu'elle commence immédiatement et soit terminée dans un délai de six à huit semaines. Il est précisé de plus que le produit des exportations allemandes sera, dans toute la mesure nécessaire, réservé au paiement des vivres fournis par les Alliés. Il est spécifié enfin que le paiement du ravitaillement sera versé à l'avance aux pays fournisseurs par les autorités allemandes.

On voit que si, dans l'élaboration du Traité de Paix, les Alliés n'ont pas su déterminer avec précision les modalités suivant lesquelles devraient se faire les versements de l'Allemagne pour les Réparations, ils surent prévoir par contre jusque dans les moindres détails comment l'Allemagne leur paierait les denrées alimentaires et les matières premières qu'ils allaient lui vendre, poussant la précaution jusqu'à exiger le paiement anticipé des fournitures.

Il est curieux de constater que lorsqu'il s'agissait de la liquidation des stocks anglais et américains, on avait pensé immédiatement à la saisie des valeurs mobilières possédées par les Allemands et on avait su la faire admettre et exécuter par le Gouvernement allemand alors que pour le paiement des Réparations rien d'analogue ne fut stipulé.

Quoi qu'il en soit, d'après les comptes présentés par le Gouvernement allemand à la Commission des Réparations, la somme qui fut utilisée ainsi au paiement des denrées alimentaires et des matières premières fournies à l'Allemagne jusqu'au 1er mai 1921 atteignit le total de 3,8 milliards de marks-or.

L'Allemagne n'avait donc plus à payer, sur les 20 milliards de l'article 235, que la différence, soit 16,2 milliards de marks-or. Ce paiement, aux termes du Traité, pouvait être effectué en or, en devises étrangères, en marchandises, en navires, en valeurs ou sous toute autre forme que fixerait la Commission des Réparations.

Or, à l'approche de l'échéance, l'Allemagne n'avait encore versé au total aux Alliés qu'une valeur totale de 3,7 milliards de marks-or, représentée pour plus de 3 milliards par des livraisons de matériel et de marchandises. En voici le détail :

Livraisons de marchandises (principalement de charbon)	1.300	millions	marks-or.
Livraisons de matériel, faites en vertu des conventions d'armistice	1.200	—	—
Numéraire	100	—	—
Prestations en nature faites aux armées d'occupation	600	—	—
Marks allemands fournis aux troupes d'occupation	500	—	—
Total	3.700	millions	marks-or.

L'Allemagne n'ayant livré que 3,7 milliards (1) au lieu de 16,2 milliards qu'elle avait à payer, restait donc débitrice de 12,5 milliards marks-or au 1er mai 1921.

La Commission des Réparations n'avait pas manqué cependant d'attirer à maintes reprises l'attention du Gouvernement allemand sur le paiement des 20 milliards.

Dès le 4 mars 1920 la Commission écrivait au Gouvernement allemand pour lui rappeler les obligations qui lui incombaient en vertu de l'article 235 du Traité de Paix.

Le 15 juin suivant la Commission des Réparations insistait auprès du Gouvernement allemand pour savoir « quels avoirs liquides le Gouvernement allemand peut offrir en paiement des 20 milliards de marks-or mentionnés à l'article 235 du Traité de Versailles ».

En réponse à ces deux communications le Gouvernement allemand se bornait à écrire à la Commission des Réparations, le 23 juin, qu'il se réservait de lui communiquer ultérieurement l'état des prestations qu'il avait déjà faites et qui, selon lui, devaient être imputées sur les 20 milliards.

A la Conférence qui se tint à Spa le mois suivant, dix mois avant l'échéance, le Gouvernement allemand prétendit avoir payé d'ores et déjà, et même au delà, les 20 milliards exigibles le 1er mai 1921. Il annonçait la remise de documents pour justifier cette assertion.

Ce n'est toutefois que le 20 janvier 1921 qu'il fit parvenir à la Commission des Réparations un mémoire indiquant les livraisons qui, selon lui, avaient déjà été effectuées, ainsi que l'évaluation en marks-or qu'il en avait faite lui-même. Le total de ce compte dépassait la somme de 21 milliards de marks-or, et c'est en s'appuyant sur ce montant que le Gouvernement allemand prétendait avoir satisfait aux obligations de l'article 235.

Ce mémoire comportait de grossières exagérations. Il comprenait, notamment des articles tels que la valeur des mines de la Sarre, mentionnée pour plus de 1 milliard de marks-or, et la valeur des biens d'État allemands cédés aux Alliés, enregistrée pour près de 5 milliards de marks-or, valeurs arbitrairement fixées et qui n'étaient d'ailleurs évidemment pas des paiements véritables pouvant entrer en ligne de compte pour le calcul des 20 milliards.

La mauvaise foi du Gouvernement allemand était évidente. Aussi la Commission des Réparations, en accusant réception de ce mémoire le 26 février 1921, rejette les catégories de prestations qui ne sont pas

---

(1) Ce chiffre, que les Allemands n'ont d'ailleurs jamais cessé de contester, résulte des comptes établis et publiés par la Commission des Réparations.

liquides, ni susceptibles de le devenir à bref délai. Tout en déclarant ne pas vouloir entrer dans la discussion du mémoire allemand, la Commission fait savoir au Gouvernement allemand que les sommes dont elle peut d'ores et déjà créditer son compte au titre de l'article 235 atteindraient à grand'peine 8 milliards de marks-or, ce qui laisserait un solde de douze milliards au moins à payer avant le 1er mai suivant. Le Gouvernement allemand est prié par la Commission de lui faire connaître la manière dont il compte faire ce paiement.

Sa lettre du 26 février étant restée sans réponse, la Commission la confirme le 10 mars suivant, en demandant une réponse pour le 14.

En répondant enfin, le 14 mars, le Gouvernement allemand déclare à nouveau qu'il estime « qu'il a rempli ses engagements en vertu de l'article 235 ».

La Commission des Réparations constate le lendemain cette fin de non-recevoir, rappelle formellement au Gouvernement allemand l'obligation de payer avant le 1er mai le solde de 12 milliards de marks-or, en or ou en devises étrangères, et exige du Gouvernement allemand pour le 23 mars, terme de rigueur, un premier versement de 1 milliard à titre d'acompte.

Le Gouvernement allemand répond le 22 mars en maintenant sa manière de voir, et en se déclarant pour le surplus incapable d'effectuer les paiements demandés, et notamment le paiement du milliard exigé pour le 23 mars. Il accompagne ce refus de la proposition d'entamer la discussion des chiffres de son mémoire du 20 janvier, proposition dont le but évident était de retarder indéfiniment le règlement du litige.

Aussi, le 24 mars, la Commission des Réparations refuse-t-elle de s'engager dans les négociations dans lesquelles le Gouvernement allemand veut l'entraîner. Elle confirme à celui-ci que c'est à elle seule qu'il appartient de décider ce qui peut être imputé sur les 20 milliards de l'article 235 et de fixer la valeur des prestations allemandes. Elle constate que « le Gouvernement allemand, en répondant par une fin de non-recevoir à la demande générale de la Commission d'avoir à exécuter les stipulations de l'article 235, et spécialement en refusant d'effectuer le versement de 1 milliard réclamé pour le 23 mars est constitué en défaut de remplir ses obligations et engagements », défaut qui est susceptible d'entraîner des sanctions. La Commission avise le Gouvernement allemand qu'elle a décidé en conséquence de signaler immédiatement le manquement de l'Allemagne à chacune des Puissances intéressées.

Ce manquement de l'Allemagne à ses obligations est signalé le même jour à tous les Gouvernements intéressés aux Réparations.

Sa communication du 24 mars étant restée sans effet, et l'Allemagne n'ayant pas modifié son attitude, la Commission des Réparations entreprend le 18 avril une nouvelle démarche. Elle demande au Gouvernement allemand, à titre de sécurité et de garantie, de transporter avant le 1er mai 1921, aux succursales de la Reichsbank de Cologne et de Coblence, la totalité de l'encaisse métallique de la Reichsbank, encaisse qui se montait à cette époque à 1.100 millions de marks-or. La Commission prévient de plus le Gouvernement allemand que s'il se refusait à effectuer le déplacement de cette encaisse, elle se verrait obligée d'en exiger la remise immédiate entre ses mains. Elle demandait une réponse avant le 22 avril.

Le 22 avril le Gouvernement allemand fait connaître à la Commission son refus de déplacer l'encaisse métallique de la Reichsbank. Mais il adresse des propositions aux États-Unis, et sollicite la médiation du président Harding, médiation qui lui est refusée deux jours plus tard.

Comme conséquence du refus de déplacer l'encaisse de la Reichsbank, la Commission des Réparations exige, le 25 avril, la livraison d'un milliard de marks-or pour le 30 avril au plus tard.

Le 29 avril, veille de l'échéance, le Gouvernement allemand, tout en offrant à la Commission le paiement d'une somme de 150 millions et la remise de Bons du Trésor pour 850 millions, lui fait savoir que « en vue d'une solution de l'intégralité du problème des réparations », il venait de soumettre au Gouvernement américain des propositions qu'il jugeait de nature à satisfaire aux demandes de la Commission des Réparations. Le Cabinet allemand espérait ainsi, à la faveur d'une discussion générale sur les Réparations, esquiver définitivement la question des 12 milliards qui lui restaient à verser au 1er mai 1921.

Dès la première échéance l'Allemagne s'était donc définitivement dérobée.

Il ne restait plus à la Commission des Réparations qu'à notifier formellement à nouveau aux Puissances alliées le manquement de l'Allemagne aux obligations de l'article 235, pour un montant s'élevant au moins à 12 milliards.

Cette notification est faite le 3 mai 1921. L'Allemagne en est avisée le même jour. La question était ainsi renvoyée à l'examen et à la décision des chefs des Gouvernements.

Ceux-ci, fort préoccupés de l'attitude de l'Allemagne au cours des derniers mois, aussi bien au sujet de ses paiements qu'au sujet du désarmement, avaient déjà engagé la conversation. Dès le 14 avril on annonçait une rencontre à Lympne entre MM. Briand et Lloyd George. Les experts alliés étaient occupés à étudier les moyens propres à amener l'Allemagne à composition, et travaillaient notamment à l'élaboration d'un plan d'occupation de la Ruhr.

MM. Briand et Lloyd George se concertent à Lympne le 23 avril. Ils décident le lendemain de réunir un Conseil suprême avant le 1er mai, afin d'arrêter un plan de sanctions, comportant entre autres l'occupation éventuelle de la Ruhr, si l'Allemagne n'a pas à ce moment fait des propositions raisonnables.

Le 26 avril, le Gouvernement de Berlin fait publier les propositions qu'il avait envoyées le 24 à Washington, par lesquelles il offrait en somme 50 milliards de marks-or en valeur actuelle et se déclarait prêt à un paiement par annuités adaptées à sa capacité de production, jusqu'à concurrence d'un montant total de 200 milliards de marks-or. Cette proposition était d'ailleurs subordonnée, comme celle du comte Brockdorff à Versailles (1), à tout un ensemble de conditions inacceptables pour les Alliés. Aussi M. Hughes répondit-il le 3 mai à M. Dresel, chargé d'affaires des États-Unis à Berlin, qu'il considérait que ces propositions ne présentaient pas une base de discussion acceptable pour les Gouvernements alliés et ne pouvaient pas être prises en considération; il recommandait fortement au Gouvernement allemand « de soumettre immédiatement et directement aux Gouvernements alliés des propositions claires, nettes et adéquates ».

Entre temps la Commission des Réparations avait, le 27 avril, arrêté à 132 milliards de marks-or le chiffre de la dette allemande.

La Conférence de Londres, préparée à Lympne dès le 24 avril, s'ouvrit le 30 avril. Elle décida ce même jour que les propositions allemandes qui venaient d'être publiées étaient inacceptables, et envisagea l'opportunité d'envoyer à l'Allemagne un dernier ultimatum, avant de procéder, à titre de sanction, à l'occupation de la Ruhr.

Les jours suivants se passent à discuter les conditions qui seront imposées à l'Allemagne et les garanties qui seront exigées d'elle. Un programme de paiements est mis au point le 4 mai, et la Commission des Réparations est appelée d'urgence à Londres pour l'entériner. Elle l'adopte en substance le 5 mai, et le notifie le 6 au Gouvernement allemand. C'est l'État des Paiements qui va dorénavant régir le système des versements de Réparations, et moyennant l'acceptation

------

(1) Voir chapitre V : A la Recherche du Montant de la Dette allemande.

duquel le Gouvernement allemand sera dispensé du paiement immédiat des 12 milliards qui auraient dû être versés le 1er mai 1921. Le 5 mai, un ultimatum, signé par MM. Lloyd George, Briand, Sforza, Jaspar et Hayashi, est envoyé au Gouvernement allemand, le sommant de déclarer catégoriquement sa résolution d'exécuter « sans réserve ni conditions ses obligations » définies par le nouvel Etat des Paiements, sous peine de voir « procéder, le 12 mai, à l'occupation de la Ruhr » et de voir « prendre toutes autres mesures militaires et navales ».

Le Cabinet allemand avait démissionné la veille.

Après quelques journées de désarroi, l'Allemagne s'incline : un ministère se constitue, sous la présidence de M. Wirth, pour souscrire aux conditions de l'ultimatum du 5 mai. Ce dernier est accepté le 11 mai (1).

Les 12 milliards sont définitivement incorporés dans le montant global auquel s'applique le nouvel État des Paiements. Le manquement du 1er mai reste sans sanction (2).

------

(1) On trouvera à l'appendice XVI le texte de l'ultimatum du 5 mai et du document du 11 mai par lequel l'Allemagne l'accepta.

(2) Un autre exemple de l'inertie du Gouvernement allemand et de la faiblesse des Alliés et de la Commission des Réparations à l'égard des Réparations, est donné par la façon dont fut appliqué l'article 260 du Traité de Paix.

Cet article prescrivait que la Commission des Réparations pourrait exiger le transfert des droits et intérêts des ressortissants allemands dans toute entreprise d'utilité publique et dans toute concession située notamment sur les territoires des États ex-alliés de l'Allemagne ainsi qu'en Russie et en Chine.

Bien que le Traité de Paix ait été signé le 28 juin 1919 et ratifié par l'Allemagne le 16 juillet de la même année, ce n'est que plus de huit mois plus tard, le 27 mars 1920, que le Gouvernement allemand prit un arrêté prescrivant à ses nationaux la déclaration des titres visés par l'article 260. Ce n'est que le 9 juillet suivant, un an après la ratification du Traité, que le Gouvernement allemand prononça la confiscation de ces valeurs.

On se doute de l'importance des évasions de titres qui ont dû se produire, étant donné que les citoyens allemands détenteurs de ces valeurs avaient eu un an pour les liquider. La somme dont les Alliés ont été frustrés de cette façon n'est pas connue. Elle est probablement considérable.

CHAPITRE IV

LE COÙT DE L'OCCUPATION MILITAIRE

Ainsi qu'on vient de l'exposer, l'Allemagne avait en fait déboursé, au 1er mai 1921, une somme totale de 7,5 milliards de marks-or, dont 3,8 avaient servi au règlement des denrées alimentaires et des matières premières qu'elle avait importées jusqu'à cette date.

Encore les 3,7 milliards de marks-or restants, versés aux Alliés, n'avaient-ils pu être affectés aux Réparations que pour une très faible part.

Tout d'abord, sur ce montant de 3,7 milliards, 600 millions avaient été délivrés directement par l'Allemagne aux armées d'occupation sous forme de prestations en nature, et 500 millions aux mêmes armées sous forme de remise de monnaie allemande. Mais ces deux sommes ne constituaient qu'une partie de la dépense de ces armées.

D'après les comptes remis par les Gouvernements alliés à la Commission des Réparations, les armées d'occupation avaient, au 1er mai 1921, coûté à ces Gouvernements eux-mêmes (États-Unis exceptés), une somme totale de 2,1 milliards de marks-or. Cette somme devait leur être remboursée par priorité (art. 251 du Traité) avant tout paiement de réparations.

En y ajoutant les 1 milliard 100 millions fournis directement par l'Allemagne aux armées d'occupation, c'est donc au total 3,2 milliards de marks-or qu'avait absorbés l'occupation militaire jusqu'au 1er mai 1921, en faisant abstraction du coût de l'armée d'occupation américaine (1).

Sur les 3,7 milliards dont l'Allemagne avait livré la contre-valeur aux Alliés au 1er mai 1921, il ne restait donc que 500 millions de marks-or disponibles pour les Réparations (2).

---

(1) Voir *infra*.

(2) Les 3,7 milliards de marks-or payés par l'Allemagne jusqu'au 1er mai 1921 ne constituaient pas un remboursement direct des dépenses faites par les Alliés pour leurs armées d'occupation. Cette somme se composait en effet pour la presque totalité de marchandises et de matériel remis aux différents pays alliés, alors que les frais d'occupation devaient être en principe remboursés en espèces. Les Alliés furent

On trouvera pour le moins singulier que le premier paiement effectué par l'Allemagne ait ainsi été absorbé en majeure partie par le coût de l'occupation militaire (1) et que moins du septième soit resté disponible pour les Réparations.

On sera plus étonné encore de voir comment se répartissait entre les armées anglaise, française et belge cette énorme dépense de 3,2 milliards de marks-or, — de 2,5 milliards de marks-or, si l'on veut faire abstraction des 600 millions de prestations en nature faites directement aux armées d'occupation par l'Allemagne et de la centaine de millions reçus en marks-papier par l'armée américaine.

L'armée anglaise a coûté jusqu'au 1er mai 1921, compte non tenu des prestations faites directement par l'Allemagne, une somme de 991.097.000 marks-or, pour un effectif qui a été en moyenne de 85.103 hommes. La dépense de cette armée a donc été par jour de 1.099.997 marks-or, correspondant en moyenne à 12,93 marks-or par homme et par jour.

L'armée française, dont l'effectif moyen a été pendant la même période de 171.379 hommes, a coûté, en dehors des prestations directes de l'Allemagne, une somme de 1.275.588.000 marks-or, ce qui porte le coût moyen journalier à 1.415.747 marks-or, et le coût moyen par homme et par jour à 8,26 marks-or.

Quant à l'armée belge, dont l'effectif moyen fut d'environ 25.897 hommes, la dépense totale qu'elle a accusée pendant la même période, abstraction faite des fournitures effectuées directement par l'Allemagne, atteint 194.599.000 marks-or, soit 215. 981 marks-or par jour. Le coût moyen du soldat belge a été ainsi de 8,34 marks-or par jour.

Jusqu'au 1er mai 1921, l'armée d'occupation anglaise, pour un effectif moitié moindre que l'effectif de l'armée d'occupation française, a donc coûté les trois quarts de ce qu'a coûté cette dernière. Le soldat anglais a coûté aux Alliés, aux sinistrés alliés sur les indemnités desquels son entretien était en somme prélevé, près de 13 marks-

---

simplement débités en compte de la valeur du matériel reçu, et, d'autre part, crédités de leurs dépenses d'occupation. Le solde fut liquidé plus tard, comme on va l'exposer, au moyen des versements ultérieurs de l'Allemagne.

(1) Dès le 16 juin 1919 un accord interallié relatif à l'occupation militaire des territoires rhénans avait cependant stipulé que le montant des dépenses d'occupation à réclamer à l'Allemagne ne devrait pas dépasser 240 millions de marks-or par an dès que le désarmement du vaincu aurait été jugé satisfaisant.

Il est vrai que le désarmement de l'Allemagne était loin d'être terminé en 1921. Mais l'écart entre les 240 millions annuels envisagés par l'arrangement du 16 juin 1919 et les 4.200 millions qu'avait coûtés l'occupation militaire des Alliés et de l'Amérique pendant deux ans et demi est trop grand que pour ne pas être souligné.

or par jour, 50 % de plus que ce que coûta le soldat français ou belge (1).

Il pourra paraître extraordinaire, aujourd'hui encore, que des sommes de cette importance, soustraites en quelque sorte aux Réparations, aient été utilisées à rémunérer d'une façon aussi inégale les services militaires rendus sur le Rhin respectivement par la France et par l'Angleterre.

Le scandale, car c'en fut un, de la rémunération exagérée de l'occupation militaire aux dépens des Réparations, se prolongea-t-il au delà du 1er mai 1921?

Anticipant quelque peu sur les événements, on va, avant de poursuivre l'histoire des Réparations, montrer d'abord brièvement comment le coût de l'occupation fut progressivement, quoique trop lentement, réduit.

On terminera cet exposé, pour ne plus avoir à revenir sur la question des dépenses militaires, en relatant comment les États-Unis, malgré leur paix séparée avec l'Allemagne, exigèrent non de celle-ci, mais des Alliés, le remboursement de leurs dépenses d'occupation.

***

Du 1er mai 1921 au 1er mai 1922, l'occupation militaire coûta encore au total 353 millions de marks-or, se décomposant comme suit :

PUISSANCES	EFFECTIF moyen	DÉPENSE totale en millions de marks-or	DÉPENSE en marks-or par homme et par jour
États-Unis.	10.500	63,8	16,64
Grande-Bretagne..	5.750	24,0	11,44
France.	87.170	224,5	7,06
Belgique.	22.080	41,1	5,10

Pendant ces douze mois l'armée américaine, moitié moins forte que l'armée belge, coûta néanmoins 50 % de plus que cette dernière. Le soldat américain et le soldat anglais coûtèrent respectivement 236 % et 162 % du prix de revient du soldat français.

---

(1) Le soldat américain coûta plus cher encore, plus du double du soldat français. Pour un effectif moyen de 68.724 hommes, l'armée d'occupation américaine dépensa 1 milliard 155.774.000 marks-or, soit 1.282.768 marks-or par jour. Cela portait le coût du soldat américain à 18,67 marks-or par jour. Si les Alliés ne supportèrent pas cette dépense le 1er mai 1921, elle finit néanmoins par tomber à leur charge, ainsi qu'on le verra plus loin.

A partir du 1er mai 1922, en vertu d'un arrangement interallié signé le 11 mars 1922, les paiements à effectuer par l'Allemagne pour le remboursement des frais des armées belge, britannique et française, ont été fixés forfaitairement à 220 millions de marks-or par an. Cette somme, après un prélèvement spécial de 11 millions de marks-or en faveur de l'armée britannique « afin de couvrir son coût plus élevé », devait être répartie au prorata des effectifs respectifs envisagés, qui étaient les suivants :

Armée belge.	19.300 hommes
Armée britannique.	15.000 —
Armée française	90.400 —

On limitait ainsi les dépenses militaires à une somme forfaitaire raisonnable. Le coût moyen journalier des soldats belges et français s'établissait à 4,60 marks-or environ, et celui du soldat anglais à 6,60 marks-or.

Une somme annuelle de 20 millions de marks-or était réservée à l'armée américaine. Celle-ci fut d'ailleurs retirée au début de 1923.

Mais dès l'année 1922, les États-Unis avaient entrepris de se faire rembourser par les Alliés le milliard de marks-or auquel s'étaient élevées leurs dépenses d'occupation.

Cette histoire doit être racontée.

L'armée américaine, qui avait assuré avec les armées alliées l'occupation des territoires rhénans, avait coûté jusqu'au 1er mai 1921, en plus des prestations en nature et en monnaie allemande qui lui avaient été faites directement par le Gouvernement allemand, une somme de 1 milliard 12 millions de marks-or.

Les États-Unis d'Amérique, ayant rejeté le Traité de Versailles, ne pouvaient évidemment participer aux paiements faits par l'Allemagne aux Alliés en vertu de ce Traité. De plus, ayant signé avec l'Allemagne un Traité de Paix séparé, l'Amérique y avait fait inscrire le paiement direct par le vaincu des sommes qu'elle lui réclamait, aussi bien pour le remboursement de ses dépenses d'occupation que pour ses dommages de guerre. Néanmoins, le Gouvernement américain s'adressa également, pour le remboursement de ces mêmes frais militaires, aux États alliés, arguant du fait que l'occupation des territoires rhénans était faite, non pas en vertu du Traité germano-américain, mais bien en vertu du Traité de Versailles.

L'Amérique n'ayant pas ratifié le Traité de Versailles, il est clair qu'elle était fort mal fondée à réclamer le remboursement de ses dépenses d'occupation au moyen des versements exécutés en vertu de ce Traité. La demande des États-Unis d'être remboursés de leurs frais par les Alliés, au moyen des sommes que ceux-ci recevraient de l'Allemagne, était des plus contestable. Elle l'était d'autant plus que les États-Unis réclamaient directement d'autre part la même créance à l'Allemagne. Cette demande fut néanmoins accueillie par les Gouvernements alliés, qui y firent droit sans en discuter la valeur juridique.

On a vu plus haut (1) que les versements en numéraire faits par l'Allemagne jusqu'au 1er mai 1921 avaient été pratiquement nuls. Chacun des pays alliés avait par contre reçu à cette date une certaine quantité de matériel et de marchandises, dont la valeur était venue en déduction de ses dépenses d'occupation militaire. Toutefois la valeur du matériel et des marchandises reçus par les États-Unis, par la Grande-Bretagne et par la France demeurait au 1er mai notablement inférieure à leurs dépenses d'occupation respectives.

C'est pourquoi, lorsque fut payé par l'Allemagne, le 31 août 1921, le milliard de marks-or qui était le premier versement destiné par l'état des paiements aux Réparations, la distribution de cette somme entre les Alliés fut tenue en suspens jusqu'au moment où ils parvinrent à se mettre d'accord sur une répartition couvrant, au moins en grande partie, les soldes des dépenses militaires restés impayés au 1er mai 1921.

Ce milliard était cependant destiné exclusivement aux Réparations et aurait dû être versé entièrement à la priorité belge. Mais, faute du paiement direct par l'Allemagne des soldes impayés des dépenses militaires, dépenses qui avaient priorité sur les Réparations, les Alliés furent bien obligés de s'entendre pour y prélever la somme nécessaire à la couverture de ces soldes. Un montant de 640 millions fut ainsi absorbé. Comme au 1er mai 1921, c'était l'occupation militaire qui consommait la plus grande partie des paiements allemands. Sur un milliard versé par l'Allemagne, 360 millions seulement allaient aux Réparations.

La répartition de ce montant entre les Alliés fit l'objet de l'arrangement financier interallié du 11 mars 1922, qui stipula que sur les versements effectués par l'Allemagne en 1921, en exécution de l'état des paiements, il serait prélevé tout d'abord 500 millions et 140 millions de marks-or pour être distribués respectivement à la Grande-Bretagne et à la France, à valoir sur le coût de leurs armées d'occupation avant le 1er mai 1921. Le surplus des versements allemands devait être attribué à la Belgique en acompte sur sa priorité.

––––––––––

(1) Chapitre III : Les vingt Milliards du 1er mai 1921.

Aucune disposition n'était prise, et fort légitimement, puisqu'on partageait un versement fait en application du Traité de Versailles, pour la couverture des dépenses de l'armée d'occupation américaine.

Mais, au cours même de l'élaboration de cet arrangement interallié, le Gouvernement américain intervint et réclama aux Alliés le remboursement de ses frais d'occupation avant toute affectation des versements allemands aux Réparations. Cette intervention prit la forme d'un Mémorandum remis le 10 mars 1922 par M. Boyden, Délégué « non officiel » des États-Unis à la Commission des Réparations, aux ministres des Finances de Grande-Bretagne, de France, d'Italie et de Belgique, et dont voici le texte :

J'ai reçu ce matin un câble de Washington me donnant comme instruction de vous signaler que les frais d'occupation de l'armée des États-Unis jusqu'au 1er mai 1921 s'élèvent approximativement à $ 241.000.000. Les Gouvernements alliés, à l'exception possible de la Grande-Bretagne, ont reçu leurs frais d'occupation intégralement jusqu'au 1er mai 1921 et les frais d'occupation de l'armée britannique paraissent devoir être intégralement remboursés en conformité avec les présents arrangements. Par suite de ce qui précède le Gouvernement des États-Unis s'attend à obtenir le paiement intégral des frais de son armée d'occupation avec l'intérêt couru à partir du 1er mai 1921 avant qu'aucune partie des paiements allemands ne soit répartie pour les réparations ou pour tout autre but.

En ce qui concerne les frais courants, on m'a chargé de déclarer que le Gouvernement des États-Unis insistera pour obtenir leur paiement intégral mais que, s'il reçoit l'assurance que ce paiement sera effectué, il ne prévoit aucune difficulté en ce qui concerne l'arrangement des détails pratiques du paiement. »

Le lendemain de cette communication, les ministres des Finances alliés décidèrent d'introduire dans l'Arrangement qu'ils venaient de conclure un article spécial réservant tous les droits des États-Unis, et en avisèrent M. Boyden dans les termes suivants :

« Nous avons l'honneur de vous accuser réception du mémorandum que vous avez bien voulu nous remettre à la date du 10 mars 1922, au sujet du paiement des dépenses de l'armée américaine d'occupation. »

« Cette communication a été l'objet de notre plus sérieuse considération. Vous voudrez bien trouver ci-joint le texte de l'arrangement signé à Paris aujourd'hui même. Un article spécial a été inséré dans ce document pour répondre aux préoccupations exprimées dans le mémorandum que vous avez bien voulu nous faire parvenir.

« Tout en réservant ainsi les droits des États-Unis d'Amérique, de quelque manière qu'ils soient ultérieurement définis, nous estimons que nos décisions étant prises en vertu du Traité de Versailles auquel le Gouvernement des États-Unis n'est pas partie, la question dont vous nous avez saisis concerne nos Gouvernements respectifs et devrait faire l'objet de communications adressées directement par la voie diplomatique aux Gouvernements alliés par le Gouvernement des États-Unis d'Amérique. »

La voie était ainsi ouverte à une négociation ultérieure. Elle n'allait pas tarder à s'engager.

Il est permis de croire que, les États-Unis ayant rejeté le Traité de Versailles, leur demande de remboursement au moyen des sommes acquises aux Alliés par ce Traité était si contestable que s'il s'était agi de toute autre nation moins puissante, moins respectée et moins riche, elle eût été probablement rejetée sans même être prise en considération. Mais il s'agissait de l'Amérique...

Quoi qu'il en soit, le Gouvernement des États-Unis ne perdit pas de temps. Dès le 22 mars 1922, il fit remettre simultanément à Paris, à Londres, à Rome et à Bruxelles, un Mémorandum affirmant son droit au paiement de ses frais d'occupation, au même titre que les Gouvernements alliés, et niant que les versements effectués par l'Allemagne en vertu du Traité de Versailles pussent recevoir une affectation quelconque sans le consentement du Gouvernement américain. S'efforçant de prouver l'identité des droits américains et des droits alliés sur les sommes reçues de l'Allemagne, malgré le rejet du Traité par le Sénat américain, le Gouvernement américain, dans ce mémoire, émettait l'espoir que les Gouvernements alliés s'abstiendraient de répartir entre eux seuls les sommes reçues de l'Allemagne. Mais il s'engageait à réserver bon accueil, pourvu qu'il eût des assurances de paiement, à toute proposition raisonnable des Alliés qui serait de nature à satisfaire à sa réclamation.

Les Gouvernements alliés ne discutèrent pas. Ils se déclarèrent prêts à l'étude des mesures à prendre pour donner satisfaction à la demande américaine. En répondant conjointement à cette demande, au mois d'otobre 1922, ils suggérèrent, négligeant entièrement le côté juridique du problème pour n'envisager que sa solution pratique, que le Gouvernement américain désigne un représentant qui se réunirait à Paris avec des représentants nommés par chacun d'eux, afin d'examiner et de résoudre la difficulté.

Une commission ainsi composée tint sa première séance à Paris le 1er mars 1923.

Dès le début des négociations le délégué américain, M. Eliot Wadsworth (1), réclama des Gouvernements alliés européens le versement

---

(1) Les autres délégués étaient MM. Bradbudy (Grande-Bretagne), Tannery (France), d'Amélio (Italie) et Bemelmans (Belgique).

immédiat en espèces du milliard litigieux. C'était évidemment plus une manœuvre qu'une prétention sérieuse. Mais ce même délégué rejeta en même temps la proposition d'utiliser à la couverture des dépenses d'occupation américaine, soit le produit de la liquidation des biens allemands séquestrés aux États-Unis, soit le produit d'une taxe spéciale à instituer sur les marchandises allemandes entrant aux États-Unis, analogue à celle qui était appliquée en Angleterre en vertu du *German Reparation Recovery Act.*

Aussi les travaux de cette commission furent-ils longs, difficiles et souvent pénibles. Ils se terminèrent par un compromis fort peu avantageux pour les Alliés et consacrant des droits américains qui étaient si contestables.

L'accord, signé le 25 mai 1923, et qui est d'autant plus compliqué qu'il vise à plus de précision et cherche à rencontrer toutes les éventualités, définit la façon dont les dépenses de l'armée d'occupation américaine seront établies, ainsi que les modalités de leur remboursement par les Alliés.

Cet accord dispose essentiellement que le montant net dû au Gouvernement des États-Unis (1) sera payé en douze annuités égales, dont la première est à verser au plus tard le 31 décembre 1923. Chacune de ces annuités devait constituer, jusqu'au 31 décembre 1926, un privilège de premier rang sur les versements de toute sorte de l'Allemagne, à porter au crédit du compte Réparations, et à partir de l'année 1927, sur tous les paiements allemands, qu'ils fussent destinés aux Réparations ou aux armées d'occupation alliées. De 1923 à 1926 le montant de l'annuité ne pouvait dépasser 25 % des versements en espèces de toute nature faits par l'Allemagne ou pour son compte, ou 50 % des paiements en espèces faits par l'Allemagne au titre des Réparations.

Les conditions de report de la partie des annuités qui ne pourrait être payée aux États-Unis étaient déterminées avec la plus grande précision. De même les dispositions les plus explicites étaient prises pour accélérer le remboursement au Gouvernement des États-Unis· si les versements allemands étaient eux-mêmes accélérés, par suite

---

(1) Depuis le 1er mai 1921 jusqu'au moment où les dernières troupes d'occupation quittèrent le Rhin, les dépenses de l'armée américaine se sont montées à environ 60 millions de marks-or.

Le coût au 1er mai 1921 étant de 1.012 millions de marks-or, et le matériel remis aux États-Unis en vertu des conventions d'armistice étant évalué à environ 24 millions de marks-or, il en résulte que la somme totale devant revenir au Gouvernement des États-Unis est de 1 milliard 48 millions de marks-or environ.

L'annuité correspondante, aux termes de l'arrangement pour le remboursement, est de un douzième de cette somme, soit 87,4 millions de marks-or environ.

de paiements anticipés ou d'emprunts. L'accord stipulait aussi que, dans le cas où un moratoire serait accordé à l'Allemagne, les États-Unis ne devraient en subir aucun préjudice. Enfin le Gouvernement américain se réservait le droit d'annuler l'accord, c'est-à-dire de réclamer le paiement immédiat du solde restant dû, si les arriérés dus aux États-Unis atteignaient à un moment donné un montant tel que le Gouvernement américain estimerait qu'il court le risque de ne pas être payé dans le délai de douze ans prévu.

C'est là un véritable contrat léonin que l'hégémonie américaine avait arraché aux nations tremblantes et ruinées de l'Europe. Elle l'utilisa immédiatement, avide de poursuivre jusqu'au dernier dollar les avantages acquis.

C'est ainsi que la riche Amérique, en 1924, poussa le souci de ses intérêts jusqu'à réclamer sa part des bénéfices retirés de l'exploitation de la Ruhr par les Gouvernements français et belge, sans vouloir tenir compte du fait que ces sommes revenaient à cette priorité belge de 2 milliards de marks-or qui, plus de cinq ans après la fin de la guerre, n'avait pu, à cause des dépenses militaires, être entièrement satisfaite. Le paragraphe X de l'article 2 de l'accord stipulait pourtant que « les Gouvernements alliés réservent tous leurs droits sur les versements en nature et en espèces qui seraient perçus en territoire occupé sur l'intervention d'une autorité alliée quelconque ». Néanmoins le désir des États-Unis fut, une fois de plus, satisfait sans résistance (1).

Signé le 25 mai 1923, l'accord pour le remboursement des dépenses de l'armée d'occupation américaine fut renvoyé le 14 novembre suivant à la Commission des Réparations, pour que celle-ci procède à son exécution dès que, les ratifications des Puissances contractantes ayant été échangées à Paris, l'accord serait entré en vigueur.

Quelques jours plus tard, le 22 novembre, avant même que les ratifications nécessaires eussent été échangées, la Commission des Réparations était saisie par le représentant des États-Unis, M. Logan, de deux nouvelles demandes.

La première proposait l'ouverture d'un compte spécial en dollars où serait versée dès ce moment, la partie applicable aux remboursements des frais d'occupation américaine, de tous les paiements en espèces reçus par la Commission.

La seconde communication visait à faire suspendre toute attri-

---

(1) C'est ainsi que le Gouvernement belge qui, à l'automne 1924, avait encaissé en numéraire 250 millions de marks-or provenant de l'exploitation de la Ruhr, avait dû reverser à la même date au Gouvernement des États-Unis une somme de 625 millions de marks-or.

bution aux Alliés des sommes reçues ou à recevoir jusqu'à ce que ce compte eût été ouvert et régulièrement alimenté.

S'inclinant devant ces nouvelles exigences, la Commission des Réparations décida, le 26 décembre 1923, de suspendre tous les versements qui devaient être faits aux Alliés (en l'espèce à la Belgique en vertu de sa priorité) et de bloquer toutes les rentrées d'espèces, jusqu'à concurrence de la somme nécessaire, à un compte qui devait servir de garantie pour les versements revenant aux États-Unis, lorsque l'accord aurait été ratifié par tous les intéressés (1).

Les effectifs américains dans les territoires rhénans avaient, sur ces entrefaites, diminué de plus en plus. Alors que l'effectif moyen avait été d'environ 15.000 hommes entre le 1er octobre 1920 et le 30 septembre 1921, il n'était plus estimé, à partir du 1er mai 1922, qu'à 8.500 hommes. Il se réduisit encore considérablement par la suite, si bien qu'au mois de mars 1923, lorsque le dernier contingent américain quitta le Rhin, il ne se composait plus, pour ainsi dire, que du drapeau américain et de sa garde.

Le retrait de ce qui restait de l'armée d'occupation américaine, dont on attendait assez naïvement des conséquences désastreuses au point de vue moral, fut en tout cas très heureux au point de vue financier : il éliminait définitivement l'un des facteurs qui avaient contribué le plus sûrement à réduire la part des versements allemands utilisable à la réparation des dommages de guerre.

---

(1) Cet accord ne fut jamais ratifié par le Gouvernement français et fut annulé par l'accord interallié du 14 janvier 1925 (Voir quatrième partie, chap. IX) qui y substitua d'autres modalités du remboursement.

CHAPITRE V

A LA RECHERCHE DU MONTANT DE LA DETTE

A la fin de l'année 1918, M. Lloyd George avait promis à ses électeurs que l'indemnité imposée aux vaincus dépasserait 500 milliards de marks-or.

Quelques mois plus tard, à Versailles, ce chiffre était confirmé par Lord Cunliffe, président de la Commission que la Conférence de la Paix avait instituée pour étudier la capacité de paiement de l'Allemagne, ainsi que par M. Loucheur. Ce dernier envisageait même la possibilité de la porter à 800 milliards de marks-or.

M. Lamont, délégué américain à la même Commission, parle tout d'abord de 250 milliards de marks-or, mais réduit bientôt ce chiffre de moitié. Les délégués français ramènent alors leurs exigences à 170 milliards de marks-or, tandis que les représentants britanniques se refusent à descendre en dessous de 200 milliards.

Le Comité Davis-Loucheur-Montagu, qui succède à cette Commission, propose de fixer la dette allemande à 120 milliards de marks-or.

On a raconté comment les ministres alliés, réunis à Versailles, décidèrent finalement d'éluder la fixation de la dette allemande, en se déchargeant de ce soin sur une commission permanente, la Commission des Réparations, qu'ils instituèrent dans ce but.

C'est donc un projet de Traité ne contenant pas l'indication du montant de la dette qui est communiqué à la délégation allemande à la Conférence de la Paix.

Le président de cette Délégation, le comte Brockdorff-Rantzau, envoie le 29 mai 1919 à M. Clemenceau une longue lettre de protestation contre les conditions de paix qui lui ont été communiquées. Cette lettre, accompagnée de nombreux et volumineux documents, comportait notamment une proposition relative à la détermination du montant de la dette de réparations.

L'Allemagne se déclarait prête au paiement d'une somme maxima de 100 milliards de marks-or. Une tranche de 20 milliards serait payée jusqu'au 1er mai 1926. Les 80 milliards restants seraient représentés par des traites sans intérêts. Les paiements successifs seraient calculés d'après les revenus de l'Allemagne, mais pendant les dix années

suivant 1926, ils ne pourraient dépasser un milliard de marks-or
par an.

Cette offre était d'ailleurs subordonnée à tout un ensemble de
conditions d'ordre politique, économique et territorial qui ne pouvait
permettre aux Alliés de la prendre en considération.

Il était au surplus difficile d'estimer la valeur réelle de l'offre de
M. Brockdorff-Rantzau. La valeur actuelle, la valeur négociable du
système de paiements proposé dépendait essentiellement du nombre
d'années — laissé indéterminé — sur lesquelles devait s'échelonner
à partir de 1936, le paiement des 70 derniers milliards. Jusqu'en 1936
en effet 30 milliards devaient avoir été payés, dont 20 jusqu'au 1er mai
1926, et un milliard par an au maximum de 1926 à 1936. Mais à partir
de cette dernière année, rien n'était fixé. Selon qu'on supposerait que
les paiements annuels subséquents seraient de 1 milliard, de 2 milliards ou de 3 milliards pour rester dans le cadre des possibilités,
l'extinction de la dette allemande se serait faite en l'année 2006,
en 1971 ou en 1960. La valeur actuelle à 8 %, taux normal pour les
emprunts à long terme, de la première tranche de 30 milliards qui
devait être réglée en 1936 était de 19 milliards 500 millions environ.
Quant à la valeur actuelle des 70 derniers milliards, elle se serait
élevée à 8 milliards 500 millions, en admettant que les versements
après 1936 se soient montés régulièrement à 3 milliards de marks-or
par an.

La valeur actuelle totale de l'offre allemande était donc de l'ordre
de 30 milliards de marks-or. C'était ce que représentaient en réalité
les 100 milliards de marks-or de M. Brockdorff (1).

Il convient de s'arrêter un instant à ces chiffres. Ils étaient certes
fort inférieurs à tous ceux que l'on s'était habitué à manier à cette
époque. L'offre allemande était subordonnée à des conditions politiques et économiques inacceptables. De plus, elle manquait essentiellement de précision : les paiements annuels, au lieu d'être limités à
un *maximum* pendant les années 1926 à 1936 et laissés incertains à
partir de 1936, eussent dû au contraire être arrêtés à des *minima*
pendant toute la période restant à courir. Enfin, les garanties de paiement faisaient totalement défaut.

Mais cette offre n'eût-elle pu, à ce moment, servir de point de départ
à des négociations propres à conduire à un règlement des Réparations
vainement cherché jusqu'alors ?

---

(1) Si l'on répétait ce calcul en adoptant, au lieu du taux commercial de 8 %,
le taux de 5 % inscrit dans le Traité, on arriverait pour la valeur actuelle de l'offre
de M. Brockdorff à un montant de 40 milliards environ.

Bien qu'il ne soit malheureusement d'aucun intérêt pratique de discuter aujourd'hui ce qui aurait pu, ce qui aurait dû être fait à Versailles, il est difficile de ne pas souligner une dernière fois — avant de pénétrer plus avant dans la pénible histoire des Réparations — combien les négociateurs de la paix méconnurent les intérêts les plus pressants des nations qu'ils représentaient.

Si les vainqueurs avaient eu assez de prévoyance, de sagesse et de courage, d'une part, pour fixer là dette allemande à une somme dont la modération eût permis d'escompter sérieusement le paiement, s'ils n'avaient, d'autre part, commis la faute d'inclure, malgré leurs promesses, les pensions dans l'indemnité, la dette allemande aurait pu être arrêtée, à Versailles même, à une soixantaine de milliards de marks-or.

Les Allemands eussent sans doute accepté ce montant sans arrière-pensée. Sans doute eussent-ils mis à s'en acquitter autant de bonne volonté qu'ils firent de difficultés pour exécuter plus tard un règlement qu'ils savaient inapplicable.

La fixation rapide du montant des réparations conditionnait cependant leur recouvrement même. En s'y prenant à temps, on pouvait s'affranchir, en grande partie tout au moins, de la bonne volonté allemande pour leur paiement. Les Alliés, au moment de la paix, avaient assez de prestige pour obtenir des vaincus des garanties véritables. Ils avaient aussi les moyens pratiques d'obtenir ces garanties, qui ne manquaient pas.

L'Allemagne possédait au moment de l'armistice des titres et des valeurs étrangères de toute nature pour un montant total que l'on estime généralement avoir été de l'ordre de 20 milliards de marks-or. La saisie immédiate de ces valeurs (que l'on sut d'ailleurs exiger dans la mesure nécessaire au paiement du ravitaillement anglo-américain) (1), aurait donné immédiatement aux Alliés une somme liquide de 10 à 15 milliards de marks-or. La prise de possession du réseau ferré allemand, dont la valeur unanimement admise est de 26 milliards de marks-or, aurait pu procurer aux vainqueurs, en quelques années, par le moyen de l'affermage à des consortiums internationaux, une somme de 15 à 20 milliards de marks-or. Les autres domaines et régies du Reich et des États allemands représentaient une valeur de 20 milliards de marks-or, sur lesquels, par les mêmes voies, 10 milliards eussent pu certainement être obtenus par les Alliés. Enfin, l'affermage à des organismes commerciaux internationaux de certains impôts faciles à percevoir, tels que les

---

(1) Voir chapitre IV : Les vingt Milliards du 1er mai 1921.

droits de douane et les taxes sur les produits de consommation les plus importants (alcool, tabac, sel, sucre, boissons, etc.) aurait pu également être envisagé comme susceptible de procurer aux Alliés des paiements substantiels en un délai assez court. Même sans recourir à ces impôts, on voit que la saisie des valeurs étrangères et l'affermage des chemins de fer et d'une partie des Domaines et Régies d'État aurait assuré aux Alliés, en quelques années, un paiement réel de l'ordre de 40 milliards de marks-or. Cette somme aurait été acquise aux nations sinistrées avant que l'Allemagne vaincue se fût ressaisie et eût pris nettement conscience de la faiblesse et des divisions de ses vainqueurs, avant que l'Angleterre eût pu assurer sa suprématie en Europe et en user pour entraver le règlement des Réparations.

Quarante milliards de marks-or ayant été obtenus dans les premières années de la paix, il ne serait resté qu'une vingtaine de milliards à payer. Vingt-cinq annuités de l'ordre de 1 milliard 500 millions de marks-or y eussent suffi. De tels paiements n'eussent pas présenté de grandes difficultés, vu la modicité relative de l'annuité et la durée raisonnable de l'acquittement. Le budget allemand, débarrassé par les circonstances mêmes des dépenses improductives des armements maritimes et terrestres, pouvait aisément fournir 1 milliard 500 millions de marks-or par an. Ces annuités auraient pu être largement et sérieusement garanties par les revenus des douanes et de certains impôts indirects. Ces mêmes revenus — en vue d'une libération anticipée — auraient pu servir de gages à des emprunts successifs, rendus possibles par le crédit général d'une Allemagne décidée à s'acquitter et par la modération de la dette mise à sa charge.

Combien l'histoire de ces dernières années eût été différente!

Mais il eût fallu arrêter le montant de la dette, et les chefs d'État alliés ne l'osèrent. Trop élevé, le chiffre eût entraîné le refus de l'Allemagne et compromis — c'était leur plus grande crainte — la signature du Traité de Paix. Trop faible, il eût soulevé l'opinion des peuples alliés.

Le chiffre restant indéterminé, les Alliés ne purent établir les moyens pratiques de règlement. S'en abstenant au seul moment propice, ils se livraient pour l'avenir à la bonne volonté du débiteur.

Bien plus, en répondant à la communication de M. Brockdorff qui est rappelée ci-dessus, les Alliés enregistraient eux-mêmes leur impuissance (1).

Interprétant déjà le Traité qu'ils venaient d'élaborer et qui n'était

____

(1) Réponse de M. Clemenceau à M. Brockdorff-Rantzau, 16 juin 1919.

pas encore signé, ils donnaient à la Délégation allemande, par la plume de M. Clemenceau, de formelles et singulières assurances : le texte du Traité conférait *exclusivement* à la Commission des Réparations le mandat de fixer le montant des Réparations (art. 233-1º), d'établir l'état et les modalités des paiements (art. 233-4º), d'apprécier les ressources et les capacités financières de l'Allemagne (art. 234), et par là même d'exercer un large pouvoir de contrôle à leur égard (art. 240, et Ann. II-§ 12), d'en référer aux Gouvernements alliés en cas de manquement de l'Allemagne (partie VIII, Ann. II-§ 17), et enfin d'interpréter la partie VIII du Traité (Réparations).

Mais la communication alliée du 16 juin 1919, donnant par avance à ces dispositions une interprétation restrictive des droits des Alliés, consacrait la liberté de l'Allemagne quant aux moyens de se procurer les sommes nécessaires au paiement des Réparations, en précisant que la Commission des Réparations n'aurait pas qualité pour exiger du Gouvernement allemand l'affectation aux Réparations de telle ou telle source de revenu ou l'emploi de tel ou tel procédé de paiement. Il était notifié explicitement aux délégués allemands que le Traité ne donnait pas à la Commission des Réparations le pouvoir de dicter à l'Allemagne sa législation intérieure, de lui ordonner la création ou le recouvrement d'impôts, ni d'imposer au budget allemand le caractère qu'il doit revêtir.

Dès ce moment, par une étrange aberration, les Alliés s'étaient condamnés en somme, on le voit, à ne compter, pour la réparation de leurs dommages, que sur la bonne foi et sur la bonne volonté du vaincu. On sait ce que furent cette bonne foi et cette bonne volonté...

*
* *

C'était donc la Commission des Réparations qui allait devoir fixer le montant de la dette allemande, que les négociateurs de la paix avaient été impuissants à déterminer.

Le Traité imposait à cette Commission l'accomplissement de cette tâche pour le 1er mai 1921, date extrême à laquelle sa décision devait avoir été notifiée au Gouvernement allemand.

Néanmoins, malgré ces stipulations formelles, et malgré l'échec qu'ils avaient encouru à Versailles, les chefs des Gouvernements alliés continuèrent à essayer de fixer eux-mêmes le montant des Réparations, contrevenant ainsi les premiers aux dispositions essentielles du Traité au bas duquel l'encre de leurs signatures était à peine séchée.

En tentant — vainement d'ailleurs, comme on va le voir — de se

substituer à la Commission des Réparations dans la mission principale qu'eux-mêmes lui avaient confiée, les Gouvernements alliés
montraient un manque de logique et une imprudence dont on pourrait s'étonner. Ils affaiblissaient dès sa naissance, en le dépossédant
de sa mission essentielle, l'organisme qu'eux-mêmes avaient créé pour
régler les Réparations. Ils compromettaient ainsi gravement, l'avenir
l'a prouvé, la possibilité de ce règlement.

Il faut dire à leur décharge que les ministres alliés avaient été
entraînés dans cette voie dangereuse par un courant d'opinion qui,
parti d'Allemagne dès la conclusion de la paix, n'avait pas tardé à
gagner les pays neutres et l'Angleterre. On se mit, dans ces divers
pays, à plaider avec une énergie croissante l'urgente nécessité d'une
fixation définitive de la dette allemande, fixation que l'on prétendait
indispensable à la reconstruction économique et financière de l'Europe.

Cette thèse qui était au surplus parfaitement défendable à ce
moment, s'accrédita d'autant plus facilement et trouva d'autant plus
d'écho dans l'univers qu'elle fut vite partagée et soutenue par les
financiers britanniques dont, avec quelque naïveté, l'on escomptait
l'aide pour la mobilisation de la créance alliée.

On sut exploiter fort habilement chez les neutres et les Anglo-
Saxons l'argument en vertu duquel la menace d'une dette indéterminée, mais dont on savait que le montant serait considérable, pesait
lourdement sur les relations financières des différents pays intéressés et s'opposait invinciblement au relèvement économique de
l'Europe. On arrivait ainsi tout naturellement à la conception d'un
montant forfaitaire définitif moyennant quoi, prétendait-on, la
créance des réparations pourrait être mobilisée et tout le système des
paiements allemands entrer dans la voie pratique de l'exécution.

Le Mémorandum économique qui fut publié le 9 mars 1920, à la
suite de la Conférence interalliée qui venait de se tenir à Londres,
reflétait nettement cette préoccupation. On y trouvait exposée la
nécessité de fixer à bref délai le total des Réparations, tant dans
l'intérêt de l'Allemagne que dans celui de ses créanciers. Les puissances alliées s'y entendaient pour prier leurs représentants à la
Commission des Réparations « de fixer le plus tôt possible un total
définitif du montant à payer par l'Allemagne à titre de Réparations,
basé sur sa capacité de paiement. »

En laissant la Commission des Réparations saisie de la fixation de
la dette on restait dans le cadre du Traité. Mais on en sortait en
indiquant que cette fixation devait être faite d'après la capacité de
paiement de l'Allemagne, puisque le Traité stipulait au contraire

qu'elle devait l'être d'après la valeur des dommages subis par les Alliés. La thèse française avait été invariablement jusque-là de réclamer à l'Allemagne la réparation intégrale des dommages. Cette doctrine reculait à présent devant la thèse anglaise, qui prétendait fixer, comme limite maximum des Réparations, la « capacité de paiement » de l'Allemagne, formule extrêmement élastique, sujette aux applications les plus diverses et les plus imprévues.

A la Conférence de San Remo, qui s'ouvre le 18 avril 1920, MM. Lloyd George et Nitti proposent un règlement immédiat de la question des Réparations, d'accord avec l'Allemagne, par la fixation de l'indemnité à 90 milliards de marks-or, payables en trente annuités de 3 milliards chacune (1).

Les délégués français s'opposent à une pareille fixation. M. Millerand obtient de M. Lloyd George, le 24 avril 1920, qu'aucun chiffre ne soit arrêté à San Remo pour la dette allemande.

Une nouvelle entrevue a lieu à Hythe le 9 mai suivant. M. Millerand y expose le principe d'un forfait global, mais en y mettant la condition — qui avait déjà été vainement proposée à Versailles — que la France bénéficierait d'une priorité en faveur de la reconstruction de ses régions dévastées. Comme à Versailles, Lloyd George se refusa à cette priorité en invoquant le préjudice qu'elle causerait à l'Angleterre et aux Dominions qui avaient eu peu de dégâts matériels, mais dont les morts avaient été nombreux ; « le mortier ne pouvait primer le sang ».

On dressa cependant à Hythe un projet qui fut étudié à la Conférence de Boulogne le 21 juin suivant. Ce projet prévoyait que l'Allemagne devrait payer, en sus du remboursement des frais des armées d'occupation, quarante-deux annuités, dont les cinq premières seraient de 3 milliards de marks-or, les cinq suivantes de 6 milliards, et les trente-deux dernières de 7 milliards de marks-or (2). L'Allemagne aurait été autorisée par la Commission des Réparations, dont l'agrément était nécessaire à cet effet, à émettre un emprunt extérieur dont la plus grande partie aurait été affectée au paiement des Réparations. L'Allemagne, de plus, devrait remettre à la Commission des Réparations des valeurs industrielles allemandes, et affecter enfin la totalité des recettes de ses douanes au service des annuités prévues par le projet.

Ce système, dont seules les grandes lignes viennent d'être rap-

---

(1) La valeur actuelle de ce système est, à 8 %, de 34 milliards de marks-or.

(2) La valeur actuelle du système d'annuités de Boulogne atteint, à 8 %, 65 milliards, près du double du système de San Remo. La somme des annuités était de 269 milliards.

pelées, recueillit l'adhésion de principe des Gouvernements intéressés. Sa ratification définitive devait avoir lieu à la Conférence de Spa, qui était déjà convoquée pour le mois suivant. Mais à la Conférence de Spa l'activité des ministres alliés fut tout entière absorbée par la question des livraisons de charbon et par la rédaction hâtive de l'arrangement financier qui régla la répartition des versements allemands entre les Alliés (1). Diverses questions d'un intérêt plus immédiat mais moins général achevèrent d'occuper tout le temps des Alliés, et la Conférence prit fin sans avoir pu aborder la question du montant des Réparations.

Sur ces entrefaites le projet de Boulogne avait subi dans tous les pays intéressés l'assaut de nombreuses et violentes critiques. D'un autre côté la Conférence financière, qui s'était tenue à Bruxelles du 24 septembre au 7 octobre 1920 sous les auspices de la Société des Nations, avait porté un coup sérieux aux espérances d'un emprunt international, emprunt qui constituait en somme la clef de voûte du système de Boulogne.

Le projet de Boulogne disparut des préoccupations du moment et tomba progressivement dans l'oubli.

Un autre système, connu sous le nom de Projet Seydoux, vit le jour à cette époque. Il était basé sur la passation de toute une série de contrats commerciaux entre Allemands et Alliés. Les Alliés achèteraient des marchandises allemandes ou des participations industrielles en Allemagne, ou utiliseraient la main-d'œuvre allemande, et les fournisseurs allemands seraient remboursés par leur Gouvernement, qui en serait crédité en compte réparations. La difficulté du transfert à l'étranger d'importantes sommes en numéraire se trouvait ainsi résolue. Ce projet, très intéressant en soi, ne constituait évidemment qu'une solution partielle du problème.

L'opinion publique en Angleterre s'opposa vivement au projet Seydoux; elle s'effraya d'un système qui, non seulement permettrait à la France d'être payée, mais encore créerait à la longue entre les industries française et allemande une solidarité qui, aux yeux des Anglais, pouvait mettre en danger l'industrie britannique. Le projet s'enfonça, lui aussi, dans l'oubli.

La question de la fixation de la dette allemande fut évoquée à nouveau en janvier 1921, à la Conférence de Paris. Le projet qui y fut élaboré le 29 janvier ressemblait en bien des points à celui de Boulogne : l'Allemagne devrait payer pendant quarante-deux ans des annuités fixes progressant de 2 à 6 milliards de marks-or, auxquelles

____

(1) Voir chapitre II : La Répartition de Spa.

viendraient s'ajouter des annuités égales à 12 % de la valeur de ses exportations (1).

Les Alliés après s'être mis d'accord, sur ce système de paiement, entreprirent de le faire accepter par le Gouvernement allemand. Celui-ci fut invité dans ce but à déléguer ses représentants à une conférence ultérieure.

Le ministre allemand, Dr Simons, se rendit à Londres le 1er mars. Loin d'accepter le projet de Paris, il remit aux chefs des Gouvernements alliés des contre-propositions. Mais elles parurent à tous indignes d'examen.

Le 3 mars, Lloyd George faisait savoir à la délégation allemande que si elle ne souscrivait pas dans les trois jours au projet de Paris, ou ne présentait pas des propositions satisfaisantes, les Alliés étaient décidés « à titre de sanctions », à occuper les villes de Duisbourg, Ruhrort et Dusseldorf, à frapper d'un droit spécial les marchandises allemandes importées dans les pays alliés, et à saisir les douanes allemandes dans les territoires occupés de la Rhénanie.

Cette menace soudaine était d'autant plus singulière que les Gouvernements alliés, en s'arrogeant le droit de fixer eux-mêmes la dette allemande et en entreprenant de faire accepter leur décision par le Gouvernement allemand, se mettaient en contradiction formelle avec le Traité de Paix.

Aussi, malgré les efforts de conciliation qui furent faits tant du côté français que du côté anglais, la réponse allemande fut-elle négative.

La sagesse et la justice eussent été de ne pas insister et de s'en remettre, conformément au Traité, à la Commission des Réparations. On en décida autrement : les sanctions qui avaient été annoncées furent mises à exécution (2).

On était arrivé ainsi, au bout de près de deux ans d'un labeur stérile, à la veille du 1er mai 1921, date à laquelle la Commission des Réparations devait avoir rendu sa sentence sur le montant de la dette allemande. Malgré les efforts déployés, malgré les conférences, les discussions, les promesses et les menaces, les chefs des Gouvernements alliés n'étaient donc, pas plus que les négociateurs de Versailles,

---

(1) En admettant pour valeur moyenne annuelle des exportations allemandes le montant de 8 milliards de marks-or, l'ensemble des annuités du projet de Paris atteignait 248 milliards de marks-or. La valeur actuelle à 8 % du système était de 65 milliards de marks-or.

(2) A l'exception de la saisie des douanes en Rhénanie, elles sont encore en vigueur aujourd'hui.

parvenus à déterminer la dette allemande et les modalités de son acquittement.

Malgré toutes les tentatives des ministres alliés, et par suite de leur échec répété, le Traité reprenait ses droits et la parole revenait à la Commission des Réparations.

Le 27 avril 1921 celle-ci arrêtait la dette de réparations à 132 milliards de marks-or. Elle signifiait le même jour cette décision aux Gouvernements alliés, et le lendemain au Gouvernement allemand.

CHAPITRE VI

LES 132 MILLIARDS

Avant d'exposer comment, à la Conférence de Londres de mai 1921, fut élaboré l'état des paiements, il est nécessaire de rapporter la façon dont la Commission des Réparations arrêta la dette allemande à la somme de 132 milliards de marks-or.

Aux termes du Traité de Paix, cette dette devait être fixée d'après les dommages subis par les pays alliés, après étude des réclamations produites par ceux-ci et audition du Gouvernement allemand.

Dès le milieu de 1920, le Libéria et le Siam avaient remis leurs listes de revendications. L'Italie avait déposé la sienne au début du mois de novembre, la Grande-Bretagne à la fin du même mois. La Commission des Réparations avait reçu la liste des dommages belges en décembre 1920, et le cahier des revendications françaises, qui était arrivé le dernier, mais qui était le plus important et le plus détaillé, au début de l'année 1921.

Certains de ces mémoires étaient soigneusement établis, très clairs et très bien étayés, et comportaient plusieurs volumes imprimés, notamment ceux des deux principaux intéressés, la France et la Belgique. D'autres avaient été dressés avec moins de détail ou moins de soin. D'autres enfin ne constituaient que de vagues revendications que rien ne venait appuyer.

Dix-neuf États produisirent ainsi leurs revendications (1). Leur total atteignait 50,7 milliards de $ (203,5 milliards de marks-or). Cinq de ces mémoires furent rejetés, ceux de la Bolivie, de la Chine, du Haïti, du Pérou et de la Pologne, la Commission des Réparations ayant décidé qu'aux termes des Traités de Paix ces États n'avaient pas droit à réparations. Les droits de la Pologne, en tant que partie de l'ancienne Russie (2), restaient d'ailleurs réservés. Il restait à étudier quatorze listes de dommages.

On a beaucoup écrit, et naturellement en Allemagne plus que

---

(1) Voir première partie, chapitre II.

(2) On sait que la Russie a renoncé ultérieurement à toutes réparations de l'Allemagne.

partout ailleurs, sur l'exagération des demandes alliées pour la réparation de leurs dommages. Il ne faut cependant pas perdre de vue combien l'évaluation des dommages était malaisée, tout d'abord à cause de leur nombre et leur complexité même, ensuite en raison du peu de temps accordé aux multiples enquêtes nécessaires, enfin par suite de l'incertitude qui régnait à l'époque du fait du bouleversement des valeurs des diverses monnaies et des oscillations considérables des prix des marchandises et des services employés à la réparation des biens détruits. Il était donc assez naturel que, dans nombre de cas, devant l'impossibilité d'établir des chiffres mathématiquement exacts, on produisit des demandes comportant une certaine marge destinée à tenir compte de l'incertitude et de l'imprévu. On ne peut songer à défendre ici, soit le bien-fondé des réclamations alliées, soit, au contraire, la thèse selon laquelle la valeur des dommages aurait été fortement surestimée par les intéressés. La sincérité des demandes de réparations ne saurait d'ailleurs pas plus être prouvée rigoureusement que leur exagération. Mais il est en tout cas bien naturel que, devant produire un état limitatif de leurs dommages, pour lesquels bien des éléments d'appréciation faisaient défaut ou étaient encore incertains, les divers Gouvernements alliés n'aient pas fait preuve dans leurs estimations d'un scrupule excessif. Tous les mémoires furent probablement dressés avec un certain « coefficient de sécurité » en rapport, non seulement avec le degré de précision des estimations des dommages, mais aussi avec les habitudes morales des nations intéressées. Dans cet ordre d'idées les grands pays, d'ailleurs, ne furent pas toujours plus scrupuleux que les petits États...

Un exemple permettra au lecteur de se rendre compte qu'un extrême souci d'honnêteté ne fut pas toujours de règle dans cette affaire essentielle. Cet exemple se rapporte à l'estimation des bateaux anglais détruits pendant la guerre et à l'estimation des bateaux allemands que la Grande-Bretagne reçut en dédommagement.

L'Angleterre revendiquait une somme de 763 millions de livres sterling pour la perte de ses navires coulés par l'Allemagne. Sur ce montant 528 millions de livres sterling représentaient les pertes directes des navires à vapeur, qui atteignaient près de 8 millions de tonnes. Cela mettait la valeur moyenne des vapeurs perdus à 67 livres sterling par tonne environ.

Par contre, lorsque l'Allemagne eut livré sa flotte marchande aux Alliés, l'Angleterre, qui en reçut la plus grande partie (près de 2 millions de tonnes (1) sur 2.700.000 tonnes environ), n'accepta de

---

(1) Comprenant des vapeurs pour la presque totalité.

se la voir compter que pour 257 millions de marks-or. Cela portaiᵗ
la valeur moyenne des bateaux reçus par l'Angleterre à 130 marks-oʳ
par tonne, ce qui correspondait à ce moment à 8 livres sterling paʳ
tonne environ.

Si cette dernière valeur était exacte et équitable, ce qu'il est difficile de ne pas admettre, étant donnés les scrupules extrêmes que, dès
cette époque, l'Angleterre affichait pour tout ce qui touchait aux
intérêts allemands, la revendication britannique relative à la perte
de ses propres vapeurs était surestimée de 59 livres sterling par
tonne. L'Angleterre avait donc réclamé plus de huit fois la valeur
réelle de la perte, 528 millions de livres au lieu de 64 millions.

Si au contraire la somme réclamée par l'Angleterre pour ses navires
coulés, 67 livres par tonne, était équitable et loyale, c'est cette même
valeur qu'il eût été logique d'appliquer aux 2 millions de tonnes de
navires allemands qui lui furent remis, et c'est pour 134 millions
de livres ou 2.177 millions de marks-or que ces derniers eussent dû
être comptés, au lieu des 257 millions de marks-or auxquels ils furent
évalués effectivement.

Le principe même de l'indemnité réclamée par la Grande-Bretagne
pour ses navires coulés, en dehors de la question de l'estimation de
la valeur de ces navires, était d'ailleurs des plus contestables.

On ne sait pas assez que le Trésor britannique n'avait pas eu à
intervenir financièrement dans la plupart des cas de pertes sur mer,
ces cas ayant été réglés par les compagnies d'assurances anglaises
à l'aide des surprimes prélevées, conformément aux usages du commerce maritime, sur les destinataires des cargaisons, destinataires qui
étaient généralement les États alliés. En réclamant la valeur des
navires et des cargaisons perdues, la Grande-Bretagne revendiquait
donc la couverture totale d'une perte qu'elle n'avait que partiellement subie. Les propriétaires des navires et des cargaisons avaient
été indemnisés par l'assurance. Les compagnies d'assurances avaient
de leur côté réalisé de sérieux bénéfices. L'État n'avait pas eu à intervenir. C'étaient en somme, tout au moins en ce qui concerne le commerce d'exportation anglais, les États alliés qui, par l'intermédiaire des
primes d'assurance spéciales, avaient remboursé indirectement la
plus grande partie des navires et des cargaisons anglais coulés par
les sous-marins allemands.

Pour le commerce d'importation, il n'en était pas tout à fait de
même, et c'étaient les importateurs — État anglais ou particuliers —
qui avaient supporté, par l'intermédiaire des surprimes d'assurance,
les pertes maritimes.

On ne peut étudier ici cette question dans le détail. Mais ce qu'on

en a dit suffit à montrer qu'en réclamant à l'Allemagne la totalité
de ses pertes maritimes, le Gouvernement anglais exigeait la couverture d'un dommage qu'il n'avait pas subi en fait.

*
* *

On a vu que les Gouvernements alliés avaient vainement essayé
de fixer eux-mêmes le montant des dommages à payer par l'Allemagne.

Lorsqu'on s'aperçut qu'à la suite de l'échec de ces tentatives la
Commission des Réparations aurait finalement à remplir la mission
d'évaluation des dommages que le Traité lui confiait, il ne restait plus
que trois mois pour y faire face.

Ce n'est qu'en février 1921, que les services de la Commission se
mirent à étudier en détail les mémoires remis par les États alliés.
Cette étude, qui occupa les réunions journalières d'une vingtaine de
spécialistes pendant deux mois, accumula les matériaux qui devaient
permettre à la Commission des Réparations de prendre une décision
en pleine connaissance de cause.

Les commissaires de l'Hôtel Astoria entamèrent eux-mêmes à la
même époque l'étude des réclamations alliées. Ils en débattirent tous
les aspects au cours de trente-quatre séances qui furent toujours
fort longues, souvent pénibles, et parfois même orageuses. Au cours
de ces séances, d'innombrables experts de toutes les nations sinistrées
furent entendus par la Commission des Réparations, pour justifier,
expliquer et défendre le montant des revendications qui lui étaient
soumises.

Les demandes de réparations des quatre nations principalement
intéressées, la France, la Grande-Bretagne, l'Italie et la Belgique,
furent, chacune à leur tour, discutées impitoyablement et battues en
brèche par les représentants des trois autres.

Dans cette joute, toutefois, le délégué britannique eut généralement l'avantage, faisant ressortir, avec une remarquable habileté et
une infatigable énergie, les exagérations et les points faibles des réclamations française, italienne et belge. Quant aux parties critiquables
du mémoire britannique, nul n'osa trop les souligner.

Une importante délégation du Gouvernement allemand, renforcée
par de nombreux spécialistes, fut ensuite entendue longuement
par la Commission des Réparations qui, à cette audition seule, consacra onze de ses plus longues séances, du 22 mars à la mi-avril
1921.

On ne peut entrer ici dans le détail des discussion qui se produisirent entre les experts alliés et les experts allemands. Ces derniers firent évidemment tout leur possible, souvent avec science et habileté, pour démontrer l'exagération des réclamations alliées.

Appuyés par leurs experts, les délégués des États alliés défendirent avec non moins d'énergie et d'habileté les demandes de réparations de leurs Gouvernements respectifs. Il s'agissait d'ailleurs à cet égard plus d'un souci moral que d'une utilité pratique, puisque la part des différents pays alliés dans la créance totale avait été définitivement fixée par l'arrangement de Spa. Seul le chiffre de la créance totale importait désormais. Si l'intérêt de chacun était, à première vue, d'arriver au montant le plus considérable possible, il valait mieux au fond, dans l'intérêt même du recouvrement de la créance, ne pas aboutir à un chiffre total trop élevé.

Cette thèse, juste en elle-même, servait trop bien les nouvelles idées britanniques pour ne pas avoir été exploitée par le délégué anglais jusque dans ses ultimes ressources.

Néanmoins, malgré la longueur et l'ardeur des discussions qui se produisirent à l'Hôtel Astoria, il faut bien dire que la Commission des Réparations ne parvint pas, dans les quelques semaines dont elle disposait, à réaliser un travail sérieux et inattaquable. Les questions soulevées étaient si nombreuses et si complexes qu'il aurait fallu plusieurs années pour mener à bien les enquêtes nécessaires et établir des conclusions à l'abri de la critique. L'activité prodigieuse qui fut déployée à l'Hôtel Astoria jusqu'à la fin du mois d'avril 1921 le fut presque entièrement en pure perte. Ce fut finalement, comme on va le voir, plutôt au jugé que d'après des chiffres que les commissaires alliés prononcèrent leur sentence.

Le problème que la Conférence de Versailles avait vainement étudié et retourné en tout sens avant de l'abandonner, que les ministres alliés avaient, pendant les deux années suivantes, et sans plus de succès, repris et rediscuté sous toutes ses faces, le délicat problème de la fixation de la dette allemande était évoqué pour la dernière fois, avec toutes ses difficultés et le cortège infini de ses conséquences. Mais cette fois il n'était au pouvoir de la Commission des Réparations, liée par le Traité, ni de l'éluder, ni d'en remettre la solution à plus tard. Le 1er mai 1921 la fixation devait être faite.

Bien plus, la sentence, pour être indiscutable, devait être rendue à l'unanimité des représentants des Alliés. Il fallait faire l'accord général sur un chiffre assez élevé pour ne pas soulever l'opinion publique des nations sinistrées, notamment de la France, assez bas pour revêtir l'aspect modéré que l'Angleterre voulait lui donner et devant lequel l'Allemagne, on l'espérait, serait forcée de s'incliner.

Les laborieuses études des services techniques de la Commission des Réparations, les longues et pénibles discussions des commissaires eux-mêmes n'avaient conduit à aucune conclusion positive. A aucun moment, un accord n'avait été obtenu, ni même recherché, sur le montant définitif de telle ou telle catégorie particulière de dommages, non plus que sur l'ensemble des demandes de chaque pays. Les réclamations des Alliés sortaient de la discussion plus ou moins affaiblies quant à leur bien-fondé, mais nullement modifiées quant à leur trait essentiel, le total. On ne possédait le 27 avril 1921, jour de la sentence, aucun des éléments numériques indiscutables dont l'addition eût dû, en bonne comptabilité et en bonne logique, donner le montant de la dette des réparations.

C'est pourquoi sans doute, la façon dont fut arrêté le chiffre 132 milliards de marks-or est restée entourée de mystère. Il est impossible, et il le sera toujours, de le décomposer, soit entre les différents pays intéressés, soit entre les différentes catégories de dommages. Si étrange que cela paraisse, la fixation de l'indemnité, caractéristique principale de cette paix qui devait être fondée sur « des conventions connues de tous et préparées au grand jour », fut élaborée dans l'ombre de l'Hôtel Astoria et portée à la connaissance du monde sans un calcul justificatif, sans une preuve, sans une explication.

Ces calculs, ces preuves, ces justifications, la Commission des Réparations eût été bien embarrassée de les produire. Elle ne les possédait pas elle-même. Sans aller jusqu'à les comparer à ces juges de Rabelais qui « sentenciaient les procès au sort des dés », on peut dire que les commissaires alliés s'inspirèrent, pour rendre leur arrêt, de considérations bien éloignées des réalités numériques.

Les pourparlers qui conduisirent la Commission des Réparations à sa décision finale sont restés secrets ; mais tous ceux qui, de près ou de loin, ont été mêlés à ces travaux, connaissent, tout au moins dans leurs grandes lignes, les tractations à l'issue desquelles le chiffre de 132 milliards fut arrêté.

Dans la séance du 27 avril, où la dette allemande fut fixée, les commissaires alliés commencèrent par simplifier le problème en le limitant à la France, à l'Angleterre, à l'Italie et à la Belgique. Le chiffre total qui serait obtenu pour les dommages de ces quatre pays serait majoré de 10 % pour tenir compte des pertes des dix autres nations. Les commissaires se justifièrent de cette manière de procéder en estimant unanimement que les mémoires des dix nations les moins intéressées étaient insuffisants pour leur permettre de se faire une opinion éclairée sur les dommages auxquels ces nations auraient droit.

Cette façon de faire une fois admise, le terrain était déblayé et la discussion limitée aux quatre pays principalement intéressés.

Un exposé fort complet et fort brillant des travaux des mois précédents fait par Sir John Bradbury, le délégué britannique, montre que ces travaux conduisent, au prix de certaines hypothèses sur les taux de conversion à appliquer pour passer à l'or, à un total de dommages de 181 milliards de marks-or, dont 89 milliards pour les pensions, 82 milliards pour les biens, et 10 milliards d'intérêts. Mais le délégué anglais estime que non seulement les dommages matériels ont été exagérés par les puissances demanderesses, mais aussi la valeur intrinsèque de chacun d'eux; il admet que le nombre des dommages doit être réduit de 25 %, et la valeur de chacun du même pourcentage. La réduction totale est ainsi de 44 % du montant des dommages matériels. Pour les pensions, le délégué anglais conclut à une réduction de 10 % des sommes précédemment envisagées. Il arrive finalement, après quelques autres réductions, à un montant total de 105 milliards de marks-or qui constitue selon lui le minimum de ce que l'on peut exiger de l'Allemagne, en donnant à ce pays tout le bénéfice des cas douteux.

Toutefois, le délégué britannique se déclare prêt à augmenter quelque peu ce chiffre pour tâcher de se rapprocher de l'avis de ses collègues et arriver ainsi à l'unanimité de la Commission des Réparations. Il se rend parfaitement compte en effet de l'immense avantage que présenterait une solution obtenue à l'unanimité. Par exemple, par diverses modifications des taux de conversion, par l'adoption d'une partie des intérêts pour les dommages matériels, et, par diverses concessions semblables, il arriverait finalement au chiffre de 125 milliards qui, s'il ne constitue plus, comme le chiffre de 105 milliards, un minimum indiscutable, serait néanmoins *a true and just estimate* des dommages que l'on peut réclamer à l'Allemagne.

La délégation italienne (MM. Salvago-Raggi et d'Amelio) émet de son côté l'avis, que rien ne vient d'ailleurs étayer, que l'examen des différents travaux qui ont été faits montre qu'on pourrait exiger de l'Allemagne une somme d'environ 175 milliards de marks-or.

MM. Delacroix et Bemelmans, délégués belges, donnent connaissance de la façon dont ils ont cherché à se faire une opinion, après l'examen détaillé des mémoires alliés et des impressions recueillies lors des discussions entre Alliés et entre Alliés et Allemands.

Ils ont établi un mémoire récapitulatif dans lequel tous les dommages ont été transformés en francs, en comptant la livre sterling à 50 francs et la lire à 70 centimes. Pour le taux de conversion en marks-or, ils ont admis pour les dommages aux personnes le taux de

2 1/2 et pour les dommages matériels le taux de 3, étant donné qu'il semble injuste d'adopter le coefficient de 3,3, taux moyen de février. mars, avril 1921, alors que l'Allemagne ne s'acquitte pas immédiatement et qu'il est logique de prévoir une amélioration du change dans l'avenir.

En procédant de la sorte, et en ajoutant 10 % pour les petites puissances, les délégués belges ont obtenu un total de 132 milliards de marks-or, et c'est le chiffre qu'ils proposent.

Les délégués britannique, italien et belge, ayant ainsi fait connaître leurs conclusions, le délégué français parle à son tour.

M. Dubois signale qu'il a fait établir par ses services un travail dont il résulte que les dommages français seuls, qui auraient pu atteindre 102 milliards de marks-or, ont été réduits de 15 % et ramenés à 87 milliards de marks-or. En appliquant ce même coefficient de réduction aux dommages des trois autres puissances, et en ajoutant 10 % au total ainsi obtenu pour tenir compte des dommages des petites Puissances, le délégué français arrive à un chiffre voisin de 160 milliards de marks-or.

On se trouvait donc, à cette séance du 27 avril 1921, en présence de quatre évaluations différentes : l'estimation britannique (105 ou 125 milliards), l'estimation italienne (175 milliards), l'estimation belge (132 milliards), et l'estimation française (160 milliards).

Après une discussion fort longue et assez confuse, Sir John Bradbury consent à ajouter 4 milliards 500 millions à son chiffre de 125 milliards pour inclure le total des intérêts sur les dommages matériels; il admet que l'on y ajoute 2 milliards 500 millions environ, en consentant à réduire seulement de 20 % au lieu de 25 % la valeur de ces dommages. A la faveur de ces additions, le délégué anglais déclare se rallier au chiffre de 132 milliards.

M. Dubois, reconnaissant qu'en réduisant seulement de 15 %, c'est-à-dire du même chiffre que pour la France, les dommages belges, italiens et anglais, établis avec beaucoup moins de soins que les dommages français, il se montrait peut-être trop sévère pour la France par comparaison avec les autres pays. Il consent, à la lumière de cette remarque, à ramener son estimation à 140 milliards. Finalement, dans un but de conciliation, et en vue de réaliser l'unanimité de la Commission des Réparations, il se rallie au chiffre de 132 milliards. La délégation italienne y adhère également (1).

Cet aperçu de la façon dont fut fixée la plus formidable indemnité

---

(1) On trouvera à l'appendice XV le texte du document par lequel la Commission des Réparations signifia la sentence à l'Allemagne.

de guerre de l'histoire fait apparaître comment chacune des principales nations intéressées envisageait à ce moment l'affaire des Réparations : désir de la France d'opérer avec la certitude de ne pas recevoir de l'Allemagne moins que le prix des ruines qu'elle a causées; désir identique de la Belgique, mitigé par un souci de modération et une préoccupation constante des réalités positives; tendance de l'Italie à réclamer la plus grande somme possible, sans autre considération; volonté de l'Angleterre de charger l'Allemagne au minimum, et en tout cas d'aboutir à une estimation sincère et défendable à défaut d'un minimum indiscutable impossible à obtenir à ce moment.

Ces tendances vinrent se combiner et se fondre le 27 avril 1921 pour donner finalement naissance à ce montant fameux de 132 milliards de marks-or. Ce chiffre résultait d'un compromis né d'indispensables concessions réciproques et non, malheureusement, du décompte numérique des dommages qui aurait dû constituer la base inattaquable de la sentence de la Commission des Réparations.

Il était impossible désormais, et il le demeurera toujours de connaître la part véritable de chaque pays dans les 132 milliards. Il restera tout aussi impossible d'établir exactement le montant de chacune des catégories de dommages, de se rendre compte notamment de l'importance respective des pensions et des dommages matériels.

La base solide sur laquelle pourraient s'appuyer, d'une part une nouvelle fixation de la dette allemande ramenée aux seuls dommages matériels, et d'autre part une répartition de son montant entre les Alliés refaite sur le même principe manque à tout jamais. Et cependant, cette nouvelle fixation et cette nouvelle répartition apparaissent aujourd'hui encore, malgré le projet des experts de 1924, comme une condition essentielle d'un règlement final, si ce règlement doit être satisfaisant.

CHAPITRE VII

L'ÉTAT DES PAIEMENTS

L'article 233 du Traité de paix obligeait la Commission des Réparations à notifier au Gouvernement allemand, le 1er mai 1921 au plus tard, le montant total de ses obligations de réparations, et à établir concurremment un état des paiements prévoyant les époques et les modalités d'acquittement, en une période de trente ans, de l'intégralité de la dette.

Le 27 avril 1921, la Commission des Réparations n'avait rempli que la première partie de sa tâche : la fixation de la dette allemande. Dès le lendemain, sans attendre d'avoir complété son œuvre en établissant un état de paiements, elle communiquait sa sentence aux Gouvernements alliés et allemand.

Si, malgré la stipulation formelle du Traité, la Commission des Réparations, après avoir arrêté le chiffre de 132 milliards de marks-or, renonça à dresser en même temps le tableau des paiements qui devait lui donner sa vraie signification, ce ne fut pas uniquement faute de temps. Le chiffre de 132 milliards, s'il était beaucoup plus raisonnable que tous ceux qui avaient été envisagés jusqu'alors, et constituait, par conséquent, pour l'opinion publique en Allemagne et dans les pays neutres, une amélioration relative de la situation, était cependant encore assez élevé. On avait voulu donner aussi satisfaction à l'opinion publique des pays sinistrés, ou tout au moins prévenir toute réaction trop vive de cette opinion. Mais l'importance de la dette était encore telle que lorsqu'on voulait fixer les paiements effectifs correspondants, on se heurtait à de sérieuses difficultés.

Le paiement d'une somme de 132 milliards de marks-or en trente ans, même en lui appliquant le taux d'intérêt extrêmement modéré (5 %) prévu par le Traité de Paix (Annexe II, § 12), aurait obligé l'Allemagne à des versements annuels si élevés qu'on ne pouvait espérer sérieusement les voir s'effectuer réellement. Un capital de 132 milliards de marks-or, au taux de 5 %, exige pour être amorti en trente ans le paiement d'une annuité régulière de 8,5 milliards de marks-or. C'est là une annuité que personne ne pouvait s'attendre à voir payer régulièrement pendant une longue période par aucun pays, si riche et si prospère fût-il.

Il est vrai que l'article 234 du Traité de Versailles autorisait la Commission des Réparations à modifier les modalités de paiements qui auraient été arrêtées, et à étendre, s'il y avait lieu, la période pendant laquelle ils devaient être effectués.

Mais si même, pour tenter de réduire l'annuité, on avait usé du droit de prolonger la période des paiements, en la portant à cinquante années par exemple, ce qui était évidemment exorbitant, on se serait encore trouvé obligé de prévoir un versement annuel de plus de 7,5 milliards de marks-or, annuité tout aussi impraticable que la précédente. C'est évidemment cette difficulté qui empêcha la Commission des Réparations de sanctionner immédiatement par un état de paiement la fixation de la dette allemande à laquelle elle venait de procéder.

D'ailleurs, les ministres alliés, réunis à Londres dès le 30 avril, s'empressèrent, comme on l'a raconté plus haut (1), d'arrêter eux-mêmes les modalités de paiement des réparations. Après plusieurs jours et plusieurs nuits d'un travail fiévreux, les experts des Gouvernements alliés parvinrent à mettre sur pied une formule qui, tout en ne touchant pas en apparence au chiffre de 132 milliards de marks-or, permettait de réduire en fait les paiements annuels de l'Allemagne aux montants qu'à ce moment on croyait raisonnable, c'est-à-dire n'excédant pas les possiblités du vaincu.

Les ministres alliés, dès qu'ils se furent entendus sur cette formule, appelèrent à Londres la Commission des Réparations qui, se trouvant en présence d'un accord entre les principaux créanciers de l'Allemagne, se contenta d'entériner le projet qui lui était soumis.

C'est ainsi que fut arrêté, dans la nuit du 5 au 6 mai 1921, le document connu sous le nom d' « État des Paiements » qui allait être désormais la charte des Réparations, l'Allemagne l'ayant solennellement accepté le 11 mai 1921 (1).

L'État des Paiements stipulait essentiellement que l'Allemagne aurait à payer chaque année une somme fixe de 2 milliards de marks-or et une somme additionnelle égale à 26 % de la valeur des exportations allemandes.

La dette allemande totale ayant été fixée par la Commission des Réparations à 132 milliards de marks-or, l'État des Paiements prescrivait de déduire de cette somme : le montant déjà versé par l'Allemagne au titre des Réparations, la valeur des propriétés d'État situées dans les territoires cédés par l'Allemagne aux Alliés en vertu du Traité

____

(1) Voir troisième partie, chapitre II : Les vingt Milliards du 1er mai 1921.

de paix, et les sommes versées par les anciens alliés de l'Allemagne.

Il fallait ajouter d'autre part aux 132 milliards le montant de la dette de guerre de la Belgique vis-à-vis de ses alliés, dette mise à la charge de l'Allemagne par l'article 232 du Traité de Paix.

Comme on l'a vu plus haut, une somme de 3,7 milliards de marks-or avait été payée par l'Allemagne au 1er mai 1921, principalement sous forme de livraisons de marchandises et de matériel faites en vertu des conventions d'armistice.

Toutefois, cette somme de 3,7 milliards de marks-or n'avait pu, comme on l'a vu, être appliquée entièrement aux Réparations. Les armées d'occupation alliées avaient coûté jusqu'au 1er mai 1921 (sans y comprendre l'armée d'occupation américaine) une somme totale de 3,2 milliards de marks-or, somme qui devait être remboursée avant tout paiement de Réparations. Sur les 3,7 milliards de marks-or versés par l'Allemagne au 1er mai 1921, il n'était resté que 5oo millions de marks-or pour les Réparations.

L'évaluation des propriétés d'État situées dans les territoires cédés par l'Allemagne aux Alliés, évaluation qui n'est aujourd'hui encore, par suite de l'incompréhensible lenteur de la Commission des Réparations, que provisoire, est de 2,7 milliards de marks-or (1).

Quant aux prestations effectuées par les anciens alliés de l'Allemagne, on a déjà dit (2) qu'il était impossible aujourd'hui encore, toujours à cause de l'inertie de la Commission des Réparations, de les connaître autrement que sous la forme d'une évaluation extrêmement hypothétique. On a admis plus haut que la valeur des biens

---

(1) En voici le détail :

		Marks-or
Cessions diverses	Mines de la Sarre. — France (évaluation provisoire) .	400.000.000 »
	Concession de Shanghaï. — France (évaluat. provis).	2.042.000 »
	Concession de Shameen. — Grande-Bretagne (évaluation définitive).................................	538.048,95
	Propriétés à Kiao-Tchéou. — Japon (éval. prov.)......	59.000.000 »
	a) Tchéco-Slovaquie (éval. prov.) comprenant matériel roulant (art. 371), évalué à 446.670	6.086.670 »
	b) Ville libre de Dantzig (éval. prov.) comprenant matériel roulant (art. 371), évalué à.............. 6.331.500	306.331.500 »
	c) Pologne, zone cédée (éval. prov.) comprenant matériel roulant (art. 371), évalué à.............. 182.581.000	1.894.606.000 »
	Pologne, zone de plébiscite.............................	»
	d) Memel	»
Portion des emprunts des États allemands.	a) Tchéco-Slovaquie (Silésie) (évaluation provis.).....	391.000 »
	b) Ville libre de Dantzig (évaluat. prov.)	5.514.000 »
	c) Pologne (Haute-Silésie, Posen, etc.), zone cédée (évaluation provisoire)	18.557.000 »
	Zone de plébiscite	»
	d) Memel	»
	e) Belgique (Eupen, Malmédy) (évaluation prov.) . .	635.000 »
	TOTAL.	2.693.701.218,95

(2) Voir chapitre II : La Répartition de Spa.

d'État austro-hongrois dont les Alliés ont pris possession pouvait être estimée à 12 milliards de marks-or. Les autres versements à faire par l'Autriche et la Hongrie, arrêtés à 6 milliards de marks-or au minimum (1), ainsi que les 2 milliards de marks-or attendus de la Bulgarie pourraient être ajóutés à ces 12 milliards, si l'on admettait que l'Autriche, la Hongrie et la Bulgarie s'en acquitteront, pour venir également en déduction des 132 milliards. Mais dans l'état actuel des choses, les seuls paiements importants de l'Autriche, de la Hongrie et de la Bulgarie se ramènent à 12 milliards de marks-or, valeur supposée des biens d'État cédés par ces Puissances aux Alliés.

L'ensemble de ces déductions atteint ainsi 15 milliards de marks-or environ.

Le montant de la dette de guerre belge mise à la charge de l'Allemagne n'a pas non plus été déterminée jusqu'à présent par la Commission des Réparations. Il est de l'ordre de 6 milliards de marks-or.

Les 132 milliards de marks-or doivent donc être réduits d'une part de 15 milliards et augmentés de l'autre de 6 milliards de marks-or. C'est donc une somme de 123 milliards de marks-or qui représentait finalement le capital de la dette allemande au 1er mai 1921 (2).

L'État des Paiements créa en représentation de cette dette trois séries d'obligations, destinées à remplacer les 100 milliards de bons que l'Allemagne avait dû délivrer aux Alliés en vertu du Traité de Paix (§ 12 de l'Annexe II à la partie VIII).

Les deux premières séries d'obligations, dites séries A et B, dont le montant total était de 5o milliards de marks-or, ne différaient entre elles que par leurs dates de création, espacées de quatre mois. Les obligations de ces séries A et B devaient porter 5 % d'intérêt et être amorties à raison de 1 % par an, ce qui exigeait un versement annuel de 3 milliards de marks-or.

Le restant de la dette allemande, soit un montant de l'ordre de 73 milliards de marks-or (l'État des Paiements mentionne un montant de 82 milliards de marks-or, mais sujet aux ajustements nécessités par les additions et déductions dont il a été question ci-dessus) devait être remis à la Commission des Réparations en obligations de la série C. Mais celles-ci ne pouvaient être émises par la Commission qu'à mesure que les versements de l'Allemagne deviendraient suffisants pour en assurer le service à 6 %, après prélèvement des sommes nécessaires au service des 50 milliards des séries A et B. Jusqu'à ce

---

(1) Selon l'arrangement financier interallié du 11 mars 1921.

(2) En considérant bien entendu comme rigoureuses les estimations auxquelles on a été obligé de se livrer pour arriver à ce chiffre.

moment, les obligations C n'étant pas émises, les 73 milliards de marks-or correspondants ne portaient pas d'intérêt.

C'est par cette ingénieuse combinaison que l'on trouva moyen, tout en maintenant le chiffre nominal et théorique de 132 milliards de marks-or, de ramener la dette allemande à un montant de beaucoup inférieur sans que le public dut s'en apercevoir ni, par conséquent, s'en émouvoir.

En effet, l'obligation de l'Allemagne étant de payer chaque année 2 milliards de marks-or plus 26 % de la valeur de ses exportations, et le service des bons A et B exigeant une annuité de 3 milliards, le montant des bons C qui pourrait être émis dépendait essentiellement de la valeur de ces exportations.

Pour que les 73 milliards d'obligations C eussent pu être créées, il eût fallu obtenir de l'Allemagne un paiement annuel régulier égal à 6 % des 123 milliards, c'est-à-dire une annuité de près de 7,5 milliards de marks-or. Ceci impliquait que les 26 centièmes des exportations allemandes devant atteindre 5,5 milliards, le montant total de ces exportations devrait s'élever à 21 milliards par an environ.

Or, avant la guerre, ces exportations avaient suivi une marche ascendante très rapide : de 6,6 milliards de marks en 1909, elles étaient passées à 10,1 milliards de marks en 1913, croissant à peu près régulièrement d'un milliard par an environ.

Mais la guerre avait endommagé profondément le commerce extérieur de l'Allemagne, comme celui de tous les pays belligérants.

En 1914, les exportations allemandes tombent à 6,7 milliards de marks, contre 10,1 milliards l'année précédente. Jusqu'aujourd'hui, le chiffre de 1914, 6,7 milliards, comparable à celui de l'année 1909, n'a même plus jamais été atteint, comme le montre le tableau suivant, dressé d'après les indications du Gouvernement allemand :

Années	Valeur des exportations allemandes
1915	2,5 milliards de marks-or.
1916	2,9 — —
1917	2,0 — —
1918	2,8 — —
1919	1,8 — —
1920	5,1 — —
1921	3,6 — —
1922	4,0 — —
1923	6,0 — —

Bien que ces chiffres, provenant des statistiques officielles allemandes, soient extrêmement contestables, particulièrement à partir de l'année 1921, il est certain néanmoins que pendant les dernières années la valeur des exportations allemandes n'a pas dépassé 7 ou 8 milliards de marks-or. Il est difficile de prévoir la valeur qu'elles atteindront dans l'avenir, mais il serait illogique d'espérer, comme on l'a fait en 1921, les voir s'élever à 25 milliards de marks-or (1), ou même aux 21 milliards nécessaires pour que la série des bons C puisse être émise. Pour rester sur le terrain modeste des réalités, on ne pouvait supposer voir les exportations allemandes dépasser avant longtemps le montant de 10 milliards de marks-or auquel elles étaient arrivées en 1913, dans la meilleure année qu'ait jamais enregistré le commerce extérieur de l'Allemagne.

La partie variable de l'annuité de l'État des Paiements ne devait donc pas dépasser, avant longtemps, 2,5 milliards de marks-or. Compter sur une annuité totale de 4,5 milliards de marks-or était donc encore fort optimiste.

Cette annuité de 4,5 milliards correspond au service, à 5% d'intérêts et 1 % d'amortissement, d'un capital de 75 milliards de marks-or environ.

En mettant les choses au mieux, c'est-à-dire en admettant pour les exportations futures le chiffre le plus élevé du passé, 10 milliards, on pouvait donc prévoir que les versements de l'Allemagne, au moins pour de très nombreuses années, ne permettraient au maximum que l'émission de 25 milliards d'obligations C, le restant des obligations C (48 milliards) ne pouvant être émis, faute des moyens nécessaires pour en faire le service.

Ces 25 milliards d'obligations C, ajoutés aux 50 milliards des obligations A et B, représentaient en réalité le chiffre auquel, par l'artifice qui vient d'être expliqué, était ramenée *en valeur nominale* la dette de réparations de l'Allemagne : 75 milliards de marks-or.

Mais telle n'était pas la valeur réelle de la créance des Alliés telle qu'elle venait d'être fixée. Il faut considérer en effet que le taux d'intérêt prévu (5 %) ne permettrait certainement pas le placement des obligations au pair. En admettant que les obligations A et B et les 25 milliards d'obligations C qui auraient pu être créées eussent été dotées des garanties nécessaires à leur placement dans le public (ce qui n'était pas l cas), on n'aurait jamais pu les négocier qu'à un prix notablement inférieur à leur valeur nominale, à un prix tel que

---

(1) Les chiffres cités par M. Loucheur pour les exportations allemandes allaient de 10 milliards (pendant les cinq premières années) à 25 milliards de marks-or (à partir de la douzième année) !

le placement réalisé par l'acheteur aurait représenté pour ce dernier un intérêt normal pour les prê s de ce g nre, de 8 % au moins.

Or, la valeur actuelle, à 8 %, de la dette allemande, composée de 50 milliards d'obligations A et B et de 25 milliards d'obligations C, matérialisée par le paiement pendant trente-sept ans d'une annuité de 4,5 milliards de marks-or, est de 53 milliards de marks-or.

Telle était, en mettant les choses au mieux, la valeur réelle, la valeur négociable, que prenait finalement pour les Alliés la somme de 132 milliards arrêtée par la Commission des Réparations.

En fait, cette valeur réelle devait être encore beaucoup moindre. En effet, aucune obligation de la série C ne fut jamais créée, le Gouvernement allemand ayant constamment soutenu, én s'appuyant sur des statistiques erronées, que la valeur annuelle de ses exportations ne dépassait pas 4 milliards de marks-or. Il en résultait que l'annuité restait fixée à 3 milliards de marks-or, somme suffisant tout juste au service des 50 milliards des obligations A et B. La valeur nominale de la créance des Alliés a été ramenée ainsi en pratique à la valeur nominale des séries A et B, soit à 50 milliards. La valeur négociable de cette créance, calculée à 8 %, est de 35 milliards de marks-or.

On voit donc qu'on avait réussi, par l'artifice des obligations C ne portant pas intérêt et ne pouvant être émises, à ramener la valeur réelle et négociable de la créance des Alliés sur l'Allemagne à 53 milliards de marks-or au prix d'une hypothèse très optimiste, à 35 milliards de marks-or si l'on se plaçait sur le terrain solide des réalités du moment.

La seule mention du montant des exportations qui devait être atteint pour que les obligations C pussent être émises fait voir que les rédacteurs de l'État des Paiements savaient eux-mêmes que les obligations C n'étaient qu'une fiction, et que, s'ils n'avaient pas voulu, ou osé, toucher au chiffre de la dette, ils s'étaient arrangés délibérément pour réduire en fait à 50 milliards le montant nominal de 132 milliards (1).

Il y eut là une incontestable supercherie, mais une supercherie

---

(1) Il est intéressant de remarquer, à un autre point de vue, que l'État des Paiements, par ses dispositions, offrait à l'Allemagne une sorte d'escompte à rebours, un encouragement au défaut, au lieu de lui donner une prime à l'exécution. Disposer que les obligations C ne pourraient être émises qu'à partir du moment où les paiements allemands seraient suffisants pour assurer le service à 6 % des 50 milliards d'obligations A et B, revenait à encourager l'Allemagne à ne verser jamais les 3 milliards annuels nécessaires à ce service. On offrait assez naïvement à l'Allemagne, au lieu d'un allégement si elle s'exécutait, une aggravation de ses charges. On l'incitait, par la menace de l'émission des obligations C, à ne pas assurer le service des obligations A et B.

sans doute utile et même nécessaire. Les hommes qui étudiaient depuis plusieurs années la question des réparations savaient dès ce moment que l'on ne pouvait raisonnablement exiger de l'Allemagne plus de 3 milliards par an, et qu'il n'y avait par conséquent aucun espoir de la voir s'acquitter d'une dette supérieure à 50 milliards de marks-or. Mais les hommes d'État jugeaient que l'opinion publique des nations alliées n'était pas encore suffisamment assagie pour ne pas se révolter à l'annonce brutale d'un chiffre aussi éloigné de ses espérances.

L'État des Paiements avait en somme résolu avec élégance la difficulté sur laquelle toutes les négociations antérieures étaient venues échouer : la dette allemande était ramenée en fait à un montant raisonnable, mais cette réduction était assez habilement déguisée que pour empêcher l'opinion publique de s'en apercevoir et de s'irriter.

Mais il était trop tard, et ce retour à la modération ne devait servir à rien. Devant la faiblesse et la désunion des Alliés, l'Allemagne avait vite compris qu'elle pouvait opposer l'inertie aux efforts qui seraient faits désormais pour l'obliger à payer. L'Ultimatum du 5 mai avait été le dernier acte de décision de l'Entente. L'Allemagne s'était inclinée, mais sa volonté d'éluder ses obligations, née depuis l'armistice, s'en était accrue, et n'allait plus cesser de grandir.

*
* *

En élaborant l'État des Paiements, en réduisant en fait, sinon en apparence, les réparations au montant qui, par sa modération même, en permettait le paiement, les Alliés s'étaient-ils au moins entourés des garanties réelles qui allaient les autoriser à compter avec certitude sur les versements allemands ?

C'est ce qui reste à examiner.

L'État des Paiements affectait les fonds suivants à la garantie des versements requis de l'Allemagne :

(a) le produit de tous les droits des douanes maritimes ou terrestres, spécialement des droits à l'importation et à l'exportation ;

(b) le produit d'un prélèvement de 25 % sur la valeur de toutes les exportations de l'Allemagne à l'exception des exportations auxquelles s'applique, dans le pays destinataire, un prélèvement d'au moins 25 % ;

(c) le produit des taxes ou impôts directs et indirects ou de toutes autres ressources qui seraient proposées par le Gouvernement allemand et acceptées par le Comité des Garanties pour parfaire ou pour remplacer les fonds spécifiés aux alinéas (a) et (b) ci-dessus.

Ces fonds devaient être versés par le Gouvernement allemand en or ou en devises étrangères à un Comité des Garanties dont l'État des Paiements prévoyait la constitution.

Outre la surveillance des fonds affectés en garantie et leur application au service des obligations, ce Comité des Garanties, composé de la même façon que la Commission des Réparations, était chargé d'assurer l'application des articles 241 (promulgation par l'Allemagne de toute législation nécessaire à l'exécution des Réparations) et 248 (privilège de premier rang établi au bénéfice des Réparations sur tous les biens et ressources de l'Empire et des États allemands) du Traité de Versailles. Il était chargé de plus de procéder, au nom de la Commission, à l'examen prévu par le paragraphe 12 *b* de l'Annexe II de la Partie VIII du Traité (s'assurer que tous les revenus de l'Allemagne sont affectés par privilège au paiement des Réparations, et que le système fiscal allemand est proportionnellement aussi lourd que celui des Alliés). Il lui appartenait enfin de vérifier, au nom de la Commission des Réparations, et de rectifier éventuellement le montant déclaré par le Gouvernement allemand comme valeur des exportations allemandes, montant dont dépendait, comme on l'a vu, la fixation de l'annuité.

L'État des Paiements stipulait que le Comité des Garanties aurait « le droit de prendre toutes mesures jugées nécessaires pour « assurer l'exécution régulière de sa tâche ». Mais il ajoutait immédiatement après « qu'il n'était pas autorisé à s'ingérer dans l'Administration allemande ».

Cette dernière stipulation, comme l'expérience le prouva, allait permettre de réduire à néant l'autorité du Comité des Garanties, et d'empêcher celui-ci de veiller efficacement au versement des fonds destinés au service des obligations. Exploitée dès le début par le représentant anglais, dont la tendance constante au Comité des Garanties fut de soutenir l'Allemagne et d'excuser systématiquement l'inexécution de l'État des Paiements, la clause de non-ingérance dans l'Administration allemande causa l'échec des multiples tentatives faites par le Comité des Garanties pour assurer l'exécution de l'État des Paiements.

Dès le début, le Gouvernement allemand avait opposé à cette exécution une inertie, qui ne cessa d'aller croissant.

Sous la pression du délégué britannique, et à la faveur de la mollesse montrée par le délégué français, le Comité des Garanties renonça promptement à la perception en or ou en devises étrangères des fonds qui devaient lui être versés par l'Allemagne. Par une inexplicable faiblesse, il consentit à recevoir ces fonds en monnaie allemande

Les sommes qui furent ainsi mises à sa disposition fondirent entre ses mains, par suite de la dépréciation du mark, et perdirent bientôt toute valeur. Elles ne purent en aucune façon être employées au service des obligations, et ces dernières ne firent même pas l'objet d'un essai d'émission dans le public. Elles sommeillent aujourd'hui encore dans les caves de la Commission des Réparations. Bientôt, d'ailleurs, le Gouvernement allemand cessa complètement de verser, même en monnaie allemande, les fonds destinés au paiement de l'annuité.

La valeur des garanties imposées par l'État des Paiements à l'Allemagne dépendait uniquement, en réalité, de sa bonne volonté à s'acquitter. Soutenue, et parfois même provoquée à la résistance par l'Angleterre, l'Allemagne ne tarda pas à chercher à se libérer des engagements qu'elle venait d'accepter. Elle n'y parvint que trop rapidement.

En s'abstenant d'entourer les prescriptions de l'État des Paiements de garanties véritables, en se contentant de faux-semblants, les Alliés s'étaient condamnés aux pires difficultés.

On va voir dans les chapitres suivants l'histoire fastidieuse et souvent pénible de la longue résistance du vaincu, soutenue par l'un des vainqueurs, comment cette résistance conduisit en 1923 à l'occupation de la Ruhr, et comment, à la suite de celle-ci, l'expertise de 1924 substitua à l'État des Paiements de 1921 une formule nouvelle et d'une habileté plus grande encore....

CHAPITRE VIII

LE PREMIER MORATOIRE

En vertu de l'État des Paiements qui venait d'être arrêté, l'Allemagne avait à payer une somme de 1 milliard 300 millions de marks-or environ du 1er mai au 31 décembre 1921, et, pour l'année 1922, une somme de 3 milliards 100 millions de marks-or environ.

Les échéances étaient disposées comme suit :

		Millions de marks-or
1921 : 31 mai...		1.000
15 novembre	environ .	300
Total pour 1921.	environ.	1.300
1922 : 15 janvier...		500
15 février.	environ .	280
15 avril.		500
15 mai...	environ .	240
15 juillet...		500
15 août.	environ .	280
15 octobre		500
15 novembre	environ .	300
Total pour 1922	environ.	3.100

Le premier versement, celui de 1 milliard de marks-or, fut effectué en espèces à la date prescrite. C'est le seul versement important en numéraire qui ait été effectué par l'Allemagne jusqu'aujourd'hui.

La seconde échéance, celle du 15 novembre 1921, fut couverte à peu près complètement par l'inscription au crédit du débiteur de la valeur des marchandises livrées par ce dernier depuis le 1er mai jusqu'au 31 octobre 1921.

Mais à peine ces deux échéances étaient-elles passées, dès le début du second semestre d'exécution de l'État des Paiements, le Gouvernement allemand se déclarait incapable de se procurer les sommes nécessaires au règlement des échéances suivantes.

Le 4 novembre 1921, la Commission des Réparations, mise au courant par le Comité des Garanties, des difficultés qui allaient se présenter, s'était rendue à Berlin pour obtenir du Gouvernement du Reich des explications sur les moyens qu'il comptait employer pour exécuter les paiements suivants. Dès ce moment, le délégué anglais à la Commission des Réparations, Sir John Bradbury, laissait pressentir que, si l'Allemagne demandait un moratoire, il se pourrait qu'il appuyât cette demande. Moins d'un mois après, il se montrait favorable à l'idée d'un report très étendu des paiements, entraînant pour deux, trois ou quatre ans la suppression de tout versement en espèces et la limitation des livraisons en nature à 1 milliard de marks-or par an.

M. Boyden, le représentant officieux des États-Unis à la Commission des Réparations, partageait cette manière de voir, qui était la seule, selon lui, capable de permettre à l'Allemagne de restaurer ses finances.

Quoi qu'il en soit, le voyage de la Commission des Réparations à Berlin n'eut aucun résultat, si ce n'est celui d'enregistrer la déclaration du Gouvernement allemand que les échéances ultérieures ne pourraient être couvertes par les moyens ordinaires et que seules des opérations de crédit permettraient d'y faire face.

Sur ces entrefaites, les négociations que le Gouvernement allemand poursuivait avec ses industriels et ses commerçants pour l'émission d'un emprunt n'aboutirent pas, à cause des prétentions exagérées des intéressés. Des tentatives faites successivement à Londres par MM. Havenstein, Stinnes et Rathenau, et à New-York par M. Bergmann, pour obtenir le concours de la finance anglaise et américaine, échouèrent également.

Arguant de l'impossibilité de satisfaire aux prochaines échéances par ses propres moyens et de l'échec des tentatives d'emprunt qu'il avait faites, le Gouvernement allemand, par lettre du 14 décembre 1921, déclarait à la Commission des Réparations ne pouvoir mettre à la disposition de celle-ci qu'une somme de 150 à 200 millions de marks-or pour couvrir les deux échéances des 15 janvier et 15 février 1922, échéances qui se montaient ensemble à près de 800 millions de marks-or. Le Gouvernement allemand demandait en conséquence qu'il lui fût accordé un délai pour le paiement de ces deux échéances. Par la même communication, il avertissait d'ores et déjà la Commission des Réparations que des difficultés semblables se représenteraient pour les échéances ultérieures.

La Commission des Réparations ne sut pas faire au Gouvernement allemand une réponse nette et claire : elle se contenta de demander des précisions sur la nature du moratoire sollicité, se bornant à déclarer que, faute de ces précisions, il lui était impossible de prendre la demande de moratoire en considération.

La Commission, en somme, n'avait pas repoussé le moratoire. Elle avait en quelque sorte consenti implicitement à en discuter les modalités. Le Gouvernement allemand ne devait pas tarder à s'en prévaloir.

L'opinion anglaise, fort émue par la crise commerciale qui sévissait en Grande-Bretagne, l'imputait au déséquilibre de l'économie allemande, dont la cause principale était à ses yeux le paiement des Réparations. Aussi considérait-on généralement en Angleterre que le meilleur moyen d'**enrayer** le chômage et de stimuler les exportations résidait dans la refonte complète du système des réparations, basée sur une réduction sérieuse de la dette allemande. La perspective d'un moratoire y était envisagée avec la plus grande faveur.

L'opinion publique américaine avait suivi une évolution parallèle. Elle était devenue nettement favorable également à l'octroi à l'Allemagne de délais de paiement, d'autant plus favorable que l'Amérique n'était pas intéressée à ceux-ci.

Les hommes d'État français, quoi qu'ils en eussent, étaient bien forcés de tenir compte de ces dispositions. Toute responsable qu'elle en fût à leurs yeux, l'Allemagne ne s'en trouvait pas moins dans une situation financière qui paraissait exclure la possibilité d'acquitter les prochaines échéances. Seule, une opération de crédit pouvait y pourvoir. Seuls, les marchés anglais et américain étaient en mesure d'en assurer le succès.

C'est dans ces circonstances que le ministre français Loucheur se rend à Londres, le 8 décembre 1921. Il y rencontre M. Lloyd George et le Chancelier de l'Échiquier, Sir Robert Horne. La question du moratoire y est soulevée. Mais on l'élargit bientôt, et on discute un vaste plan aux termes duquel les dettes de guerre étant réglées au moyen des obligations C, et l'Angleterre renonçant à son pourcentage dans les Réparations, la dette allemande pourrait être ramenée à 50 milliards au moyen de l'annulation des bons C corrélative à la remise des dettes interalliées, et être affectée uniquement à la réparation des dommages matériels (1). La conversation n'est pas poussée plus avant.

Elle reprend quelques jours plus tard, mais cette fois sur des bases moins ambitieuses. MM. Briand et Loucheur, qui sont retournés à Londres le 19 décembre, discutent avec les ministres anglais quels

---

(1) Ce projet qui, sous diverses formes, fut souvent repris depuis cette époque, et qui consistait en somme à réduire la dette allemande, non pas au préjudice des pays sinistrés, mais uniquement en défaveur des pays créanciers de guerre, était condamné à l'échec par suite de l'intransigeance des États-Unis pour leurs créances sur les Alliés.

sont les paiements que l'on peut exiger de l'Allemagne en 1922, **et**
paraissent s'accorder sur le chiffre de 500 millions de marks-or pour
les versements en numéraire. Cet entretien se termine le 22 décembre
par la publication d'un communiqué officiel anglais annonçant l'ouverture prochaine à Cannes d'une conférence interalliée.

Le Gouvernement allemand ne manqua pas de tirer les conséquences
des pourparlers de Londres et de l'annonce de la Conférence de Cannes.
Dans une communication adressée le 3 janvier 1922 à la Commission
des Réparations, il déclare, arguant du fait que des pourparlers
avaient eu lieu sur les Réparations entre les Gouvernements français
et anglais et qu'une conférence interalliée devait se réunir incessam-
ment à ce sujet, qu'il attend de la décision de cette conférence l'octroi
du moratoire que la Commission des Réparations ne lui avait pas
accordé explicitement quinze jours plus tôt.

La Conférence de Cannes, qui s'ouvrit le 4 janvier, fut saisie d'un
projet britannique de moratoire conçu sur de tout autres bases que
celles qui avaient été envisagées à Londres le mois précédent. Mais
elle n'en put achever la discussion, à cause de la démission du ministère Briand qui causa sa clôture prématurée.

La Commission des Réparations, qui avait été appelée à Cannes,
octroya néanmoins à l'Allemagne, le 13 janvier 1922, « un délai
provisoire pour le paiement des échéances des 15 janvier et 15 février
1922 ». Ce moratoire provisoire et partiel était accordé sous réserve
que, pendant toute sa durée, l'Allemagne paierait en devises étrangères, tous les dix jours, à partir du 18 janvier, une somme de 31 millions de marks-or, et que le Gouvernement allemand soumettrait
dans la quinzaine à la Commission un projet de réforme de son budget et de sa circulation fiduciaire accompagné des garanties nécessaires, ainsi qu'un programme complet des versements qu'il se proposait d'effectuer pendant l'année 1922.

Le moratoire provisoire devait faire place à un moratoire définitif
aussitôt que la Commission aurait pris une décision sur le projet de
réforme et le programme qu'elle demandait au Gouvernement allemand de lui soumettre.

Fort de cette première concession, le Gouvernement allemand
s'attache immédiatement à étendre les avantages obtenus. Il adresse
à la Commission des Réparations, le 28 janvier 1922, une longue
communication, accompagnée d'une volumineuse documentation,
ayant pour but de prouver « qu'il s'impose d'exonérer l'Allemagne pour
un espace de temps assez prolongé de l'obligation de faire pour les
Réparations des versements quelconques ». Il citait toutefois les chiffres
qui avaient été agités à Cannes par M. Rathenau lui-même pour les

prestations à effectuer en 1922, à savoir 720 millions de marks-or en espèces et un maximum de 1 milliard 450 millions de marks-or en marchandises. Mais le Gouvernement allemand priait les Alliés de fixer des chiffres moins élevés, et qui devraient comprendre, non seulement les Réparations, mais encore le paiement des armées d'occupation. Le chancelier Wirth soutenait dans cette communication que le règlement des Réparations était impossible à obtenir par les seules forces de l'Allemagne et nécessitait des opérations financières de grande envergure, opérations de crédit intérieur et extérieur qui n'étaient pas possibles dans l'état de choses du moment. Il priait la Commission de trouver les moyens de rétablir le crédit de l'Allemagne, afin de rendre possible l'émission d'un emprunt de grande envergure. C'était, en termes voilés, réclamer la réduction de la dette allemande à un montant qui serait jugé raisonnable par le monde entier, et demander, en attendant, la suspension définitive de tout paiement.

A la suite de cette communication, une interminable controverse s'engagea entre la Commission des Réparations et le Gouvernement allemand.

Il serait trop long d'en refaire l'histoire. C'est celle de la lutte entre un débiteur qui emploie tous les moyens et tous les arguments en son pouvoir pour se faire décharger de ses obligations, et un créancier qui met à la poursuite de ses droits la faiblesse inhérente à un organisme composite où étaient représentés plusieurs pays différents, dont l'un au moins ne cessait de soutenir les prétentions du débiteur et de s'opposer aux légitimes demandes de ses co-associés.

Il suffira de dire que le 21 mars 1922 la Commission des Réparations se décida à accorder au Gouvernement allemand, sous certaines conditions, un sursis provisoire et partiel pour toute l'année 1922 : les versements prescrits par l'État des Paiements seraient remplacés, pour cette année, par un paiement total en espèces de 720 millions de marks-or échelonné sur toute l'année et par la livraison de marchandises pour un maximum de 1 milliard 450 millions de marks-or. Ce sursis provisoire devait être confirmé ou annulé par la Commission des Réparations le 31 mai, suivant que les conditions mises à son octroi auraient été ou non remplies.

Ces conditions, car la Commission des Réparations s'était laissé entraîner dans le maquis de l'administration financière intérieure de l'Allemagne, étaient relatives à l'augmentation des recettes et à la compression des dépenses budgétaires, à l'émission d'emprunts extérieurs et intérieurs, ou, à défaut de ces derniers, au prélèvement sur les valeurs mobilières et immobilières de l'Allemagne, à l'exportation des capitaux, à l'autonomie de la Reichsbank, à la publication régulière des statistiques, et enfin à certaines autres questions en cours d'examen.

La discussion de ces conditions donna lieu à une nouvelle controverse entre le Gouvernement allemand et la Commission des Réparations, aussi longue et pénible que stérile.

Néanmoins, et bien que la Commission n'eût finalement obtenu, au sujet des conditions qu'elle avait mises à l'octroi du sursis provisoire, que des satisfactions partielles, elle sanctionna ce sursis et le rendit définitif à la date du 1er juin.

L'exécution de l'État des Paiements était ainsi suspendue pour l'année 1922. Il avait été en vigueur pendant sept mois.

La manœuvre allemande avait réussi. L'ultimatum, qui avait été accepté dans les termes formels que l'on sait le 11 mai 1921, avait été dénoncé en fait dès avant le troisième versement auquel l'Allemagne s'était obligée.

La Commission des Réparations avait été attirée dans le dédale de l'administration intérieure de l'Allemagne et égarée sur la voie trompeuse du contrôle de ses finances, contrôle qui n'eut jamais aucune utilité et qui aboutit à un échec complet.

On verra dans les pages suivantes comment, après avoir échappé au versement des 20 milliards de l'article 235, après avoir fait réduire en fait, dès le début, les obligations que lui imposait l'État des Paiements, de plus de moitié, l'Allemagne parvint bientôt à s'exonérer pratiquement de tout paiement aux Alliés.

CHAPITRE IX

LA MOBILISATION DES RÉPARATIONS
ET LE COMITÉ DE L'EMPRUNT

L'épisode des 20 milliards du 1er mai 1921 avait constitué pour les Alliés un premier avertissement. Avant la fin de la même année, le Gouvernement allemand, en demandant un moratoire pour l'année 1922, leur en avait donné un second.

Il devenait ainsi de plus en plus clair qu'on ne pouvait attendre désormais de la seule bonne volonté de l'Allemagne des paiements substantiels en matière de réparations. Aussi l'opinion se tournait-elle une fois de plus vers l'émission d'emprunts internationaux qui auraient substitué, en partie tout au moins, à la dette de réparations, d'essence politique, une dette de caractère commercial que l'Allemagne ne se risquerait pas à répudier.

Ce n'était pas la première fois que l'on avait songé à mobiliser la créance Réparations par des emprunts extérieurs.

Dès la Conférence de la Paix, on s'était rendu compte que la dette allemande, à quelque montant qu'on l'arrêtât, serait de toute façon trop considérable pour qu'elle pût être payée intégralement en une seule fois. Il était évident dès ce moment qu'on devrait en échelonner le paiement sur une très longue période de temps, si l'on voulait éviter que l'importance excessive de chaque annuité en rende pratiquement le paiement impossible. D'un autre côté, si les pays vainqueurs pouvaient attendre sans grand inconvénient les versements correspondant au service des pensions de guerre, la reconstruction matérielle de leurs régions dévastées exigeait des disponibilités immédiates. Faute de sommes liquides suffisantes, les pays sinistrés, déjà fort appauvris et sérieusement endettés, allaient devoir s'endetter davantage, et par conséquent aggraver encore le délabrement de leurs finances, pour faire face à la reconstruction qui conditionnait impérieusement leur relèvement économique.

C'est en vue de la mobilisation d'une partie de la dette allemande que le Traité de Paix avait stipulé, comme on l'a vu, la remise par l'Allemagne de bons de 20 et 40 milliards de marks-or, pour un total de 100 milliards de marks-or. Ces bons étaient, dans l'esprit des auteurs du Traité, destinés à être émis dans le public, leur produit pouvant ainsi servir à amortir par anticipation une partie de la dette allemande. Cette manière de faire présentait le double avantage de procurer aux Alliés des disponibilités immédiates pour leur restauration, et, en réduisant l'importance des annuités restant à payer directement par l'Allemagne, de rendre ce paiement plus facile et par conséquent plus certain. Le classement de ces bons dans les pays neutres et aux États-Unis aurait été le plus sûr garant de la bonne volonté future de l'Allemagne. Ayant désormais affaire à une foule de créanciers privés, de nationalités diverses, au lieu de quelques grands États, l'Allemagne ne se serait pas exposée à ruiner son crédit et à soulever contre elle l'opinion du monde entier en négligeant de faire scrupuleusement le service de ces bons.

Malheureusement, les bons de 20 et 40 milliards, qui ne devaient porter pendant les cinq premières années que 2 1/2 %, et à partir de 1926 seulement 5 % d'intérêt, n'eussent été négociables qu'à un taux inférieur au pair. De plus, insuffisamment dotés de garanties sérieuses, ils n'étaient guère attrayants pour les capitalistes. Ils ne purent faire l'objet d'aucune émission publique, et dormirent inutilement dans les caves de l'Hôtel Astoria.

L'État des Paiements enregistre pour la seconde fois la préoccupation des Alliés de mobiliser leur créance. La création des obligations A et B, munies de feuilles de coupons pour le paiement de l'intérêt à 5 %, avait été décidée surtout dans l'espoir que ces obligations pourraient être placées dans le public. Mais le taux d'intérêt de ces obligations était encore insuffisant, le taux des placements de ce genre variant entre 8 et 10 %. De plus, les obligations de l'État des Paiements, libellées en marks-or, ne pouvaient être acquises en somme que par les nationaux des pays à monnaie saine; pour les citoyens des pays à monnaie dépréciée, leur achat constituait en fait une spéculation à la baisse de la monnaie nationale. Enfin, que ce soit en raison de la politique d'isolement poursuivie par les États-Unis, ou des conditions difficiles du marché monétaire, ou des querelles sans cesse renaissantes entre l'Angleterre et la France, ou en raison d'autres motifs encore, les obligations de l'État des Paiements, qui avaient remplacé les bons du Traité de Paix, subirent le même sort que ces derniers : ils restèrent, papier inutile et sans valeur, dans les coffres de la Commission des Réparations.

Néanmoins, les Gouvernements n'avaient jamais abandonné leur préoccupation de se procurer des liquidités immédiates par le moyen de l'émission d'emprunts extérieurs par l'Allemagne.

Les différentes conférences qui se tinrent au cours des années 1920 et 1921 y avaient fait allusion plus d'une fois.

Le 13 août 1921, à une conférence dont les décisions ne furent d'ailleurs pas ratifiées par le Gouvernement français, les ministres des Finances alliés recommandaient à la Commission des Réparations « d'étudier l'organisation et les statuts d'un syndicat ayant pour mission de procéder, au nom des Puissances intéressées, et conformément aux accords à intervenir entre elles, à la *négociation des obligations* prévues par l'État des Paiements ». En vue de cette étude, la Commission des Réparations devait s'assurer le concours d'un Comité d'experts comprenant un délégué de chacun des Gouvernements représentés à la Commission.

Dès les premiers mois de l'année 1922, on commençait d'ailleurs à se convaincre dans tous les pays que la question des Réparations était le principal obstacle à la reconstitution économique de l'Europe. La chute continuelle du mark, le désordre croissant des finances allemandes, les crises sans cesse renouvelées, provoquaient partout le désir d'un règlement satisfaisant du problème des Réparations, problème considéré comme étant à l'origine du malaise général. D'autre part, le succès inattendu des emprunts étrangers émis récemment à Londres et à New-York révélait des disponibilités considérables sur le marché des capitaux, disponibilités rendant possible l'émission d'un emprunt international, pourvu qu'il fût doté de garanties suffisantes et d'un taux d'intérêt attrayant ou exempté d'impôts.

Enfin l'échec de tous les efforts qui avaient été faits pour obtenir des paiements réguliers de l'Allemagne engageait les Alliés à essayer d'autres méthodes que celles qui avaient été employées sans succès jusqu'alors.

A la Conférence de Gênes (avril-mai 1922), et bien que la question des réparations eût été exclue du débat, des négociations serrées s'étaient poursuivies entre M. Bergmann, délégué allemand, et les experts français et belge, MM. Seydoux et Cattier, au sujet des Réparations. Il s'agissait d'accorder à l'Allemagne un moratoire, qui rendrait possible à celle-ci l'émission d'un emprunt à l'étranger. Les experts allemands, français et belges tombèrent assez vite d'accord sur une formule concrétisant cet objectif, mais le délégué britannique émit l'opinion que l'emprunt ne pourrait pas réussir, et qu'il n'était d'ailleurs pas désirable, car il ne ferait que prolonger la tension et l'incertitude, en retardant les événements qui devaient fatalement se produire un jour. Ce que l'Angleterre désirait, c'était un règlement définitif de toute la question des Réparations, comportant en premier lieu la réduction de la dette allemande à un chiffre raisonnable, réduction qui aurait pu trouver sa contre-partie dans l'annulation ou la réduction des dettes de guerre.

Dans l'intervalle, la Commission des Réparations, ayant accordé provisoirement, le 12 mars 1922, le moratoire partiel sollicité par l'Allemagne depuis le mois de décembre, la mobilisation des réparations devenait plus urgente que jamais. Aussi, à la faveur des circonstances favorables qui viennent d'être rappelées, la Commission des Réparations décida-t-elle, le 28 mars 1922, de « constituer un Comité technique (1) chargé de faire une étude et un rapport à la Commission sur les conditions auxquelles le Gouvernement allemand pourrait émettre un ou plusieurs emprunts à l'étranger dont le produit serait appliqué au rachat partiel de la dette Réparations ». Ce « Comité de l'Emprunt », qui fut appelé souvent aussi Comité des Banquiers, commença ses travaux le 24 mai 1922, dès l'issue de la Conférence de Gênes, après l'échec des négociations dont on vient de parler. Il les clôtura le 10 juin 1922, et remit son rapport à cette date à la Commission des Réparations.

Il est d'un grand intérêt de rappeler quelles étaient les conclusions auxquelles les banquiers étaient arrivés.

Le Comité de l'Emprunt, après les premiers échanges de vues, avait demandé à la Commission des Réparations si les paiements stipulés par le Traité de Paix et l'État des Paiements devaient être considérés par lui comme une obligation inaltérable de l'Allemagne, ou s'il était libre d'examiner la possibilité de solutions comportant des modifications à ces stipulations.

Dès leur première séance, les banquiers avaient été en effet unanimes à reconnaître que les obligations de l'Allemagne, telles qu'elles se trouvaient définies nominalement, ne leur permettaient pas d'envisager la possibilité d'émettre des emprunts extérieurs. La question qu'ils posaient à la Commission des Réparations laissait entendre que, pour aboutir, il faudrait sans doute publier ouvertement la réduction réelle de la dette allemande que comportait l'État des Paiements, réduction que l'on persistait à vouloir cacher à l'opinion publique, notamment en France.

La réponse à la question posée par les banquiers occasionna une scission au sein de la Commission des Réparations. Contre l'avis du délégué français, traduisant l'opinion de son Gouvernement, la majo-

---

(1) Les membres de ce Comité furent MM. Léon Delacroix (Belge), président M. d'Amélio (Italien), J. P. Morgan (Américain), Ch. Sergent (Français), B. M. Kindersley (Anglais), G. Vissering (Hollandais) et C. Bergmann (Allemand).

rité de la Commission, composée des délégués anglais, italien et belge, répondit au Comité que rien ne s'opposait à ce qu'il « étudie l'une quelconque des conditions qui peuvent être nécessaires pour l'admission d'emprunts extérieurs par l'Allemagne, sans en excepter celles qui se rattachent au rétablissement général de son crédit à l'étranger ». La Commission admettait donc en principe, mais à la majorité seulement, que le Comité de l'Emprunt considère, pour les besoins de son étude, les modifications qu'il jugerait utile d'apporter aux obligations de l'Allemagne telles que les fixaient le Traité et l'État des Paiements.

Mais le principal créancier de l'Allemagne ayant, par son vote, exprimé son désir de ne pas même voir envisager la possibilité d'une diminution, ouvertement proclamée, des obligations nominales de l'Allemagne, le Comité de l'Emprunt décida qu'il ne pouvait poursuivre utilement son étude. C'est dans ce sens que fut rédigé le rapport clôturant ses travaux.

La réduction de la dette nominale allemande, résultant d'un accord unanime des Alliés, n'était pas la seule condition mise par les banquiers à l'émission d'un emprunt international. On en trouve plusieurs autres dans le rapport remis par le Comité de l'Emprunt mais définies d'une manière si discrète que seule une lecture attentive permet d'en découvrir la portée véritable.

C'est ainsi, par exemple, que les banquiers soulignaient que les capitalistes des pays neutres souffraient beaucoup de la dépréciation du mark, en partie par suite des gros placements en marks qu'ils avaient faits, en partie parce que la continuité de cette dépréciation rendait de plus en plus nuisible la concurrence commerciale de l'industrie allemande. Cela voulait dire évidemment qu'une partie du produit d'un emprunt éventuel devait être attribuée à l'Allemagne elle-même, pour être affectée par elle à la stabilisation de sa monnaie.

Ailleurs, le Comité déclarait qu'il serait difficile de trouver des garanties absolument satisfaisantes pour un emprunt d'une durée et d'une importance convenables, tant que la situation économique et sociale de l'Allemagne resterait désorganisée. Même une garantie de premier ordre, comme celle des douanes, pourrait, dans les conditions du moment, ne pas conserver une valeur or suffisante. Cela ne signifiait-il pas que des garanties suffisantes ne pouvant être trouvées en Allemagne même, tout emprunt exigerait que les Puissances alliées lui accordent leur garantie solidaire?

Effleurant la question des dettes interalliées, le rapport du Comité déclarait bien que si un règlement définitif de la question des Réparations, par le moyen d'une réduction de la dette allemande, était indispensable pour permettre l'émission d'emprunts extérieurs, ce règlement était d'autre part subordonné au règlement plus général des dettes de guerre entre les Alliés. Mais à cet égard, le rapport se bornait à la simple énonciation du principe, sans en tirer les conséquences utiles et sans formuler de propositions. Une fois de plus, il semblait qu'on demandait aux pays sinistrés, à la France en particulier, les sacrifices nécessaires, mais sans indiquer à quel point la possibilité de les consentir était liée à de larges concessions des États-Unis quant à leurs créances de guerre.

Les banquiers affirmaient enfin leur conviction que les conditions d'ordre purement financier étaient nettement favorables à l'émission d'emprunts importants, plus favorables qu'elles ne l'avaient jamais été depuis la guerre, et que de tels emprunts pourraient être émis avec les plus grandes chances de succès si les conditions voulues pouvaient être réalisées.

On ne saurait trop regretter qu'à ce moment l'on ne profita pas des circonstances pour essayer, sur la base des considérations émises par les banquiers, d'arriver, entre Alliés d'abord, entre les Alliés et l'Allemagne ensuite, à un accord rendant possible les grandes opérations financières que tout le monde désirait.

Il est possible que les conditions si prudemment suggérées par les banquiers ne fussent pas en réalité aussi restrictives qu'elles pouvaient le paraître. L'idée principale que l'émission d'un emprunt extérieur par l'Allemagne ne serait possible que si la charge totale imposée à cette dernière était publiquement et définitivement fixée, et arrêtée à un montant qui serait considéré comme raisonnable dans tous les pays, cette idée correspondait pourtant à la réalité, mais à une réalité que l'on avait soigneusement tenue cachée jusque-là.

Les banquiers pouvaient-ils ignorer que les 132 milliards nominaux de l'État des Paiements se ramenaient en fait à quelque 35 milliards, à une cinquantaine de milliards tout au plus, en admettant la création de 25 milliards nominal d'obligations C correspondant à l'hypothèse la plus optimiste que l'on pouvait faire sur le mouvement des exportations allemandes dans l'avenir (1)?

Ne l'ignorant pas, trouvaient-ils réellement qu'une somme de 35 à 50 milliards était déraisonnable, ou voulaient-ils simplement faire disparaître publiquement la fiction des 132 milliards, fiction qui s'opposait aux grandes opérations de crédit qui étaient désirées?

Les hommes d'État français, qui s'opposèrent à toute réduction de la dette allemande, pouvaient-ils ignorer, eux aussi, que les 132 mil-

---

(1) Voir chapitre VII : L'État des Paiements.

liards n'étaient qu'un trompe-l'œil, que le réduction à une somme comprise entre 35 et 50 milliards était d'ores et déjà acquise? Ou, le sachant, craignaient-ils de laisser enfin percer cette vérité qu'ils cachaient depuis si longtemps à leur opinion publique, sans pouvoir donner en même temps à cette opinion la satisfaction d'apprendre l'annulation des dettes de guerre? Ou bien, poursuivant d'autres desseins, se refusaient-ils délibérément à tout arrangement sur les Réparations?

Quoi qu'il en soit, la tentative de mobiliser la dette allemande avait, une fois de plus, échoué. Une des meilleures occasions qui se fussent présentées avait été perdue.

Les mois qui suivirent l'échec du Comité de l'Emprunt virent s'accélérer l'avilissement du mark, s'aggraver le chaos des finances allemandes, et, par suite, la perception des Réparations devenir de plus en plus incertaine.

CHAPITRE X

LA SECONDE DEMANDE DE MORATOIRE

Le sursis provisoire partiel que la Commission des Réparations avait accordé à l'Allemagne pour l'année 1922 avait été rendu définitif le 31 mai de cette année (1).

L'Allemagne qui avait obtenu gain de cause une première fois au sujet des 20 milliards de l'article 235, triomphait ainsi une seconde fois en faisant alléger son fardeau dès la mise en vigueur de l'État des Paiements.

Elle n'allait pas en rester là.

Dès le 12 juillet 1922, le Gouvernement allemand estime que le moratoire qui vient de lui être accordé et qui réduit considérablement ses charges pour l'année 1922 est insuffisant. Il réclame à la Commission des Réparations un nouveau sursis qui l'exonérerait cette fois de tout paiement en espèces à partir du 15 juillet 1922. Il déclare de plus qu'il juge « indispensable que l'Allemagne soit également libérée pour les années 1923 et 1924 des paiements en espèces résultant de l'État des Paiements daté du 5 mai 1921 ».

Cette seconde demande de moratoire fait l'objet des délibérations de la Commission des Réparations, où elle est vivement combattue par le délégué français mais énergiquement soutenue par le délégué britannique. La Commission, ainsi divisée, ne peut se résoudre à prendre parti. Elle remet sa décision au 15 août suivant. Sur ces entrefaites, un conseil suprême se réunit à Londres le 7 août. Il ne peut aboutir, par suite de l'opposition irréductible des points de vue français et anglais, et malgré les efforts de conciliation déployés par les représentants du Gouvernement belge.

Aussi, le 31 août 1922, après diverses péripéties, la Commission des Réparations décide-t-elle qu'elle « diffère à statuer sur la demande de moratoire de l'Allemagne ». Mais elle accepte en même temps un compromis imaginé par les délégués belges pour éviter la rupture entre la France et l'Angleterre, rupture que le Gouvernement belge

---

(1) Voir chapitre VIII : Le premier Moratoire.

désirait éviter par-dessus tout. Par cet arrangement, la Belgique, à laquelle devait revenir, en vertu de sa priorité, tous les versements allemands de 1922, consentait à recevoir, au lieu de numéraire, pour les échéances du 15 août au 31 décembre 1922 (250 millions de marks-or environ), des bons du Trésor à six mois munis de garanties appropriées.

Mais la demande allemande d'un moratoire de plusieurs années avait été l'occasion, pour les différents Gouvernements intéressés, de préciser leurs thèses respectives.

Le Gouvernement britannique avait enfin, par la voix de son représentant à la Commission des Réparations, comme par celle de ses ministres à la Conférence de Londres, affirmé nettement son opinion, opinion dont on avait déjà pu se rendre compte à maintes occasions : selon lui, il fallait exempter complètement l'Allemagne de tous paiements pendant plusieurs années. Le Gouvernement français, en revanche, ne voulait pas entendre parler de moratoire sans gages tangibles ni solides garanties. Ce n'est que grâce aux efforts des délégués belges, à la transaction proposée par eux, et à la concession qu'ils avaient ainsi faite en faveur du maintien de l'Entente, que celle-ci fut sauvée à ce moment.

La formule belge n'était toutefois qu'un expédient. La difficulté n'était pas résolue, mais simplement reculée. La question des paiements du dernier semestre 1922 était provisoirement réglée par la remise des bons du Trésor, mais celle bien plus grave des paiements futurs de l'Allemagne restait sans solution. Aucune réponse n'avait été donnée à la demande de moratoire du Gouvernement allemand pour les années 1923 et 1924, et l'embarras à cet égard était des plus grands.

Pour tenter une fois de plus de s'entendre sur cette question, les chefs des Gouvernements alliés se réunissent à nouveau à Londres au mois de décembre 1922. Pas plus qu'au mois d'août, ils ne parviennent à un accord. Pour ne pas rompre encore, ils ajournent la conférence au 3 janvier 1923, à Paris. C'est alors que la Grande-Bretagne produisit un projet de moratoire, comportant une sérieuse réduction des charges totales de l'Allemagne, et ne contenant aucune des garanties tangibles sans lesquelles le Gouvernement français se refusait à consentir à l'Allemagne un moratoire total de longue durée.

Ni le Gouvernement français, ni le Gouvernement belge ne purent accepter le projet britannique. La Conférence de Paris se sépara au bout de deux jours, sans avoir abouti.

Dès le 28 décembre 1922, la Commission des Réparations avait de son côté constaté, par trois voix contre celle du délégué anglais, un manquement volontaire de l'Allemagne relatif à la fourniture des bois, l'Allemagne n'ayant pas fourni intégralement aux Alliés les quantités de bois prescrites par la Commission. Le 9 janvier 1923, elle enregistre, dans les mêmes conditions et pour les mêmes motifs, un nouveau manquement volontaire au sujet de la fourniture des charbons. Il n'en fallait pas davantage aux yeux des hommes d'État français, et malgré l'opinion contraire du Gouvernement britannique, pour que des mesures de coercition soient prises à l'égard de l'Allemagne et pour que les Alliés s'assurent des gages effectifs, sans que l'Allemagne puisse, aux termes du Traité de Paix, considérer ces mesures comme des actes d'hostilité.

C'est ainsi que la France se résout à poursuivre elle-même la perception des Réparations, ou tout au moins la prise de gages pouvant assurer cette perception. La Belgique se solidarise avec elle. Le 11 janvier 1923, les troupes franco-belges pénètrent dans la vallée de la Ruhr.

L'Italie ne s'associe pas à l'action militaire mais délègue cependant des ingénieurs pour participer à l'exploitation future des gages que l'on se propose de saisir.

Le Gouvernement allemand répond deux jours plus tard à cette opération en annonçant à la Commission des Réparations la suppression complète de toutes livraisons à la France et à la Belgique. Le Gouvernement allemand ne risquait désormais plus rien, en effet. La menace que l'on avait agitée à maintes reprises depuis la Conférence de Spa, en 1920, et devant laquelle il s'était souvent incliné, du moins en apparence, était devenue une réalité. L'Allemagne n'avait plus rien à craindre en résistant ouvertement et en publiant sa décision de supprimer toute prestation à la France et à la Belgique.

La Commission des Réparations prit acte de cette décision, qui l'amena à constater, à la majorité des délégués français, belge et italien, le manquement général de l'Allemagne à ses obligations. Ce manquement général fut notifié aux Gouvernements alliés et au Gouvernement allemand le 26 janvier 1923.

****

A ce moment, d'après les comptes publiés par la Commission des Réparations, l'Allemagne avait versé depuis la fin de la guerre tant en numéraire qu'en marchandises, et en y comprenant les livraisons de matériel faites à l'armistice, une somme totale de 5,2 milliards de marks-or. (Cette somme ne comprend pas, toutefois, la valeur, non encore fixée, on l'a vu, des biens d'État se trouvant dans les territoires cédés en vertu du Traité de Paix à la Pologne et à la ville de Dantzig).

Sur cette somme de 5,2 milliards de marks-or, les dépenses des armées d'occupation et le remboursement de certaines autres créances privilégiées des Alliés avaient absorbé 2,8 milliards de marks-or.

Pendant les quatre années qui s'étaient écoulées de l'armistice à la fin de l'année 1922, les versements allemands applicables aux Réparations s'étaient donc montés à 2,4 milliards de marks-or, en espèces, matériel et marchandises.

Sur cette somme, la Belgique avait reçu à peu près 1,5 milliard de marks-or au titre de sa priorité. La France avait encaissé 291 millions de marks-or, la Grande-Bretagne 114 millions de marks-or, l'Italie 203 millions de marks-or et les autres États 280 millions de marks-or.

On voit qu'en somme, au moment où l'occupation de la Ruhr fut décidée, et sauf le 1,5 milliard de marks-or attribué à la priorité belge, les Alliés n'avaient pratiquement reçu de l'Allemagne aucun paiement important pour leurs réparations.

Les demandes successives de moratoire faites par le Gouvernement allemand, l'échec de toutes les tentatives de règlement amiable, et la situation de plus en plus précaire des finances allemandes, leur donnaient peu d'espoir d'en recevoir de substantiels dans l'avenir.

Les versements faits par l'Allemagne jusqu'à la fin de l'année 1922 ne couvraient même pas les intérêts de sa dette. Loin de commencer à s'éteindre, celle-ci avait donc augmenté.

Ainsi, à l'aurore de l'année 1923, on n'était pas plus avancé dans le règlement des Réparations qu'au 1er mai 1921. La faillite de la Conférence de Versailles avait porté ses fruits. L'Europe était empoisonnée par ses conséquences.

CHAPITRE XI

LA RUHR

———

Le 10 janvier 1923, à la veille de l'occupation de la Ruhr, le Gouvernement français faisait remettre au Cabinet allemand une note dans laquelle on lisait :

> Le Gouvernement français tient à déclarer qu'il n'a pas la pensée de procéder en ce moment à une opération d'ordre militaire, ni à une occupation de caractère politique. Il envoie simplement dans la Ruhr une mission d'ingénieurs et de fonctionnaires dont l'objet est nettement défini. Elle doit assurer le respect, par l'Allemagne, des obligations contenues dans le Traité de Versailles.
>
> Il ne fait entrer dans la Ruhr que les troupes nécessaires pour sauvegarder la mission et garantir l'exécution de son mandat.

La même formule se trouve dans la note remise simultanément au Cabinet allemand par le Gouvernement belge.

On la retrouve encore en termes presque identiques dans la proclamation que le général Degoutte, commandant de l'armée d'occupation, fit afficher dès son arrivée dans la Ruhr, le 11 janvier.

L'esprit dans lequel la vallée de la Ruhr venait d'être occupée était encore confirmé par les déclarations faites le 11 janvier par le chef du Gouvernement français au Sénat et à la Chambre des Députés :

> Nous avons précisé que nous ne voulions donner à l'opération aucun caractère militaire ou politique. Nous allons chercher du charbon, et voilà tout.
>
> . . . .
>
> Nous ne songeons, et nous avons prévenu le Gouvernement allemand que nous ne songions à aucune opération d'ordre militaire.
>
> Nous n'avons déplacé les soldats que dans la mesure strictement nécessaire pour appuyer l'action de nos ingénieurs auprès des industriels et auprès des services de transports allemands.

Les troupes franco-belges, dont la mission était ainsi si soigneusement précisée, occupèrent en premier lieu la ville d'Essen, où s'installa la mission des ingénieurs français, belges et italiens.

La veille de l'arrivée des troupes, le 10 janvier 1923, le puissant

Syndicat rhénan-westphalien des Charbons avait transporté son siège à Hambourg, y emmenant ses archives et son personnel. C'était le premier indice de l'attitude que comptait prendre le Gouvernement allemand : la résistance, mais la seule qui fut en son pouvoir, la résistance passive. Cette attitude ne tarda pas à se préciser par le refus des fonctionnaires et des industriels allemands de collaborer avec les autorités franco-belges et de leur prêter le moindre concours, par leur opposition systématique et souvent violente à toutes les mesures prises par ces autorités.

La presse allemande de cette époque exposa franchement le but de cette politique : mettre l'ennemi en défaut, l'obliger à employer la force et à répondre à la violence par des actes de violence, de façon à mettre les torts de son côté et à en faire l'objet de l'hostilité et du mépris universels.

On va désormais répéter inlassablement en Allemagne, et cette propagande trouvera de multiples échos en Amérique, en Angleterre et dans les pays neutres, que la question des Réparations n'est pour la France qu'un prétexte, que ce pays n'a jamais songé sérieusement à recouvrer sa créance, mais s'est ingénié au contraire à l'utiliser comme une arme contre l'Allemagne, et que le but final du Gouvernement français — qui, disait le chancelier Cuno au Reichstag dès le 13 janvier, a repris la traditionnelle politique française de conquête de Louis XIV et de Napoléon — est en réalité de s'emparer de nouveaux territoires allemands. Il faut dire que la maladresse, sinon la duplicité de la politique française dans la question du séparatisme rhénan donna d'ailleurs, à un certain moment, quelque fondement à cette campagne dirigée contre l'impérialisme français.

Cependant, les industriels allemands, qui sont les premiers atteints par l'occupation étrangère, n'obéissent pas tous avec un grand enthousiasme aux injonctions de leur Gouvernement; la majorité des ouvriers ne se montre pas favorable à la résistance; au Reichstag, enfin, le parti démocratique est divisé quant à l'attitude à adopter.

Néanmoins, en présence des difficultés qui leur sont créées de toutes parts et des violences qui commencent, et comprenant aussi que seule une attitude énergique peut assurer le succès de l'opération, les Franco-Belges décident de frapper un grand coup en étendant l'occupation, le 15 janvier, à tout le bassin de la Ruhr, y compris la ville de Dortmund. En même temps, les propriétés de l'État allemand et les mines fiscales sont saisies, les industriels récalcitrants sont déférés à un conseil de guerre, les banques sont contraintes par la force de continuer leur activité, et l'on projette l'établissement d'un cordon douanier encerclant complètement les régions occupées.

La population dans son ensemble était jusqu'à ce moment restée calme. Mais les excitations de la presse et des agents de Berlin commencent à porter leurs fruits. Des violences de plus en plus fréquentes sont commises : des postes militaires sont attaqués à main armée, malgré l'extrême patience et la grande prudence que les soldats français et belges n'ont cessé de montrer.

Les premières tentatives faites par la mission de contrôle des usines et des mines (*Micum*) en vue d'obtenir des industriels l'exécution d'ordres écrits ou de réquisitions restent sans résultat. Bientôt les transports ferrés sont pratiquement arrêtés par suite de sabotages et de l'inertie complète du personnel allemand : les Franco-Belges se voient obligés d'organiser eux-mêmes l'exploitation des chemins de fer et d'assurer leur sécurité par leurs propres moyens.

L'organisation des territoires occupés se développe d'ailleurs progressivement. Le système douanier encerclant la Ruhr est installé le 20 février. L'expédition de marchandises vers l'Allemagne non occupée est subordonnée désormais à une « dérogation » dont l'octroi est soumis à un droit de 10 %. L'exportation de marchandises à l'étranger est subordonnée à l'obtention d'une « licence » comportant le versement d'une taxe en devises étrangères.

Aux attentats commis envers la troupe, l'autorité militaire répond par des amendes imposées aux villes.

La question des transports est résolue au commencement de mars. Une régie des chemins de fer est créée sous la direction de fonctionnaires français et belges, avec du personnel franco-belge et des cheminots allemands. Enfin, la perception des impôts commence, elle aussi, à donner des résultats substantiels.

Cependant, le nombre et la gravité des attentats allemands augmentant continuellement, on y répond, le 3 mars, par l'occupation des ports de Mannheim et de Carlsruhe, ainsi que de la gare et des ateliers de Darmstadt, nœud important de voies ferrées. Ces dernières mesures provoquent dans la presse allemande un concert incroyable d'injures, et sont l'occasion pour le chancelier Cuno d'organiser le 6 mars une séance extraordinaire au Reichstag, au cours de laquelle il prononce un discours dramatique qui semble avoir un double objet : galvaniser la résistance, qui commence à fléchir, et en appeler à l'étranger, qui reste muet.

Les manifestations de ce genre, soutenues par de violentes campagnes de presse, provoquent une recrudescence d'attentats contre les troupes franco-belges. Le Gouvernement allemand prêche d'ailleurs ouvertement la violence, et dénonce une fois de plus, le 18 mars, à l'occasion d'un discours prononcé par le président Ebert à Hamm

(Westphalie), le dessein de la France d'annexer définitivement la rive gauche du Rhin et la Ruhr.

On a soutenu souvent que c'est la politique française des réparations, aboutissant à l'occupation de la Ruhr, qui a réveillé et galvanisé en Allemagne un nationalisme agressif, le désir de revanche, et des appétits guerriers. Il est difficile de juger jusqu'à quel point c'est exact, comme il est difficile de dire dans quelle mesure la résistance allemande a contribué à modifier le caractère de l'opération du 11 janvier et lui a donné cette apparence de conquête militaire qu'on avait voulu primitivement lui éviter.

Mais il est incontestable qu'à l'occasion de l'occupation de la Ruhr et de la résistance passive, le délicat problème des relations franco-allemandes s'est désormais élargi, ou plutôt que c'est à cette occasion qu'il est enfin apparu dans toute sa nudité et dans toute son ampleur : à côté de la querelle financière et économique s'est placée désormais en pleine lumière la querelle politique; à côté du problème des Réparations, le problème de la sécurité française est enfin publiquement posé.

Ce fut là, on doit le constater en passant, le premier résultat, et non le moindre, de l'invasion de la Ruhr.

Bien que les partis en Allemagne commencent à se diviser sur la question de la résistance, celle-ci continue. Le 10 avril, le chancelier Cuno prononce, sur le ton du vainqueur, un nouveau discours : il ne traitera que s'il a des garanties contre une nouvelle agression française, et il réclamera des réparations pour le tort que les Franco-Belges ont fait à l'industrie allemande. Le 16 avril, le ministre des Affaires étrangères, M. de Rosenberg, tient au Reichstag des paroles analogues. Cependant, le chef du parti populiste, M. Stresemann, répond par des paroles plus accommodantes; M. Breitscheid, chef du parti social-démocrate, va plus loin, et réclame l'ouverture de négociations avec la France, le recours à un emprunt dont la majeure partie irait aux Réparations, et l'entente avec la France pour la démilitarisation du Rhin et de la Westphalie.

C'est peu de temps après que le Gouvernement allemand paraît vouloir venir à composition : le 2 mai, il soumet aux Gouvernements alliés des propositions pour le règlement des Réparations. L'Allemagne offre un total de 30 milliards de marks-or, dont 20 milliards avant le 1er juillet 1927, 5 milliards en 1928 et 1929, et 5 milliards encore de 1929 à 1931, à la condition que les pays occupés seront ramenés au régime prévu par le Traité de Paix.

Le 6 mai, les Gouvernements français et belge répondent au Gouvernement du Reich que ses offres sont insuffisantes. Les deux Gouvernements alliés exigent, avant tous pourparlers, la cessation de la résistance passive et la mise à exécution de l'État des Paiements. Ils annoncent que l'évacuation des territoires occupés se fera au fur et à mesure que les paiements auront été encaissés et la sécurité obtenue.

Le 5 juin, le Gouvernement fait une nouvelle démarche et une nouvelle offre, dont on parlera avec quelque détail dans le chapitre suivant.

Néanmoins, les attentats dans la Ruhr, loin de diminuer, se multiplient. Mais l'exploitation franco-belge s'organise de mieux en mieux et se perfectionne chaque jour. Le 15 juin, les usines de produits chimiques, pharmaceutiques et colorants, sont occupées; des quantités considérables de produits y sont saisies. Le régime économique des pays occupés s'assied progressivement. Le rendement financier devient de plus en plus satisfaisant, en dépit des sabotages et des tentatives de toute sorte entreprises à l'instigation des autorités allemandes. Et bientôt la population paraît prendre son parti du nouvel état de choses. La résistance passive diminue de force de jour en jour, malgré les efforts du Gouvernement de Berlin.

Aussi ce dernier est-il bien obligé d'envisager lui-même la fin d'une résistance à laquelle les populations intéressées ont fini par renoncer spontanément sous l'empire des circonstances.

Le 2 septembre, dans un discours prononcé à Stuttgart, M. Stresemann, le nouveau ministre des Affaires étrangères, déclare que l'Allemagne est prête à accepter les charges matérielles les plus lourdes si sa pleine souveraineté lui est rendue dans les régions du Rhin et de la Ruhr. Mais ses ouvertures, tant publiques que secrètes, ne sont pas accueillies par M. Poincaré, la résistance passive n'ayant pas encore cessé en fait.

Dans la soirée du 24 septembre, M. Stresemann, après avoir conféré avec les représentants des territoires occupés qui lui ont prouvé que la résistance est prête à s'effondrer d'elle-même, se décide à céder publiquement : un communiqué officiel annonce que le « Gouvernement allemand ne pouvant plus s'attendre à une amélioration de sa situation extérieure par la continuation de la résistance passive » se résigne à y renoncer. En fait, lorsque le Gouvernement allemand décrète la fin de la résistance, il ne fait qu'enregistrer ce qui s'était déjà produit.

En proclamant la cessation de la résistance, le Gouvernement allemand n'avait cependant donné aucune indication précise de sa volonté d'exécuter ses obligations de Réparations.

Les diverses démarches faites à ce moment par ses représentants auprès des Gouvernements français et belge n'avaient trait, officiellement tout au moins, qu'au rétablissement de l'ordre et à la reprise du travail dans les territoires occupés, et nullement au financement des Réparations. Aucune proposition formelle n'était faite, tout au moins publiquement, à cet égard. Mais il était clair que le Gouvernement allemand, comme le monde entier, s'attendait à ce que la fin de la résistance passive fût le signal de l'ouverture de négociations décisives entre l'Allemagne et la France.

La France et la Belgique, en effet, venaient de remporter, pour la seconde fois, la victoire. Et cette fois, c'était une victoire que nul allié encombrant ne venait partager. L'armistice de 1918 avait été dicté par l'Amérique, la paix de 1919 par l'Amérique et l'Angleterre. Mais au mois de septembre 1923, la France et la Belgique trouvaient une occasion unique de dicter leur paix à elles, une nouvelle paix qui les satisfasse. Il suffisait que ces deux nations aient, avec la conscience de leur avantage, la sagesse de n'imposer que des conditions pratiques et exécutables.

En tout cas, les conditions d'une négociation étaient à ce moment extrêmement propices aux Franco-Belges. Le moment les favorisait miraculeusement. Ils étaient seuls vainqueurs. Ils étaient libres vis-à-vis de tous. Leur prestige, accru par une victoire dont le monde entier subissait en quelque sorte la fascination, leur permettait d'entamer les pourparlers dans une attitude de générosité, de désir de la paix, qui devait leur assurer la sympathie de tous les pays. L'Angleterre elle-même se rapprochait du gagnant, de la France. L'Allemagne, épuisée par l'effort, ayant cette fois compris réellement la défaite, se sentant en proie au chaos politique et se voyant acculée à la catastrophe financière, attendait, épiait les premières ouvertures.

Ces ouvertures ne vinrent pas.

Les offres allemandes du 2 mai et du 5 juin, et surtout cette dernière, constituaient cependant, sinon une base, tout au moins un point de départ. Repoussées, peut-être à juste titre, tant que sévissait la résistance passive, elles pouvaient, elles devaient, cette résistance ayant cessé, être prises en considération.

Une négociation franco-allemande à ce moment eût pu marquer, d'autre part, le début d'une ère nouvelle, d'une période d'exécution de réparations raisonnables acceptées sans arrière-pensée. Elle eût pu conduire en tout cas la France à tirer de son acte de force, et de sa réussite inespérée, les conséquences pratiques qui seules pouvaient le justifier finalement aux yeux du monde et à ses propres yeux.

C'est alors qu'on eût pu « négocier » la Ruhr, faire payer un relâchement progressif de l'étreinte par les satisfactions matérielles que l'on avait déclaré vouloir exclusivement y chercher. On aurait eu avec soi, à ce moment, l'Angleterre et le monde. Ou tout au moins on n'aurait pu les avoir contre soi.

Mais cette chance prodigieuse, et qui ne se représenterait pas, ce moment unique et fugace de la supériorité française, ne furent pas utilisés. C'est ce qui pourra obliger l'histoire à condamner cette politique, que l'on a symbolisée par le nom de M. Poincaré, et qui, peut-être conforme jusque-là aux intérêts profonds de la France, s'en écarta délibérément à ce moment.

Après la faillite de Versailles, la faillite de la Ruhr confirmait irrémédiablement cette fois, sous l'apparente victoire, la défaite de la France.

Il est vrai qu'un programme d'action manquait au Gouvernement français. Il n'avait jamais osé réconcilier l'opinion française avec les réalités des Réparations. Il n'avait jamais voulu prendre en considération les suggestions pratiques faites à diverses reprises par le Gouvernement belge, et notamment ces « Notes techniques » que les autres pays avaient étudiées avec sympathie et qui avaient reçu l'adhésion du Gouvernement allemand lui-même. Il ne s'était pas décidé franchement à borner ses désirs au recouvrement pur et simple des Réparations. D'autres préoccupations n'avaient cessé de le hanter. D'autres espoirs, ceux d'une révolution séparatiste en Allemagne, d'une dissolution politique du Reich, étaient caressés par lui. Au mois de septembre 1923, il semble qu'apparut enfin en pleine lumière la politique française sacrifiant, après mille hésitations, finances et réparations à la peur de la revanche, au désir de maintenir le vaincu dans l'impuissance.

Mais le calcul se trouva faux. On avait laissé passer l'occasion de régler heureusement les Réparations dans l'espoir d'assurer la sécurité. Mais on avait lâché la proie pour l'ombre.

On sait comment l'unité politique du Reich fut finalement maintenue et consolidée malgré les entreprises françaises, comment celles-ci n'aboutirent en somme qu'à l'étouffement des séparatismes locaux et à la création définitive de l'unité morale de l'Allemagne. La politique de M. Poincaré, si elle avait eu des chances de réussir, était certes défendable. C'est son échec qui la condamne, car elle a laissé la France sans sécurité, mais aussi sans Réparations.

Moins d'un an plus tard, à la Conférence de Londres, en août 1924, cette Ruhr, dont on n'avait pas su au moment voulu négocier fructueusement la libération progressive, on dut bien se décider brusquement à l'évacuer entièrement et sans contre-partie. Sans autre contre-partie tout au moins que l'adhésion de l'Allemagne à ce plan

des experts que l'évolution des circonstances et sa dépendance
financière avaient déjà forcé la France à accepter, sans réserve, bien
qu'il lui offrît des satisfactions réelles bien inférieures à celles qu'une
négociation directe avec l'Allemagne, en septembre 1923, lui eût
vraisemblablement apportées.

*
* *

On a discuté à perte de vue sur la légitimité de l'occupation de la
Ruhr, aussi bien que sur son opportunité et son utilité.

Il serait sans intérêt de rappeler les controverses qui se dévelop-
pèrent à ce sujet et de discuter le bien-fondé des thèses en présence.
Cette histoire, qui est encore dans toutes les mémoires, ne rentre pas
dans le cadre de cet ouvrage.

Mais on ne saurait s'abstenir de noter que l'opération de la Ruhr,
si elle n'aboutit pas aux grands résultats que l'on crut à un moment
pouvoir en attendre, ne fut pas sans produire cependant des conséquences importantes, aussi bien au point de vue politique qu'au point
de vue financier.

L'Angleterre ayant pris nettement position contre l'opération
franco-belge et n'ayant cessé de faire entendre une longue protestation à cet égard, l'Allemagne espéra longtemps qu'elle trouverait
en elle un appui effectif et qu'elle finirait par provoquer le divorce
de la Grande-Bretagne et la France. Mais l'Entente Cordiale se montra
plus résistante que le Gouvernement allemand ne l'avait cru. Elle
se détendit, mais ne se brisa jamais complètement. La cessation
de la résistance passive date en fait du moment où le Gouvernement
allemand comprit qu'il était vain d'espérer une rupture définitive
entre la France et l'Angleterre.

C'était une seconde conséquence de l'initiative franco-belge :
non seulement elle avait abouti à mettre en pleine lumière la question
de la sécurité française à côté de la question des Réparations, mais elle
avait montré que, quelque grande que puisse être jamais la différence
des points de vue français et anglais, quelles que soient les difficultés
de l'avenir, une rupture complète entre la Grande-Bretagne et la
France était bien improbable. La France, financièrement dépendante
de l'Angleterre, n'oserait jamais la provoquer elle-même. L'Angleterre
de son côté, ne s'y déterminerait jamais par crainte de rejeter la France
dans les bras de l'Allemagne.

Une troisième conséquence n'avait pas moins d'importance. La
politique d'hostilité aux Réparations que tous les Gouvernements
allemands, sous des aspects différents, avaient poursuivie depuis

l'armistice, avait subi par la cessation de la résistance passive un échec sérieux. Cette résistance n'avait été en somme qu'un cas particulier, une phase aiguë de la mauvaise volonté chronique manifestée par l'Allemagne dès la signature de la paix.

En renonçant à la résistance de la Ruhr, le Gouvernement allemand donne à penser que la politique générale de résistance aux réparations a subi un échec définitif, que le peuple allemand s'est incliné enfin devant ses obligations. L'acceptation du rapport des experts en 1924 par le Gouvernement allemand semble le confirmer. Mais il est clair qu'il faut attendre les années suivantes pour savoir si le peuple allemand s'est réellement résolu au paiement des Réparations et à la collaboration européenne qui lui est subordonnée, ou bien si le changement survenu dans son attitude depuis la cessation de la résistance passive dans la Ruhr n'est qu'une manœuvre de plus, cachant la volonté inchangée d'échapper aux conséquences de la défaite. L'avenir seul pourra décider de ce point.

Quoi qu'il en soit, l'issue de la lutte de la Ruhr et les événements qui lui succédèrent jusqu'à la mise en exécution du plan des experts confèrent un caractère prophétique aux prévisions faites, dès le mois de janvier 1923, par celui qui devait présider le premier Comité d'experts en 1924 et attacher son nom au système que ce Comité allait élaborer.

« A mon avis », écrivait le général Dawes dans le *Litterary Digest* du 21 janvier 1923, « l'invasion de la Ruhr par la France est un facteur essentiel, tant pour amener la France à comprendre qu'elle ne pourra toucher que des réparations raisonnables, que pour faire comprendre à l'Allemagne qu'elle ne pourra esquiver ce paiement... La démonstration faite de l'impossibilité d'obtenir par la force armée le paiement des Réparations directement du peuple allemand... ne fera qu'amener plus rapidement l'opinion française à des vues raisonnables ».

Mise en lumière des secrètes préoccupations françaises, démonstration de la solidité du lien franco-anglais, preuve fournie à l'Allemagne qu'elle n'éviterait pas le paiement des Réparations, leçon de modération donnée en cette matière à la France, l'opération de la Ruhr n'avait certes pas été complètement inutile.

A côté de ces conséquences politiques, les résultats financiers non plus ne sont pas négligeables. Il ne faut pas oublier en effet qu'à la veille de l'opération, l'Allemagne s'était déclarée incapable d'exécuter n'importe quel paiement. Toutes les sommes qui furent encaissées par les Gouvernements français et belge dans la Ruhr sont donc des sommes qu'autrement ils n'auraient point obtenues.

On a souvent discuté l'importance des résultats financiers de l'occupation, et des chiffres bien différents, et souvent fantaisistes, ont été produits à ce sujet. Aussi est-il nécessaire de donner un aperçu de ce qu'a rapporté réellement l'occupation de la Ruhr à la France et à la Belgique. On trouvera aux appendices XVII et XVIII un résumé des comptes d'exploitation des organismes franco-belges établis respectivement du 11 janvier au 31 décembre 1923 et du 1er janvier au 31 août 1924, date à laquelle l'exploitation a cessé. L'appendice XIX résume les résultats de toute la période d'occupation.

Ces tableaux font voir que pendant la première année d'occupation, année de mise en train, année de la résistance allemande, les recettes des divers services de perception installés par les autorités françaises et belges s'étaient montées à 260 millions de marks-or, alors que les dépenses militaires et autres n'avaient atteint que 122 millions de marks-or. Le bénéfice net de l'opération pour cette première année était de 136 millions de marks-or. Il n'était pas considérable, certes. Mais il n'y avait pas eu perte, comme on l'a souvent soutenu.

A la fin de l'année 1923, on l'a vu plus haut, l'exploitation s'était organisée. Les résultats financiers allaient devenir importants. C'est ainsi que pour les huit premiers mois de 1924 pendant lesquels se prolonge encore l'exploitation, on enregistre une recette totale de 743 millions de marks-or, la dépense totale étant de 91 millions de marks-or. Pendant ces huit mois, le bénéfice des Franco-Belges a donc atteint 652 millions de marks-or.

En considérant toute la période d'occupation, du 11 janvier 1923 au 31 août 1924, les résultats financiers s'établissent de la façon suivante (1) :

RECETTES NETTES

a) Numéraire.	. . . .	565,0
b) Marchandises.	. . . .	436,4
	Total.	1.001,6

DÉPENSES

a) Armées d'occupation	. . . .	114,0
b) Transports militaires	. . . .	39,7
c) Frais d'exploitation des mines.	. . . . .	' 52,9
d) Divers.	. . . .	6,7
	Total.	213,3
BÉNÉFICE.	. . . .	788,3

____

(1) Les chiffres cités ici sont ceux de la comptabilité franco-belge des Gages. La

Ce bénéfice n'a d'ailleurs pas été entièrement aux Gouvernements français et belge. L'Italie a reçu du charbon pour une valeur de 60 à 75 millions de marks-or. Les États-Unis ont touché, à titre d'acompte sur le remboursement de leurs dépenses d'occupation militaire (1), une somme de 62 millions et demi de marks-or, prélevée sur le montant en numéraire encaissé par la Belgique.

Le solde, soit 660 millions environ, a été partagé entre la Belgique et la France.

Si l'on néglige la première année, dont les résultats financiers furent évidemment anormaux par suite des difficultés de la mise en train aussi bien que par suite de la résistance passive, et que l'on prend pour base les bénéfices enregistrés pendant les huit premiers mois de 1924, on arrive à la conclusion que l'opération de la Ruhr pouvait procurer annuellement un profit net d'un milliard de marks-or environ. Cela suppose toutefois que l'exploitation eût pu se prolonger indéfiniment dans les mêmes conditions qu'en 1924, ce qui n'est guère probable.

La controverse sur les résultats financiers de l'occupation de la Ruhr n'est pas près de s'éteindre, et pendant longtemps encore on discutera sur les chiffres que l'on vient de citer, les uns persistant à les trouver trop faibles, les autres trop élevés. Qu'il suffise de signaler que le produit de l'opération, au rythme des huit premiers mois de l'année 1924, était supérieur en somme à ce que l'Allemagne avait payé en moyenne jusque-là pour les Réparations (2).

La conférence des Gouvernements alliés, qui se tint à Londres du 16 juillet au 16 août 1924 pour régler la mise à exécution du plan des experts, décida que l'exploitation économique de la Ruhr cesserait dès la mise en exécution de ce plan, qui se fit le 1er septembre 1924, et que l'occupation militaire serait supprimée au plus tard dans un délai d'un an.

Les Anglais, qui avaient constamment protesté contre l'occupation de la Ruhr et son exploitation, obtenaient ainsi gain de cause. Les Français et les Belges, de leur côté, montraient dans l'exécution

---

valeur des marchandises retirées de la Ruhr provient d'estimations faites par cet organisme.

L'accord financier du 14 janvier 1925, qui a réglé notamment la façon dont seraient clôturés les comptes de la Ruhr, a chargé la Commission des Réparations d'estimer en dernier ressort la valeur de ces prestations en nature.

Les chiffres ci-dessus sont donc susceptibles d'être modifiés en conséquence, et seront probablement augmentés, portant le bénéfice final à 1 milliard de marks-or environ.

(1) Voir troisième partie, chapitre IV : Le Coût de l'Occupation militaire.

(2) Voir chapitre X : La seconde Demande de Moratoire, *in fine*.

du plan Dawes par l'Allemagne une confiance que l'avenir seul pourra
ou démentir ou justifier. Mais, embarrassés par leurs difficultés
financières, ils s'inclinaient surtout devant les conseils de modération
et d'apaisement que l'Europe entière leur donnait, et avec elle la
puissante voix de l'Amérique.

CHAPITRE XII

LES NOTES TECHNIQUES BELGES ET L'OFFRE CUNO DU 5 JUIN 1923

Lorsqu'en avril 1923, à l'initiative des délégués belges à la Commission des Réparations, MM. Delacroix et Bemelmans, l'auteur de cet ouvrage élabora les études sommaires qui furent connues plus tard sous le nom de « Notes techniques belges », le moment paraissait venu de tenter de réconcilier l'opinion publique des pays alliés avec les réalités de la question des Réparations.

Il semblait devenu possible de reconnaître enfin ouvertement que les chiffres qu'on avait maniés jusqu'alors s'inscrivaient hors du domaine de la pratique, et qu'il fallait se résigner à ne pas attendre de l'Allemagne le paiement réel d'une dette supérieure à 40 ou 50 milliards de marks-or.

Mais en même temps qu'on apportait aux nations sinistrées cette inévitable désillusion, il fallait leur prouver que le règlement d'une dette de cet ordre était pratiquement possible, en leur indiquant les moyens par lesquels ce règlement serait matériellement effectué et garanti sans conteste.

Tel était le but des « Notes techniques ». Montrer que l'Allemagne pouvait, sans compromettre ses finances une fois qu'elles auraient été assainies, faire le service régulier d'une dette de 40 à 50 milliards de marks-or. Indiquer simultanément par quels moyens ce règlement pouvait être effectué et assuré avec certitude.

En se basant sur les résultats financiers de l'Administration allemande pendant les mois d'avril, mai et juin 1922 (seule période depuis l'armistice pendant laquelle la valeur du mark n'eût pas sensiblement varié), on arrivait facilement à montrer que le budget d'administration générale devait présenter au minimum, en période normale, même après la soustraction des ressources que l'on proposait d'autre part d'affecter aux réparations, un excédent de l'ordre d'un milliard de marks-or.

Il s'agissait, bien entendu, du budget d'une Allemagne dont la monnaie aurait été stabilisée et les finances définitivement assainies.

Mais il était prouvé, sans contestation possible, que si ces conditions venaient à être réalisées, les finances allemandes pourraient supporter sans aucun danger la charge que l'on proposait d'imposer à l'Allemagne à titre de règlement final de ses obligations de réparations.

Les Notes techniques envisageaient quatre sources essentielles de recettes pouvant être utilisées pour les Réparations: l'affermage de l'exploitation des chemins de fer allemands, l'affermage de monopoles de vente des denrées de consommation sujettes à l'impôt indirect (tabacs, bière, vins, alcool, sucre, sel, allumettes, briquets et accessoires d'éclairage), des livraisons directes de charbon par le Gouvernement allemand, et enfin la participation des Alliés aux bénéfices des entreprises industrielles et commerciales allemandes.

Au sujet de l'affermage à un organisme privé de l'exploitation des chemins de fer allemands, les Notes techniques, négligeant les résultats d'exploitation d'après-guerre, résultats complètement faussés par la chute continue du mark et par la politique démagogique du Gouvernement allemand en matière de main-d'œuvre et en matière de tarifs, et s'appuyant au contraire sur la rentabilité du réseau ferré allemand avant la guerre, concluaient qu'il devait être possible d'obtenir une redevance annuelle d'un milliard de marks-or.

En ce qui concerne la perception des impôts indirects sur les denrées de consommation, les Notes belges faisaient une étude assez détaillée de la taxation d'avant-guerre et d'après-guerre de ces denrées, tant en Allemagne que dans les autres grands pays. Cette étude conduisait à la conclusion que l'affermage de monopoles commerciaux établis pour les principales de ces denrées (les tabacs, la bière, les vins, les alcools, le sucre, le sel, les allumettes, les briquets et accessoires d'éclairage), pouvait assurer au total une redevance annuelle de 1.530 millions de marks-or. Encore faisait-on ressortir qu'on avait admis la suppression de l'importante taxe qui frappait le charbon, et qu'on n'avait pas envisagé la création de monopoles de vente pour des produits dont la consommation était cependant taxée dans d'autres pays (les denrées coloniales, et particulièrement le café, le thé, le chocolat et le cacao, les pétroles, les essences diverses, le benzol, etc.), non plus que pour les assurances, l'énergie électrique, le gaz, l'eau, et bien d'autres produits ou denrées qui auraient pu être pris en considération.

En ce qui concerne les livraisons de charbon, il était indiqué que l'on pouvait compter sur une fourniture annuelle de 20 millions de tonnes, charge aisément supportable pour un aussi gros producteur de charbon que l'Allemagne, ce qui représentait au prix moyen, fort peu élevé d'ailleurs, de 17 marks-or par tonne, une valeur annuelle de 340 millions de marks-or.

Les autres produits dont l'Allemagne pourrait exécuter la livraison tels que les matières colorantes, les produits chimiques et pharmaceutiques, etc... étaient cités sans être étudiés spécialement, parce qu'ils n'étaient pas susceptibles de conduire à des sommes très importantes.

Enfin les Notes techniques étudiaient ce que pourrait représenter une participation de 25 % aux bénéfices des entreprises industrielles et commerciales allemandes. En procédant à des évaluations extrêmement prudentes, et en signalant d'ailleurs que toute estimation de l'espèce ne pouvait être qu'hypothétique, étant donnée l'incertitude dans laquelle on se trouvait à ce moment quant à la situation économique future de l'Allemagne, on arrivait à conclure qu'une participation des Alliés aux bénéfices des seules sociétés par actions, limitée à 25 % de ces bénéfices, conduirait au minimum à une somme de l'ordre de 250 millions de marks-or par an.

L'ensemble des quatre sources de recettes envisagées aboutissait donc à un total annuel quelque peu supérieur à 3 milliards de marks-or.

Cette somme était suffisante pour assurer l'intérêt à 5 % et l'amortissement en trente-sept ans d'un capital de 50 milliards de marks-or.

A 8 %, taux commercial, le système proposé par les Notes techniques représentait en valeur actuelle une somme de 35 milliards de marks-or environ.

Encore faut-il remarquer que les revenus des douanes, gage classique et source traditionnelle de recettes en matière de règlements internationaux, avaient été exclus du système. Cette exclusion était toute volontaire : on avait réservé implicitement les droits de douane à la garantie éventuelle de l'emprunt extérieur que l'on prévoyait à ce moment que l'Allemagne devrait émettre avant tout, afin de stabiliser sa monnaie et de rétablir ses finances.

Si l'on avait ajouté les droits de douane aux ressources envisagées, on serait arrivé, au lieu de 3 milliards, à une annuité de 3 milliards et demi. Cette dernière aurait correspondu à un capital de près de 60 milliards de marks-or portant intérêt à 5 % et amortissable en trente-sept ans. La valeur actuelle, calculée à 8 % se serait élevée à 41 milliards de marks-or.

Le système étudié par les Notes techniques était, en fait, ainsi que le considéra le Gouvernement belge, la première suggestion vraiment pratique faite en matière de Réparations. Son principal avantage était qu'il faisait aussi peu que possible appel à la bonne volonté de l'Allemagne. Une fois le système mis en marche, on ne s'adressait à cette bonne volonté que pour la fourniture du charbon. C'était tout. En affermant à des organismes commerciaux, et probablement internationaux, l'exploitation des chemins de fer et la perception de certains impôts indirects faciles à recouvrer, on substituait à un État débiteur, invinciblement porté à esquiver le paiement de sa dette, une pléiade de débiteurs commerciaux dont l'intérêt eût été de s'acquitter régulièrement entre les mains des Alliés des redevances raisonnables qui étaient la condition des bénéfices qu'eux-mêmes comptaient réaliser.

De même, pour la participation des Alliés aux bénéfices des industries allemandes, on pouvait concevoir la remise, une fois pour toutes, à une Caisse de Réparations chargée de les gérer, des actions qui seraient attribuées aux Alliés. Ces actions eussent été susceptibles d'être vendues dans le public, ou bien d'être affectées en gages à l'émission d'obligations d'une Holding Company, ce qui eût pu procurer dès le début aux Alliés des paiements en capital importants.

Sans vouloir s'étendre davantage sur ces propositions, qui n'ont plus aujourd'hui qu'un intérêt historique, on doit se borner à souligner la solidité avec laquelle les paiements annuels de 3 milliards étaient garantis : la remise à des organismes commerciaux privés de l'exploitation des sources de recettes affectées aux Alliés était le seul moyen sûr de recevoir des Réparations.

Le 8 mai 1923, quelques jours après que le Gouvernement belge eût pris connaissance de ces propositions et les eût adoptées, le président du Conseil français transmettait à M. Barthou, président de la Commission des Réparations, le texte des Notes techniques qui avait été remis officieusement par le Gouvernement belge à l'ambassadeur de France à Bruxelles. Mais ces études ne retinrent pas l'attention du Gouvernement français, en proie à ce moment à d'autres préoccupations, et dont l'attention, absorbée par la question de la sécurité, paraissait se détourner des Réparations (1).

Peu après, les Notes belges furent néanmoins soumises officiellement aux Gouvernements alliés, par la voie diplomatique, le 24 mai à Paris, le 9 juin à Rome et à Londres. Le Cabinet français ne montra nulle hâte à y rechercher une solution au problème des Réparations. Ce n'est que quatre mois plus tard que les Gouvernements français, anglais et italien tombèrent d'accord sur l'intérêt qu'il y aurait à faire examiner ces études par la Commission des Réparations. Le 16 octobre, cette dernière en fut saisie officiellement par le délégué belge, M. Delacroix.

La Commission des Réparations ne considéra cette communication que comme une simple transmission de documents et non comme un ensemble de propositions sur lequel il y avait lieu de se prononcer.

____

(1) Voir chapitre XI : La Ruhr.

Elle entama l'examen des Notes techniques dans cet esprit, et y procéda avec sa lenteur coutumière. Ce n'est qu'au bout de quatre mois, en février 1924, que ses services déposèrent leur rapport.

Entre temps, le Gouvernement allemand avait eu, lui aussi, l'occasion d'étudier les Notes belges. Il y avait vu une tentative pratique de règlement des Réparations, et, tout en discutant certains chiffres et en s'élevant contre la création de monopoles, il avait, dans plusieurs communications, marqué son accord sur les données essentielles et sur les conclusions générales de ces études.

Si l'adhésion d'ensemble du Gouvernement allemand autorisait l'espoir de l'ouverture de négociations décisives, l'inertie de la Commission des Réparations ne permit pas à cet espoir de prendre corps.

Les événements avaient d'ailleurs marché, et, bien avant la fin de l'étude studieuse de la Commission des Réparations, le problème des Réparations se trouvait reposé dans son entier et remis entre de nouvelles mains. Les comités d'experts avaient été constitués et avaient commencé à siéger. Toute la question des Réparations était évoquée à nouveau, avec l'espérance grandissante d'un règlement définitif.

On se rendra compte néanmoins, à la lecture de la dernière partie de cet ouvrage, que les études d'avril 1923 n'ont pas été complètement inutiles. Les débats des comités d'experts, les conclusions auxquelles ils aboutirent, le système qu'ils proposèrent et qui fut adopté, montrent que la semence déposée par les Notes techniques avait fini par germer. Ces Notes, complétées sur certains points, affaiblies sur d'autres, servirent en fait à élaborer les procédés de règlement qui sont à la base du plan Dawes.

Il n'est pas sans intérêt non plus de souligner ce qui ne fut peut-être qu'une coïncidence, mais une coïncidence, à tout prendre, fort significative. On a vu plus haut (1) que les Gouvernements français et belge n'avaient pu accepter les propositions que le chancelier Cuno leur avait faites le 2 mai 1923, et qui consistaient à offrir au total, et d'ailleurs au prix de conditions inacceptables, une somme de 30 milliards de marks-or.

Sous la pression qui se développait dans la Ruhr, le Gouvernement allemand avait remis aux Alliés, un mois plus tard, de nouvelles propositions. Ce sont ces dernières propositions qui sont connues sous le nom d'Offre Cuno du 5 juin 1923. Elles étaient adressées aux Gouvernements des États-Unis, de Belgique, de France, de Grande-Bretagne, d'Italie et du Japon, et consistaient essentiellement à proposer comme garantie d'exécution d'un plan définitif des Répa-

____

(1) Voir chapitre XI : La Ruhr.

rations un ensemble de ressources qui rappelaient singulièrement celles que les Notes techniques avaient proposées.

Dans cette offre, le Gouvernement allemand se déclarait tout d'abord prêt à accepter, en ce qui concernait le montant et les modalités des versements mis à sa charge, la décision d'un organisme international impartial. Mais il proposait d'ores et déjà la mise en gage des chemins de fer allemands, qui émettraient 10 milliards de marks-or d'obligations rapportant un intérêt annuel de 5 %, correspondant à un versement annuel de 500 millions de marks-or. Le Gouvernement allemand proposait d'assurer un second versement annuel de 500 millions de marks-or par le moyen d'une hypothèque de 10 milliards de marks-or à la charge de l'industrie, de la banque, du commerce, du trafic et de l'agriculture allemands. Enfin, une dernière garantie était offerte par les droits de douane sur certains produits et par les taxes de consommation sur le tabac, la bière, le vin, le sucre et l'alcool; cette dernière garantie pouvait se monter dans l'ensemble, sur la base des dernières années d'avant-guerre, à 800 millions de marks-or par an en moyenne.

On voit comment, tout en les minimisant, les propositions du chancelier Cuno se développaient parallèlement à celles qui avaient fait l'objet des Notes techniques. Mais les propositions allemandes n'aboutissaient au total qu'à une annuité de 1 milliard 800 millions de marks-or. La valeur actuelle d'un tel système à 8 % ne dépassait guère 20 milliards de marks-or.

Pour cette raison, et pour plusieurs autres dont la principale était qu'à ce moment la résistance passive dans la Ruhr battait encore son plein, les propositions de M. Cuno ne furent pas acceptées par les Gouvernements français et belge.

Elles donnèrent lieu cependant à de nombreuses communications entre les Gouvernements alliés. Ces échanges de vues se prolongèrent sans interruption jusqu'à la fin du mois d'août, et permirent à chacun des Gouvernements intéressés de préciser ses vues sur la question des Réparations.

Il serait trop long d'entrer ici dans le détail de cette négociation prolongée, qui ne se termina en somme que par l'appel à l'expertise décidé à la fin de l'année 1923.

On se bornera à résumer, dans le chapitre suivant, l'essentiel des thèses auxquelles étaient arrivés à cette époque chacun des pays intéressés au sujet de la liquidation financière de la guerre. Ce résumé montrera comment, cinq ans après l'armistice, au moment où les experts allaient s'en saisir, se posait le problème des Réparations.

CHAPITRE XIII

LES EMPÊCHEURS DE LA PAIX

Dans la première partie de cet ouvrage, on a exposé brièvement comment chacun des pays belligérants était parvenu à rassembler les sommes énormes nécessaires à la poursuite de la guerre.

On a dit que, pour la plupart, les États alliés, après avoir épuisé progressivement les ressources qu'ils avaient pu trouver chez leurs nationaux sous forme d'impôts et sous forme d'emprunts, avaient été amenés à emprunter à d'autres États. Ces emprunts étaient destinés, soit, comme ce fut le cas pour la Grande-Bretagne, à permettre de prêter à d'autres pays, soit, comme ce fut le cas pour la France et les autres États, à couvrir une partie de leurs propres dépenses de guerre (1).

A l'exception de la dette de guerre de la Grande-Bretagne vis-à-vis des États-Unis, qui, comme on sait, fit l'objet d'un règlement au mois de février 1923, tous les engagements nés de la guerre sont restés jusqu'à présent en l'état. Les pays débiteurs, tout en ayant reconnu à plusieurs reprises la réalité de leurs dettes, ne se sont pas encore trouvés à même d'en commencer le remboursement. Bien mieux, ils n'ont même pu jusqu'ici payer l'intérêt des sommes empruntées. Il en résulte que depuis l'armistice les dettes de guerre, par le jeu des intérêts accumulés, se sont considérablement accrues. On trouvera à l'appendice XX le tableau des dettes de guerre entre alliés telles qu'elles se présentaient à la fin de l'année 1923. En comparant les montants portés à ce tableau avec l'état des dettes de guerre au moment de l'armistice, tel qu'il est résumé à l'appendice III, on verra dans quelle proportion énorme la situation des pays débiteurs s'était aggravée en cinq ans, par suite du fait qu'aucun règlement n'était intervenu.

On a coutume de dire que c'est la question des Réparations qui a

<hr>

(1) On a rassemblé à l'appendice II les éléments essentiels des opérations financières qui furent ainsi poursuivies pendant la guerre entre les différents pays alliés. La situation réciproque qui en résultait pour ceux-ci au moment de l'armistice a été résumée dans le tableau qui fait l'objet de l'appendice III.

troublé si profondément la vie économique de l'Europe. Tous les efforts des hommes d'État, depuis la fin de la guerre, ont été employés à tenter de la résoudre. La question des Réparations n'est cependant, comme on l'a fait voir dans la première partie de cet ouvrage et comme on aura l'occasion de le souligner encore, que l'un des éléments d'un problème plus général : celui de la liquidation financière de la guerre. Il est certain que l'existence des dettes de guerre entre Alliés, l'impossibilité de s'en acquitter pour les pays débiteurs, dont plusieurs sont tout au moins en tant qu'États, quasi ruinés, la volonté affirmée plusieurs fois par certains des États créanciers de ne consentir à aucune concession à cet égard, pèsent sur l'économie du monde tout aussi lourdement, plus lourdement peut-être, que la question des Réparations.

Si même cette dernière était définitivement résolue, il serait futile de croire qu'il n'y aurait désormais plus aucun obstacle au relèvement rapide de l'Europe et au rétablissement de la prospérité générale.

Tant que la liquidation financière de la guerre ne sera pas complètement terminée, c'est-à-dire tant que les États créanciers, et principalement les États-Unis, laisseront peser sur les finances des nations européennes l'incertitude qui provient de la présence de dettes aussi formidables, il sera vain d'espérer la reprise de relations financières et économiques satisfaisantes entre les nations civilisées.

*
* *

On a dit plus haut que la remise de l'Offre Cuno du 5 juin 1923, avait été l'occasion d'une activité diplomatique extrêmement grande et le début d'un long échange de communications entre les principaux alliés. Cet échange de vues ne fut pas inutile, car il conduisit finalement les principaux Gouvernements intéressés à déclarer publiquement leurs desiderata en matière de Réparations et à préciser chacun la limite dernière des concessions qu'ils se sentaient capables d'envisager.

Du mémorandum britannique du 11 août 1923, qui reflète la thèse à laquelle la Grande-Bretagne était arrivée à ce moment, il y a lieu de retenir, en dernière analyse, pour ce qui concerne les Réparations, les deux propositions suivantes :

1º Le montant de 132 milliards de marks-or n'est plus à envisager. Un nouvel examen de la capacité de paiement de l'Allemagne est une nécessité urgente. Une Commission impartiale d'experts (la Commission des Réparations n'étant plus aux yeux du Gouvernement anglais « qu'un instrument de la politique franco-belge ») doit en être chargé. Cette Commission comprendrait des délégués des Puissances ayant droit aux Réparations, des États-Unis, des pays neutres et de l'Allemagne.

2° Confirmant, précisant et complétant des intentions déjà exprimées antérieurement (1), la Grande-Bretagne limite à 14,2 milliards de marks-or l'ensemble de ses réclamations aux Alliés (pour les dettes de guerre) et à l'Allemagne (pour les Réparations). Cette somme de 14,2 milliards de marks-or est la « valeur actuelle » de sa dette, récemment consolidée, envers les États-Unis (2).

Le Gouvernement français s'exprime, le 20 août 1923, d'une façon plus détaillée. Ses vues quant aux Réparations et aux dettes de guerre peuvent être résumées comme suit :

1° La France considère comme un minimum indispensable sa part (52 %) dans les obligations A et B de l'état des paiements, soit 26 milliards de marks-or.

2° Elle est disposée à ne réclamer des obligations C que le montant qui lui sera réclamé à elle-même au titre de sa dette de guerre. (Celle-ci atteignait, au total, à la fin de 1923, 29 milliards et demi de marks-or environ). Si un règlement d'ensemble des Réparations et des dettes de guerre est entrepris, la France est disposée à le faciliter par l'abandon corrélatif de ses propres créances de guerre (6 milliards et demi de marks-or environ à fin 1923).

3° La France n'attend pas moins de facilités de la part de ses créanciers alliés, en ce qui concerne le règlement de ses dettes de guerre, qu'il n'a été ou n'en sera accordé à l'Allemagne pour la dette Réparations de cette dernière.

Elle déclare enfin s'en tenir au principe que les dettes de guerre ne peuvent être remboursées avant que les Réparations aient été encaissées.

Le Gouvernement belge, enfin, fait connaître, le 27 août 1923, ses vues dans tous leurs détails. Après avoir reconnu la nécessité d'un nouvel accord sur le montant de la dette allemande et sur sa répartition entre les Alliés, il adhère au principe de l'indissolubilité des Réparations et des dettes interalliées, et reconnaît que seules importent les sommes *nettes* à recevoir, c'est-à-dire les sommes qui pour-

---

(1) Voir notamment la « Note circulaire relative aux dettes de guerre interalliées » adressée le 1ᵉʳ août 1922 par Lord Balfour, au nom du Gouvernement britannique, aux alliés européens de l'Angleterre.

(2) La dette de la Grande-Bretagne vis-à-vis des États-Unis a été arrêtée au 15 décembre 1922 à 19,7 milliards de marks-or environ et a fait à cette date l'objet d'un règlement comportant le paiement de 62 annuités dont la valeur actuelle est de 14,2 milliards de marks-or.

ront être affectées à la réparation des dommages après liquidation des dettes de guerre.

Le remboursement des emprunts de guerre de la Belgique ayant été mis à la charge de l'Allemagne (art. 232 du Traité de Versailles), il ne reste à la Belgique, du fait de la guerre, qu'une dette extérieure relativement faible. C'est pourquoi, si les dettes de guerre devaient être annulées par compensation avec les obligations C, la Belgique se verrait frustrée de l'avantage que le Traité lui avait accordé. En effet, les 6 milliards de marks-or environ qui constituent sa part des bons C seraient annulés, sans qu'elle ait la compensation de voir supprimer des dettes qu'elle n'a plus. C'est pourquoi le Gouvernement belge demande, fort légitimement, semble-t-il, qu'au cas où l'on annulerait les bons C, on revise en même temps les pourcentages de Spa. Il conçoit fort logiquement cette revision comme devant conduire à répartir les paiements de l'Allemagne en proportion des dommages matériels subis par les Alliés. Cette suggestion se justifie à ses yeux par la considération que la réparation intégrale de tous les dommages, tant aux biens qu'aux personnes, étant reconnue impossible, il est légitime d'accorder un rang de faveur aux dommages matériels, les seuls qui pourront être réparés désormais au moyen des versements allemands.

Dans l'hypothèse où les obligations C seraient annulées, c'est-à-dire où la dette Réparations de l'Allemagne serait ramenée à 50 milliards de marks-or, le Gouvernement de M. Theunis calcule que, si la répartition se faisait proportionnellement aux dommages matériels, il lui reviendrait 13 % de cette dernière somme, soit 6,5 milliards de marks-or. Comme, en vertu de sa priorité, il a encaissé à ce moment environ 1,5 milliard de marks-or, ses demandes sur les sommes restant à payer par l'Allemagne s'élèveraient encore à 5 milliards de marks-or.

Le Gouvernement italien n'ayant pas fait connaître ses vues depuis le début de l'année 1923, il faut se reporter aux dispositions exprimées par M. Mussolini à la Conférence de Londres au mois de décembre 1922. La conception du chef du Gouvernement italien consistait essentiellement, comme celle des autres chefs d'États, à réduire la dette allemande aux seules obligations A et B, soit à 50 milliards de marks-or, les obligations C devant être annulées et, simultanément, toutes les dettes de guerre des Alliés. La conception italienne appelle toutefois, comme on le verra plus loin, certaines observations.

Telles étaient, à la fin de l'année 1923, les demandes des quatre pays les plus intéressés aux Réparations.

Pour être complet, il reste à mentionner les autres Puissances intéressées aux Réparations : la Serbie, le Japon, le Portugal, la Grèce et la Roumanie. Ces Puissances n'ont pas fait connaître publiquement leurs vues sur la question, tout au moins dans ces derniers temps.

La plus intéressée de ces nations aux Réparations est la Serbie, dont la part dans le montant nominal de 132 milliards est, on l'a vu plus haut (1), de 7,6 milliards de marks-or. La valeur des biens d'État dans les territoires austro-hongrois qu'elle a acquis par le Traité de Paix, peut être estimée (2) à 2 milliards de marks-or. La Serbie a, d'autre part, une dette de guerre de 2,4 milliards de marks-or au total. Sa créance finale nominale ressort ainsi à 3,2 milliards de marks-or.

Le Portugal, qui a droit à 900 millions de marks-or dans la créance Réparations nominale (1), a une dette de guerre d'environ 400 millions de marks-or.

Le Japon, qui a droit à la même somme (1), n'a pas de dette de guerre.

La Roumanie, dont le droit nominal aux Réparations (1) est de 3,4 milliards de marks-or, a déjà reçu environ 1,6 milliard de marks-or sous la forme de biens d'État situés dans les territoires austro-hongrois qui lui ont été cédés (2).

Sa dette de guerre totale est de 1,7 milliard de marks-or. Il lui resterait donc nominalement une créance de 100 millions de marks-or environ.

La Grèce, qui a droit nominalement (1) à 3 milliards de marks-or sur les 132 milliards, a une dette de guerre de 1,2 milliard de marks-or, lui laissant une créance nette nominale de 1 milliard 800 millions de marks-or.

Il n'y a rien d'excessif, d'autre part, à admettre que le Japon consentirait, comme les Puissances alliées européennes, à se contenter de l'application de son pourcentage aux 50 milliards d'obligations A et B. Sa part dans les Réparations serait ramenée de ce chef à 400 millions de marks-or environ.

Le Portugal, on l'a vu, reste créancier, déduction faite de sa dette de guerre, de 500 millions de marks-or.

On a établi que la Serbie restait créancière pour 3,2 milliards de marks-or. Mais on peut admettre qu'elle aussi, moyennant remise de sa dette de guerre (2,4 milliards de marks-or), se bornerait à récla-

---

(1) Voir chapitre II : La Répartition de Spa.

(2) L'évaluation définitive, qui doit être faite par la Commission des Réparations, n'existe pas encore. L'estimation qui est donnée ci-dessus n'a qu'un caractère, hypothétique.

mer sa part dans les 50 milliards A et B, soit 2,5 milliards de marks-or. En estimant à 2 milliards de marks-or la valeur des biens d'État que ce pays a reçus, il lui resterait donc une créance finale de 500 millions de marks-or.

Il reste enfin, comme participants aux Réparations, la Roumanie pour 100 millions de marks-or et la Grèce pour 1 milliard 800 millions de marks-or. On ne possède d'ailleurs aucun élément d'appréciation des sacrifices que consentiraient à faire ces deux dernières nations en faveur d'un règlement général et définitif.

Le rapide examen qui vient d'être fait des derniers desiderata des principales Puissances ayant droit aux Réparations fait voir qu'une idée commune a grandi simultanément dans tous les pays intéressés. C'est celle que consacrait, en fait, sinon en apparence, l'É'tat des Paiements du 5 mai 1921; c'est celle qu'avait émis, en juin 1922, comme on l'a vu plus haut, le Comité de l'Emprunt présidé par M. Delacroix.

En clair langage, ce que les banquiers avaient dit à cette époque signifiait que le montant de 132 milliards de marks-or était trop élevé pour autoriser l'espoir de voir réussir des emprunts extérieurs, et que l'Allemagne ne retrouverait son crédit qu'à condition que ce chiffre fût publiquement ramené à un montant raisonnable. On voit que, quinze mois plus tard, tous les Gouvernements alliés en sont arrivés, eux aussi, à comprendre la nécessité de publier une telle conception, et qu'ils sentent, quoique dans une mesure inégale, que le moment est venu de mettre l'opinion publique au contact de la réalité, de révéler que pour toucher quelque chose il faut bien se résigner à ne pas exiger le tout.

L'idée commune de la France, de la Belgique et de l'Italie est désormais de ramener la dette de l'Allemagne à 50 milliards de marks-or, par l'annulation des obligations C, sous réserve, pour la France et pour l'Italie, de se voir libérer de leurs dettes de guerre, et pour la Belgique de se voir réserver sur la créance restante un pourcentage quelque peu supérieur à celui de Spa.

L'Angleterre déclare s'en remettre à une Commission impartiale d'experts pour l'évaluation de la dette Réparations. Elle réclame, quel que soit le montant qui sera fixé pour cette date, une somme de 14,2 milliards de l'Allemagne et de ses débiteurs alliés conjointement.

Les arguments au moyen desquels les Gouvernements alliés soutenaient leurs propositions n'ont certes pas tous la même valeur, et bien des objections et des difficultés ont pu être soulevées à leur sujet. Mais il serait sans intérêt de se livrer ici à une discussion de ce genre. Il doit suffire de constater qu'il n'est pas douteux que la plupart des

États intéressés aux Réparations aient fini par consentir de sérieux sacrifices en vue de faciliter et de hâter un règlement définitif.

Seule, la situation de l'Italie appelle quelques remarques, que l'on peut d'autant moins éviter qu'elles ont été faites plus rarement.

La part italienne dans les Réparations est, on l'a vu (1), de 16 milliards de marks-or environ, dont 5 dans les obligations A et B.

D'autre part, ainsi qu'on l'a déjà dit, l'Italie doit 8 milliards et demi de marks-or aux États-Unis et plus de 11 milliards de marks-or à la Grande-Bretagne, soit au total près de 20 milliards de marks-or. De plus, les biens d'État dont elle a pris possession dans les territoires ennemis que le Traité lui a alloués représentent une valeur non encore arrêtée par la Commission des Réparations, mais qu'il est modéré d'estimer à 1 milliard de marks-or environ.

S'il est exact que l'Italie désire maintenir ses droits (5 milliards de marks-or) sur les obligations A et B, elle ne renoncerait donc qu'à une créance nominale de 10 milliards de marks-or, et ce moyennant la remise d'une dette de 20 milliards de marks-or.

Il n'est que trop évident que ces prétentions ne résistent pas à l'examen. Si les dettes de l'Italie (20 milliards de marks-or) lui sont remises, elle reçoit de ce chef un avantage qui surpasse de beaucoup l'abandon qu'elle ferait, non seulement de sa part (10 milliards) dans les obligations C, mais aussi de sa part (5 milliards) dans les obligations A et B. Elle n'abandonnerait en effet de la sorte que 15 milliards, alors qu'on lui en remettrait 20. Il paraît donc évident qu'en cas d'annulation des dettes de guerre, l'Italie doive disparaître comme prétendant aux Réparations.

Il ne resterait plus ainsi en présence, dans l'hypothèse de l'annulation des dettes de guerre, que la Grande-Bretagne, la France, la Belgique, la Serbie, le Japon, le Portugal, la Roumanie et la Grèce.

On se trouve dès lors en possession de tous les éléments du problème.

La France se contenterait de 26 milliards de marks-or, la Grande-Bretagne de 14,2 milliards de marks-or, la Belgique de 5 milliards de marks-or. La Serbie aurait probablement à recevoir 0,5 milliard de marks-or, le Japon 0,4, le Portugal 0,5, la Roumanie 0,1 et la Grèce 1,8 milliard de marks-or.

Le total de toutes ces demandes atteint 48 milliards de marks-or environ, montant légèrement inférieur à celui des obligations A et B.

Ce total tombe à 34 milliards si la Grande-Bretagne est également déchargée de sa dette vis-à-vis des États-Unis.

---

(1) Voir chapitre II : La Répartition de Spa.

Après cinq ans d'efforts, la détermination d'un montant raisonnable et définitif pour les Réparations était ainsi devenue possible. La solution ne dépendait que des États-Unis.

*
* *

Les États européens sont donc unanimes, on vient de le voir, à admettre la réduction des 132 milliards de marks-or à un chiffre qui ne paraît pas devoir être supérieur à 50 milliards de marks-or.

Encore ce chiffre n'est-il conditionné que par l'annulation des dettes de guerre des États continentaux, et tombe-t-il à 34 milliards si la dette de guerre anglaise est également annulée.

La France n'accepte de réduire sa créance Réparations à 26 milliards de marks-or que si elle est sublevée de ses dettes de guerre. L'Italie ne peut évidemment disparaître du tableau des Réparations que si ses dettes de guerre lui sont remises.

Les grosses créances sont celles des États-Unis sur la France (16,8 milliards de marks-or) et sur l'Italie (8,5 milliards de marks-or), et celles de la Grande-Bretagne sur la France (12,7 milliards de marksor) et sur l'Italie (11,3 milliards de marks-or) (1).

La Grande-Bretagne consent à abandonner ses créances de guerre si elle reçoit, comme le chiffre de 50 milliards de marks-or le permet, 14,2 milliards de marks-or de l'Allemagne. Elle abandonne toute demande si elle est déchargée de sa dette vis-à-vis des États-Unis

Restent donc seules en question les créances américaines. A toute occasion, les États-Unis ont montré clairement leur volonté de les maintenir.

Pour pouvoir y faire face, la France est obligée d'exiger de l'Allemagne 16,8 milliards de marks-or de plus, et l'Italie 8,5 milliards de marks-or de plus. Sans parler des autres pays débiteurs de l'Amérique, dont la dette n'est pas très importante, on voit donc que dans l'état actuel des choses, au lieu de pouvoir être ramenée à 50 milliards de marks-or, voire à 34 milliards de marks-or, la dette des Réparations, par suite de l'exigence des créances américaines, ne pourrait être ramenée qu'à 75 milliards de marks-or au minimum. L'Amérique a donc augmenté ainsi indirectement de 25, sinon de 40 milliards de marks-or, le montant minimum auquel aurait pu être ramenée la dette allemande en 1923.

____

(1) On fait abstraction, et pour cause, dans tout cet exposé, des dettes de guerre de la Russie (plus de 20 milliards de marks-or). On néglige également celles de la Pologne et des autres États qui ne participent pas aux Réparations.

Les États-Unis, à qui les premières années de guerre ont été tellement profitables que, d'anciens débiteurs de l'Europe, ils en sont devenus les créanciers, tenaient donc en main, en 1923, la clef du problème. Il ne dépendait que de leur seule volonté que le chiffre de la dette allemande fût ramenée ouvertement à ce moment à 50 ou à 34 milliards de marks-or, en tout cas à un montant que l'on s'accordait à considérer comme raisonnable, et qui, de l'avis général, aurait permis d'envisager sérieusement la restauration financière et monétaire de l'Allemagne, aurait mis ce pays à même de retrouver le crédit perdu, et aurait rendu possible l'émission d'une série d'emprunts propres à liquider les réparations en quelques années.

Ce règlement complet et définitif des engagements internationaux nés de la guerre, seul capable de ramener la prospérité et la paix en Europe, les Américains ne l'ont pas voulu. Obéissant à on ne sait quelle mesquine pensée de lucre ou à quel rêve monstrueux d'asservissement de l'Europe, le peuple américain, figé dans son attitude de créancier insensible et inexorable, et jouissant de se sentir l'objet des vœux et des espoirs de toutes les nations européennes, ce peuple, si grand à tant d'égards, a délibérément aggravé le malheur du monde civilisé.

Cependant que la riche et prospère Amérique continuait à maintenir inflexiblement ses droits, ses alliés d'Europe, appauvris et misérables pour la plupart, avaient cependant fini, après cinq ans d'efforts, par consentir des sacrifices considérables et se résigner à d'importantes concessions.

Il faut les mesurer d'un coup d'œil.

La Grande-Bretagne, la plus riche des nations européennes, est aussi la plus généreuse. A une créance totale de guerre de 28 milliards et demi de marks-or, à laquelle vient s'ajouter un droit théorique aux réparations de 27 milliards de marks-or, elle consentait à substituer une somme nette et définitive de 14 milliards, abandonnant ainsi, en vue d'une liquidation finale de la guerre, plus de 40 milliards de marks-or, les trois quarts de sa créance totale. Elle abandonnait même toute sa créance si sa dette envers les États-Unis lui était remise.

La France, qui a un droit théorique aux réparations de 63 milliards de marks-or et des créances de guerre pour 6 milliards et demi de marks-or, soit un total de 69,5 milliards de marks-or, a des dettes pour 29,5 milliards de marks-or. Elle a ainsi un droit final de 40 milliards de marks-or. En se contentant de 26 milliards de marks-or, la France abandonnait un tiers de sa créance, limitant ses desiderata aux sommes strictement nécessaires à sa restauration.

La Belgique, dont le droit aux Réparations est d'environ 10 milliards de marks-or, déclare se contenter d'une somme totale de 6,5 milliards de marks-or, abandonnant ainsi également, en vue d'un règlement général, le tiers de ses droits, pour ne réclamer que la somme dont ses territoires dévastés ne peuvent se passer.

Dans l'espoir de régler définitivement la question qui a troublé le monde pendant cinq ans, les Alliés avaient donc fini, en 1923, par se résigner à des abandons inévitables, mais douloureux, dont tout le bénéfice allait à leurs anciens ennemis.

Mais toute cette bonne volonté échoue devant l'aveugle obstination des États-Unis. L'Amérique maintient implacablement ses droits sur ses anciens alliés, empêchant ainsi tout règlement définitif.

Bien plus, non encore satisfaite des nombreux sacrifices qu'elle a obtenus de ces derniers, elle se prépare à leur en demander de nouveaux.

Les États-Unis, pour qui la question des Réparations est en quelque sorte diluée dans le problème de la pacification générale de l'Europe, pacification n'ayant à leurs yeux d'autre objet que de servir les intérêts de la finance et du commerce américains, les États-Unis ont attendu patiemment des nations européennes des renonciations plus complètes encore. Ils n'en exigent pas moins d'eux la reconnaissance intégrale de toutes leurs obligations vis-à-vis du Gouvernement américain.

L'hégémonie américaine dicte ses volontés égoïstes à une Europe dont la guerre a entraîné la ruine, et dont elle précipite la décadence.

Le plan Dawes, que l'on va étudier avec quelque détail dans la quatrième partie de cet ouvrage, et qui, tout en réduisant à nouveau les Réparations sans aucune compensation pour les pays sinistrés, n'en rend pas la perception moins aléatoire, ce plan a dû être accepté par la France, et à sa suite par les autres États. Les raisons de cette acceptation seront données. Elles découlent de la suprématie européenne de l'Angleterre et de la suprématie mondiale des États-Unis.

Le plan des experts, ou tout autre de l'espèce, eût cependant constitué un règlement sage et satisfaisant des affaires d'Europe, s'il avait été accompagné de la compensation des dettes de guerre avec la réduction de la dette allemande. Sans cette compensation, le système des experts ne peut être qu'un palliatif : la plaie sanglante des dettes interalliées continue à suppurer au flanc de l'Europe.

L'espoir de guérison qui s'élevait en 1923 a été anéanti par les États-Unis. Ceux-ci se décideront-ils un jour à se prêter à la conclusion de la vraie paix?

QUATRIÈME PARTIE

L'EXPERTISE DE 1924

CHAPITRE I

LA GENÈSE DES COMITÉS D'EXPERTS

On a vu comment, lorsque la résistance passive dans la Ruhr se fut effondrée, la France et la Belgique, au lieu de traiter directement avec l'Allemagne, s'étaient laissé attirer dans une longue controverse avec l'Angleterre, controverse dans laquelle les intéressés avaient essayé d'entraîner les États-Unis.

Cette conversation prolongée aboutit, à la fin de l'année 1923, à la constitution des Comités d'experts et à ce nouveau système de Réparations que l'on a appelé le plan Dawes et qui constitue l'étape la plus importante de l'histoire des Réparations depuis le Congrès de Versailles.

L'adoption générale du projet des experts marque en effet la fin de la longue période de tâtonnements, d'indécision, d'essais infructueux, de malentendus, de conflits, de luttes et de désordre qui s'est ouverte à Versailles et s'est prolongée durant cinq années. L'exécution du plan Dawes inaugure, dans une atmosphère de passions calmées, de raison reconquise et de désir général d'apaisement et de collaboration internationale, une phase nouvelle de la vie économique, financière et politique de l'Europe. Ce que sera désormais la vie européenne, ce que durera cet apaisement, l'avenir seul pourra l'apprendre. Mais tout indique que les experts sont venus à leur heure pour enregistrer et satisfaire le besoin général de conciliation et de paix qui se faisait sentir de plus en plus vivement. Leur œuvre, quelle qu'en soit la valeur et quel que soit l'avenir qui lui est réservé, aura eu en tout cas l'heureux résultat de rendre immédiatement un peu d'harmonie et de stabilité à l'ordre européen si profondément bouleversé. N'en dût-elle avoir d'autres qu'elle n'eût pas été inutile.

Les experts se sont trouvés placés cependant dans des conditions si difficiles qu'il leur a fallu dépenser des trésors d'intelligence, de patience, de prudence et d'ingéniosité pour aboutir.

Chargés par la Commission des Réparations, et en vue des réparations, d'étudier les moyens de rétablir la monnaie et les finances allemandes, il leur était interdit par la France de toucher au montant de la dette allemande, montant dont l'importance excessive conditionnait cependant tout le problème. Il leur était interdit par les États-Unis de toucher aux créances de guerre, créances dont l'annulation ou la réduction permettait seule la réduction de la dette allemande et par conséquent l'assainissement financier du Reich et le règlement des réparations.

Placés entre ces deux interdictions, empêchés d'évoquer dans toute sa généralité le problème de la liquidation financière de la guerre, obligés de se limiter à la seule question des Réparations en ne touchant pas à son axe, le montant de la dette, les experts ont réussi, en dépit de tous ces obstacles, à construire un système cohérent, pratiquement applicable, et assez ingénieux pour qu'il ait pu être approuvé unanimement par toutes les nations intéressées, malgré les modifications profondes qu'il apportait aux Réparations telles qu'on les entendait jusqu'alors.

Tout en sauvegardant les apparences au moyen de remarquables trouvailles que l'on aura l'occasion de mentionner, les experts ont supprimé et les 132 milliards, et l'État des Paiements, et l'occupation de la Ruhr. Ils ont ramené en fait la dette allemande à ce montant raisonnable qui est la condition même de son recouvrement. Ils n'ont pas manqué d'indiquer dans le plus grand détail, en se servant des « Notes techniques » belges et de l'Offre Cuno, les moyens pratiques d'assurer ce recouvrement. Instruits par les événements du passé, ils ont su prévoir, pour les prévenir, toutes les difficultés qui dans l'avenir pourraient s'élever entre débiteurs et créanciers : ils ont inventé à cet effet l'ingénieuse formule que l'on étudiera plus loin et grâce à laquelle, même si les créanciers ne sont pas payés, le débiteur sera réputé s'être acquitté. Ils ont compris en effet que ce qui devait désormais être évité avant tout, c'étaient les conflits futurs ; ils ont compris que la paix est plus importante, même pour les créanciers, que l'argent.

Si les mêmes hommes, mus par les mêmes idées et travaillant dans la même atmosphère, avaient pu se saisir du problème tout entier de la liquidation financière générale, ils l'eussent résolu vraisemblablement avec la même sagacité et le même bonheur. Le destin même de l'Europe en eût été complètement et définitivement éclairci. Mais il faut bien convenir que, bornée aux Réparations, la solution des experts laisse peser sur le monde la redoutable question des dettes de guerre, et ne permet d'entrevoir qu'une amélioration toute momentanée de la situation des peuples civilisés.

A peine le foyer d'incendie des Réparations sera-t-il éteint que d'autres, plus nombreux et peut-être plus violents, ceux des dettes de guerre, s'allumeront à leur tour.

Toute l'histoire de l'après-guerre montre que c'est le tenace effort de l'Allemagne, des États-Unis et de l'Angleterre qui a finalement amené la France à accepter l'expertise de 1924 et à s'y soumettre. Combien faut-il regretter qu'une propagande française, qui eût été appuyée certes par l'Italie, par la Belgique et par d'autres États, n'ait pu à son tour amener les pays anglo-saxons à se soumettre au même moment à une expertise portant sur les dettes interalliées, expertise d'où la liquidation finale de la guerre devait sortir !

Ici encore l'hégémonie des États-Unis dans le monde et de la Grande-Bretagne en Europe a joué son rôle : les pays anglo-saxons ont fini par imposer leurs vues et par conduire au sacrifice leurs alliés, tandis que ceux-ci ne sont pas parvenus à faire prévaloir leurs besoins ni à obtenir aucun allégement de la part de leurs créanciers.

*
* *

L'importance toute spéciale de l'œuvre des experts dans l'histoire de la paix oblige à l'étudier avec quelque détail, malgré la difficulté qu'il y a à exposer clairement un système qui est à la fois si récent et si complexe.

Mais avant de procéder à cet examen, il n'est pas sans intérêt de rappeler rapidement les tentatives diverses qui furent faites pendant trois ans pour substituer aux 132 milliards et à l'État des Paiements un système de réparations nouveau, élaboré, non plus par des hommes d'État, mais par des spécialistes dégagés de toute influence politique.

On se rappelle que dès 1921 (1) le Gouvernement allemand, pressé par la Commission des Réparations d'effectuer les versements qui venaient à échéance, avait envoyé aux États-Unis des propositions destinées aux Alliés, accompagnées de l'offre de soumettre la capacité de paiement de l'Allemagne « à l'examen d'une Commission d'experts éprouvés, agréés par tous les Gouvernements intéressés ». Dans cette

---

(1) Voir troisième partie, chapitre III : Les 20 Milliards du 1er mai 1921.

communication, l'Allemagne s'engageait à « accepter comme obligatoires les décisions de cette Commission d'experts ».

Les États-Unis avaient refusé à ce moment leur médiation et avaient engagé le Cabinet de Berlin à présenter directement aux Gouvernements alliés des propositions convenables.

Deux ans plus tard, la question des Réparations, au lieu de s'être éclaircie, s'étant fortement compliquée, le Gouvernement américain commence à se rendre compte qu'elle est susceptible de retentir sur la prospérité des États-Unis eux-mêmes. Dans un discours prononcé à Newhaven, le 29 décembre 1922, devant l'Américan Historical Association, le Secrétaire d'État américain Hughes fait une première allusion à la nécessité de régler enfin la question des Réparations et de faire appel à cet effet non plus aux hommes d'État, mais à des financiers qui travailleraient en dehors de toute considération politique (1).

M. Hughes s'exprimait ainsi :

Il doit exister un moyen pour les hommes d'État de se mettre d'accord sur ce que l'Allemagne peut payer, car quelles que soient les exigences qu'on pourra lui présenter, elles ne pourront être satisfaites au delà de la limite constituée par cette capacité de paiement. Il doit exister un moyen de déterminer cette limite et de prévoir un plan financier grâce auquel puissent être atteints des résultats immédiats, grâce auquel les nations européennes puissent sentir qu'une base a été créée, sur laquelle puissent se fonder leurs efforts mutuels et loyaux en vue de réaliser le plus haut point de prospérité auquel leur donne droit l'industrie de leurs pays. Si les hommes d'État ne peuvent se mettre d'accord et si les exigences de l'opinion publique rendent leur tâche difficile, on pourrait appeler à leur aide ceux qui sont susceptibles d'indiquer la route menant à la solution. Pourquoi n'inviterait-on pas des hommes jouissant de la plus haute autorité financière dans leurs pays respectifs, des hommes possédant un prestige, une expérience et une réputation tels que leur accord sur le montant à payer et sur le plan financier d'exécution des paiements puisse être accepté par le monde entier, comme le jugement le plus impérieux qu'il soit possible d'obtenir.

Sous la forme où elle était ainsi présentée, cette proposition n'est pas acceptée en France, où on considère qu'elle constituerait une revision du Traité de Versailles (2).

---

(1) Le Comité de l'Emprunt qui avait siégé en juin 1922 avait eu comme mission non le règlement de la question des Réparations, mais uniquement l'étude de l'émission d'emprunts extérieurs par l'Allemagne (Voir troisième partie, chap. IX).

(2) Le 10 juillet 1924, M. Poincaré, dans un discours au Sénat, s'exprimait comme suit au sujet de la proposition de M. Hughes :

« Le 29 décembre 1922, c'est-à-dire quelques jours avant notre entrée dans la Ruhr, M. Hughes, secrétaire d'État aux Affaires étrangères à Washington, avait parlé

Mais l'Allemagne reprend bientôt l'idée émise par M. Hughes. L'offre du 5 juin 1923 du Cabinet Cuno mentionne que le Gouvernement allemand est prêt à se soumettre, en ce qui concerne le montant des Réparations et les modalités de paiement, à la décision d'un organisme international impartial. Ces propositions, et les explications qu'échangent à cette occasion les Gouvernements français et britannique, conduisent M. Stanley Baldwin à préconiser lui aussi, lors d'un discours aux Communes le 12 juin 1923, « une enquête sur la capacité de paiement de l'Allemagne conduite par un Comité impartial ». Aux yeux du Gouvernement anglais la Commission des Réparations, où grâce à la voix prépondérante du président français, les Franco-Belges étaient assurés de la majorité, ne constituait pas un organisme impartial, mais, ainsi qu'il le déclara, un « instrument de la politique franco-belge » (1).

Le 20 juillet, Lord Curzon propose à son tour la constitution d'un Comité d'experts impartiaux qui serait chargé de donner ses avis aux Gouvernements alliés et à la Commission des Réparations en ce qui concerne la capacité de paiement future et définitive de l'Allemagne et les modalités du règlement.

Le 11 août 1923, le Gouvernement britannique complète ses propositions précédentes en suggérant que le Comité à constituer comprenne des représentants des Gouvernements neutres et allemand. Il ajoute que, bien que partisan de voir les Gouvernements s'engager à l'avance à accepter les conclusions des experts, il accepterait néanmoins, si les Alliés n'étaient pas désireux d'aller aussi loin, que le Comité dont il propose la constitution ait un rôle purement consultatif.

Le 20 août 1923, M. Poincaré répond à Lord Curzon que, par la faute même de l'Allemagne, sa capacité de paiement à ce moment

---

publiquement d'une expertise pour résoudre le problème des Réparations ; dans un discours prononcé à Newhaven, devant l'*American Historical Association*, il avait émis l'idée de confier l'étude des réparations à une Commission de financiers internationaux, suffisamment autorisés, disait-il, pour que leur opinion s'imposât à l'esprit du monde entier.

« Cette thèse, Messieurs, était parfaitement compréhensible de la part d'un Gouvernement qui n'avait pas ratifié le Traité de Versailles, mais elle équivalait, vous le comprendrez à merveille, à un dessaisissement de la Commission des Réparations, dessaisissement contre lequel votre Commission des finances et votre Commission des Affaires étrangères, en 1921 et en 1922, n'avaient cessé de protester. Elle équivalait même à une revision du Traité : nous ne pouvions donc l'accepter dans la forme qui nous était suggérée. »

(1) En vertu de ce qui parait être une invincible tendance de la neutralité anglo-saxonne, un organisme interallié, quel qu'il soit, cesse de lui paraître impartial lorsqu'il cesse de subir exclusivement l'influence britannique.

est pratiquement nulle. Il considère, dans ces conditions, toute expertise comme inutile. Il estime que la constitution d'un Comité international serait la négation même du Traité signé par l'Angleterre comme par tous les Alliés; que la première suggestion britannique, quant au rôle des experts, équivaut au dessaisissement pur et simple de la Commission des Réparations et à la revision avouée du Traité, et que la seconde combinaison arriverait, par une voie détournée, au même résultat.

Cette note française met momentanément fin aux conversations. Le Gouvernement français est d'ailleurs décidé à ne pas négocier tant que dure la résistance passive dans la Ruhr.

Mais à peine cette résistance a-t-elle pris fin que le président Coolidge, le 11 octobre 1923, redonne de l'actualité à la question d'un Comité d'experts en déclarant publiquement que le Gouvernement américain n'a pas abandonné la suggestion faite par M. Hughes dans son discours du 29 décembre 1922.

Le lendemain même, Lord Curzon adresse un long télégramme au chargé d'affaires britannique à Washington, attirant son attention sur le caractère extrêmement critique de la situation économique européenne. Le ministre anglais rappelle dans cette communication que les efforts répétés faits par le Gouvernement britannique durant les neuf derniers mois pour éclaircir la situation sont restés sans résultat pratique. Il signale que le Gouvernement anglais estime que, dans ces conditions, la coopération américaine est une condition essentielle à toute possibilité d'arrangement européen, et, rappelant la déclaration que le président Coolidge a faite la veille, il se déclare fondé à espérer que si les Gouvernements d'Europe se rallient à l'enquête suggérée par lui, les États-Unis ne refuseront pas leur coopération. Il déclare enfin que le Gouvernement anglais, parlant au nom de tout l'Empire britannique, dont les représentants étaient en ce moment réunis à Londres, à la Conférence impériale, s'associe à la proposition faite par M. Hughes en décembre 1922 et renouvelée le 11 octobre 1923 par le président Coolidge.

En réponse à cette communication, le chargé d'affaires britannique transmet le 16 octobre au Cabinet anglais un important mémoire du Secrétaire d'État américain Hughes. Ce document traduit le profond intérêt que prennent les États-Unis à la situation européenne, et exprime la conviction que l'abandon de la résistance passive par le Gouvernement allemand est une circonstance propice à l'élaboration d'un plan financier destiné à prévenir un désastre économique qui atteindrait le monde entier. M. Hughes ajoute que le Gouvernement américain est tout disposé à participer à une Conférence économique à laquelle prendraient part tous les Gouvernements alliés européens principalement intéressés aux Réparations, et dont le but serait « d'examiner les questions portant sur la capacité de l'Allemagne à payer les Réparations, ainsi qu'un plan financier approprié pour obtenir de tels paiements ».

Le mémorandum de M. Hughes assure que le Gouvernement américain n'a aucun désir de voir l'Allemagne libérée de sa responsabilité en ce qui touche la guerre ni de ses justes obligations, mais déclare qu'il faut tenir compte de sa capacité de paiement pour rendre le paiement des Réparations possible. A ses yeux, la Conférence projetée devrait avoir un caractère purement consultatif, et ses résultats ne devraient pas lier à l'avance les Gouvernements.

Le Secrétaire d'État américain relève toutefois dans la communication britannique précédente un passage qui exprimait l'idée que le problème européen est d'un intérêt direct et vital pour les États-Unis, ne serait-ce que pour la raison que la question des dettes interalliées est intimement liée à ce problème. M. Hughes déclare à ce propos que le Gouvernement américain « a constamment maintenu la différence essentielle existant entre la question de la capacité de paiement de l'Allemagne et des moyens pratiques d'obtenir le paiement des Réparations de l'Allemagne d'une part, et d'autre part celle du paiement par les Alliés de leurs dettes envers les États-Unis, qui constitue une obligation distincte ».

Il ajoute que le peuple américain n'est pas favorable à l'annulation des dettes des Alliés envers les États-Unis ou à la liquidation de ces dettes par la remise d'obligations des réparations allemandes. Tout en déclarant que le Gouvernement américain ne veut pas se montrer exigeant ni refuser de conclure des arrangements raisonnables avec ses débiteurs alliés, il souligne que les dettes des Alliés envers lui ne diminuent en rien la capacité de paiement de l'Allemagne, et que leur disparition n'augmenterait pas cette capacité. M. Hughes termine en exprimant l'opinion qu'on ne pourrait compter sur la coopération américaine à une telle enquête que si l'unanimité des Puissances européennes directement intéressées s'était faite au préalable sur son objet, mais que dans ce cas il ne verrait qu'avantage à ce qu'un citoyen américain compétent participe, sans toutefois engager ni représenter le Gouvernement des États-Unis, à l'enquête dont il est question.

Ainsi donc, une fois de plus, le Gouvernement américain marquait son désir de collaborer, indirectement tout au moins, à toute œuvre capable d'aboutir au règlement des difficultés européennes, mais il se refusait à envisager l'annulation ou la réduction de ses créances auxquelles ce règlement était subordonné. Bien plus, il niait la dépendance réciproque de la question des dettes interalliées et de la question des Réparations, en arguant du fait que cette dernière devait être exclusivement basée sur la capacité de paiement de l'Allemagne. Il ignorait ainsi volontairement les inéluctables nécessités financières des Alliés. Il poussait ceux-ci aux concessions, nécessaires certes, mais qu'ils ne pouvaient consentir sans se perdre qu'au prix de concessions parallèles des États-Unis, concessions que ces derniers continuaient à refuser.

Six jours après avoir reçu le mémorandum de M. Hughes, le 22 octobre 1923, le Cabinet britannique communique aux Gouvernements alliés intéressés l'offre de collaboration américaine à une conférence économique, en émettant l'espoir que ces Gouvernements envisageront avec la plus sérieuse attention les avantages à retirer de la coopération américaine dans les circonstances critiques du moment. Le Gouvernement anglais exprime le vœu de voir les Gouvernements intéressés s'unir à lui pour inviter le Gouvernement des États-Unis à prendre part, sans délai, à l'enquête suggérée par ce dernier. Il insiste particulièrement sur la « suprême importance qu'il y a dans l'esprit du Gouvernement britannique à ne pas laisser échapper cette occasion de reprendre ces amicales discussions dans l'utilité desquelles toutes les parties intéressées ont si souvent affirmé leur croyance. »

Le Gouvernement français répond, le 26 octobre 1923, à cette communication. Il se réfère au paragraphe 7 de l'annexe II à la Partie VIII du Traité de Versailles aux termes duquel la Commission des Réparations est autorisée entre autres à constituer des Comités dont les membres ne sont pas nécessairement ceux de la Commission, et à leur déléguer autorité et pleins pouvoirs. La Commission des Réparations peut donc, dans la limite de ses pouvoirs, désigner tels experts dont le concours lui paraîtrait nécessaire, afin d'obtenir les renseignements et précisions dont elle aurait besoin.

Bien entendu, semblable recours n'impliquerait aux yeux du Gouvernement français aucun abandon de ses pouvoirs de la part de la Commission des Réparations. Ces derniers seraient intégralement sauvegardés. Les renseignements, conseils et avis qui lui seraient donnés n'auraient d'autre objet que de l'éclairer, au même titre que ceux qu'elle reçoit de ses experts habituels, dont elle est absolument libre d'augmenter le nombre.

Le Cabinet français déclare d'autre part qu'il ne peut être question d'inviter l'Allemagne à faire partie de Comités d'experts; l'Allemagne peut évidemment être entendue par ces Comités et présenter tous

arguments et témoignages, ceux-ci n'étant d'ailleurs pas nécessai
rement allemands et pouvant être neutres et même alliés.

En aucun cas, les experts à désigner ne pourraient empiéter sur
les pouvoirs de la Commission des Réparations, tels qu'ils sont
fixés par l'article 234 du Traité. La Commission seule peut étendre
la période d'extinction de la dette allemande et modifier les modalités de paiement.

La note française rappelle également que la Commission des
Réparations n'est pas qualifiée pour apporter quelque changement
que ce soit au Traité, et qu'elle ne peut réduire la dette allemande
sans le consentement unanime des puissances créancières. Elle
affirme enfin que « la France n'acceptera pas que l'on revienne sur
le montant de la dette telle qu'elle a été fixée au 1er mai 1921, et qu'elle
ne donnera son consentement à aucune remise sur le montant des
obligations de l'Allemagne tel qu'il a été fixé par la Commission des
Réparations au 1er mai 1921 ».

Le 27 octobre, le Gouvernement belge fait savoir à Londres et à
Washington qu'il adhère à la réunion d'un Comité consultatif d'experts nommés par la Commission des Réparations et agissant dans
le cadre du Traité de Versailles.

Mais cette longue négociation n'aboutit pas.

La condition de la note française relative à l'interdiction pour les
experts de proposer des modifications au Traité ou une réduction
de la dette allemande, et limitant par conséquent leur mission à
la recherche de la capacité actuelle de paiement de l'Allemagne,
la fait échouer. Cette réserve empêche en effet Français et Britanniques de s'entendre sur le texte de l'invitation à adresser aux États-
Unis.

Aussi, le 9 novembre, le Gouvernement des États-Unis fait-il
connaître sa résolution de ne pas participer à une Conférence d'experts dont la mission serait limitée par les réserves formulées par le
Cabinet français.

Mais, de son côté, l'Allemagne n'était pas restée inactive.

Le 24 octobre, arguant de l'évolution qui s'est produite dans sa
situation économique depuis le début de l'année (occupation de la
Ruhr), elle demande à la Commission des Réparations de procéder,
conformément à l'article 234 du Traité, à une nouvelle étude de ses
ressources et de ses capacités, ainsi que de donner aux représentants
du Gouvernement allemand l'occasion d'exposer en détail l'état
actuel de ces ressources et de ces capacités, et de faire connaître
les mesures prises par le Gouvernement du Reich en vue d'assainir
le budget et de stabiliser la monnaie.

Par la même note, le Gouvernement allemand signale l'utilité qu'il y aurait à donner à ses représentants la possibilité de se prononcer sur les « Notes techniques » belges, dont la Commission des Réparations poursuit à ce moment l'étude.

Cette demande du Gouvernement allemand va servir de prétexte au Gouvernement français pour reprendre la question de la nomination d'experts, dont l'idée paraissait cependant être définitivement abandonnée. M. Barthou, délégué français à la Commission des Réparations, profite en effet de la demande d'audition du Gouvernement allemand, pour soulever à nouveau, au grand étonnement de tous, la question de l'expertise. Dans une communication faite à la Commission des Réparations le 13 novembre 1923, le délégué français se prononce en faveur de la demande du Gouvernement allemand de faire entendre ses délégués par la Commission des Réparations sur les questions qui ont fait l'objet de sa note du 24 octobre. Il demande que la Commission des Réparations fixe pour cette audition une date aussi rapprochée que possible.

Il propose ensuite de constituer, conformément au paragraphe 7 de l'Annexe II à la Partie VIII du Traité, un Comité d'experts des pays alliés et associés, en vue d'assurer l'application de l'article 234 du Traité qui oblige la Commission à étudier périodiquement les ressources et les capacités de l'Allemagne et lui donne les pouvoirs de modifier les modalités de paiement. « Ce Comité », aux termes de la communication de M. Barthou, « devrait être chargé d'évaluer la capacité de paiement de l'Allemagne au moment présent et de fournir à la Commission des Réparations les éléments de la décision par laquelle elle fixera les versements allemands pendant les t ois années 1924, 1925 et 1926. Les experts, qui prendraient l'État des Paiements pour base de leurs travaux, devraient faire porter leurs études sur l'évaluation des ressources de l'Allemagne, tant intérieures qu'extérieures, et en particulier sur les avoirs allemands à l'étranger. Il appartiendrait à la Commission des Réparations de déterminer d'une manière précise le programme du Comité des experts... »

Devant cette proposition française, inattendue après le récent échec de la longue négociation relative à la constitution d'un Comité d'experts, échec dû aux réserves françaises, le délégué britannique à la Commission des Réparations fait étalage du plus complet septicisme. Sir John Bradbury déclare éprouver des doutes très sérieux sur le point de savoir si, par suite de l'occupation de la Ruhr, le mécanisme des réparations est encore en état de fonctionner. Ces doutes l'inclineraient à persister dans l'attitude qu'il a prise depuis le mois de

janvier 1923, c'est-à-dire à laisser à ses collègues « l'entière responsabilité de faire face à la situation créée par l'action de certains
Gouvernements alliés en se basant sur des décisions de la Commission
prises à la majorité » et avec lesquelles il était en désaccord, et à
s'abstenir de prendre part à des travaux qui lui semblent devoir
être sans résultats pratiques. Toutefois, les dispositions de la
Partie VIII du Traité ayant encore, malgré tout, force de loi internationale, il estime ne pouvoir, sans avoir l'air de commettre un
déni de justice, refuser d'entendre des délégués du Gouvernement
allemand sur toutes les questions se rattachant à la capacité de
paiement de l'Allemagne. En conséquence, il appuiera de son vote
la partie de la proposition française qui est relative à l'audition des
représentants de l'Allemagne.

Mais, en ce qui concerne la seconde partie de cette proposition,
celle qui est relative à la constitution d'un Comité d'experts, Sir
John Bradbury se propose de suspendre son jugement jusqu'après
l'audition des délégués allemands. Il ne peut se retenir toutefois de
déclarer que « la prescription du délégué français lui paraît sortir
d'un monde où un certain philosophe a inventé des pilules destinées
à traiter les tremblements de terre ». Il ajoute qu'à son avis « si
elle veut essayer de remplir les devoirs que lui impose le Traité,
la Commission des Réparations doit étudier, sans crainte, ni partia-
lité, toutes les causes qui ont conduit à la situation désespérée où
se trouve l'Allemagne à l'heure actuelle et qu'elle doit, sans rien
redouter, appliquer (pour autant qu'elle le pourra), et (pour tout ce
qui se trouve hors de son pouvoir) recommander à ceux qui le peuvent
d'appliquer tous remèdes que ses recherches l'auront conduite à
considérer comme nécessaires ».

Les délégués italien et belge ayant adhéré à leur tour à la proposition française concernant l'audition des représentants du Gouvernement allemand, la Commission des Réparations, dans cette même
séance du 13 novembre, décide d'entendre ces derniers le plus rapidement possible, et, pour ce qui concerne la question de la constitution d'un Comité d'experts, elle s'accorde pour ne la discuter
qu'après cette audition.

Les représentants du Gouvernement allemand ayant été entendus
par la Commission des Réparations le 23 novembre, celle-ci décide
enfin le 30 du même mois, après de multiples pourparlers, la constitution de deux Comités d'experts, constitution qui est acceptée
finalement par M. Bradbury « non sans crainte, mais sans réserve ».

Les commissaires de l'Hôtel Astoria reconnaissent en même temps
combien la collaboration américaine serait précieuse en l'occurrence,

et soulignent l'autorité particulière qui serait conférée aux Comités d'experts si le Gouvernement des États-Unis consentait à y déléguer un ou plusieurs de ses nationaux.

Le 5 décembre 1923, M. Barthou, dans une lettre adressée à M. Logan, délégué officieux des États-Unis à la Commission des Réparations, précise le rôle technique des Comités d'experts dont la constitution vient d'être décidée par la Commission des Réparations et exprime l'espoir, en son nom et en celui du délégué belge, de voir ces précisions déterminer le Gouvernement des États-Unis à ne pas s'opposer à ce que des experts américains acceptent l'invitation qui leur a été adressée de participer aux travaux des Comités.

Le 12 décembre, M. Logan répond en rappelant le profond intérêt porté par le Gouvernement américain à la reconstitution économique de l'Europe et en confirmant que, si ce Gouvernement « n'est pas en mesure d'être représenté à ces Comités, il croit néanmoins que les enquêtes projetées auront une grande valeur et il envisage favorablement l'acceptation par des experts américains d'une invitation à participer aux travaux de ces Comités ».

Le 21 décembre 1923, la Commission des Réparations invite deux notabilités américaines, MM. Charles G. Dawes et O. D. Young, à participer aux travaux du premier Comité d'experts, le premier devant en être le Président.

Le 26 décembre, la Commission des Réparations décide :

a) D'inviter aux travaux du premier Comité :

Pour la Grande-Bretagne : Sir Robert Moleswort KINDERSLEY, G. B. E., président de la Lazard Bros. Ltd., directeur de la Banque d'Angleterre, gouverneur de la Hudson Bay Co, président de la National Savings Committee.

Sir Josiah STAMP, K. B. E., D. Sc., F. C. I. S., secrétaire des industries Nobel Ltd. et ex-secrétaire adjoint du Board of Inland Revenue.

Pour la France : M. PARMENTIER, ancien directeur du Mouvement général des Fonds au ministère des Finances, administrateur du Crédit Foncier de France.

M. ALIX, professeur à la Faculté de Droit de Paris.

Pour l'Italie : M. le Dr Alberto PIRELLI, industriel.

M. le professeur Federico FLORA, professeur de Sciences des Finances à l'Université de Bologne.

Pour la Belgique : M. le baron Maurice HOUTART, membre de la Chambre des Représentants, banquier.

M. Émile FRANCQUI, ministre d'État, vice-gouverneur de la Société générale de Belgique.

b) D'inviter à participer aux travaux du second Comité :

Pour les États-Unis : M. Henri M. Robinson. président de la First National Bank of Los Angelès, à Los Angelès.

Pour la Grande Bretagne : Rt. Hon. Reginal MacKenna, P. C., président de la Midland Bank, ex-chancelier de l'Échiquier.

Pour la France : M. Laurent Atthalin, directeur de la Banque de Paris et des Pays-Bas.

Pour la Belgique : M. Albert-Édouard Janssen, directeur de la Banque Nationale de Belgique.

Ces diverses personnalités acceptent toutes l'invitation qui leur est faite.

Le premier Comité commence ses travaux le 14, et le deuxième le 21 janvier 1924.

CHAPITRE II

LA MISSION DES EXPERTS

La véritable mission qui avait été confiée aux experts ne peut se comprendre complètement qu'en se rappelant quelle avait été l'évolution de la situation monétaire et financière de l'Allemagne durant les années d'après-guerre.

Depuis le début de la guerre, et sauf pendant une période de huit mois allant d'octobre 1917 à mai 1918, le mark allemand n'avait cessé de se déprécier. Au moment de l'armistice, il avait déjà perdu près de 40 % de sa valeur.

A partir de ce moment, la baisse de la monnaie allemande fut, à de rares exceptions près, ininterrompue. Pendant l'année 1919, le mark ne vaut plus en moyenne que le cinquième de sa valeur or. Pendant l'année 1920, il tombe en moyenne à 1/14. En 1921, il ne vaut plus en moyenne que 1/20 de mark-or. Pendant l'année 1922, la chute s'accélère terriblement. Alors que le 3 janvier 1922, le mark valait encore 1/45 de mark-or, il était tombé, le 30 décembre de la même année, à 1/1.700 de mark-or.

La chute continue du mark, dont l'origine première se trouve dans la couverture de la plus grande partie des dépenses de guerre par l'emprunt (1), fut précipitée jusqu'à l'avilissement complet par l'extraordinaire politique financière pratiquée par les différents Gouvernements allemands qui se succédèrent après la guerre. La politique générale d'inertie et de pis aller suivie par le Reich depuis l'armistice le conduisit à tirer ses principales, et finalement ses uniques ressources, de l'émission de papier-monnaie, par l'escompte de bons du Trésor à la Reichsbank. La circulation fiduciaire, qui était déjà de 50 milliards de marks au début de l'année 1920, alors qu'avant la guerre la circulation monétaire totale ne dépassait pas 6 milliards de marks, ne cessa pas d'être multipliée sans aucun ménagement. Au début de

---

(1) Les dépenses de guerre de l'Allemagne (190 milliards de marks-or) furent couvertes à raison de 13 % seulement par l'impôt, les 87 % restant ayant été demandés à l'emprunt (Voir première partie, chap. I : Les Dépenses de Guerre, et Appendice II : Le Financement de la Guerre).

l'année 1923, elle atteignit le chiffre fantastique de 2.000 milliards de marks.

Cependant la dépréciation continue du mark, qui se poursuivait parallèlement à l'augmentation de l'inflation, avait comme résultat immédiat, malgré l'augmentation sans cesse accélérée du volume des billets de banque mis en circulation, de diminuer de plus en plus la valeur or de la circulation totale, jusqu'à abaisser cette dernière à un niveau tellement bas que la vie économique du pays allait devenir impossible.

Cette situation ne pouvait aboutir qu'à la faillite. La résistance passive de la Ruhr devait lui porter le dernier coup. Cette résistance ne pouvait en effet être soutenue qu'au moyen d'un effort financier considérable, qui dépassait de beaucoup les capacités du Reich, déjà fort affaiblies. Le plan de la résistance passive ayant consisté en fait dans une consigne générale d'abstention systématique du travail, toute une population d'ouvriers et de fonctionnaires fut pendant neuf mois, de janvier à septembre 1923, entretenue gratuitement par le Gouvernement de Berlin. Les finances allemandes, déjà fortement ébranlées par plusieurs années d'une inflation désordonnée, ne pouvaient évidemment résister à un effort improductif de cette importance.

Dès le début de l'occupation de la Ruhr, la Reichsbank tenta bien une manœuvre audacieuse de stabilisation monétaire, afin d'aider le Gouvernement allemand à donner confiance à la population des territoires envahis et à galvaniser la résistance. Les résultats de cette tentative ne pouvaient être que momentanés. Malgré les interventions coûteuses de la Reichsbank sur le marché des changes, la stabilité artificielle du mark, qui, en dépit de la continuation des émissions de papier-monnaie, avait pu être obtenue et maintenue à 6.000 marks papier par mark-or environ, ne put être prolongée au delà du mois d'avril. Au mois de mai 1923, le mark ne valait déjà plus en moyenne que moins de 1/10.000 de sa valeur or. C'est dire que dès ce moment il avait perdu pratiquement toute valeur. Les billets de la Reichsbank, seule monnaie officielle, sont désormais impuissants à remplir le triple rôle d'une monnaie : celui d'étalon de valeur, de moyen de paiement et d'instrument d'épargne.

Aussi les devises étrangères de toute nature s'introduisent-elles constamment en Allemagne pour y remplacer les moyens de paiement qui, de plus en plus, font défaut, et y acquièrent-elles une vogue croissante. Les Allemands ont de plus en plus recours, aussi bien pour placer leurs économies que pour définir et même pour régler leurs transactions, aux monnaies des pays à change relativement stable, monnaies dont la présence en Allemagne augmente au fur et à mesure que le mark se déprécie.

Malgré cet emploi de plus en plus général en Allemagne des monnaies étrangères, la pénurie de pouvoir d'achat ne cesse de se faire sentir toujours davantage, amenant le Gouvernement allemand tout d'abord, les États et les communes urbaines ensuite, enfin les grands organismes industriels et agricoles, et même les particuliers, à créer, pour suppléer à la monnaie allemande défaillante et aux monnaies étrangères insuffisantes, de nouveaux moyens de paiement. Ceux-ci, libellés en or ou en marks-papier, naissent principalement à partir de l'été 1922, époque à laquelle il devient urgent de faire face, par des moyens nouveaux, aux besoins courants, besoins auxquels l'ancien mark, en voie d'effondrement, ne répondait déjà plus.

C'est ainsi qu'en 1923, on se trouvait en Allemagne en présence d'une circulation monétaire absolument hétéroclite comprenant — en dehors des monnaies étrangères les plus diverses : dollars, livres, florins, francs suisses, francs français, couronnes scandinaves, etc... — les anciens marks-papier, des coupures des Bons du Trésor-Dollars (*Dollarschatzanweisungen*), des Titres de l'Emprunt-or (*Wertbeständige Anleihe*), des Bons du Trésor 6 % (6 % *Schatzanweisungen*), et enfin toute une série disparate de monnaies de circonstance (*Notgeld*) libellées soit en or, soit en marks-papier.

Il était clair qu'aucune de ces monnaies n'offrait les caractères d'unité, de généralité et de stabilité indispensables au rétablissement définitif d'une situation monétaire normale.

La dépréciation du mark s'accélérant toujours davantage (elle atteignit fréquemment 50 % en une même journée) finit par le rendre radicalement impropre à tout usage. La monnaie allemande fut bientôt refusée en beaucoup d'endroits de l'Allemagne, même pour les plus petites transactions. Dans les régions où les devises étrangères ne circulaient pas en quantité suffisante, la vie économique du pays, dans ses manifestations les plus essentielles, menaçait d'en être complètement arrêtée. Dans plusieurs villes allemandes, ce fut l'émeute et le pillage. Le Gouvernement de Berlin était devenu en fait impuissant à financer, par des émissions d'un papier-monnaie qui ne valait plus rien, les dépenses de l'État comme la résistance de la Ruhr. C'est à ce moment, et sans doute pour cette cause, que cette résistance s'effondra. On a calculé qu'elle avait coûté au Reich, en dépenses directes seules, plus de 8 milliards de marks-or.

L'avilissement complet du mark avait rendu le peuple allemand mûr pour la dictature monétaire. La cessation des énormes dépenses nécessitées par la résistance passive allait permettre au Gouvernement allemand, dès la fin de cette dernière, d'entreprendre le prodigieux redressement monétaire et financier qui débuta en novembre 1923 par la création du Rentenmark et la stabilisation de l'ancien mark à raison de un trillon de marks pour un mark-or. Cette réforme, menée avec une habileté et une énergie remarquables, et favorisée par les circonstances, a été couronnée d'un plein succès, que l'accord des Alliés et des Allemands sur le plan Dawes semble bien avoir définitivement consolidé.

Les finances publiques de l'Allemagne s'étaient évidemment avariées de plus en plus au fur et à mesure que le mark se dépréciait. Les recettes normales du Reich, perçues dans une monnaie qui perdait une grande partie de sa valeur entre le moment de la perception et le moment du remploi, devenaient de plus en plus insuffisantes pour couvrir les dépenses, gonflées, elles, par les subventions de toute sorte que le Reich était forcé d'accorder aux victimes de la chute du mark. C'est ainsi que du 10 au 20 octobre 1923, les recettes d'impôts ne couvraient même plus la centième partie des dépenses. Pendant les vingt jours suivants, la proportion des dépenses couvertes par les impôts descendait à un millième. Le Reich vécut ainsi exclusivement pendant tout un temps par l'émission du papier-monnaie (1).

Ce procédé n'alla naturellement pas sans un bouleversement complet des classes sociales et de la distribution des fortunes au sein du peuple allemand.

Il est à peine besoin de signaler que la catastrophe monétaire profita avant tout au Reich lui-même, qui vit toutes ses dettes s'annuler automatiquement, et ensuite à la grande industrie, au haut négoce et aux banques, en un mot aux classes dirigeantes de la nation. Il est suffisamment connu que, si la débâcle monétaire de l'Allemagne a enrichi, et parfois considérablement, les classes possédantes du pays, ce ne put être qu'au détriment des classes moyennes, qui en sortirent quasi ruinées, et des fonctionnaires et ouvriers, dont les traitements et salaires restèrent constamment inférieurs en valeur réelle à ceux d'avant-guerre.

La chute du mark a donc entraîné en Allemagne, non pas une volatilisation de la richesse, mais une nouvelle répartition de cette dernière entre les différentes classes de la population, répartition qui a fortement avantagé les classes dirigeantes en appauvrissant

____

(1) Pour ne pas surcharger cet exposé, on reporte à l'appendice XX, à titre d'exemple, une brève notice sur la gestion financière de l'Allemagne pendant l'exercice 1er avril 1922-31 mars 1923, période budgétaire qui a précédé immédiatement l'occupation de la Ruhr.

les classes ouvrières et en réduisant pour ainsi dire à la ruine la petite
bourgeoisie.

L'avilissement du mark fut en somme, comme l'a dit le professeur
Alberti, l'un des plus grands cataclysmes redistributeur de richesses
que l'on ait jamais vu.

Si le processus de la dépréciation du mark et du délabrement
parallèle des finances publiques n'avait donc pas conduit, bien au
contraire, à un appauvrissement réel de l'ensemble de la nation
allemande, il avait eu néanmoins pour effet de compromettre de plus
en plus le financement des Réparations.

Les Gouvernements allemands successifs, contamment appuyés
par les délégués britanniques à la Commission des Réparations et
aux Conférences interalliées, ne pouvaient manquer d'exploiter cet
état de choses. C'est en se basant sur la chute du mark et sur la
précarité des finances allemandes qu'ils prétendirent expliquer et
excuser le non-paiement des Réparations et qu'ils sollicitèrent les
moratoires successifs dont on a parlé dans la troisième partie de cet
ouvrage.

C'est également en considération de la situation financière et
monétaire du Reich que la Commission des Réparations et les Gouvernements alliés jugèrent impossible d'exiger de l'Allemagne le
paiement de sommes, qui, dans leur opinion, ne pouvaient provenir
que d'un budget en excédent, alimenté par une monnaie stable.

C'est pourquoi la question des Réparations évolua peu à peu dans l'esprit des Alliés, suggestionnés par l'Allemagne et par l'Angleterre,
jusqu'à devenir entièrement conditionnée à leurs yeux par l'assainissement financier de l'Allemagne. On avait fini par admettre
unanimement comme une vérité indiscutable qu'il était vain d'espérer
de cette dernière des paiements importants tant que sa monnaie
ne serait pas stabilisée et son budget remis en équilibre.

C'est pourquoi la Commission des Réparations chargea les Comités
d'experts qu'elle nomma en décembre 1923 de rechercher les moyens
propres à rétablir la stabilité monétaire et l'équilibre budgétaire de
l'Allemagne et, accessoirement, les moyens à employer pour obtenir
le rapatriement en Allemagne des capitaux qui s'en étaient évadés
à la faveur de l'inflation et de la chute du mark.

La mission dévolue aux experts par la Commission des Réparations
était conçue dans les termes suivants :

En vue d'étudier, conformément aux dispositions de l'article 234 du Traité
de Versailles, les ressources ainsi que les capacités de l'Allemagne, et après
avoir donné aux représentants de ce pays l'équitable faculté de se faire

entendre, la Commission des Réparations décide de constituer deux Comités d'experts appartenant aux pays alliés et associés.

L'un serait chargé de rechercher les moyens d'équilibrer le budget et les mesures à prendre pour stabiliser la monnaie.

L'autre aurait à rechercher les moyens d'évaluer et de faire rentrer en Allemagne les capitaux évadés.

Comme on le voit, aucun avis n'était par ce texte demandé explicitement aux experts sur le recouvrement des Réparations. Les experts étaient consultés uniquement sur les moyens de rétablir les finances allemandes. La Commission des Réparations entendait sans doute se charger du reste.

Mais les finances allemandes et les Réparations étaient liées de façon trop étroite pour permettre aux experts de négliger cette dernière question. En effet, les finances allemandes n'intéressaient les Alliés que dans la mesure où elles affectaient les Réparations, et ce n'est qu'en vue d'atteindre ces dernières qu'ils recherchaient la restauration financière de l'Allemagne. Les experts le comprirent fort bien, et c'est en somme la question des Réparations qui fut l'objet principal de leurs travaux.

Il est clair en effet qu'on doit retrouver la question des Réparations à l'origine de toute recherche relative à la stabilité de la monnaie allemande. Le change n'est, comme on le sait, que la traduction numérique de l'état des comptes d'un pays avec l'étranger. La baisse d'une monnaie résulte, en l'absence de toute autre influence (1), du déficit de la balance des comptes, déficit qui, dans le cas de l'Allemagne, provenait de l'exportation continuelle à l'étranger des capitaux allemands déjà constitués et des revenus allemands au fur et à mesure qu'ils se constituaient. Cette exportation des capitaux, dont tous les pays d'Europe, et même l'Angleterre, ont offert le spectacle depuis la fin de la guerre, avait pris en Allemagne, où elle avait été grandement stimulée par la chute continuelle du mark et l'impossibilité consécutive d'épargner dans cette monnaie, des proportions énormes. Les causes principales en étaient évidemment à l'origine la perte de confiance des Allemands eux-mêmes dans les destinées financières de leur propre pays, et leur désir de soustraire leurs fortunes et leurs profits à la confiscation partielle ou totale, directe ou détournée, dont ils se sentaient menacés. Ces deux états d'âme, perte de confiance et souci de sécurité, qui se conditionnent l'un l'au-

---

(1) On doit s'abstenir ici de toute discussion théorique sur la question fort controversée du change : théorie quantitative de la monnaie, théorie de la partie des pouvoirs d'achat, règle du Gold exchange standard, règle de la couverture métallique, etc.

tre et que l'on retrouve à l'origine du problème monétaire, étaient
dus, dans une très large mesure, à la perte de la guerre et à l'existence des Réparations : indétermination de la dette dont l'Allemagne
serait chargée — grandeur déraisonnable de cette dette lorsqu'elle
fut nominalement fixée — refus du principe des Réparations par la
nation allemande, mal conseillée à cet égard par ses Gouvernements
successifs.

Si donc l'on était arrivé, après quatre ans de difficultés, à la conception que le paiement des Réparations était conditionné par les finances
allemandes, on était aussi amené à se rendre compte que l'assainissement de ces finances exigeait un règlement, librement accepté
par l'Allemagne, de la question des Réparations.

La leçon qu'on en devait évidemment tirer est qu'il était impossible de doter l'Allemagne d'une monnaie stable et de finances saines
sans régler en même temps les Réparations : Réparations et assainissement financier devaient aller de pair et être poursuivis simultanément.

Mais, on l'a souligné à maintes reprises, la question des Réparations
n'est elle-même qu'un des éléments du problème général de la liquidation financière de la guerre. Aucune solution définitive du problème des Réparations qui, s'il est le plus actuel et le plus voyant,
n'est peut-être pas le plus important, ne saurait être obtenue sans
un règlement général de tous les engagements internationaux nés de
la guerre. Un règlement des Réparations, sans un règlement financier
général, ne saurait être complet ni définitif. On pourra se faire pendant un certain temps des illusions à cet égard. Mais on finira par
voir qu'on n'a fait que parer au plus pressé, qu'on n'a construit
qu'une œuvre incomplète et précaire, et que l'ère des grands embarras
est loin d'être close.

Or, s'il résultait des déclarations des principaux Gouvernements
intéressés aux Réparations (1) qu'un règlement général était possible
si les États-Unis consentaient à l'annulation de leurs créances sur
les pays européens, le Gouvernement américain n'avait accepté de
participer — officieusement — à l'expertise qu'à condition que la
question des dettes de guerre fut exclue du débat.

La difficulté de la tâche des experts était par conséquent considérable. Ils étaient obligés, pour rétablir la situation financière de l'Allemagne, de régler les réparations. Un règlement de ces dernières
était subordonné à un règlement général des dettes interalliées. Mais
les experts, par la volonté des États-Unis, ne pouvaient s'occuper

----

(1) Voir troisième partie, chapitre XIII : Après cinq ans.

de ces dettes. Le problème paraissait donc sans solution. On verra plus loin comment les experts l'ont cependant résolu, ou tout au moins ont réussi à établir les formules susceptibles de donner l'illusion d'une solution définitive.

Ainsi qu'on vient de l'exposer, les deux questions posées par la Commission des Réparations au premier Comité d'experts (1) en impliquaient en réalité plusieurs autres. Le programme réel des travaux des experts, tel qu'il était dissimulé sous le texte de la mission dont ils avaient été chargés, pouvait en somme se résumer comme suit :

1º Indiquer par quels moyens et à quelles conditions une monnaie stable peut être introduite en Allemagne;

2º Indiquer comment, sur la base de cette monnaie stable, peut s'établir le budget allemand, et quel sera l'excédent qu'il peut présenter;

3º Indiquer les recettes, dont le montant correspondrait à cet excédent, qui peuvent être détachées du budget allemand, sans en compromettre par conséquent l'équilibre, pour être affectées aux Réparations;

4º Indiquer les autres sources de revenus qui pourraient servir à assurer le complément de l'annuité Réparations.

C'est ce programme qui, à travers le développement sinueux des travaux, des discussions et des controverses qui durèrent trois longs mois, fut en réalité le fil conducteur suivi instinctivement par les personnalités éminentes qui composaient le premier Comité d'experts.

Les deux questions qui leur étaient posées explicitement, celle de la stabilité de la monnaie et celle de l'équilibre du budget, étaient elles-mêmes intimement liées l'une à l'autre. Dans le discours prononcé par M. Dawes à l'inauguration des travaux du premier Comité d'experts, le président de ce Comité concluait par une image frappante qu'il fallait commencer par établir le système destiné à stabiliser la monnaie allemande, de manière à trouver l'eau pour alimenter le moulin du budget, et qu'il ne fallait construire le moulin, c'est-à-dire le budget, que lorsqu'on aurait trouvé l'eau nécessaire pour faire tourner ses roues. C'est, en un sens, exact. Mais il est nécessaire d'observer que, même alimenté par une monnaie stable, un budget en déséquilibre chronique rend inévitable, après l'épuisement des ressources d'emprunt, le recours à l'inflation fiduciaire. Cette dernière conduit fatalement à son tour à la dépréciation de

---

(1) On ne s'occupera pas, dans cet ouvrage, de l'activité du second Comité d'experts, qui fut et ne pouvait être, en raison de la nature même de la question qui lui était posée, que purement académique.

la monnaie. Réciproquement, d'ailleurs, si un budget est en équilibre, cet équilibre ne peut être maintenu lorsque la monnaie se déprécie, par suite de l'augmentation des dépenses, et surtout de la réduction des recettes, qui en résulte. La stabilisation monétaire et l'équilibre budgétaire ne sauraient être dissociés, et doivent être poursuivis simultanément.

Néanmoins, l'exemple récent de l'Autriche avait montré que si l'équilibre du budget ne peut être réalisé qu'avec une monnaie définitivement stabilisée, il y avait moyen de stabiliser cette monnaie avant d'être arrivé à l'équilibre du budget, pourvu qu'on ait la conviction que cet équilibre sera obtenu.

Il en résultait en somme que la première chose à faire dans le cas de l'Allemagne, comme le général Dawes l'avait dit, était soit de stabiliser la monnaie, soit d'introduire une nouvelle monnaie stable.

Pour qu'une telle opération pût réussir, il était nécessaire et suffisant que les Allemands eussent dorénavant la certitude que cette monnaie ne baisserait plus et qu'ils pourraient s'en servir avec sécurité pour travailler et épargner. Cette certitude était évidemment subordonnée à une autre conviction, celle que l'équilibre du budget serait obtenu à bref délai et maintenu définitivement.

L'assainissement des finances publiques, qui, en Autriche et en Hongrie, avait été obtenu par l'intervention quasi-souveraine d'autorités étrangères, pouvait difficilement être envisagé au moyen d'un traitement analogue pour la grande et vigoureuse nation allemande. On ne pouvait en somme attendre l'assainissement des finances allemandes que des seuls efforts et de la seule volonté des Gouvernements que le peuple allemand se donnerait. Il était donc absolument nécessaire de collaborer avec l'Allemagne, et de s'assurer que les mesures qui seraient préconisées par les Alliés seraient sincèrement approuvées et loyalement appliquées par le Gouvernement allemand. C'est ce que les experts comprirent parfaitement. Mais c'est ce qui donne à plusieurs parties de leur rapport ce caractère obscur, ambigu, voire contradictoire, qu'on leur a souvent reproché, et qui ne provient que de la nécessité dans laquelle les experts se sont trouvés de concilier, non seulement leurs vues respectives qui à l'origine étaient fort divergentes, mais encore leurs desiderata avec les résistances du Gouvernement allemand, partenaire sans l'accord duquel on ne pouvait rien faire d'utile.

Pour le surplus, les circonstances, plus encore que les prescriptions des experts, pressèrent le Gouvernement allemand, qui n'attendit pas, pour entamer son sauvetage, le résultat, ni même le commencement, des travaux de ces derniers. Du jour où le mark était pratiquement tombé à zéro et où les dépenses de la résistance passive avaient cessé avec cette dernière, il fallait agir : le moment était venu de consacrer la faillite, de tourner la page et de repartir de l'avant. La réforme financière de l'Allemagne, inaugurée le 15 novembre 1923 par la création du Rentenmark, fut poursuivie par le Gouvernement allemand avec la dernière rigueur et une extrême habileté. Encore que la stabilité du Rentenmark ne constitue pas un critérium absolu, étant donné que cette monnaie n'a pas fait l'objet de véritables.transactions internationales et que les monnaies étrangères ont continué à circuler en Allemagne, on doit constater que cette monnaie nouvelle n'a pratiquement pas varié de valeur depuis son introduction. En tout cas, les finances du Reich se rétablirent rapidement : dès les premiers mois de l'année 1924, l'Administration présentait des bonis importants qui se sont poursuivis jusqu'aujourd'hui.

Si l'Allemagne n'avait pas attendu le rapport des experts pour entamer son propre assainissement, elle souscrivit néanmoins aux conclusions de l'expertise. Le Gouvernement allemand avait compris en effet que ses efforts propres devaient être soutenus et que les résultats obtenus devaient être étayés, et que la situation favorable qu'il avait pu créer par ses propres moyens ne présentait pas par elle-même les éléments de durabilité qu'une entente définitive avec les pays alliés sur la question des Réparations allait pouvoir lui donner. Le règlement des Réparations, l'assurance que l'économie allemande ne pourrait désormais plus être bouleversée de ce chef, était indispensable à la consolidation de la réforme financière de l'Allemagne.

Si la collaboration de l'Allemagne à un plan de Réparations était nécessaire aux Alliés, l'établissement d'un tel plan était donc également indispensable à l'assainissement financier définitif du Reich.

Les Alliés et les Allemands avaient enfin un intérêt commun : le besoin d'un accord entre eux. C'est ce qui permit aux experts d'aboutir. malgré les innombrables difficultés dont on avait, comme à plaisir, compliqué leur tâche. Faute d'entente, on serait retombé dans un chaos qui n'aurait profité à personne.

C'est ce qu'il ne faut pas oublier lorsqu'on critique le plan Dawes et qu'on en souligne les omissions et les imperfections. Certes, il aurait pu être meilleur. Mais, tel qu'il est, il a réussi à sauver l'Allemagne, à garantir quelques Réparations aux Alliés, à ramener un peu de confiance dans le monde civilisé, et à rapprocher d'une Europe en voie d'apaisement une Amérique enfin prête à l'aider de l'excès de son or.

Si les experts n'avaient pu se mettre d'accord entre eux, et avec l'Allemagne, l'incertitude et le désordre n'eussent fait que croître, la solvabilité de l'Allemagne n'eût pas été rétablie, l'Amérique fût restée à l'écart, et tout espoir de toucher des réparations eût été perdu pour les Alliés. Si le plan Dawes ne donne pas à ceux-ci tout ce à quoi ils avaient droit, il leur donne néanmoins quelque chose. Sans lui, ils n'eussent sans doute rien obtenu du tout.

CHAPITRE III

LES IDÉES DE M. FRANCQUI

Avant d'examiner le système des experts, tel qu'il sortit finalement des laborieuses études qui se poursuivront sans interruption à Paris et à Berlin pendant trois mois, il n'est pas sans intérêt de jeter quelque lumière sur les phases principales de son élaboration.

Les travaux des experts furent entourés du plus grand secret, et il est impossible, aussi bien qu'il serait inutile, d'en suivre la marche pas à pas. Mais deux hommes exercèrent sur ces travaux une influence majeure, par l'abondance et la vigueur de leurs idées, par la justesse et la force de leurs opinions, par l'habileté de leur argumentation et par leur talent de négociateurs, enfin par l'inlassable énergie qu'ils mirent l'un et l'autre à tenter de faire prévaloir leurs vues. Certes, tous les experts apportèrent dans les discussions, en même temps que l'ardent désir de s'entendre et d'aboutir, le trésor précieux de leur travail, de leur intelligence et de leur expérience des affaires. Mais M. Francqui, en prenant, avec toutes les ressources d'une puissante imagination créatrice, l'initiative de tous les projets qui furent ensuite débattus, et, après des modifications plus ou moins profondes, acceptés, et M. Stamp, qui alliait un esprit merveilleusement critique et ingénieux à une connaissance approfondie de la plupart des questions discutées, furent les grands protagonistes dont devait dépendre finalement le succès de la pièce.

Dès le début de ses travaux, le premier Comité s'était divisé en deux sous-comités, dont l'un, composé de MM. Dawes, Kindersley, Parmentier, Flora et Francqui, se consacrait à l'étude de la stabilité de la monnaie allemande, et dont l'autre, qui comprenait MM. Stamp, Alix, Pirelli, Young et Houtart, devait s'occuper plus spécialement du budget du Reich. Ces deux sous-comités travaillèrent d'ailleurs constamment en liaison intime. Ils se confondirent maintes fois, lorsque leurs terrains d'études respectifs eurent été déblayés, pour reconstituer le Comité plénier à qui il appartenait de coordonner les travaux et de prendre les décisions finales.

En rendant compte dans les pages suivantes de l'activité de

M. Francqui et de celle de M. Stamp, on donnera par le fait même
une idée de ce que fut la marche des travaux des experts.

La conception générale.

Le jour même où les experts devaient se réunir pour la première
fois, le 14 janvier 1924, leur président, M. Dawes, déclarant à
M. Francqui qu'il comptait intervenir le moins possible dans les
affaires d'Europe, et uniquement s'il était nécessaire de concilier
des intérêts opposés, avait demandé à l'expert belge de lui communiquer ses vues. M. Francqui lui avait alors exposé dans les grandes
lignes l'idée qu'il se faisait du problème à résoudre.

M. Dawes s'était déclaré enchanté de ces idées, toutes générales
qu'elles fussent encore à ce moment, et à peine avait-il pris le fauteuil
de la présidence qu'il avait prié M. Francqui d'en faire l'exposé à
tous ses collègues.

Sauf quelques réserves britanniques, l'accueil du Comité à cet
exposé avait été très sympathique, et les experts, après un échange
de vues, avaient marqué leur accord de principe sur la conception
d'ensemble de l'expert belge.

Aussi ce dernier s'attacha-t-il à les préciser dans les jours qui suivirent.

Il s'était vite rendu compte que le but principal du Gouvernement
britannique, but dont les experts anglais ne pouvaient pas ne pas
se pénétrer davantage chaque jour, était d'obtenir l'évacuation de
la Ruhr, en cédant au besoin de Réparations des Français et des Belges tout ce qui serait indispensable à cet effet, mais rien de plus que
ce qui serait strictement indispensable. La stratégie de M. Francqui
était ainsi orientée : vis-à-vis des experts anglais, pour obtenir leur
adhésion à ses projets, il fallait se montrer modéré dans les exigences
vis-à-vis de l'Allemagne, mais il fallait d'autre part souligner sans
cesse et avec fermeté que l'évacuation de la Ruhr était subordonnée
à l'acceptation unanime d'un arrangement final satisfaisant, et spécialement à la solidité des garanties que cet arrangement donnerait
à la France et à la Belgique pour les Réparations.

L'idée de l'expert belge était en somme celle que l'on avait eu
le grand tort de ne pas mettre en pratique lors de l'abandon de la
résistance passive : négocier la libération de la Ruhr contre des avantages sérieux et solides pour les Belges et pour les Français.

Pendant que le premier sous-comité étudiait la question de la
stabilisation de la monnaie allemande et la création d'une nouvelle

banque d'émission, et que le second Comité s'occupait d'une façon approfondie des finances publiques du Reich et des États allemands, M. Francqui, tout en collaborant activement à ces travaux, préparait ses collègues, dans des conversations particulières, à entendre le programme d'ensemble qu'il avait progressivement conçu. C'est au cours d'une séance plénière tenue par les experts à Berlin le 6 février 1924 que l'expert belge exposa dans toute son ampleur le programme dont il avait esquissé les grandes lignes dès la première séance du Comité.

Dans cet exposé, qui ne rencontra pas de contradictions à ce moment, mais qui fut écouté par les experts britanniques avec quelque froideur, M. Francqui accordait tout d'abord qu'il était indispensable de rétablir la vie économique de l'Allemagne dans toute son intégralité. C'était dire que les Gouvernements français et belge devraient renoncer à l'exploitation économique de la Ruhr. Mais cet abandon devait être lié à la distribution aux Puissances créancières de versements raisonnables. L'expert belge montrait que l'assainissement des finances allemandes et le rétablissement de la vie économique de l'Allemagne ne sauraient être durables si l'on n'assurait en même temps l'assainissement financier et le relèvement économique des pays voisins, assainissement et relèvement qui ne pouvaient être espérés si les Réparations restaient impayées.

Ayant solidement posé ces principes, qu'il était d'ailleurs bien difficile de contester, M. Francqui démontrait, en analysant les finances publiques du Reich, que le budget allemand pourrait présenter à bref délai un excédent, modeste d'abord, mais qui ne pourrait manquer d'aller en s'accroissant et d'atteindre assez rapidement une importance considérable. L'expert belge rappelait que Sir Josiah Stamp concluait dans un récent et remarquable rapport « qu'il ne serait pas déraisonnable de supposer qu'au cours d'une année normale l'Allemagne sera en état de se procurer 11 milliards au total, dont 6,5 seraient nécessaires pour les frais d'administration du Reich, des États et des communes. Elle disposerait ainsi d'un excédent de 4,5 milliards pour faire face aux obligations que lui impose le Traité de Paix ».

Mais prévoir qu'une partie des recettes publiques serait versée à la Caisse des Réparations revenait à organiser le contrôle du budget allemand par un censeur représentant les Alliés. Après avoir montré les difficultés considérables et l'efficacité douteuse d'un tel contrôle sur les finances publiques d'un peuple de plus de 60 millions d'habitants, l'expert belge était amené à préconiser une autre méthode. Cette méthode devait consister en un régime qui, tout en maintenant

dans son intégralité la souveraineté de la nation allemande sur ses
propres destinées et sur sa propre organisation sociale, pût permettre
aux Alliés, non seulement de recevoir enfin la légitime Réparation
de leurs dommages, mais encore d'empêcher l'Allemagne de faire
une concurrence ruineuse aux industries des autres pays.

M. Francqui considérait à cet effet que le système le plus pratique
consisterait à soustraire au budget allemand, au profit des Réparations, certaines recettes facilement contrôlables et dont, par conséquent, la perception pouvait être à la fois aisée et sûre. Ces recettes
étaient celles des chemins de fer et des différents impôts de consommation déjà étudiés par les « Notes techniques » belges, études que
le Gouvernement allemand, l'expert belge le rappelait, avait favorablement accueillies.

A ces ressources affectées aux réparations, M. Francqui proposait
d'ajouter les recettes d'un organisme dont la constitution aurait
pour objet d'amener les industriels allemands à restituer à la commu-
nauté allemande, pour être affectée aux réparations, une partie des
bénéfices considérables réalisés par eux depuis le début de la guerre,
tant par leur activité anormale qui, durant la guerre, avait été
considérable, que par suite de l'annulation de toutes leurs dettes
hypothécaires, obligataires et privées résultant de l'anéantissement
du mark.

Passant à la mise en pratique de ces idées, l'expert belge suggérait
la constitution de monopoles pour les impôts de consommation qui
seraient affectés aux Réparations, et l'exploitation de chacun de ces
monopoles par une société particulière conçue dans le même esprit
et constituée sur le même type que le banque d'émission dont les
experts discutaient l'organisation à ce moment. Une société constituée
d'une façon analogue assumerait l'exploitation du réseau ferré allemand.

L'expert belge s'étendait tout d'abord sur la façon dont cette dernière société pourrait être organisée. Il prévoyait notamment la
création d'un censeur qui aurait comme fonctions spéciales de veiller
à ce que les tarifs soient intégralement appliqués, de façon à rendre
le dumping impossible et à donner l'assurance que le bénéfice de
l'exploitation rentre intégralement dans les caisses de la Compagnie.

Il rappelait fort à propos à cet égard la communication qu'avait
adressée, le 26 mai 1923, la *Reichsverband der Deutschen Industrie*
au chancelier du Reich, dans laquelle cette Fédération déclarait
qu'il serait possible d'obtenir d'une exploitation régénérée suivant les
méthodes de l'industrie privée un revenu annuel d'environ 600 millions de marks-or dans un avenir assez rapproché, et, dans des

conditions économiques favorables, un revenu annuel d'un milliard de marks-or et même davantage.

La contribution de la Société des chemins de fer aux Réparations devait être assurée par l'émission d'obligations hypothécaires qui seraient remises aux Alliés et dont ceux-ci toucheraient l'intérêt et l'amortissement.

En ce qui concerne les monopoles ou régies à constituer pour les denrées de consommation, l'expert belge envisageait un système analogue. Il rappelait que dans les observations déposées par le Gouvernement allemand au mois de novembre 1923 au sujet des « Notes techniques » belges, on lisait notamment qu' « il y a une chose bien acquise et au sujet de laquelle le mémorandum belge et le présent mémoire concordent, à savoir qu'au point de vue des créanciers des Réparations, le grèvement de la consommation constitue une garantie bien solide et permanente de l'effectuation des prestations de répa ration, et qu'au point de vue de l'Allemagne, ledit grèvement constitue, dans le cadre d'un budget assaini, un moyen approprié pour assurer le financement desdites prestations de réparation ».

M. Francqui ne manquait pas de citer la déclaration faite à la fin de ce mémoire par le Gouvernement allemand, aux termes de laquelle « les propositions contenues dans l'étude belge constituent une base appropriée pour des négociations à engager relativement à la solution du problème des Réparations ».

Passant à la question de la contribution à imposer aux industries allemandes, l'expert belge envisageait la constitution d'une société qui recevrait hypothèque sur tous les biens des industriels, commerçants, banquiers, agriculteurs, etc..., pour un montant égal à un pourcentage très important, 80 % par exemple, des bénéfices anormaux injustement réalisés par la liquidation automatique de leurs dettes et autres charges. Cette société, conçue sur un type analogue à celui des sociétés dont il vient d'être question, émettrait en faveur des Réparations des obligations gagées par ces hypothèques, obligations qui seraient de plus avalisées par chacun des industriels pour un montant proportionnel à l'hypothèque dont il serait frappé. M. Francqui envisageait d'ailleurs la possibilité de réserver au Gouvernement allemand, de même que pour les régies et monopoles, une participation aux bénéfices de la Société hypothécaire. Par contre, le Gouvernement allemand devrait garantir le paiement régulier de l'intérêt des créances hypothécaires qui seraient ainsi créées.

Après avoir exposé ce système, M. Francqui faisait ressortir combien le principe sur lequel il reposait était équitable et susceptible de recevoir l'adhésion de toutes les nations du monde et même de

APPENDICE V

Les Demandes de Réparations des États sinistrés

(Arrêtées à la date du 12 février 1921.)

	FRANCE	EMPIRE BRITANNIQUE	ITALIE	BELGIQUE	JAPON	ÉTAT SERBE-CROATE-SLOVÈNE	ROUMANIE	PORTUGAL	GRÈCE	BRÉSIL	TCHÉCO-SLOVAQUIE	MAN...	BOLIVIE	PÉROU	HAITI	CUBA	LIBERIA	POLOGNE	COMMISSION EUROPÉENNE DU DANUBE
	francs français — Valeur de reconstitution	livre sterling —	lires — Valeur de reconstitution	francs belges — Valeur de reconstitution	yen —	dinars (valeur 1914) —	francs-or —	couronne —	drachme —	livre sterling —	marks-or (estimation valeur 1914)	—	livre sterling —	—	dollars —	—	— dollars	francs-or —	francs-or —
DOMMAGES AUX BIENS																			
Dommages industriels	36.892.521.479		1.545.195.000	N. 16.586.125		1.931.260.000					Par la guerre: 6.991.299.096 francs	150.000 francs (valeur 1921)						12.094.438.780 francs-or	1.834.800 francs-or
Dommages à la propriété bâtie	36.892.500.000		5.810.729.000			512.000.000					8.614.947.990 couronnes (tchéco-slov.)							500.000.000 marks-or	
Dommages mobiliers	25.119.500.000		5.101.145.000			802.576.000				1.022.193									
Dommages à la propriété non bâtie	21.674.516.125	7.936.435	5.995.803.500	21.837.752.974	850.000	3.727.510.000		1.774.992	1.983.192.552	699.406 francs		12.000			152.592 francs	985.135	1.545.435		
Dommages aux biens de l'État	1.954.217.199						9.734.013.287				Par invasion bolchevick: 514.201.907 francs	8.061.420							
Dommages aux travaux publics	2.589.209.429		1.484.615.000			506.165.000													
Dommages autres	2.789.865.000										1.444.108.946 couronnes (tchéco-slov.)								
...es maritimes	5.009.818.722	763.000.000	129.000.000 liv. sterling (environ)	145.309.250	297.591.000	112.500.000		372.997	675.075.000	990.974			56.236 liv. sterling				116.040		
...e fluviale		4.600.000							5.782.000										
Fédéral :																			
...et colonies	10.710.000																		
...sugar	2.094.825.000	24.940.059																	
à 5 % sur le principal (33 milliards en chiffres ronds le 11 novembre 1918 et le 1er mai 1921, soit 30 mois ...fres ronds)	4.125.000.000																		
DOMMAGES AUX PERSONNES																			
Pensions militaires et compensation de même nature (Par. 3, Ann. 1.)	60.045.695.000	1.796.000.000	25.001.000.000 francs	1.657.385.512 francs franç.	70.295.000	13.211.251.715 francs	9.296.663.976	12.199	697.741.434	16.050		124.918	4.000		104.000 francs	546.000	115.000		
Allocations aux familles des mobilisés. (Par. 7, Ann. 1.)	12.520.976.824	1.507.052.000 francs	6.845.190.395 francs	757.940.454 francs franç.	450.061.000	879.068.670 francs	510.705.845	1.150	497.607.762			935.452			20.000 dollars				
Par. 1, 2, 3, 4, 6, 9, 10, Ann. 1); sions accordées aux victimes civiles de la guerre et ... ayants droit (Par. 1)	514.465.000					3.761.814.090 francs												148.481 lei	
...les traitements infligés aux civils et aux prisonniers ...erre (Par. 2, 3, 4)	1.865.200.000	36.090.340		496.131.000	9.875.000	944.850.000 francs						82.632			100.000 francs			9.318.870.960 francs-or	15.046 fr. français
...tance fournie aux prisonniers de guerre et à leur ...s (Par. 6)	576.906.900		18.152.259.000	350.022.632		268.091.785 francs	11.867.019.978	120.541	1.266.000.000						60.000 dollars		2.500.707		
...mance de salaire (Par. 8)	225.125.213			144.000.000		200.000.000 francs				775									
...tions de l'Allemagne au détriment des populations ...(Par. 10)	1.267.615.900			5.305.501.592		475.000.000 dinars													
TOTAUX GÉNÉRAUX	218.543.596.120 francs — 7.967.832.096 francs — 124.000.000 livres	2.542.392.313 liv. sterling	53.066.836.000 lires — 37.926.520.393 francs	24.154.645.800 francs belges — 2.275.215.986 francs français	831.771.000 yens	8.486.091.080 dinars (valeur 1914) — 10.119.740.112 francs	31.899.100.103 francs-or	1.515.281 contos	5.092.780.770 francs-or	586.196 francs — 1.444.147.903 liv. sterling — couronnes	5.052.856 marks-or (estim. 1914) — 1.24.000 francs	16.000 liv. sterling		8.973.147.903 liv. sterling	38.000 dollars — 762.592 francs	985.135 doll. re	3.975.142 doll. re	21.913.269.740 francs-or — 500.000.000 marks-or	1.934.800 francs-or — 15.046 fr. français — 148.481 lei

la grande masse du peuple allemand. Il soulignait qu'on assurerait enfin de cette façon aux victimes de la guerre les Réparations qu'elles attendent encore, et qu'on restaurerait, en même temps que la vie économique et le crédit des nations alliées, la vie économique et le crédit de l'Allemagne, et cela en frappant en Allemagne les classes que la guerre avait anormalement enrichies et celles que les circonstances avaient spécialement favorisées, et en épargnant les classes pauvres qui jusqu'ici avaient eu à supporter proportionnellement les charges les plus lourdes. L'expert belge indiquait enfin qu'en mettant en pratique un mécanisme du genre de celui qu'il proposait on prenait en quelque sorte une assurance contre le dumping allemand.

Ayant ainsi établi les grandes lignes du système des Réparations qu'il concevait, M. Francqui entrait dans quelques détails quant à leur mise en application.

En ce qui concerne les régies et monopoles, il prévoyait que les durées des concessions seraient fixées à trente-sept ans, que chaque régie donnerait lieu à la création d'obligations pour un montant forfaitaire qui serait calculé en capitalisant à un taux d'intérêt raisonnable le montant minimum des bénéfices que, dans la réponse aux « Notes techniques » belges, le Gouvernement allemand avait reconnu pouvoir être obtenu de chacune de ces régies. Diverses dispositions étaient envisagées quant à la prolongation des concessions si les obligations n'étaient pas entièrement amorties dans le délai de trente-sept ans, et la possibilité d'autre part pour le Gouvernement allemand de mettre fin à tout moment, à partir de la dixième année par exemple, à l'une quelconque des concessions, moyennant le remboursement intégral du montant des obligations, augmenté d'une certaine indemnité à déterminer.

En ce qui concerne le fonctionnement même du mécanisme, l'expert belge prévoyait la création d'un Trustee-Caissier qui serait chargé du mouvement des espèces de toutes les régies, et d'un Trustee-Comptable qui s'occuperait du mouvement des obligations.

Le Trustee-Caissier recevrait à son compte à la nouvelle banque, au nom de chacune des sociétés concessionnaires, les bénéfices nets de ces sociétés, y compris la part éventuelle du Gouvernement allemand. Il comptabiliserait la fraction du produit de chacun des monopoles qui devrait revenir au Gouvernement allemand. Il comblerait d'abord les manquants éventuels de l'une ou l'autre des régies par l'excédent éventuel de telle ou telle autre, de façon à assurer en tout premier lieu le versement de la somme nécessaire au Trustee-Comptable pour le service des obligations de toutes les régies. Il s'entendrait avec la Banque pour la conversion de ces sommes en devises étrangères, devises qui seraient remises au Trustee-Comptable pour permettre à ce dernier d'effectuer le paiement de l'intérêt et de l'amortissement des obligations.

Le Trustee-Comptable ne serait autorisé à émettre dans le public, pour chacune des régies, qu'un montant nominal d'obligations tel que l'annuité nécessaire à son service ne soit pas supérieure aux deux tiers du revenu correspondant obtenu durant les deux trimestres précédents. De cette façon, le porteur d'obligations recevrait l'assurance que le service des obligations qu'il souscrirait serait garanti d'une façon absolue.

Le Trustee-Comptable serait chargé :

1º D'assurer le placement des obligations sur les différents marchés financiers, avec le concours d'un Comité dont les membres seraient désignés par les Gouvernements alliés;

2º D'assurer le service de ces obligations au moyen des ressources qui lui seraient fournies, en devises appropriées, par le Trustee-Caissier;

3º De verser à la Commission des Réparations le produit des émissions d'obligations qui auraient été faites, produit que la Commission répartirait entre les Puissances alliées;

4º De remettre à la Commission des Réparations les sommes correspondant au service des obligations non encore émises.

*
* *

C'était en réalité un système complet et pratique de Réparations que M. Francqui venait de développer.

On y rencontre déjà toutes les idées qui, sous des formes plus ou moins différentes et avec des modifications plus ou moins heureuses, trouvèrent finalement leur place dans le plan Dawes.

Ces idées constituèrent à partir de ce moment l'armature des travaux des experts. Mais elles furent malheureusement modifiées profondément, le plus souvent à l'intervention des délégués anglais, et dans un sens fort peu favorable aux Réparations.

C'est ainsi par exemple que, si la perception des recettes des impôts sur les denrées de consommation fut définitivement adoptée, la création de sociétés ayant le monopole de leur perception fut finalement abandonnée par les experts. C'était évidemment enlever toute garantie réelle aux recettes de cet ordre, et se livrer de nouveau sans défense à la bonne volonté du Gouvernement allemand.

On verra dans les pages suivantes les vicissitudes que subirent au cours des discussions les idées de M. Francqui, tant en ce qui concerne la constitution de la Banque d'émission, que celle de la Compagnie des chemins de fer et que la prise d'hypothèques sur les exploitations allemandes. On doit se contenter pour le moment de souligner que ce qu'il y a peut-être de plus essentiel dans toute la conception de M. Francqui fut malheureusement remplacé, dans le projet final, par un ensemble de dispositions qui, quelque satisfaisantes qu'elles fussent en apparence, enlevaient en réalité aux Alliés la plupart des garanties dont l'expert belge avait voulu entourer les paiements de l'Allemagne.

C'est ainsi que M. Francqui avait prévu que les bénéfices de toutes les sociétés projetées — chemins de fer, monopoles de consommation, hypothèques industrielles — seraient versés à un Trustee-Caissier, et que ce dernier, en collaboration avec la Banque d'émission, transformerait en devises étrangères la partie de ces sommes qui devait revenir aux Alliés, ces devises devant être remises au Trustee-Comptable pour permettre à ce dernier de faire le service de l'intérêt et de l'amortissement des obligations représentatives des Réparations.

Ces obligations auraient dès lors pu être émises dans tous les pays du monde, les porteurs étant assurés de toucher leurs revenus en devises étrangères, en monnaie stable. La mobilisation de la dette de l'Allemagne était ainsi rendue possible, et même facile, et on pouvait espérer la réaliser dans un délai relativement court.

Malheureusement, par suite de la tenace opposition des délégués britanniques, opposition trop faiblement combattue par les experts italiens et français, cette heureuse disposition dut être finalement abandonnée. Dans le projet définitif des experts, le Trustee-Caissier est devenu l'Agent des Paiements des Réparations. Les obligations des chemins de fer et les obligations industrielles sont gérées chacune par un Trustee, qui est le Trustee-Comptable du projet belge. Mais l'Agent des Paiements de Réparations, qui reçoit à son compte à la banque, en monnaie allemande, les recettes des chemins de fer et des hypothèques industrielles, ainsi que le produit des impôts de consommation qui doit lui être versé par le Gouvernement allemand, n'a plus l'obligation de convertir ces sommes en devises. C'est un Comité des transferts qui a la charge de déterminer à chaque instant quelle est la partie des sommes dont dispose l'agent des paiements de réparations qui peut être convertie en devises étrangères sans mettre en danger la stabilité de la monnaie allemande. Des dispositions que l'on étudiera plus loin établissent dans le plan Dawes des limites d'accumulation pour les sommes dont dispose l'Agent des

Paiements de Réparations. Elles excluent l'obligation de toute couverture en or ou en devises de son solde créditeur à la Banque d'émission. Il en résulte finalement, comme on le montrera, que si la conversion en devises étrangères des ressources affectées aux Réparations n'est pas rendue impossible, elle est en tout cas rendue absolument incertaine. Les Trustees des obligations de chemins de fer et des obligations industrielles ne sont pas assurés de recevoir des devises étrangères pour faire face au service de leurs obligations. Il en résulte que la vente des obligations des chemins de fer et des obligations industrielles, tout au moins à des conditions convenables, est devenue bien aléatoire. Les acheteurs éventuels, en effet, n'ont pas la certitude que le service de leurs obligations sera assuré en devises stables. La commercialisation si désirable de la dette allemande est devenue bien incertaine. Et, comme avant, les Réparations resteront en somme subordonnées à la bonne volonté du Gouvernement allemand.

Si les idées développées par M. Francqui avaient pu triompher et trouver leur place dans les conclusions finales des experts, le problème des Réparations eût pu être considéré comme résolu dans un sens aussi favorable aux Alliés qu'il était possible. Mais ces idées furent progressivement affaiblies par les experts britanniques, sans grande résistance des experts français, qui représentaient cependant le pays le plus intéressé aux Réparations. Les Anglais ne cherchaient qu'à aboutir à un arrangement qui pût réunir l'unanimité tout en ne donnant aux pays sinistrés qu'un minimum de satisfaction, mais dont l'apparence permettrait d'abuser une fois de plus l'opinion publique de ces pays. Si leurs collègues français finirent par se laisser conduire par eux fort avant dans cette voie, il faut y voir avant tout, sans doute, le résultat des embarras financiers dans lesquels se débattait la France à ce moment, embarras qui obligeaient ce pays à compter avec la bienveillance et le crédit britanniques. C'est la dépendance financière de la France, tout autant que la volonté britannique, qui aura finalement frustré ce pays de la réparation de ses dommages.

Mais le système inventé par les experts avait en tout cas un mérite, celui de présenter assez habilement ses dispositions pour pouvoir être admis par tous les pays intéressés et pour engendrer, avec l'accord unanime qu'il allait entraîner, l'apaisement, qui était peut-être plus désirable que l'argent.

La Banque d'émission.

Dès le début des travaux de la Commission chargée d'étudier la stabilisation de la monnaie allemande, M. Francqui s'était rendu compte que la seule façon d'opérer était de faire disparaître complètement les multiples monnaies existant à ce moment en Allemagne, et de les remplacer par une monnaie unique, absolument nouvelle, bien garantie, et susceptible d'une stabilité durable. Il avait compris que cette monnaie stable ne saurait être introduite que par la création d'un Institut d'émission nouveau, qui serait doté à cet effet d'un privilège exclusif, et qui serait constitué de façon à inspirer une confiance absolue et définitive, non seulement à l'étranger qui, ayant souffert de la catastrophe monétaire de l'Allemagne, était devenu sceptique quant au rétablissement financier de ce pays, mais encore au peuple allemand lui-même, qui avait fini par perdre toute confiance en raison du désarroi des dernières années.

C'est en s'inspirant de ces idées que l'expert belge, dès son arrivée à Paris, avait élaboré un projet de constitution d'une nouvelle banque d'émission dont les billets seraient gagés avec une certitude absolue par une encaisse métallique et par d'autres avoirs équivalant à l'or.

Ce projet, que M. Francqui soumit à ses collègues dès le 18 janvier 1924, comportait la création d'une nouvelle banque d'émission devant jouir d'un privilège exclusif et dont la constitution entraînerait la disparition de toutes les banques (bavaroise, badoise, saxonne et wurtembergeoise) possédant un tel privilège, ainsi que la disparition de la Reichsbank et de la Rentenbank. Le principe était posé de l'introduction d'une monnaie unique, par une banque d'émission unique. M. Francqui prévoyait que la banque exercerait son activité sous la direction d'un Conseil d'administration composé par moitié de personnalités allemandes et de personnalités étrangères, et dont le président, avec voix prépondérante, serait choisi parmi ces dernières. Il y avait donc là, tout en assurant une large collaboration aux Allemands, un contrôle international sérieux.

Des deux départements de la banque projetée : le département des opérations de banque et le département d'émission, le dernier devait être installé dans un pays neutre. Il devait être chargé du contrôle de l'encaisse, déposée elle-même dans un pays neutre, ainsi que de la fabrication des billets de banque et de l'approvisionnement en billets des bureaux et agences. Les émission de billets, ainsi que l'encaisse, devaient être surveillées par un collège de censeurs, constitué de la même façon que le Conseil d'administration, et qui devait exiger les plus rigoureuses justifications avant la mise en circulation des billets.

Le département des opérations de banque effectuerait, lui, toutes les opérations de caractère commercial et économique habituelles, mais il lui serait interdit de se livrer à des opérations de crédit au bénéfice du Reich, des États et des communes allemands, ou de toute autre personne publique ou privée. Il était prévu notamment que le solde des comptes courants du Trésor ne pourrait jamais devenir débiteur. Pour ajouter à ces garanties, un second Comité de censeurs, constitué comme celui du département d'émission, contrôlerait l'activité du département des opérations de banque et aurait la responsabilité des caisses d'approvisionnement de billets de banque situées en Allemagne.

Le travail en commun des deux Comités de censeurs devait permettre le contrôle le plus efficace de l'émission des billets, la détermination des modalités de livraison de ces billets et la quotité des avances à faire au département des opérations de banque à titre de fonds de roulement.

Le but de ces dispositions, qui furent adoptées d'emblée par tous les experts du premier sous-comité, ainsi d'ailleurs que par M. Schacht, commissaire aux devises et président de la Reichsbank, qui avait été fréquemment consulté, était de soustraire complètement le nouvel organisme bancaire à l'influence du Gouvernement allemand et même, éventuellement, à l'influence des Gouvernements alliés. C'était la meilleure façon de garantir aux fondateurs du nouvel Institut la sécurité la plus complète et de donner aux nationaux allemands, et même aux étrangers, la plus grande confiance dans la solidité du nouvel organisme.

Malgré les nombreuses modifications apportées successivement au projet primitif de M. Francqui, l'idée d'installer en pays neutre le département d'émission ayant le privilège exclusif de l'émission de billets et la garde de l'encaisse se maintint fort longtemps, malgré l'opposition grandissante des experts anglo-saxons. On la retrouve encore intacte le 7 mars.

Ce n'est que quelques jours plus tard que, sur l'insistance de l'expert anglais, M. Parmentier déclara brusquement qu'il n'avait jamais considéré comme essentielle la condition du dépôt à l'étranger de l'encaisse-or, et que seule à ses yeux la fabrication des billets de banque à l'étranger était la garantie qu'il fallait rechercher.

Un projet daté du 11 mars porte la trace de ce changement d'attitude, et laisse à un Comité de surveillance, dont la constitution était prévue, le soin de décider éventuellement le transfert en Allemagne du département d'émission.

Mais peu après, le 18 mars, sous la pression de l'expert britannique, les experts renversent cette condition en décidant, avec l'assentiment de M. Parmentier, et malgré la résistance de M. Francqui, que le

département d'émission de la banque sera installé en Allemagne et
que le Comité de surveillance aura éventuellement le droit, à la majorité des trois quarts des voix, de décider son transfert en pays neutre.

Les discussions qui se poursuivent affaiblissent de plus en plus
la garantie que l'on avait cherchée dans l'établissement de l'encaisse
et de la fabrication des billets hors d'Allemagne. Le dernier projet
(2 avril 1924) stipule simplement que le bureau d'émission des billets
(installé en Allemagne) ne pourra transférer les billets au département
bancaire qu'avec l'assentiment du commissaire.

On voit le chemin parcouru par les experts entre le 17 janvier
et le 2 avril.

Il est permis de croire que si les idées de M. Francqui en cette
matière avaient été appuyées par ses collègues français et italien,
elles auraient fini par triompher, et auraient conduit à un projet
de banque d'émission beaucoup plus satisfaisant à tous égards que
celui qui fut finalement arrêté.

Y a-t-il lieu de penser que la résistance grandissante de M. Kindersley aux idées de M. Francqui et la faiblesse de l'appui que ce dernier
rencontra chez l'expert français eurent quelque rapport avec la visite
inopinée que fit à Paris le 10 mars le gouverneur de la banque d'Angleterre, M. Montagu Norman? Faut-il croire que des raisons d'ordre
politique restées secrètes ont amené le Gouvernement français à
donner à son représentant au Comité des experts des conseils de modération et d'extrême conciliation? S'agissait-il pour le Gouvernement
français de ne pas heurter de front le Gouvernement britannique au
moment où l'on concluait avec la Cité les arrangements financiers
qui devaient permettre à la France de disposer des crédits nécessaires
au relèvement du franc?

Il est évidemment impossible de répondre à ces questions. On peut
affirmer en tout cas que le problème de la stabilisation de la monnaie
allemande eût été résolue avec plus de sécurité et dans un sens donnant plus de garanties aux Alliés si les conceptions de l'expert belge,
mieux soutenues par ses collègues français et italien, avaient triomphé
de l'opposition anglo-saxonne.

Les Chemins de fer.

Dès le début de ses études, M. Francqui s'était rendu compte que
les chemins de fer allemands étaient la richesse à la fois la plus considérable et la plus facilement transférable aux Alliés. Il conçut rapidement les moyens pratiques d'utiliser cette valeur, que l'on estimait

généralement atteindre 26 milliards de marks-or, pour le paiement des réparations. Ses idées, concrétisées dans un mémorandum qu'il remit à ses collègues le 29 février, comportaient la concession du réseau ferré allemand à une Société anonyme internationale qui émettrait au profit de la Commission des Réparations 3 milliards d'actions de capital et 12,5 milliards d'obligations, dont la rémunération était assurée avec certitude par les bénéfices d'exploitation du réseau. C'était garantir aux Alliés un paiement de 15,5 milliards de marks-or en capital.

Le projet de M. Francqui donna lieu à de longs échanges de vues avec ses collègues. Après avoir apporté de nombreuses modifications à la proportion à établir entre le capital actions et le capital obligations, les experts parurent s'arrêter définitivement au seul chiffre de 13 milliards d'obligations destinées aux Réparations.

Le projet du 8 mars 1924 disposait que l'importance du capital de la Compagnie serait fixé par le Gouvernement allemand, sans qu'il puisse toutefois être inférieur à 2 milliards de marks-or, et que la Compagnie créerait un montant nominal de 13 milliards de marks-or d'obligations hypothécaires de premier rang gagées par priorité par tout le matériel des chemins de fer. Les obligations devaient en outre être garanties par tous les revenus généraux du Reich.

Mais, dans les jours qui suivirent, sous la pression des émissaires du Gouvernement allemand, appuyés par la délégation britannique à la Commission des Réparations, les experts anglo-saxons montrèrent un désir grandissant de réduire le montant de 13 milliards d'obligations.

On devait être cependant très rassuré au sujet de ce chiffre de 13 milliards, qui ne correspondait qu'à un versement annuel, pour l'intérêt et l'amortissement de 780 millions, alors que les techniciens qui avaient été consultés par les experts avaient prouvé, confirmant ainsi les « Notes techniques » belges, qu'on pouvait attendre du réseau ferré allemand un rendement annuel d'un milliard de marks-or.

Néanmoins, au cours d'une séance d'où l'expert belge avait dû s'absenter momentanément pour discuter une question spéciale avec l'expert italien, M. Parmentier marqua son accord à M. Kindersley sur la réduction de 13 à 11 milliards du montant des obligations à émettre.

Dès qu'il fut mis au courant de cette situation, M. Francqui fit tous ses efforts pour compenser cette perte de 2 milliards, en imaginant la création de 2 milliards d'actions privilégiées qui devaient être remises à la Commission des Réparations. Le projet du 25 mars, qui porte la trace de ce redressement, fut accepté, car les bénéfices des chemins de fer garantissaient avec certitude non seulement le service de 11 milliards d'obligations, mais encore le paiement d'un dividende convenable à 4 milliards d'actions de préférence, dont 2 milliards allouées aux Alliés.

L'avantage de cette formule, d'ailleurs minime, était qu'on échappait au reproche de procéder à une émission d'obligations impliquant l'espoir d'un bénéfice excessif.

Cette affaire paraissait donc réglée d'une façon appropriée et à la satisfaction commune.

Mais dans l'intervalle, le sous-comité du budget, qui discutait âprement l'excédent budgétaire qu'on pouvait espérer consacrer aux Réparations en période normale, était déjà passé du chiffre de 3 milliards à celui de 2 milliards 750 millions, réduit bientôt, par suite de l'insistance de M. Stamp, à 2 milliards 500 millions.

C'est alors que M. Parmentier déclara, à la demande de M. Young, et d'accord, a-t-on dit, avec le Gouvernement français, que la somme totale à affecter aux réparations en période normale étant ainsi limitée à 2 milliards 500 millions, il ne voyait plus d'intérêt à s'attacher aux 2 milliards d'actions privilégiées des chemins de fer. Exiger plus que 11 milliards d'obligations aurait soulevé d'après l'expert français, un tollé général à Berlin, dans la Cité et même à New-York, et n'aurait servi à rien parce que l'événement se serait chargé de démontrer l'impossibilité de leur assurer un intérêt.

C'est ainsi que le réseau ferré allemand, qui valait 26 milliards de marks-or, dont on pouvait attendre un rendement net de 1 milliard de marks-or par an au moins, ne fut finalement utilisé en vue des Réparations que pour 11 milliards de marks-or.

Il est permis de regretter que le projet primitif de M. Francqui, qui en tirait 15,5 milliards de marks-or pour les Réparations, n'ait pas été accepté dans son intégrité.

Hypothèque sur les industries.

Ainsi qu'on a eu l'occasion de le mentionner au cours de cet ouvrage (1), le Gouvernement allemand avait proposé lui-même, le 5 juin 1922 d'assurer aux Alliés une prestation annuelle de 500 millions de marks-or en engageant l'ensemble de l'économie allemande pour un montant en capital de 10 milliards de marks-or.

---

(1) Voir troisième partie, chapitre XII : Les Notes techniques belges et l'Offre Cuno.

Comme pour la banque d'émission et la concession des chemins de fer, c'est un projet de M. Francqui, daté du 8 mars 1924, qui servit de base aux discussions des experts à ce sujet.

L'expert belge proposait la création de 10 milliards d'obligations hypothécaires, dont la moitié seraient prises sur l'industrie et l'autre moitié sur l'agriculture allemandes. Il envisageait à cet effet la création d'une Compagnie hypothécaire dont le capital, à souscrire par les banques allemandes, constituerait, avec les réserves à accumuler, une garantie supplémentaire aux obligations remises aux Alliés.

A l'intervention de M. Pirelli, il fut admis bientôt, avec l'agrément de M. Parmentier, que les versements que l'intérêt de ces obligations hypothécaires permettrait de faire aux Alliés, devaient venir en déduction des autres ressources affectées aux Réparations, et non s'ajouter à ces dernières. Après de longues discussions, les experts arrivèrent finalement à l'idée que 5 milliards seulement de ces obligations hypothécaires, celles qui seraient prises sur les exploitations industrielles, seraient remises aux Alliés. Les 5 milliards d'obligations agricoles iraient au Gouvernement allemand, les intérêts à servir à ces obligations devant garantir supplémentairement, au prorata du montant nécessaire, le service des 5 milliards d'obligations délivrées aux Alliés.

Le service de ces dernières était donc garanti, non seulement par les hypothèques gageant les obligations industrielles et par le capital et les réserves de la Compagnie hypothécaire projetées par M. Francqui, mais encore par les obligations agricoles détenues, pour un montant égal, par le Gouvernement allemand.

Grâce aux efforts de l'expert belge, la réduction de 10 à 5 milliards du montant des obligations affectées aux Réparations était d'autre part avantageusement compensée par le fait qu'il avait fait admettre que les versements annuels correspondants ne devaient plus venir en déduction des autres ressources destinées aux Réparations.

Malheureusement, quelques jours plus tard, l'expert français renonça à la garantie que donnaient les 5 milliards d'obligations agricoles détenues par le Gouvernement allemand; ces dernières furent supprimées.

Ainsi donc, alors que le Gouvernement allemand lui-même avait proposé en juin 1922 une hypothèque de 10 milliards, et malgré la résistance de M. Francqui, les experts se décidèrent finalement, la volonté anglo-saxonne triomphant, à un total de 5 milliards seulement.

D'autre part, l'idée de la Compagnie hypothécaire projetée par M. Francqui ayant été par la suite abandonnée par le Comité, la garantie supplémentaire qu'offraient le capital et les réserves de cette Compagnie disparut *ipso facto*.

De plus, au cours de la séance du 1er avril, l'expert français, sous la pression de l'expert anglais, renonça à l'une des clauses du projet de M. Francqui qui stipulait pour l'industriel frappé par l'hypothèque le droit de s'en libérer avec un escompte avantageux, escompte qui devait être supporté par le Gouvernement allemand.

Afin de reprendre l'avantage ainsi perdu, l'expert belge réussit à faire proposer par l'expert américain un texte disposant que le montant de l'escompte serait prélevé sur les excédents budgétaires propres du Gouvernement allemand. Ce texte, qui avait d'abord rencontré l'unanimité, fut néanmoins abandonné par la suite à l'intervention de l'expert anglais, et malgré une résistance de l'expert belge qui, peu soutenu par ses collègues latins, ne put aboutir. Le texte précis et précieux relatif à l'escompte fut remplacé par une disposition vague aux termes de laquelle le Gouvernement allemand pouvait, au moyen de subventions, favoriser le rachat des obligations par les industriels frappés par l'hypothèque.

D'importants paiements immédiats en capital, qui auraient pu être escomptés sans perte pour les Alliés, grâce à la clause du rachat anticipé défendue par M. Francqui, sont donc, dans le projet défi nitif, devenus improbables.

*
* *

Dans la question des obligations industrielles, comme pour la banque d'émission et comme pour la Compagnie des chemins de fer, aussi bien que dans la question du mécanisme financier des paiements dont on a déjà eu l'occasion de dire un mot, c'étaient les conceptions de M. Francqui qui avaient servi de base aux travaux des experts.

Mais ces travaux avaient subi de jour en jour l'influence croissante des délégués britanniques, peu favorables au principe même des Réparations. Les conceptions primitives de l'expert belge avaient été progressivement affaiblies, malgré la résistance tenace de leur auteur, à cause du trop faible appui qu'elles rencontrèrent chez les experts français et italien, dont l'intérêt aux Réparations était cependant supérieur à celui de la Belgique.

Il serait téméraire d'en conclure que les hommes furent parfois inférieurs à leur tâche. La science, l'expérience, l'intelligence et le patriotisme de tous les experts sont hors de toute discussion. Mais chacun d'eux, consciemment ou non, était forcé — quoi qu'il en eut — de se conformer en fait à la politique du Gouvernement de son pays.

On ne sait que trop quelle était, en matière de Réparations, la politique anglaise d'opposition et la politique italienne d'abstention.

Mais, en ce qui concerne la politique française, les Comités d'experts marquent un changement d'orientation qui ne fera que se préciser par la suite. L'attitude exagérément conciliante des experts français, et particulièrement de M. Parmentier, de cet homme sagace qui sait être énergique et qui a donné, au cours d'une brillante carrière, des preuves multiples de caractère, cette attitude ne peut être expliquée que par le souci de ne pas heurter de front la politique anglaise, par la nécessité inavouée de s'incliner devant elle, de se laisser dicter ses volontés.

Les embarras financiers, la baisse de la monnaie, la hausse des prix, l'appréhension d'une panique des porteurs de dette flottante et la crainte des désordres sociaux consécutifs, avaient amené la France, au début de 1924, au point d'impuissance et d'obéissance où l'Angleterre voulait la voir.

Les événements qui suivront ne feront que confirmer cette vue.

CHAPITRE IV

LES OPINIONS DE M. STAMP

Le but réel des travaux du sous-comité chargé de l'étude du budget allemand était en somme de rechercher le boni que pourrait présenter ce budget lorsque la situation monétaire et financière de l'Allemagne aurait été rétablie. C'est ce boni qui pourrait être utilisé au paiement des Réparations.

La détermination de cet excédent budgétaire, qui avait été souvent étudiée, et notamment dans les « Notes techniques » belges, devait montrer qu'en affectant aux Réparations certaines des recettes ordinaires du Reich choisies parmi les plus facilement et les plus sûrement perceptibles, telles que les douanes et certains impôts de consommation, et ce à due concurrence de l'excédent budgétaire, on pouvait envisager des paiements substantiels aux Alliés sans compromettre la stabilité des finances allemandes.

Les experts du second sous-comité étudièrent le budget allemand dans le plus grand détail; ils s'entourèrent des avis de spécialistes de tout genre, et ne négligèrent pas de consulter fréquemment les fonctionnaires allemands compétents.

Il serait difficile et sans grande utilité de suivre dans tous ses méandres la longue controverse que provoqua l'étude du budget allemand. Les experts français et belge avaient la tendance naturelle, et que les chiffres étudiés justifiaient, d'y trouver des excédents importants, et cela dans un assez bref délai. Les experts anglo-saxons, au contraire, s'attachaient à prouver que des excédents budgétaires ne pourraient apparaître que fort tard, et pour des montants peu considérables.

Mais si les discussions du sous-comité du budget ne peuvent se résumer aisément, elles furent en quelque sorte jalonnées par toute une série de Notes rédigées successivement par M. Stamp, président du sous-comité. Ce sont ces Notes, élaborées, on va le voir, dans un esprit de plus en plus pessimiste quant aux possibilités financières de l'Allemagne, qui finirent par imprimer leur caractère et leurs tendances aux travaux du sous-comité du budget. C'est en les examinant l'une après l'autre que l'on se fera la meilleure idée de l'activité de cette Commission et de la manière dont elle fut amenée à formuler ses conclusions.

Dès le 5 février 1924, M. Stamp expose, dans une première Note, les principes théoriques sur lesquels, selon lui, doit être basée l'étude du budget allemand. Il convient, à son avis, de fixer tout d'abord le chiffre total de l'impôt par tête d'habitant :

a) en période normale, c'est-à-dire lorsque la stabilité de la monnaie aura produit son effet,

b) pendant la période de transition, qui précédera la précédente, et enfin

c) en fonction de l'augmentation de prospérité de l'Allemagne.

Il faut ensuite déterminer le total des dépenses présentes et futures de l'Allemagne en tenant compte d'une façon convenable de certaines augmentations de dépenses qui seront inévitables ou simplement économiquement désirables.

L'excédent des recettes sur les dépenses, déterminées les unes et les·autres sur la base des principes qui viennent d'être énoncés, constituerait la part revenant aux créanciers de l'Allemagne. Lorsque cet excédent dépasserait une certaine limite, la participation des Alliés à cet excédent serait réduite progressivement.

L'expert anglais, examinant ensuite la question du degré d'intervention des Alliés dans le système fiscal allemand, posait en principe qu'il ne faudrait pas intervenir dans la fixation du régime fiscal, sauf en ce qui concerne les impôts qui seraient spécialement affectés à la garantie des paiements que l'Allemagne devrait effectuer.

L'intervention des Alliés dans les relations financières entre le Reich et les États allemands était également rejetée, mais il était mentionné en revanche qu'un contrôle du fonctionnement des gages nécessitait une certaine centralisation des recettes affectées en garantie.

Ces recettes devaient provenir, en ordre principal, des impôts indirects. Elles seraient versées, au moment de leur perception, à la Commission des Réparations, sous réserve d'un reversement partiel au Gouvernement allemand pour lui permettre de subvenir aux dépenses courantes autorisées. Toute augmentation du produit de ces recettes spéciales au delà d'un certain chiffre serait partagée entre le Gouvernement allemand et la Commission des Réparations, dans une proportion à déterminer.

Passant ensuite à un exemple d'application de ses principes, l'expert anglais supposait que le budget allemand normal pourrait être

réalisé deux ou trois ans après la stabilisation de la monnaie (1),
et qu'il donnerait par exemple, à l'exclusion des chemins de fer,
10 milliards 500 millions de marks-or de recettes et 6 milliards
500 millions de marks-or de dépenses, soit un excédent disponible
de 4 milliards. Cet excédent pourrait être, pour laisser une marge
à l'Allemagne, destiné aux Réparations à concurrence de 3 milliards
par exemple. Le bénéfice annuel des chemins de fer, estimé par
M. Stamp entre 2 milliards 500 millions et 3 milliards 500 millions,
irait aux Alliés à concurrence de 2 milliards et à l'Allemagne à concurrence du solde, soit de 500 millions à 1 milliard 500 millions de
marks-or. En somme, les Alliés disposeraient de 5 milliards environ,
et l'Allemagne de l'excédent des disponibilités, évalué entre 1 milliard 500 millions et 2 milliards 500 millions.

Dans le cas où la prospérité de l'Allemagne donnerait pour les
impôts un rendement supérieur à celui qui était envisagé, les créanciers recevraient une part de l'excédent suivant une échelle dégres-
sive.

Cette première note de M. Stamp se terminait par une remarque
importante établissant la distinction entre le volume des paiements
que l'Allemagne pouvait effectuer en monnaie allemande et la partie
qui pouvait en être transférée aux Alliés, cette dernière constituant
en réalité la capacité de paiement véritable du débiteur. M. Stamp
s'exprimait à ce propos comme suit : « On ne doit pas confondre
les chiffres cités avec des *paiements-types* ou tout autre projet anté-
rieur relatif à ce qu'il serait possible de recueillir effectivement de
l'Allemagne au cours d'un exercice normal. Ces chiffres se réfèrent
uniquement aux excédents budgétaires conservés en Allemagne pour
le compte des Alliés. Ils sont par conséquent différents par nature
de tous ceux que l'on a pu mettre communément en avant en ce qui
concerne sa capacité de paiement, c'est-à-dire de transferts aux
Alliés. »

On voit que le 5 février, les conclusions de M. Stamp étaient assez
optimistes. Tout en soulignant que les sommes dont il parlait ne seraient pas entièrement transférables aux Alliés, il admettait que le
budget allemand et l'exploitation du réseau ferré pourraient présenter ensemble, dans un délai de deux ou trois ans, un boni total
de 6 milliards 500 millions à 7 milliards 500 millions de marks-or,
boni qui pourrait être partagé à raison de 5 milliards de marks-or pour
les Alliés et 1 milliard 500 millions à 2 milliards 500 millions pour
l'Allemagne.

---

(1) On sait comment les événements contredirent cette prévision (Voir *infra*).

Dans une seconde Note remise aux experts en même temps que la première, M. Stamp s'attachait à déterminer la capacité fiscale de l'Allemagne.

Il rappelait tout d'abord que la dette intérieure allemande, qui était d'environ 85 milliards de marks-or à la fin de la guerre, serait aujourd'hui, si elle n'avait été amortie par suite de la chute du mark, d'au moins 100 milliards, et exigerait par conséquent pour son service une dépense annuelle de 5 milliards de marks-or au moins. M. Stamp passait ensuite à l'étude de ce que représenterait pour l'Allemagne une charge de dette publique équivalente à celle que supportent les vainqueurs. Il dressait à cet effet le tableau des dettes publiques des quatre principaux États alliés :

PAYS	DETTE intérieure (Charge par tête)	DETTE extérieure gagée (Charge par tête d'habitant) (1)	CHARGE totale par tête d'habitant	MONTANT de la dette qu'entraînerait une charge équivalente pour l'Allemagne
	M. O.	M. O.	M. O.	Millions M. O.
Belgique	891	141	1.033	64.021
France	1.656	60	1.716	106.404
Grande-Bretagne .	2.961	550	3.511	216.600
Italie	472	—	472	29.264

Dette totale globale de ces quatre États :

$$\times \frac{\text{Population allemande}}{\text{Population des quatre États}} = 244.036 \text{ millions.} \quad \times \frac{62}{128,4} = 117.760 \text{ millions.}$$

(1) Non compris la dette extérieure dont le règlement n'est pas arrêté.

M. Stamp concluait de cette comparaison que si on mettait l'Allemagne à égalité avec la Grande-Bretagne, pays le plus lourdement grevé, il faudrait lui imposer une dette de plus de 216 milliards de marks-or, entraînant une charge annuelle de 11 milliards de marks-or environ. Si, au contraire, on voulait mettre l'Allemagne à égalité avec la moyenne des quatre principaux États alliés, on arriverait à lui imposer une dette de 118 milliards de marks-or environ correspondant à une charge annuelle de 6 milliards de marks-or. Que l'on veuille mettre l'Allemagne sur le pied de la nation la plus grevée, ou sur le pied de la moyenne des quatre principales nations alliées, c'était donc en tout état de cause une charge annuelle de 5 à 6 milliards de marks-or que l'Allemagne devait supporter, indépendamment de ses dépenses administratives propres. Ce chiffre correspondait assez bien, on le voit, aux conclusions de la première Note de l'expert anglais.

Dans cette seconde Note, M. Stamp étudiait encore en détail ce que représenterait pour l'Allemagne une charge fiscale égale à celle qui était supportée par la Grande-Bretagne. Il établissait d'autre part que les dépenses d'administration du Reich ne devaient pas dépasser dans l'avenir 6 milliards 500 millions de marks-or par an.

L'expert anglais faisait, en résumé, les constatations suivantes :

1º Sans l'anéantissement du mark, l'Allemagne aurait eu à dépenser annuellement 11 milliards 500 millions dont 6 milliards 500 millions pour son administration et 5 pour le service de sa dette;

2º Si l'Allemagne avait à supporter la charge d'une dette égale à la dette moyenne inscrite au budget des quatre principaux pays alliés, elle devrait se procurer annuellement, outre les 6 milliards 500 millions nécessaires à son administration, 6 milliards correspondant à la charge annuelle de la susdite dette moyenne, soit en tout 12 milliards 500 millions de marks-or par an;

3º Si l'Allemagne avait un budget aussi lourd, soit par tête de contribuable, soit pour l'ensemble du pays, compte tenu de la population et de la richesse, que le pays allié le plus lourdement imposé, elle devrait supporter une charge fiscale de plus de 15 milliards de marks-or.

La conclusion était « qu'au cours d'une année normale, l'Allemagne sera en état de se procurer 11 milliards au total, dont 6 milliards 500 millions seraient nécessaires pour les frais d'administration du Reich, des États et des communes. Elle disposerait ainsi d'un excédent de 4 milliards 500 millions pour faire face aux obligations que lui impose le Traité de Paix.

Mais, dans un additif à cette Note, remis aux experts un mois plus tard, M. Stamp déclarait que des renseignements qui lui étaient parvenus ultérieurement le portaient à croire que les dépenses totales du Reich, des États et des communes, qu'il avait évaluées à 6 milliards 500 millions, se monteraient, en réalité, à 7 milliards 500 millions. Il en concluait que l'Allemagne pourrait se procurer, pendant une année normale, 11 milliards de marks-or, dont 7 milliards 500 millions seraient absorbés par ses dépenses propres et 3 milliards 500 millions pourraient être affectés aux Réparations.

C'était déjà réduire d'un milliard l'évaluation précédente. C'était néanmoins encore un chiffre fort intéressant. Mais il ne pouvait manquer de soulever dans les milieux britanniques un violent mécontentement.

Dès le 8 février 1924, date de sa troisième Note, l'expert anglais revenait sur ses estimations précédentes, en déclarant qu'elles n'étaient que théoriques et ne reposaient que sur des principes de justice abstraite, alors que le problème était d'envisager la capacité pratique de paiement de l'Allemagne. Il déclarait dans cette troisième Note que, pendant les deux premières années, rien ne pouvait être demandé à l'Allemagne, que pendant les années suivantes on ne pouvait exiger que des sommes modestes, et que ce n'était qu'à partir de la cinquième année qu'on pourrait envisager la réalisation de la moitié des prévisions théoriques, soit 2 milliards 250 millions du budget et 1 milliard à 1 milliard 500 millions des chemins de fer. Encore ces chiffres étaient-ils subordonnés à différentes conditions, parmi lesquelles se trouvaient la rapidité plus ou moins grande avec laquelle la Russie serait ouverte à nouveau au commerce allemand, la cessation de l'occupation de la Ruhr dans son sens le plus absolu, et le rétablissement intégral de l'Administration allemande. De plus, les chiffres mentionnés comprenaient non seulement les réparations proprement dites, y compris les livraisons en nature, mais aussi tous les frais de l'occupation militaire.

Revenant sur la distinction qu'il avait déjà esquissée entre la capacité de paiement à l'intérieur et les possibilités de transferts, M. Stamp déclarait que les sommes qu'il mentionnait étaient celles qui pourraient être accumulées en Allemagne même au crédit des Alliés, mais ne correspondaient nullement aux possibilités de transferts en monnaies étrangères. L'expert anglais admettait à ce propos qu'avant cinq ans on ne pouvait compter sur un excédent annuel transférable supérieur à un milliard de marks-or, excédent qui ne pourrait augmenter de plus de 100 millions par an, et que par conséquent, c'est cette somme de 1 milliard de marks-or qui devrait être admise pour fixer les paiements de l'Allemagne à partir de la cinquième année.

On voit combien, en l'espace de quelques jours, l'expert anglais avait évolué, combien ces dernières estimations étaient différentes de celles qui les avaient précédées.

Que s'était-il passé?

Il est bien difficile de rendre compte des circonstances qui ont pu agir aussi rapidement sur les opinions de M. Stamp, et les modifier aussi radicalement. Ces événements sont restés le secret de ceux qui y furent mêlés, et nul ne saurait en percer le mystère.

Mais tout se passe comme si quelque impérieux rappel à l'ordre s'était produit soudain. Tout se passe comme si celui qui, jusque-là, avait étudié le problème qui lui était soumis en véritable expert, scrupuleux, impartial et désintéressé, avec le seul souci de l'exactitude et la seule passion de la vérité, avait pris soudain conscience d'autres nécessités que celle de la vérité pure. Tout se passe comme si on lui avait fait fortement comprendre que l'intérêt de son pays dépassait l'intérêt d'une vaine exactitude scientifique, et que son véritable devoir était, non pas la recherche d'une vérité abstraite dont nul ne se souciait, mais d'apporter à la politique anglaise l'appui de son intelligence, de sa dialectique et de son autorité.

On a dit à ce moment que la Trésorerie anglaise, effrayée de voir son expert s'égarer hors des voies qu'elle suivait elle-même depuis la fin de la guerre, lui avait fait entendre impérieusement son désir de le voir se conformer à ses thèses. On a parlé d'interventions de Lord d'Abernon et de Sir John Bradbury, dont les sentiments à l'égard de l'Allemagne, de la France et des Réparations ne sont que trop connus...

Il n'est pas possible de dire à quel point ces explications correspondaient à la réalité. Mais quelles qu'aient été ses causes, le revirement de M. Stamp était d'importance et allait malheureusement avoir sur l'œuvre des experts une influence décisive.

Dans une quatrième Note, datée du 11 février, l'expert anglais s'attachait à démontrer que la capacité imposable d'un pays n'était nullement la même suivant qu'elle était destinée à faire face exclusivement à des dépenses intérieures, ou bien en partie à des dépenses extérieures. Il expliquait que la possibilité d'appliquer le principe de l'équivalence de la charge fiscale, comme il l'avait fait dans sa Note n° 2, était loin d'être démontrée, que le citoyen allemand, ne voyant pas, comme le citoyen anglais, l'utilité de son sacrifice fiscal, s'abstiendrait rapidement, ce qui aurait pour effet d'abaisser la limite d'imposition qui pourrait lui être appliquée. M. Stamp concluait qu'il convenait, par précaution, de réduire de moitié dans les prévisions l'excédent budgétaire qui avait été reconnu théoriquement comme possible.

Deux jours plus tard, dans une cinquième Note, M. Stamp étudiait fort en détail la question de savoir à quel moment la situation budgétaire pourrait correspondre à la stabilisation monétaire. Après avoir examiné les effets produits par la baisse du mark, après avoir classé les différents impôts suivant la manière dont leur rendement se comporte vis-à-vis de cette baisse, l'expert anglais concluait que, pendant de nombreux mois après la stabilisation, l'augmentation des dépenses ferait plus que balancer l'augmentation des recettes (1), et que des

____

(1) Il n'est pas sans intérêt de rappeler en face de ces prévisions ce qui s'est passé

moyens de fortune seraient nécessaires pendant cette période intermédiaire pour réaliser l'équilibre du budget.

Une sixième Note, datée du 1er mars, étudiait la limite des paiements de Réparations. L'expert anglais y faisait ressortir que les Alliés avaient été obligés déjà d'abandonner successivement des critères tels que le coût total de la guerre, la compensation morale et les besoins financiers des Alliés, parce que ces critères étaient inapplicables. Il se gaussait, en passant, de « la vieille erreur que l'augmentation des besoins financiers des Alliés accroît la capacité de paiement de l'Allemagne.

Il citait comme critères de la limite des réparations la limite de l'excédent exportable, la limite psychologique d'imposition, la limite matérielle d'accumulation intérieure, et ce qu'il appelait le « fardeau proportionné ».

Rejetant entièrement les estimations de ses premières notes, M. Stamp déclarait qu'il ne leur reconnaissait plus aucune valeur pratique. Sans conclure d'une façon définitive, il écrivait dans cette sixième Note que l'on ne pouvait songer à employer effectivement pour les Réparations les sommes qui résulteraient de l'application pure et simple du « fardeau proportionné », non seulement à cause des risques que présenteraient les transferts hors d'Allemagne, mais même à cause des risques provenant de l'accumulation en Allemagne des fonds qui ne pourraient être transférés aux Alliés. L'expert anglais admettait notamment sans réserve, pour soutenir son raisonnement, l'exactitude des statistiques allemandes du commerce extérieur, statistiques qui accusaient un déficit considérable de la balance commerciale pour chacune des années d'après-guerre, et qui avaient cependant été reconnues erronées, non seulement par le Comité des Garanties, mais par l'Administration allemande elle-même.

La participation des Alliés à la prospérité allemande était étudiée par M. Stamp dans une septième Note, remise aux experts en même temps que la sixième. Il s'agissait ici de fixer pour l'année normale la plus proche, année que M. Stamp estimait maintenant devoir être 1928, un paiement minimum qui n'excéderait pas la capacité de l'Allemagne d'une part et qui, d'autre part, serait bien assuré au moyen

---

réellement en Allemagne. La réforme financière y a été inaugurée le 15 novembre 1923, date à partir de laquelle le mark n'a plus changé de valeur. Or, pour les premiers mois de l'année 1924, les recette ordinaires de l'État se sont élevées à 5 milliards 900 millions de marks-or, dépassant les dépenses (5 milliards 250 millions de marks-or) de plus de 650 millions de marks-or. L'équilibre du budget a donc été en réalité non seulement atteint. mais dépassé *dès* la stabilisation de la monnaie.

d'un contrôle et de garanties appropriées. L'expert anglais étudiait
le système d'après lequel ce minimum pourrait être progressivement
augmenté au cours des années suivantes pour tenir compte du rétablissement et de l'augmentation de la prospérité allemande. Il terminait en proposant que la contribution allemande pour l'année
1928-1929 — supposée être la première année normale — fût fixée à
2 milliards, et qu'elle fût augmentée, pour les années suivantes,
d'une fraction calculée d'après l'accroissement de la prospérité du
débiteur. Cet accroissement devait être mesuré par un indice au sujet
duquel des propositions détaillées étaient faites.

Le 3 mars 1920 les experts furent mis en possession de la huitième
Note de M. Stamp, qui étudiait le système des gages à affecter aux
paiements de Réparations. L'expert anglais posait à cet égard un ensemble de principes, destinés beaucoup plus à ménager le contribuable
allemand qu'à garantir les paiements attendus par les Alliés.

Le même jour M. Stamp résumait l'état des travaux du sous-comité
du budget dans un mémorandum spécial.

Il déclarait tout d'abord que, d'après les documents remis par le
Gouvernement allemand, il fallait s'attendre à un déficit du budget
allemand de 700 millions, et que son impression personnelle (1),
après une étude attentive de ces documents, pouvait être résumée
comme suit :

a) On peut espérer — mais non être assuré — que les budgets allemands de 1924 et de 1925 seront équilibrés, à condition que l'impôt
sur les transports (perçu par les chemins de fer) soit versé au Reich ;

b) Il n'y a pas lieu de maintenir la suggestion qui avait été faite
précédemment que 300 millions seraient disponibles dans la première
moitié de 1925. Il conviendra donc que les livraisons en nature soient
financées à l'aide d'emprunts ou de versements des chemins de fer,
pour ne pas mettre en danger la stabilité du budget ;

c) Les budgets des années suivantes pourront s'équilibrer si on
limite les paiements de Réparations aux sommes suivantes :

1926	3/4 milliard.
1927	1 1/4 —
1928	1 3/4 —

d) Tout versement plus élevé mettrait la stabilité du budget en
péril et rendrait la situation incertaine.

Pour le surplus, d'après M. Stamp, il était aussi inutile que dan-

---

(1) On a vu plus haut comment cette impression personnelle a été complètement
démentie par les événements.

gereux de demander davantage, des paiements supplémentaires ne pouvant en tout état de cause être transférés hors d'Allemagne, et n'étant d'ailleurs pas susceptibles d'affecter le total final que l'Allemagne aurait à payer.

Après avoir ainsi exposé ses propres vues, M. Stamp reconnaissait que ses collègues français et belge, MM. Alix et Houtart, n'étaient pas d'accord avec lui. Il signalait que ces deux experts considéraient qu'il n'y avait pas lieu de modifier les premières estimations du sous-comité, beaucoup plus favorables aux Alliés. L'expert anglais ajoutait que son collègue italien, M. Pirelli, n'était en désaccord avec lui que sur le fait que l'impôt sur les transports ne pouvait être affecté aux chemins de fer avant 1926.

A ce moment l'accord n'avait donc pu se faire au sein du sous-comité du budget.

On verra plus loin, en étudiant le rapport définitif des experts, par quels compromis l'accord final put être obtenu.

Une neuvième note de M. Stamp, datée du 17 mars, s'occupait pour la dernière fois des paiements de réparations, de leur transfert aux Alliés et de leur accumulation en Allemagne. Après avoir insisté sur les difficultés que présenteraient les transferts et sur tous les dangers de l'accumulation en Allemagne des fonds destinés aux Alliés, l'expert anglais déclarait qu'on ne pouvait compter avec certitude que sur un excédent d'exportation d'un demi-milliard de marks-or en 1928, excédent qui pourrait s'augmenter ensuite de 100 millions par an. Il en concluait que les fonds destinés aux Alliés allaient s'accumuler en Allemagne jusqu'à un montant considérable, ce qu'il considérait comme très dangereux. Il estimait en conséquence qu'il fallait limiter à 5 milliards l'accumulation des fonds en Allemagne, et, lorsque ce chiffre aurait été atteint, réduire les versements aux Alliés de façon à ne jamais le dépasser. Il n'étudiait la possibilité pour l'Allemagne d'émettre des emprunts extérieurs que pour déclarer que ce système ne constituerait qu'un expédient qui capitaliserait les possibilités futures de transfert aux Alliés au détriment de ces transferts mêmes.

*
* *

Cette rapide analyse des opinions successives de M. Stamp — et l'on voit, il n'est pas besoin d'y insister, combien elles varièrent profondément et fréquemment — ne rend certes pas compte avec toute la clarté et toute la précision désirables de l'activité du sous-comité chargé d'étudier l'équilibre du budget allemand. Elle permet tout au moins de se faire une idée sommaire de ce que furent les travaux de cette commission. Elle aidera à comprendre, en tout cas, tout imparfaite et incomplète qu'elle soit, plusieurs des dispositions que l'on va retrouver dans le Plan Dawes, dispositions dont les idées de M. Stamp furent l'origine, et qui, sans la connaissance de ces idées, s'expliqueraient difficilement.

LE PLAN DAWES

I — LA STABILITÉ MONÉTAIRE ET LA BANQUE D'ÉMISSION

Pour qui l'ouvre et le parcourt pour la première fois, le rapport du premier Comité d'experts, le Plan Dawes, se présente comme le mélange le plus touffu, le plus complexe et le plus désordonné qui soit. On y rencontre pêle-mêle des considérations théoriques et des vues pratiques sur les finances allemandes, des prescriptions relatives à la stabilisation de la monnaie, divers fragments d'un système de réparations, des maximes morales, des principes d'économie politique, le tout émaillé de répétitions multiples et des contradictions les plus imprévues.

Un tel document ne se laisse pas résumer. Il faut, pour en donner une idée, extraire un à un, pour les regrouper, tous les fragments qui correspondent à un même objet. Ce n'est qu'en reconstituant, au moyen de leurs éléments épars, les principales questions traitées par le rapport, et en négligeant tout ce qui est digression, théories, justifications de principe ou documentation pure, que l'on arrivera finalement à se faire une idée convenable de cet hétéroclite ensemble.

On va étudier successivement ici ce qui, dans le Plan Dawes, se rapporte à la stabilisation de la monnaie allemande, à l'équilibre budgétaire, et au boni du budget qui peut être affecté au paiement des Réparations. On examinera en suite les ressources supplémentaires affectées aux Réparations : chemins de fer et obligations industrielles. On sera alors en mesure d'embrasser l'ensemble du système élaboré par les experts, et d'en étudier l'organisation générale et le fonctionnement au point de vue financier.

Cet exposé sera forcément quelque peu aride; l'auteur ne pouvait éviter, s'il voulait donner au lecteur une idée complète et précise du Plan Dawes, le caractère technique de certaines explications et la sécheresse de l'ensemble. Si le lecteur peut surmonter ces difficultés il acquerra une connaissance satisfaisante de la nouvelle charte des Réparations, de ce Plan Dawes dont on a jusqu'à présent beaucoup plus parlé qu'on ne l'a étudié.

*
* *

Les experts — médecins appelés au chevet du malade alors que ce dernier avait déjà entamé sa guérison par ses propres moyens — ne pouvaient éviter l'apparent ridicule qu'il y avait à prescrire les mesures propres à stabiliser la monnaie allemande, au moment même où cette dernière venait de se stabiliser pour ainsi dire sous leurs yeux. Il faut remarquer toutefois que la stabilisation du mark, qui avait été entreprise le 15 novembre 1923 avec l'introduction du Rentenmark, n'avait pas le caractère durable que les mesures préconisées par les experts prétendaient à juste titre lui donner. Les économistes de tous les pays, y compris l'Allemagne, ne cachaient pas leur scepticisme quant à la réussite définitive de cette tentative entamée dans des conditions quasi désespérées.

Aussi les experts commencent-ils par constater dans leur rapport que la stabilité de la monnaie allemande réalisée depuis quelques mois l'a été « sur une base qui, à défaut d'autres mesures, ne peut être que temporaire ».

Ils proposent, comme moyen indispensable de créer en Allemagne une monnaie unifiée et définitivement stable, l'établissement d'une nouvelle banque d'émission, ou la réorganisation de la Reichsbank (1).

Un projet complet d'organisation d'une banque d'émission en Allemagne est annexé à cet effet au rapport. Les traits principaux en sont les suivants.

La nouvelle banque doit avoir, avec certaines restrictions de peu d'importance, le privilège exclusif de l'émission des billets de banque pendant cinquante ans. Les nombreuses sortes de papier-monnaie circulant en Allemagne devront être supprimées graduellement, les billets de la nouvelle banque devant constituer l'unique monnaie en usage.

Les nouveaux billets devront être garantis par une réserve légale à concurrence du tiers du montant total de la circulation, réserve constituée par des lingots et des monnaies d'or et des dépôts à vue payables en or dans des banques étrangères de premier ordre. En outre, les dépôts à vue effectués à la banque devront être garantis par une

---

(1) Le choix entre les deux termes de cette alternative était laissé par les experts à un Comité temporaire d'organisation dont ils prévoyaient la constitution. Ce Comité d'organisation, composé de MM. Kindersley (anglais) et Schacht (allemand), décida le 11 juillet 1924 qu'il y avait lieu de réorganiser la Reichsbank existante plutôt que de la remplacer par une nouvelle banque d'émission.

réserve métallique d'au moins 12 % de leur montant, et, de plus, à concurrence d'au moins 30 %, par des dépôts à vue en Allemagne et à l'étranger, ainsi que des chèques, créances à vue et lettres de change à échéance de trente jours maximum (1).

Tout en posant le principe que les nouveaux billets devront être remboursables en or, les experts reconnaissent que l'application de cette règle ne sera pas possible immédiatement, et qu'il faut se borner au début à créer une monnaie qui resterait stable par rapport à l'or, et n'établir qu'ultérieurement, mais dès qu'il sera possible, la convertibilité en or des billets (2).

Les experts prévoient que, tout en assurant le service de trésorerie du Gouvernement allemand, et tout en pouvant consentir à ce dernier des prêts à court terme, dont le montant et le caractère seront d'ailleurs strictement limités, la Banque sera entièrement indépendante du Reich et complètement soustraite à tout contrôle et à toute ingérence gouvernementale.

La Banque devra assurer enfin la trésorerie des Réparations .Tous les fonds réunis en Allemagne au titre du Traité de Paix devront être déposés à la Banque au crédit d'un compte spécial, le compte de l'Agent des Paiements de Réparations. Ces sommes ne pourront être retirées par les nations créancières que sous des conditions et avec des garanties qui protégeront, en même temps que les intérêts de ces nations, l'économie et le change allemands. Les sommes versées à la Banque au compte des Alliés ne pourront s'accumuler au delà de 2 milliards de marks-or.

La Banque sera une société allemande, au capital de 400 millions de marks-or (3).

---

(1) Le Comité d'organisation de la Banque a modifié ces dispositions en portant la réserve métallique de 33 1/3 % à 40 % des billets, en renonçant à la réserve légale pour les dépôts, et en portant la réserve d'effets de 30 à 40 % de la totalité des dépôts, exception faite de ceux du Gouvernement allemand et de l'Agent des Paiements de Réparations. La réserve légale de 40 % de la circulation fiduciaire devra être composée pour les trois quarts au moins par de l'or. La loi sur la Banque, votée par le Reichstag le 30 août 1924, enregistre ces dispositions.

(2) La loi définitive sur la Banque pose le principe (§ 31) du remboursement des billets au porteur en or ou en devises étrangères, mais l'entrée en vigueur de cette prescription est subordonnée (§ 52) à une décision unanime du Directoire de la Reichsbank et du Conseil général. Jusqu'à nouvel ordre, les billets ne sont donc pas convertibles en or.

(3) Le Comité d'organisation a considéré qu'un capital de 300 millions suffirait : 210 millions sont à souscrire en or ou en devises, et 90 millions représentent l'actif de la Reichsbank, qui serait repris. La loi votée par le Reichstag stipule que la Reichsbank a le droit de porter son capital de fondation à 400 millions, mais qu'il appartient à son Directoire de fixer le montant du capital, à condition qu'il ne soit pas inférieur à 300 millions.

Deux organismes président à l'administration de la Banque : un Conseil général et un Comité de direction.

Le Conseil général, qui doit être présidé par un Allemand, comprend 14 membres, nommés pour trois ans, dont 7 sont allemands et les 7 autres respectivement britannique, français, italien, belge, américain, hollandais et suisse. Ce Conseil, représentant les intérêts des nations étrangères et constituant l'organe du contrôle international, est doté de certains pouvoirs relatifs aux questions d'organisation et de fonctionnement bancaires qui pourraient affecter les intérêts des nations créancières.

Des dispositions sont prises pour que les décisions du Conseil général ne soient valables que si les deux groupes de ses membres sont d'accord : c'est ainsi que toutes les décisions nécessitent la majorité de 10 voix, sauf dans le cas où le président (allemand) et le membre étranger chargé des fonctions de commissaire (dont il sera parlé plus loin) sont tous deux compris dans la majorité.

A côté du Conseil général, mixte, se trouve le Comité de direction, qui dirige les affaires de la Banque, et qui est composé exclusivement de personnalités allemandes. Son président, nommé pour quatre ans par le Conseil général, est le même que le président de ce Conseil. Il nomme à son tour les directeurs, pour une durée de douze ans, avec l'assentiment du Conseil général. Les directeurs, comme le président, peuvent, pour faits graves, être révoqués par le Conseil général.

L'un des membres non allemands du Conseil général, qui prend le titre de commissaire, est doté de fonctions particulières. Elles consistent essentiellement à surveiller l'exécution des dispositions de la loi organique et des règlements statutaires relatifs à l'émission des billets et au maintien des réserves. Dans le projet primitif des experts l'autorisation du commissaire était nécessaire à la délivrance des billets par le bureau qui en a la garde. Mais cette disposition a été quelque peu affaiblie par le Comité d'organisation Kindersley-Schacht, et la loi sur la Banque votée par le Reichstag la supprime en fait en se contentant de stipuler (paragraphe 27) que la préparation, la fabrication, l'émission, le retrait et l'annulation des billets de la Banque sont effectués par celle-ci « sous le contrôle du commissaire ».

On voit que le commissaire de la Banque (1), qui est nommé par le Conseil général de celle-ci, relève ainsi, par une disposition assez paradoxale, de l'organisme qu'il est en quelque sorte chargé de surveiller.

------

(1) Le Conseil général de la Banque a appelé à ces fonctions, le 9 octobre 1924, M. Bruins (hollandais), professeur de science financière à l'École des Hautes Études de Rotterdam.

Il est complètement indépendant de la Commission des Réparations, qui n'intervient pas dans sa nomination et n'a pas le pouvoir de mettre un terme à son mandat.

Si ses fonctions sont définies par le rapport des experts, ce dernier ne fournit aucune précision quant à l'étendue de ses pouvoirs, et ne le munit d'aucune autorité déterminée.

Si le commissaire constate une infraction à la loi ou aux statuts de la Banque, il pourra sans doute la signaler au président, au Directoire ou au Conseil général. Mais ses pouvoirs ne paraissent pas aller au delà. Aucun droit de veto ne lui est accordé, et aucun recours n'est prévu, en cas de nécessité, soit à la Commission des Réparations, soit aux Gouvernements alliés.

Il est à craindre, dans ces conditions, que le contrôle international de la Banque, prévu par les experts, par la constitution du Conseil général et du commissaire, soit plus nominal qu'effectif.

En ce qui concerne l'établissement à l'étranger du département d'émission des billets et de l'encaisse métallique, mesure de sécurité que M. Francqui avait vainement défendue, les experts déclarent dans leur rapport qu'une telle garantie d'indépendance de la Banque vis-à-vis du Gouvernement allemand a un caractère plus politique que technique et qu'elle n'est pas de leur compétence. En fait, le projet des experts stipule que l'encaisse métallique de la Banque et le bureau d'émission des billets seront installés en Allemagne, mais qu'ils pourront être transférés dans un pays neutre si le Conseil général le décide à la majorité des trois quarts des voix. Cette disposition n'a toutefois pas été incorporée dans la loi votée par le Reichstag, pour la raison, invoquée par le Comité d'organisation de la Banque, que le Conseil général possède en tout cas ce pouvoir.

Des règles très strictes sont enfin édictées par les experts pour limiter nettement le rôle de la Banque à celui d'un Institut d'émission : elles spécifient les opérations que la Banque peut faire et les garanties qu'elle doit demander. Il lui est notamment interdit de faire aucun prêt, aucun escompte, aucune avance directe ou indirecte, soit au Reich, soit à un État ou à une commune, soit à aucun Gouvernement étranger. Une seule dérogation à cette prescription se trouve dans l'autorisation donnée au Comité de direction de faire des avances au Reich pour son service de trésorerie, ainsi qu'aux Chemins de fer et aux Postes. Mais le solde débiteur du Gouvernement allemand à la Banque ne devra jamais dépasser 100 millions de marks, et le total des prêts aux Chemins de fer et aux Postes 200 millions.

Telles sont les dispositions essentielles du projet de banque élaboré par les experts, et modifié quelque peu par le Comité d'organisation prévu par ces derniers. On les retrouve sous leur forme définitive. dans les lois qui ont été votées par le Reichstag le 30 août 1924, et qui comportent une loi sur la Banque, le texte des Statuts de la Reichsbank modifiée, une loi relative à la liquidation des billets de la Rentenbank et une loi relative à la monnaie (1).

Il n'est pas nécessaire à la compréhension générale du Plan Dawes d'entrer dans plus de détails et de rendre compte des autres dispositions, moins essentielles au point de vue de cet ouvrage, qui ont été prévues par les experts pour la constitution de la Banque d'émission.

Il serait aussi sans intérêt d'insister sur les différences, peu favorables aux Alliés, que l'on trouve entre la conception définitive des experts, telle qu'on vient de la résumer, et les premiers projets qu'ils étudièrent et dont on a donné plus haut un aperçu.

---

(1) La nouvelle Reichsbank a été constituée en fait par l'assemblée des actionnaires de la Reichsbank qui s'est tenue à Berlin au début d'octobre 1924.

CHAPITRE VI

LE PLAN DAWES

II — L'ÉQUILIBRE BUDGÉTAIRE ET LA CONTRIBUTION DES FINANCES PUBLIQUES AUX RÉPARATIONS

En entamant l'étude du budget allemand, le Comité Dawes commence par définir les trois conditions auxquelles est subordonnée, à son avis, la réalisation de l'équilibre : la stabilité de la monnaie, l'unité économique de l'Allemagne, et « un certain allégement des charges du Traité ». On trouve ainsi posé, dès le début, en même temps que le principe de l'évacuation économique de la Ruhr, le principe d'un moratoire, tout au moins partiel, pour les Réparations.

Après avoir insisté sur la nécessité d'assurer la stabilité financière de l'Allemagne, non pas pour quelques années, mais d'une façon continue et définitive, les experts définissent la somme qui peut être arrêtée en toute sécurité pour les Réparations, c'est-à-dire qui peut être payée par le budget allemand sans compromettre son équilibre, comme se trouvant « aux environs du chiffre qui représente la différence entre le maximum de recettes et le minimum de dépenses que l'Allemagne doit faire pour ses propres besoins ».

Se sentant obligés d'expliquer pourquoi ils sont entraînés à s'occuper des Réparations au delà de la période de reconstruction financière de quelques années qu'ils ont été chargés d'étudier, les experts signalent fort justement que la stabilisation financière dépend essentiellement du rétablissement de la confiance, et que cette dernière « ne saurait être obtenue sans un règlement actuel qui, dans la pensée tant de l'Allemagne que du reste du monde, assure pendant une longue période les finances de l'Allemagne et sa situation vis-à-vis de l'étranger contre toute nouvelle discussion. » Les experts ont donc reconnu qu'aucun assainissement définitif des finances allemandes ne pouvait être obtenu sans un règlement des Réparations (1).

Mais, pour parer à l'objection qu'une évaluation actuelle de la capa-

______

(1) Voir chapitre II : La Mission des Experts.

cité de paiement future de l'Allemagne est bien hasardeuse, les experts se hâtent de déclarer que les paiements allemands, tels qu'ils seront fixés *a priori*, devraient augmenter en proportion de l'accroissement éventuel de la capacité de l'Allemagne. Pour appliquer cette idée fort heureuse, ils prévoient qu'aux paiements annuels, tels qu'ils les fixeront, pourront être ajoutés des paiements supplémentaires calculés au moyen d'un indice qui traduira l'augmentation de la prospérité et, par conséquent, de la capacité de paiement de l'Allemagne.

Les experts savaient parfaitement, d'autre part, qu'il ne leur appartenait pas de fixer une nouvelle fois le montant de la dette des Réparations. Aussi soulignent-ils expressément qu'ils ne vont déterminer, ni le nombre d'annuités que l'Allemagne aura à payer, ni le montant même de ces annuités. Ils déclarent qu'il est hors de leur compétence d'indiquer à quel moment l'indice de prospérité cessera de jouer ou d'indiquer le montant qu'il ne devra pas dépasser. Cette double indétermination, relative au nombre d'annuités et à la valeur de chacune d'elles, empêche évidemment, en stricte théorie, de déterminer la grandeur numérique de la charge que le Plan Dawes impose désormais à l'Allemagne. Mais, comme on le verra plus loin, il n'y a là, une fois encore, qu'une apparence. En fait le projet des experts conduit à une revision réelle, quoique déguisée, des 132 milliards et de l'État des Paiements, revision dont on peut calculer, à peu de chose près, l'importance.

Tout en faisant ainsi montre d'une grande prudence, les experts n'ont pu s'empêcher de faire une allusion discrète au fait qu'une fixation nouvelle et définitive de la dette allemande — ils entendent évidemment une fixation officielle et publique — était subordonnée à un règlement définitif des dettes interalliées. Ce timide appel aux États-Unis d'Amérique se trouve dans leur rapport sous la forme suivante : « Si de nouveaux arrangements étaient faits pour parvenir à un règlement définitif des diverses obligations financières internationales provenant de la guerre, il serait facile, pour les dettes allemandes, de faire fonctionner notre projet conformément à ces nouvelles conditions ». C'était dire sans doute que si les États-Unis et, à leur suite, l'Angleterre, consentaient à l'annulation de leurs créances sur les États européens, ces derniers pourraient se résigner à des réductions correspondantes de leur créance nominale sur l'Allemagne.

Après avoir examiné les conditions dans lesquelles le paiement des réparations était compatible avec le maintien durable de l'équilibre du budget, les experts étudient avec quelque détail le principe de l'équivalence des charges fiscales entre l'Allemagne, dont le territoire n'a pas subi de dévastations », et « les pays dont de grandes et importantes régions ont été dévastées par la guerre et qui ont à supporter la charge de leur reconstitution ».

Le rapport se livre ensuite à l'étude de l'indice de prospérité dont il a été question plus haut, et qui doit permettre aux Alliés de participer à l'accroissement de la prospérité allemande.

On trouve, après cette étude, une discussion fort importante et qui touche au cœur même du problème des Réparations. C'est la distinction fort nette faite entre le montant des sommes que l'Allemagne peut réunir à l'intérieur de ses frontières en vue du paiement des réparations, et le montant qui peut en être transféré à l'étranger. Les experts reconnaissent que « si les Réparations peuvent et doivent être payées à l'aide d'un poste compris dans le budget — c'est-à-dire au moyen de l'excédent des impôts sur les dépenses intérieures — elles ne peuvent être payées à l'extérieur qu'à l'aide d'un excédent économique fourni par le travail du pays ». Le rapport insiste sur le fait que si l'excédent budgétaire peut être assez facilement déterminé, il n'en est pas de même de la balance économique d'un pays, balance qui, elle, ne saurait être exactement calculée. Les limites posées par cette balance en matière de paiements à l'étranger, bien qu'impossibles à déterminer de façon précise, sont cependant réelles. Le rapport conclut que l' « expérience seule indiquera quelles conversions en monnaie étrangère pourront être faites en pratique ». Il voit là « la sauvegarde contre des conversions en change étranger qui détruiraient la stabilisation et compromettraient par là les Réparations futures ».

Dès ce moment, les Alliés sont ainsi avertis que les sommes dont on va parler, et que devra payer l'Allemagne, ne sont pas forcément les mêmes que les sommes qu'ils recevront.

Passant au budget allemand lui-même, les experts déclarent tout d'abord que « l'Allemagne est en mesure d'équilibrer son budget avec ses propres ressources, si une monnaie stable est instituée, si l'unité économique et fiscale du Reich est rétablie, et si le budget est déchargé temporairement des paiements du Traité ». Le rapport ajoute que cet équilibre pourra être maintenu dans la suite si les paiements futurs du Traité ne dépassent pas la capacité de l'Allemagne. Il affirme, avant d'examiner une à une les années suivantes, que « dès le début les ressources intérieures devront couvrir les dépenses intérieures ordinaires et, à une date très prochaine, suffire, en outre, à fournir une contribution substantielle au paiement de la dette extérieure ».

Le principe est donc posé, combinant les idées de M. Stamp avec celles de MM. Alix et Houtart, que le budget allemand peut être équilibré immédiatement par ses propres moyens, s'il ne doit pas comprendre de paiements aux Alliés, et qu'il pourra présenter rapidement des excédents lui permettant de contribuer, pour partie, au financement des Réparations.

. Le rapport étudie ensuite la façon dont le budget allemand pourra être établi dans l'avenir, et comment il pourra contribuer aux Réparations.

Cinq périodes sont à distinguer à cet égard.

La première période comprend les deux premiers exercices (1) : 1924-1925 et 1925-1926. Les experts estiment que pour ces deux exercices le budget ordinaire pourra s'équilibrer, mais ne pourra pas présenter d'excédent qui puisse être affecté aux Réparations sans « compromettre, tant la structure du budget, que la stabilité de la monnaie ». Pour répondre cependant aux nécessités des Réparations et ne pas interrompre les livraisons en nature, le rapport prévoit que pendant la première de ces deux années le Gouvernement allemand devra émettre à l'étranger un emprunt de 800 millions de marks-or. Le produit en or ou en devises de cet emprunt devra servir à la constitution de la banque d'émission. Celle-ci pourra émettre en contre-partie un montant de billets de banque dont le Gouvernement allemand se servira pour payer à ses nationaux les livraisons en nature à faire aux Alliés. A cette somme de 800 millions de marks-or s'ajoutera un prélèvement de 200 millions sur les recettes des chemins de fer allemands, recettes qui ne figurent pas au budget. La première annuité est ainsi fixée à 1 milliard de marks-or.

Pour l'exercice 1925-1926, le rapport prévoit que les Alliés pourront disposer — le budget ne fournissant rien — de 1.200 millions de marks-or, obtenus à raison de 125 millions de marks-or par le paiement de l'intérêt des obligations industrielles dont il sera question plus loin, de 595 millions de marks-or par prélèvement sur les recettes des chemins de fer, et de 500 millions de marks-or par la vente d'actions de préférence de la Compagnie des chemins de fer (2).

---

(1) L'exercice budgétaire allemand part du 1er avril de chaque année.

(2) Le rapport des experts prévoit que les 2 milliards de marks-or d'actions de préférence de la Compagnie des chemins de fer seront utilisés à raison de un quart à la vente dans le public, au profit du Trésor allemand, et pour les trois quarts au remboursement de la dette existante des chemins de fer et au paiement des futures dépenses en capital. Il en résulte que le Gouvernement allemand doit faire une rentrée extraordinaire de 500 millions de marks-or. Les experts prévoient, par un détour assez peu compréhensible, que la moitié de cette somme ira aux Alliés et l'autre moitié au budget allemand. Mais par contre ce dernier fournira aux Alliés 250 millions de marks-or devant provenir de l'impôt sur les transports. Tout se passe donc en somme comme si le Gouvernement allemand conservait la totalité de ses impôts, y compris la totalité de l'impôt sur les transports, c'est-à-dire comme si le budget

On voit avec quelle ingéniosité on est arrivé à concilier les idées des experts anglais, qui voulaient un moratoire absolu, avec celles des experts français et belges qui se refusaient à une interruption complète des prestations de Réparations.

Les experts admettent que dès l'année 1926 l'Allemagne sera en voie d'arriver rapidement à une restauration complète, et qu'elle sera arrivée en 1928 à une situation économique normale.

Aussi la deuxième période, qui embrasse les deux exercices suivants : 1926-1927 et 1927-1928, est-elle considérée par les experts comme inaugurant la contribution du budget allemand aux Réparations. Au moratoire budgétaire total des deux premières années fait place un moratoire partiel. La contribution du budget est fixée par le rapport à 110 millions pour l'année 1926-1927 et à 500 millions pour l'année 1927-1928.

Les annuités totales pendant cette période sont en 1926-1927 de 1.200 millions et en 1927-1928 de 1.750 millions, provenant, en dehors des contributions budgétaires ci-dessus, des versements des chemins de fer et du paiement de l'intérêt des obligations industrielles, comme on le verra plus loin.

Ces annuités sont toutefois sujettes à modifications, dans une limite ne dépassant pas 250 millions de marks-or en plus ou en moins, d'après le système suivant : « Si l'ensemble des revenus des droits de douane et des impôts sur l'alcool, le tabac, la bière et le sucre dépasse 1 milliard en 1926-1927 ou 1 milliard 250 millions en 1927-1928, il devra être ajouté aux contributions budgétaires un montant égal au tiers de l'excédent. Inversement, si l'ensemble de ces revenus n'atteint pas respectivement 1 milliard ou 1 milliard 250 millions, les contributions budgétaires correspondantes devront être diminuées d'un montant égal au tiers du déficit ».

Il faut remarquer en passant que les sommes à recevoir par les Alliés pendant ces deux années étant ainsi rendues dépendantes du produit des revenus gagés, on incite en quelque sorte le Gouvernement allemand à faire fléchir le rendement des impôts correspondants pendant cette période.

La troisième période, celle de l'année fiscale 1928-1929, marque la fin du moratoire. Les experts estiment qu'à ce moment la situation financière et économique de l'Allemagne sera redevenue normale. Ils décident qu'à partir de cette année le budget ordinaire devra

---

allemand n'avait aucune contribution à fournir, et comme si le produit de la vente des 500 millions d'actions de préférence de la Compagnie des Chemins de fer allait entièrement aux Alliés.

contribuer aux Réparations à raison de 1 milliard 250 millions de marks-or par an, cette somme étant susceptible d'être augmentée dès l'année suivante, comme on va le voir.

L'annuité totale de 1928-1929, avec les chemins de fer et les obligations industrielles, est de 2 milliards 500 millions de marks-or.

La quatrième période va de l'exercice 1929-1930 à l'exercice 1933-1934. Pendant ces cinq années le budget allemand devra fournir, en plus de la contribution normale de 1 milliard 250 millions de marks-or, une contribution supplémentaire calculée d'après l'indice de prospérité dont il a été question, mais en appliquant le pourcentage d'augmentation à la moitié seulement de l'annuité normale, soit à 1 milliard 250 millions.

La cinquième période, qui commence avec l'exercice 1934-1935 et dont la durée n'est pas limitée (1), ne se distingue de la quatrième période que par le fait que le jeu de l'indice de prospérité s'appliquera désormais, non plus à la moitié de l'annuité, mais à l'annuité normale tout entière, pour déterminer l'annuité supplémentaire.

Il convient de le remarquer dès à présent, bien qu'on aura l'occasion d'y revenir : si la contribution imposée au budget allemand n'a été limitée par les experts ni en valeur, ni dans le temps, les contributions des chemins de fer et des industries allemandes s'éteignent, elles, en 1964, les concessions et dispositions correspondantes étant prévues pour quarante ans. A partir de l'année 1965-1966 la contribution budgétaire constituera donc à elle seule, en admettant qu'il soit encore question du paiement des Réparations, l'annuité à payer par l'Allemagne.

En résumé, la contribution du budget allemand au paiement des Réparations est fixée par les experts comme suit :

Première période :

    (Moratoire total pour le budget)
        Exercice 1924-1925. . . .   0
        —   1925-1926. . . .   0

Deuxième période :

    (Moratoire partiel pour le budget)
        Exercice 1926-1927 . . .   110 millions de marks-or.
        —   1927-1928 . . .   500 millions de marks-or.

------

(1) Voir *infra*.

Troisième période :

(Contribution normale du budget)
> Exercice 1928-1929 .. . . 1.250 millions de marks-or.

Quatrième période :

> Exercices 1929-1930 à 1933-1934. . 1.250 millions de marks-or + l'application de l'indice de prospérité à la moitié de l'annuité totale.

Cinquième période :

> Exercices 1934-1935 et suivants... 1.250 millions de marks-or + l'application de l'indice de prospérité à l'annuité totale.

Après avoir examiné dans quelle mesure les experts ont décidé que les finances publiques allemandes devaient contribuer aux Réparations, il reste à voir quelles sont les garanties dont ils ont doté ces versements.

Le rapport commence par déclarer à cet égard que « la meilleure garantie de paiement est l'intérêt qu'ont le Gouvernement et le peuple allemands à accepter de bonne foi une charge dont le monde est convaincu qu'elle n'excède pas leur capacité, et de liquider aussi rapidement que possible un fardeau qui est et doit être lourd ». C'est là sans doute une vue profondément juste. Mais un passé récent n'incline pas à croire aveuglément en sa réussite.

Aussi les experts s'empressent-ils de reconnaître que « un règlement des Réparations doit être renforcé par des garanties productives et adéquates » et s'efforcent-ils plus loin de définir les « garanties tangibles et productives que les créanciers éprouvent naturellement le désir de recevoir ».

Le Comité Dawes rejette tout d'abord, comme inopportun, « tout système qui impliquerait directement ou indirectement le contrôle virtuel de toutes les recettes et dépenses de l'Allemagne, qui entraînerait pour l'autorité chargée du contrôle la responsabilité de tous les troubles financiers et qui pourrait être un prétexte pour que ces troubles se produisissent ».

Les experts estiment qu'il suffit d'établir « un régime sous lequel une combinaison d'intérêt personnel et de pression latente suffira pour garantir une bonne administration financière » et ils réalisent un tel régime en assignant aux créanciers de l'Allemagne et en plaçant sous leur contrôle certains revenus spéciaux : ceux des douanes (1) et des impôts sur l'alcool, le tabac, la bière et le sucre (2).

---

(1) Le rendement des douanes allemandes dépassait avant la guerre 800 millions de marks.

Pendant la période d'inflation et de dépréciation du mark qui a suivi la guerre, et même en y comprenant les taxes d'exportation qui, avant la guerre, n'existaient pas, ce rendement est tombé très bas, comme le montre le tableau suivant :

	Droits de douane (millions marks-or)	Taxes d'exportation (millions marks-or)	Total (millions marks-or)
Exercice 1919-1920	125	79	204
— 1920-1921.	164	170	334
— 1921-1922.	232	118	350
— 1922-1923.	102	139	241
— 1923-1924.	97	16	113

Dès les premiers mois d'application du Plan Dawes, du 1er septembre au 31 décembre 1921, le produit des douanes s'est relevé (pour ces quatre mois) à 117,3 millions de marks-or, ce qui correspond à un rendement annuel de 352 millions de marks-or.

(2) Le rendement de ces quatre impôts était avant la guerre :

Alcool...	214	millions de marks
Tabac...	57	—
Bière	296	—
Sucre	181	—
TOTAL.	748	millions de marks

Ce rendement a dans l'ensemble fortement diminué pendant la période d'inflation et de dépréciation du mark qui a suivi la guerre, comme le montre le tableau suivant dressé en millions de marks-or.

	Ex. 1920-21	Ex. 1921-22	Ex. 1922-23
Alcool...........................	50	31	24
Tabac.	144	139	68
Bière	12	13	4
Sucre	9	5	2
TOTAL.	215	188	98

Les « Notes techniques » belges ont calculé qu'on pouvait, en période normale, escompter les rendements annuels suivants :

Alcool...	600	millions de marks-or
Tabac.	450	—
Bière	200	—
Sucre	130	—
TOTAL.	1.380	millions de marks-or

Le Gouvernement allemand, dans ses observations sur ces Notes (novembre 1923), admet, sauf pour l'alcool, un rendement supérieur aux estimations belges. Les chiffres sont les suivants :

Alcool.	335	millions de marks-or
Tabac.	499	—
Bière	240	—
Sucre	195	—
TOTAL.	1.289	millions de marks-or

Le rapport des experts signale enfin que les fonctionnaires du Gouvernement allemand qui ont été consultés à ce sujet ont estimé que le rendement de ces quatre

Ces revenus, perçus par les autorités allemandes, devront être versés directement et intégralement par elles à un commissaire allié. Ce dernier prélèvera, par priorité, sur le produit de ces droits et impôts, la somme correspondante à la partie de l'annuité qui doit provenir des recettes budgétaires, y compris celle qui doit provenir de l'impôt sur les transports, ainsi que, si besoin en est, la somme nécessaire au complément des versements qui doivent provenir des chemins de fer et des obligations industrielles. Le solde de ces revenus gagés doit être remis par le commissaire à la disposition du Gouvernement allemand.

Le commissaire aux revenus gagés, nommé par la Commission des Réparations, doit adresser à cette dernière des rapports périodiques sur l'accomplissement de sa mission. Mais il conserve la pleine responsabilité de celle-ci, qu'il exécute en somme en toute indépendance.

Cette mission, suivant que les recettes prévues sont atteintes ou non, peut aller d'une simple surveillance, en quelque sorte extérieure, jusqu'à une inspection étroite des services allemands et même — en cas de manquement — jusqu'à une direction effective de l'administration allemande dans tous ses détails. Il est inutile de souligner combien cette dernière mesure serait malaisée à appliquer, et combien, en dernière analyse, la garantie fournie aux Alliés par le contrôle du commissaire aux revenus gagés dépend de la personnalité

---

impôts atteindrait 1 milliard 700 millions de marks-or en 1928-1929, tandis que les techniciens appelés par le Comité d'experts à se prononcer ont donné le chiffre de 2 milliards 146 millions de marks-or.

Le rendement des impôts en question s'est redressé beaucoup plus vite que les experts ne l'avaient prévu.

Dès les premiers mois d'application du Plan Dawes, du 1er septembre au 31 décembre 1924, le produit des « revenus gagés », à l'exception des douanes (Voir *infra*), a atteint (pour ces quatre mois) la somme de 391 millions de marks-or :

Tabac	175,4
Bière	63,9
Alcool	64,1
Sucre	87,5
	390,9

Ces chiffres correspondent à un rendement annuel de 1 milliard 200 millions de marks-or environ, nettement supérieur à celui d'avant-guerre et de l'ordre des estimations des « Notes techniques » belges.

Ce rendement annuel de 1 milliard 200 millions de marks-or se décompose comme suit :

Tabac	526
Bière	192
Alcool	192
Sucre	262
	1.172

de ce dernier et de sa volonté plus ou moins grande d'assurer le paiement des Réparations, dont une moitié est sous son contrôle (1).

Pour que les versements attendus du budget allemand soient assurés, il faut et il suffit donc que le revenu des douanes et des impôts sur le tabac, l'alcool, le sucre et la bière soit versé en totalité aux Alliés, et soit au moins égal au montant qu'il garantit.

Pour que ce revenu garantisse de plus les versements devant provenir des chemins de fer et des obligations industrielles, c'est-à-dire constitue cette garantie générale de tous les paiements allemands, que les experts ont prévue, comme on le verra plus loin, il faut et il suffit qu'il soit égal au moins au montant total de l'annuité à payer.

Mais il faut remarquer que c'est au Gouvernement allemand lui-même qu'incombe le versement des sommes correspondantes au commissaire allié. Et l'on ne voit pas quelles sont les garanties qui assurent qu'il effectuera régulièrement ces versements.

Les experts déclarent explicitement d'ailleurs qu'ils ne proposent pas, comme les Notes techniques belges l'avaient fait, la transformation des impôts de consommation en monopoles nouveaux. Ils estiment que le système qu'ils préconisent « présente le maximum d'efficacité, sans toutefois faire encourir aux Alliés, de responsabilité pour aucun manquement dans l'exécution du projet ».

N'est-il pas permis de douter de cette efficacité? En renonçant à la transformation en monopoles commerciaux des impôts de consommation affectés à la garantie aux réparations, les experts n'ont pas soustrait les paiements correspondants à la bonne volonté du Gouvernement allemand. Ils n'apportent aux Alliés, par ce système de revenus contrôlés, d'autres garanties que celles qu'ils possédaient déjà par le système tout à fait analogue prévu par l'État des Paiements de 1921, système qui, à l'expérience, s'est révélé absolument inefficace, et dont on connaît la faillite (2). De plus, tandis que les fonds de garantie prévus par l'État des Paiements devaient être versés aux Alliés, en or ou en devises étrangères, le produit des revenus affectés par les experts à la garantie des Réparations ne doit être versé, comme on le verra plus loin, qu'en monnaie allemande.

Il est sans intérêt réel de souligner davantage la faiblesse des garanties provenant de l'affectation pure et simple aux Réparations de

---

(1) La Commission des Réparations a appelé à ces fonctions, le 29 août 1924, M. Mac Fadyean, fonctionnaire de la Trésorerie britannique, ancien secrétaire général de la Commission des Réparations.

(2) On peut dire cependant qu'une différence essentielle se trouve dans le fait que l'État des Paiements avait été imposé au Gouvernement allemand tandis que le plan Dawes a été librement accepté par lui.

certains impôts allemands, comme il le serait d'insister sur le peu d'efficacité que peut avoir un contrôle de ces revenus. Le contrôle n'est d'ailleurs qu'un moyen de constater les défauts de paiement, mais non de les prévenir ni d'y remédier. Il peut être associé aux garanties, mais il ne saurait remplacer ces dernières. Or, il est malheureusement fort douteux que la seule affectation aux Alliés du produit en monnaie allemande des cinq catégories d'impôts envisagées constitue une garantie réelle que les paiements correspondants seront régulièrement effectués. L'opposition du Gouvernement allemand à l'érection en monopoles des revenus gagés, opposition appuyée par les experts anglo-saxons, ne permit pas à cet égard le triomphe si désirable des conceptions de M. Francqui.

Il semble donc, pour conclure, que la fraction de l'annuité qui doit provenir des recettes budgétaires n'est pas dotée en fait d'une garantie efficace. Le paiement de cette partie de l'annuité ne paraît pas mieux, ni même aussi bien assuré, que ne l'étaient les versements allemands dans le passé.

Il n'en est pas de même, heureusement, comme on le verra dans les chapitres suivants, pour les versements devant provenir des chemins de fer et des obligations industrielles.

CHAPITRE VII

LE PLAN DAWES

III — LA MISE EN SOCIÉTÉ DES CHEMINS DE FER ALLEMANDS

Les sommes susceptibles d'être soustraites au budget allemand en vue des Réparations se trouvant insuffisantes pour constituer les annuités de 2 à 3 milliards de marks-or que l'on s'accordait tacitement à considérer à la fois comme nécessaires et comme modérées, les experts ont dû chercher les moyens de compléter l'annuité de Réparations par d'autres ressources. Ils les trouvèrent dans l'affectation aux Réparations des bénéfices du réseau ferré allemand, d'une part, et, d'autre part, dans une contribution spéciale dont ils chargèrent les industries allemandes, et qui sera étudiée plus loin.

Il aurait été possible, sinon heureux, de se borner, en ce qui concerne la contribution des chemins de fer allemands aux Réparations, à une formule analogue à celle qui avait été employée pour la contribution budgétaire : l'affectation pure et simple des recettes à un commissaire allié, sans autre garantie que l'obligation pour les autorités allemandes d'en verser l'intégralité aux Alliés.

Mais les experts ne s'en contentèrent pas, et cherchèrent, pour la contribution des chemins de fer, des garanties de paiement plus solides en enlevant leur exploitation au Reich et en la remettant à une société anonyme théoriquement indépendante de ce dernier.

Il est difficile de ne pas remarquer que ce que le Plan Dawes a prévu pour garantir la contribution des chemins de fer aux Réparations (ainsi que, on le verra plus loin, la contribution des entreprises industrielles) aurait pu être réalisé d'une façon analogue pour la contribution budgétaire. On s'explique difficilement que les experts n'aient pas doté cette dernière de garanties (constitution de monopoles commerciaux pour la perception des revenus gagés), analogues à celles qu'ils ont jugées nécessaires pour les chemins de fer et pour les obligations industrielles. La résistance du Gouvernement allemand à toute atteinte à sa souveraineté devait-elle être plus forte en ce qui concerne les cinq impôts affectés aux Réparations qu'en ce qui regarde l'exploitation de l'important réseau ferré allemand ?

Le rapport des experts signale tout d'abord que les chemins de fer allemands, dont la valeur en capital est au minimum de 26 milliards de marks-or, ont été débarrassés, par suite de la dépréciation du mark, de leur dette ancienne qui absorbait avant la guerre la moitié du bénéfice annuel de 1 milliard de marks environ. Après avoir expliqué pour quels motifs ils recommandent la remise de l'exploitation des chemins de fer allemands à une société anonyme, les experts estiment que le réseau ferré devrait contribuer aux Réparations à concurrence de 11 milliards de marks-or. Il serait créé à concurrence de ce montant des obligations hypothécaires de premier rang, portant intérêt à 5 %, plus 1 % par an pour l'amortissement. L'intérêt et l'amortissement de ces obligations (660 millions de marks-or) représenteraient ainsi une charge annuelle, très minime par comparaison avec les chemins de fer d'autres pays, de moins de 3 % du capital investi (26 milliards de marks-or).

Les experts ont dressé un projet détaillé et complet pour la constitution de la Compagnie des chemins de fer. Mis au point par le Comité d'organisation (1) dont ils avaient prévu la création, c'est ce projet qui a donné lieu à la loi et aux statuts votés par le Parlement allemand le 30 août 1924.

Tenant compte d'une période de réorganisation qui leur paraît nécessaire, les experts fixent tout d'abord comme suit les versements à faire par la Compagnie des chemins de fer :

```
Exercice 1924-1925. . . . . . . . . .   200 millions de marks-or.
   —     1925-1926. . . . . . . . .     595      —           —
   —     1926-1927. . . . . . . . .     550      —           —
   —     1927-1928 et suivants . . .    660      —           —
```

Ces sommes correspondent pour la première année à 3 %, pour la seconde année à 4 %, pour la troisième année à 5 %, et pour la quatrième année à 6 % du montant total des obligations. Ce n'est donc qu'à partir de cette dernière année que commence l'amortissement des obligations.

La Compagnie, qui reçoit la concession de l'exploitation du réseau ferré allemand pour une durée minimum de quarante ans, nécessaire à l'amortissement complet des obligations, aura un capital-actions de 15 milliards de marks-or, dont 2 milliards en actions de préférence et 13 milliards en actions ordinaires. Ces dernières seront remises au Gouvernement allemand. Les 2 milliards d'actions de préférence

---

(1) Ce Comité d'organisation fut composé de MM. Leverve (Français), Acworth (Anglais), Vogt et Bergmann (Allemands).

seront remises à la Compagnie, à charge pour elle d'en placer le quart dans le public au profit du Trésor allemand, dans un délai maximum de deux ans (1). Les 1.500 millions d'actions de préférence restantes appartiendront à la Compagnie, qui les utilisera pour le remboursement des nouvelles dettes contractées par les chemins de fer depuis la stabilisation du mark et pour la couverture de ses dépenses futures en capital.

Les 11 milliards d'obligations, que la Compagnie devra émettre à sa constitution, seront remises pour le compte des Alliés à un Trustee (2) à désigner par la Commission des Réparations.

La Compagnie doit être administrée par un Conseil de 18 membres au moins, dont 9 Allemands, à nommer par le Gouvernement allemand, et 9 à nommer par le Trustee et parmi lesquels 5 pourront être allemands (3).

Le président du Conseil d'administration, élu par le Conseil pour un an, à la majorité des trois quarts des voix, devra être allemand. Il a voix prépondérante.

La Direction des chemins de fer est assurée par un directeur général, qui doit être allemand, et qui est nommé par le Conseil d'administration à la majorité des trois quarts des voix. Le directeur général peut être démis de ses fonctions dans les mêmes conditions, sauf si sa démission est demandée par le Commissaire, auquel cas la simple majorité du Conseil suffit.

Le contrôle des Alliés, assez faiblement réalisé, comme on le voit, par la présence de 4 membres non allemands dans un Conseil d'administration composé de 18 membres, est renforcé par l'institution d'un commissaire chargé de veiller aux intérêts des Alliés. Ce commissaire, qui ne peut faire partie du Conseil d'administration, est nommé, pour trois ans, par les membres étrangers de ce Conseil statuant à la majorité (4). Il a seul, aux termes du rapport des experts, l'entière responsabilité de sa mission, est complètement indépendant de la Commission des Réparations et des Gouvernements alliés, et ne relève en somme que de lui-même et de sa conscience. Le commissaire est

---

(1) Ce sont ces 500 millions de marks-or qui doivent servir indirectement, comme on l'a vu, à financer une partie de la deuxième annuité de Réparations.

(2) La Commission des Réparations a appelé à ces fonctions, le 29 août 1924, M. Delacroix, délégué du Gouvernement belge à la Commission des Réparations.

(3) Le Trustee a nommé 5 administrateurs allemands et 4 administrateurs respectivement anglais, français, belge et italien. Le Conseil d'administration de la Compagnie des Chemins de fer allemands comprend donc 14 membres allemands et 4 non allemands.

(4) M. Leverve (Français), secrétaire général de l'Union internationale des Chemins de fer, a été appelé à ces fonctions le 27 septembre 1924.

muni d'un droit général d'inspection et de regard, et est spécialement préposé à la sauvegarde des intérêts des obligataires. Il a le droit d'intervenir par voie de persuasion auprès du directeur général si une mesure quelconque menace les droits ou les intérêts des obligataires ou des Alliés représentés par la Commission des Réparations et compromet notamment le paiement des redevances prévues. Si son intervention auprès du Directeur général de la Compagnie n'est pas suivie d'effets, il a le droit de présenter au Conseil d'administration les propositions nécessaires. Aucun autre recours n'est prévu s'il ne trouve pas plus d'écho auprès du Conseil d'administration qu'auprès du directeur général, ce qui d'ailleurs peut se justifier tant que les redevances sont régulièrement versées. Mais, si, à un moment donné, les recettes de l'exploitation deviennent insuffisantes pour assurer le paiement des redevances prévues, le rapport lui donne « le droit, pour sauvegarder les intérêts des obligataires, de prendre telles mesures que le Trustee, pour le compte des obligataires, pourra juger nécessaires », droit qui peut aller jusqu'à exploiter, affermer ou vendre, en totalité ou en partie, les chemins de fer et leurs biens hypothéqués en faveur des Réparations.

Ce droit est, en réalité, plus théorique que réel. On ne voit pas très bien comment, dans une administration aussi vaste et aussi complexe que celle de ce réseau de plus de 50.000 kilomètres, un commissaire allié pourrait, le cas échéant, s'opposer efficacement à l'inertie ou à la mauvaise volonté d'un directeur général allemand et d'un Conseil d'administration composé de personnalités allemandes pour plus des deux tiers.

Diverses autres dispositions sont prévues, notamment en ce qui concerne les versements supplémentaires que pourraient faire les chemins de fer, le remboursement anticipatif des obligations de Réparations qui en résulterait, et la cessation du contrôle allié qui devrait en être la conséquence. Il est prévu à cet égard que si l'amortissement, le rachat ou le retrait des obligations a lieu avant la fin de la concession (1964), la durée de la concession sera réduite d'autant. Il est stipulé, inversement, que si au contraire l'amortissement, le rachat ou le retrait n'est pas terminé au 31 décembre 1964 la concession sera prolongée jusqu'à ce que cet amortissement, ce rachat ou ce retrait soit entièrement terminé.

Les versements annuels destinés au service des obligations affectées aux Réparations doivent être prélevés sur les recettes de la Compagnie. Une garantie supplémentaire est donnée à l'exécution de ces versements par une stipulation aux termes de laquelle, si la redevance due par les chemins de fer n'est pas intégralement versée, le déficit peut être comblé par prélèvement sur la part qui doit revenir au Gouvernement allemand des cinq impôts affectés en garantie dont il a été question plus haut. Cette garantie supplémentaire, il est à peine besoin de le mentionner, n'ajoute d'ailleurs pas grand'chose, les versements des chemins de fer étant beaucoup mieux assurés que ceux des cinq impôts affectés en garantie supplémentaire.

Le versement annuel de 660 millions de marks-or correspondant au service de l'intérêt et de l'amortissement des 11 milliards d'obligations de Réparations est la seule contribution exigée de la Compagnie des chemins de fer elle-même. Il incombe toutefois de plus à cette Compagnie de verser aux Alliés, en lieu et place du Gouvernement allemand, le produit de l'impôt sur les transports (impôt que les chemins de fer percevaient jusque là pour le compte du Reich), jusqu'à concurrence de 250 millions par an la deuxième année et de 290 millions par an jusqu'à la fin de la concession, y compris toute prolongation éventuelle. Le rapport mentionne que cette redevance spéciale pourra être employée par le trustee à gager l'émission d'une nouvelle série d'obligations s'élevant à environ 3 milliards de marks-or.

On voit en somme qu'en régime normal les chemins de fer doivent apporter aux Réparations, en y comprenant les 290 millions de l'impôt sur les transports, une contribution annuelle de 950 millions de marks-or. Le paiement de l'impôt sur les transports n'est d'ailleurs pas garanti beaucoup plus fortement que celui de la partie de l'annuité qui doit provenir du budget, dont elle est séparée d'ailleurs assez arbitrairement.

La tranche annuelle de 660 millions, prestation des chemins de fer eux-mêmes destinée au paiement de l'intérêt et de l'amortissement des 11 milliards d'obligations, paraît mieux garantie. Toutefois, cette garantie ne sera absolument sûre, et la partie correspondante de la dette allemande ne pourra être considérée comme commercialisée, que lorsque la totalité ou une grande partie des obligations aura pu être placée dans le public et cotée dans les principales bourses du monde. On verra plus loin combien certaines dispositions de l'organisation financière du Plan rendent ce placement incertain. On verra qu'il est à craindre, à moins que le Comité des Transferts n'adopte une politique large et décidée, que les obligations des chemins de fer ne suivent le sort des obligations du Traité de Versailles et des obligations de l'État des Paiements, et ne rejoignent ces dernières dans les coffres de la Commission des Réparations pour y dormir d'un éternel sommeil.

CHAPITRE VIII

LE PLAN DAWES

IV — L'HYPOTHÈQUE SUR LES INDUSTRIES ALLEMANDES

La troisième et dernière source de recettes à laquelle les experts ont fait appel pour compléter leur système de Réparations consiste dans ce qu'ils ont appelé les obligations industrielles. Il s'agit « d'exiger de l'industrie allemande, à titre de participation au paiement des Réparations, une somme dont le montant ne sera pas inférieur à 5 milliards de marks-or, somme qui sera représentée par des obligations hypothécaires de premier rang comportant un service annuel de 5 % d'intérêts et de 1 % d'amortissement ».

Le rapport des experts rappelle l'offre qui avait été faite aux Alliés par le Cabinet Cuno le 7 juin 1923, offre qui proposait d'appliquer en faveur des Réparations une charge de 10 milliards de marks-or aux exploitations industrielles, aux entreprises de transports, à la banque, au commerce et à l'agriculture.

Mais les experts ont estimé (1) qu'il convenait d'exempter l'agriculture de cette charge, et qu'il fallait se borner aux seules entreprises industrielles, en exigeant de ces dernières le service d'intérêt et d'amortissement d'une charge globale de 5 milliards de marks-or.

Les experts font remarquer dans leur rapport que ce montant est inférieur à la dette d'avant-guerre des entreprises industrielles allemandes, dette pratiquement éteinte par l'avilissement du mark, et déclarent qu'ils « sont convaincus que l'imposition aux industries allemandes d'une dette hypothécaire d'un montant de 5 milliards de marks-or, équitablement répartie, portant un taux d'intérêt modéré et payable à longue échéance, ne constitue pas une charge supérieure à celle qui eût existé s'il n'y avait pas eu de dépréciation de la monnaie. »

---

(1) On a raconté plus haut (chap. III : Les idées de M. Francqui) les vicissitudes diverses par lesquelles passa le projet de contribution des industriels allemands aux Réparations, et comment la conception primitive de l'expert belge à cet égard fut progressivement affaiblie par ses collègues.

Un projet pour la mise en œuvre du système des obligations hypothécaires à imposer aux industries allemandes est annexé au rapport du Comité. Mais, à l'encontre de ce que les experts avaient entrepris pour la Banque d'émission et pour la Compagnie des chemins de fer, ce projet est assez sommaire. Il n'indique que les grandes lignes du système envisagé. Il laisse à un Comité d'organisation dont il prévoit la constitution le soin d'en élaborer le mécanisme et tous les détails (1).

C'est donc dans le projet final dressé par ce Comité d'organisation, projet qui fut voté par le Reichstag le 30 août 1924, qu'il faut rechercher les dispositions essentielles qui régissent désormais la contribution de l'industrie allemande aux Réparations.

Les entreprises industrielles et de métiers (y compris les entreprises de mines, de navigation maritime et fluviale, de chemins de fer à voie étroite, de chemins de fer privés et de tramways), sont grevées d'une dette globale de 5 milliards de marks-or, dont elles sont tenues d'assurer le service d'intérêt et d'amortissement de la façon suivante :

1re année : néant.	0 millions de marks-or.
2e année : intérêt de 2 1/2 %, soit.	125 — —
3e année : intérêt de 5 %, soit	250 — . .
4e année et 36 années suivantes : intérêt de 5 % et amortissement de 1 %, soit . . .	300 — —

La dette mise ainsi à la charge de l'industrie est représentée par des obligations que devront souscrire individuellement chacun des industriels frappés.

Ces obligations sont affectées aux Réparations, par l'intermédiaire d'un mécanisme dont on parlera plus loin. Leur service est garanti par une hypothèque de droit public de premier rang sur tous les biens et droits immobiliers faisant partie du capital d'exploitation des entreprises. Il est garanti en outre, en cas de faillite, par un privilège sur la valeur de tous les biens mobiliers, privilège que viennent primer seules les créances des ouvriers et employés du chef de leurs salaires. C'est donc l'actif tout entier des entreprises qui sert de gage aux obligations et en garantit le service, l'inexécution par les industriels des charges qui leur incombent permettant de recourir à l'exécution forcée sur la totalité des biens meubles et immeubles de l'exploitation.

---

(1) Ce Comité, qui devait comprendre aux termes du rapport des experts un représentant du Gouvernement allemand, un représentant de l'industrie allemande, 2 membres nommés par la Commission des Réparations, et un cinquième membre de nationalité neutre à choisir par les 4 autres, a été composé de MM. Ernst Trendelenburg et Hermann Bucher (Allemands), Alix (Français), Bianchini (Italien) et Marcus Wallenberg (Suédois).

Le capital, l'intérêt et l'amortissement de la dette sont de plus garantis par le Gouvernement allemand lui-même. Cette garantie gouvernementale résulte, comme pour les obligations des chemins de fer, d'une disposition stipulant qu'en cas de défaillance des débiteurs obligataires, les sommes manquantes seront prélevées sur la partie devant revenir au Gouvernement allemand du produit des recettes des cinq impôts affectés à la garantie de la contribution budgétaire. En outre, il est prévu que si le produit de ces cinq impôts est insuffisant à cet effet, le Reich devra se procurer sur ses ressources propres les fonds nécessaires à la couverture des manquants éventuels. La garantie supplémentaire du Reich ajoute d'ailleurs peu de chose, il est inutile d'y insister, à la garantie principale dont sont dotées les obligations industrielles du chef de l'hypothèque prise en leur faveur sur les entreprises frappées.

Des dispositions détaillées sont prévues pour les industries exemptées de l'hypothèque (entreprises du Reich et des États allemands, certaines entreprises communales, les entreprises agricoles, les banques, les assurances, cafés, hôtels, entreprises commerciales, ainsi que les entreprises de toute nature, dont le capital est inférieur à 50.000 marks-or), ainsi que pour la répartition de l'hypothèque entre les industries frappées (1). Une revision périodique de cette répartition est édictée. Des règles sont établies au sujet de la façon dont devront être frappées les industries qui se constitueraient après la mise en vigueur du système.

Les obligations souscrites individuellement par les industries ne sont pas destinées à être négociées, à l'exception d'une tranche de 500 millions, comme on le verra plus loin. Elles sont confiées à la garde commune d'un Trustee nommé par la Commission des Réparations (2) et d'une banque créée spécialement pour leur gestion.

Cette banque, une fois en possession des obligations individuelles, émet à son tour 5 milliards de marks-or de bons industriels qui sont, eux, destinés à la vente dans le public, leur service d'intérêt et d'amortissement étant garanti par les obligations individuelles détenues

---

(1) Il est stipulé que la participation des principales catégories d'industries à la charge totale ne pourra pas, sous réserve d'une marge d'un dixième, être inférieure aux pourcentages suivants :

        Grosse industrie (mines et métallurgie du fer et de l'acier) .   20 %
        Industrie des machines et industrie électrique . . . .   17 %
        Industrie chimique. . . . .   8 %
        Industrie textile. . . . .   7 %

(2) La Commission des Réparations a appelé à ces fonctions, le 29 août 1924. M. Nogara (Italien).

par la banque. C'est en somme la banque, interposée entre les industriels frappés et les Alliés (ou les porteurs de bons industriels, lorsque ceux-ci auront été placés), qui est substituée aux Alliés (ou aux porteurs de bons industriels) dans leurs droits sur les industriels assujettis, et à ces derniers quant à leurs obligations vis-à-vis des Alliés (ou des porteurs de bons industriels).

La Commission des Réparations, qui a, en tant que représentant des Alliés, la propriété des bons industriels, désigne un Trustee dont la mission est de gérer, d'accord avec la banque, ces bons industriels, aussi bien que les obligations individuelles primitives, et de pourvoir au paiement de l'intérêt et de l'amortissement. Le Trustee représente les porteurs de titres aussi longtemps que ces derniers ne se seront pas trouvés dans les conditions légales requises pour élire un représentant direct.

La banque, qui doit être de nationalité allemande et porte le nom de « Banque des obligations de l'industrie allemande », doit être fondée à Berlin, avec la participation des banques allemandes, au capital de 10 millions de marks-or (1).

Sa fonction essentielle, outre la prise de possession, la conservation et la gestion à titre de garantie des obligations individuelles émises par les industries, ainsi que toutes les opérations qui y ont trait ou en dépendent, consiste à recueillir les sommes versées par les industriels assujettis pour les appliquer, d'accord avec le Trustee, au service de l'intérêt et de l'amortissement des titres émis.

Les bons industriels, que la banque émet pour un capital nominal de 5 milliards de marks-or, sont au porteur et négociables. Ils sont gagés, comme on l'a vu, par les obligations hypothécaires souscrites individuellement par les différentes industries. Ces bons industriels sont répartis en deux séries égales, la première portant intérêt de 5 % à partir de la seconde année et la deuxième le même intérêt à partir de la troisième année. L'amortissement, à raison de 1 % par an, ne commence qu'à partir de la quatrième année, et s'effectue par voie de tirage au sort. Des amortissements supplémentaires peuvent être opérés par voie de rachat sur le marché. A partir du 1er janvier 1937 la banque peut procéder au remboursement global des bons qu'elle aura émis.

---

(1) Cette banque doit être dirigée par un ou plusieurs directeurs allemands. Son Conseil d'administration, présidé par un Allemand, se compose de 14 membres. Le président est élu chaque année par le Conseil, à la majorité d'au moins 10 voix. Les membres du Conseil sont nommés pour trois ans, 7 par le Gouvernement allemand, 3 par la Commission des Réparations, et 4 par les membres non allemands du Conseil général de la Reichsbank.

La Banque des obligations industrielles a été constituée le 2 octobre 1924.

C'est afin de faciliter la négociation des obligations industrielles que l'intermédiaire des bons industriels à émettre par la banque a été imaginé. On a estimé en effet que ces bons, solidement gagés par la masse des obligations hypothécaires individuelles, se placeraient plus facilement dans le public que des obligations émises par des industries d'importance fort diverse et dont beaucoup sont peu connues à l'étranger.

Les bons industriels, libellés en marks-or, peuvent être transformés en titres libellés en monnaies étrangères, sans toutefois que la dette globale de 5 milliards, et l'annuité correspondante de 300 millions, puissent en être augmentées.

On a dit plus haut que les 5 milliards d'obligations souscrites individuellement par les industriels n'étaient pas destinées à être négociées, à l'exception d'une tranche de 500 millions. A cet effet, et afin de permettre un certain choix, les 5 milliards d'obligations individuelles remises à la banque comprennent 750 millions d'obligations négociables et 4.250 millions d'obligations non négociables.

Les 4.250 millions d'obligations non négociables sont conservées par la banque qui remet en échange au Trustee un montant nominal égal de bons industriels.

Les 750 millions d'obligations négociables, choisies parmi les obligations des entreprises les plus importantes, sont remises, elles, au Trustee, qui peut les vendre dans le public jusqu'à concurrence d'un montant nominal de 500 millions. Tant que ces 750 millions d'obligations individuelles restent entre les mains du Trustee, la banque garde en portefeuille un montant nominal égal de bons industriels.

La banque détient donc à ce moment 4.250 millions d'obligations individuelles et 750 millions de bons industriels, et le Trustee les 750 millions d'obligations individuelles négociables et 4.250 millions de bons industriels.

Au fur et à mesure que le Trustee vendra des obligations individuelles, il devra en donner avis à la banque, afin que celle-ci annule un montant correspondant sur les 750 millions de bons industriels qu'elle a gardés en portefeuille en contre-partie des obligations négociables délivrées au Trustee. Lorsque le Trustee aura réalisé les 500 millions d'obligations individuelles qu'il a le droit de vendre, et que 500 millions de bons industriels auront corrélativement été annulés par la banque, il remettra à la banque les 250 millions d'obligations individuelles qui lui restent, et la banque lui remettra en échange les 250 millions de bons industriels qui lui restent. Les 250 millions d'obligations négociables qui n'ont pas été vendues par le Trustee et que celui-ci a remises à la banque reprennent leur place dans le portefeuille de cette dernière, à côté des 4.250 millions d'obligations non négociables, pour servir de couverture aux 4.500 millions de bons industriels restant entre les mains du Trustee, et que ce dernier peut émettre dans le public.

En résumé, le trustee peut placer dans le public 500 millions de marks-or d'obligations individuelles négociables choisies par lui dans un lot de 750 millions, et 4.500 millions de bons industriels gagés par le même montant d'obligations individuelles conservées par la banque. Encore des dispositions sont-elles prévues pour que le Trustee ne puisse négocier plus de la moitié du montant nominal des obligations individuelles de chaque entreprise.

Afin de permettre aux industriels frappés par l'hypothèque de racheter, s'ils le désirent, les obligations individuelles qu'ils ont souscrites, il est stipulé que le Trustee ne pourra placer d'obligations dans le public avant un délai de six mois. Après ce délai, les entreprises industrielles conserveront le droit de racheter celles des obligations négociables qui se trouveraient encore en possession du Trustee. Le rachat doit être fait à la valeur nominale, en or, en monnaies étrangères, ou en monnaie allemande tant que cette dernière reste à la parité de l'or. Il peut également s'effectuer par la remise de bons industriels, qui seront comptés pour leur montant nominal.

Telles sont, exposées aussi simplement que possible, les dispositions essentielles qui régissent la contribution des industries allemandes aux Réparations.

Peut-être doit-on regretter que les experts aient limité cette contribution à 300 millions de marks-or par an, alors que le Cabinet Cuno avait offert une prestation annuelle de 500 millions de marks-or. Toutefois, l'offre Cuno ne valait qu'à partir du 1er juillet 1927, et les experts ont avancé quelque peu cette date, puisque dès l'exercice 1925-1926, 125 millions doivent être versés, et dès l'exercice suivant 250 millions.

La garantie de ces versements, consistant dans le caractère individuel des obligations souscrites par les industriels et dans l'hypothèque dont elles sont dotées sur l'actif entier des entreprises, a une valeur sérieuse. On peut dire que, des trois sources de recettes destinées par les experts aux Réparations, c'est celle qui paraît dotée des garanties les plus solides. (Elle ne représente malheureusement que la plus faible partie de l'annuité, un huitième environ.)

De plus, il n'est pas trop optimiste d'espérer qu'une certaine somme en capital pourra être obtenue rapidement pour les Réparations par le rachat, par les industriels assujettis, de tout ou partie des 500 millions de marks-or d'obligations individuelles que le Trustee est autorisé à vendre. Ces industriels ont en effet l'intérêt le plus direct à se décharger d'une dette hypothécaire qui va peser lourdement sur leur crédit.

Si les experts avaient pu réussir à s'accorder pour édicter, pour la contribution aux Réparations des recettes budgétaires et des chemins de fer, des garanties aussi sûres que celles dont ils ont doté la contribution des industries allemandes, leur système eût présenté tout entier la solidité qui en aurait fait une construction remarquable et qui eût autorisé de légitimes espoirs de recouvrement intégral et régulier.

Il n'a pas dépendu de certains d'entre eux, on l'a assez dit, qu'il en fût ainsi. L'opposition tenace du Gouvernement allemand, trop souvent encouragée par les experts britanniques, ne l'a pas permis.

On peut le déplorer. Mais il faut comprendre que si l'unanimité n'avait pu se réaliser au sein du Comité d'experts (ce qui ne pouvait se faire qu'au moyen de ces compromis qui ne satisfont jamais entièrement personne), l'échec de l'expertise eût ramené les Alliés à la situation dont ils avaient voulu sortir, et qui ne leur procurait comme Réparations que celles qu'ils parvenaient à arracher de force à l'Allemagne.

CHAPITRE IX

LE PLAN DAWES

V — LE SYSTÈME DES PAIEMENTS ET SA VALEUR NUMÉRIQUE

En récapitulant les versements annuels que les experts ont assignés au budget allemand, aux chemins de fer et aux entreprises industrielles, on obtient le tableau suivant :

1re année (1924-1925) :

	Millions de marks-or
a) Sur les recettes budgétaires.	0
b) Sur les recettes des chemins de fer. .	200
c) Sur le produit d'un emprunt extérieur.	800
Total.	1.000

2e année (1925-1926) :

a) Sur les recettes budgétaires	0
b) Sur les recettes des chemins de fer. .	595
c) Sur l'impôt sur les transports.	250
d) Sur la vente d'actions privilégiées des chemins de fer.	250
e) Sur les obligations industrielles . . .	125
Total.	1.220

3e année (1926-1927) :

a) Sur les recettes budgétaires	110 (1)
b) Sur les recettes des chemins de fer. .	550
c) Sur l'impôt sur les transports.	290
d) Sur les obligations industrielles . . .	250
Total.	1.200 (1)

4e année (1927-1928) :

a) Sur les recettes budgétaires	500 (1)
b) Sur les recettes des chemins de fer. .	660
c) Sur l'impôt sur les transports. . . .	290
d) Sur les obligations industrielles. . .	300
Total.	1.750 (1)

(1) Sujet à une modification en plus ou en moins de 250 millions maximum.

5e *année* (1928-1929) :

Millions de marks-or

a) Sur les recettes budgétaires	1.250
b) Sur les recettes des chemins de fer . .	660
c) Sur l'impôt sur les transports	290
d) Sur les obligations industrielles . . .	300
Total	2.500 (annuité normale)

6e à 10e *année* (1929-1930 à 1933-1934) :

le montant de l'annuité normale (2.500 millions) doit être augmenté d'une somme supplémentaire déterminée par l'application de l'indice de prospérité à la moitié de cette annuité.

11e à 40e *année* (1934-1935 à 1963-1964) :

le montant de l'annuité normale doit être augmenté d'une somme supplémentaire calculée par l'application de l'indice de prospérité à sa totalité.

A partir de la 41e *année* (1964-1965) :

les versements des chemins de fer, de l'impôt sur les transports, et des obligations industrielles cessent. Il n'est pas indiqué de date pour la fin des versements provenant des recettes budgétaires.

*
* *

Il est évidemment impossible de calculer avec quelque précision la valeur numérique d'un tel système d'annuités, à cause de l'indétermination qui pèse sur plusieurs de ses éléments.

Tout d'abord la valeur des 3e et 4e annuités ne sera connue exactement que plus tard. La valeur de chacune des annuités à partir de la 6e, valeur qui dépend de l'indice de prospérité, est également inconnue aujourd'hui. Enfin, si une partie de chaque annuité — celle qui se rapporte aux chemins de fer, à l'impôt sur les transports et aux obligations industrielles — ne court que pendant quarante ans, aucune limite de temps n'est indiquée pour la fraction de l'annuité correspondant à la contribution budgétaire.

C'est à la faveur de ces imprécisions volontaires que les experts ont esquivé la fixation de la dette allemande, qui sans cette précaution se serait faite *ipso facto*. C'est grâce à cette triple indétermination que le Plan Dawes a pu être accepté si facilement par tous les Gouvernements intéressés, aussi bien du côté des Alliés que de celui de l'Allemagne. La réduction importante et réelle qu'il apporte en fait à la créance nominale des Alliés est assez habilement dissimulée pour échapper complètement aux regards de ceux qui ne se sont pas fait une spécialité de cette matière difficile.

La nouvelle dette allemande, telle qu'elle résulte en fait du Plan Dawes, ne peut donc être calculée qu'en remplaçant les points d'interrogation par des chiffres, qu'en adoptant par hypothèse des montants choisis le plus judicieusement possible pour les sommes que les experts ont négligé de fixer. Il en résulte que, quel que soit le chiffre auquel auront conduit les calculs, il ne sera jamais à l'abri de la critique. On pourra toujours trouver des arguments valables pour soutenir, suivant le camp que l'on désire convaincre, que le montant véritable des Réparations, tel qu'il résulte du Plan Dawes, est plus faible, ou plus fort, que celui auquel auront conduit des calculs nécessairement basés sur certaines données hypothétiques. En présence de n'importe quel chiffre, on pourra toujours prouver à l'opinion publique française, italienne, belge ou serbe, que le montant véritable est plus élevé, et on pourra tout aussi facilement montrer au public allemand, anglais ou américain, qu'il est plus bas.

Dans cet ouvrage, où l'on a eu le souci constant de raconter les choses telles qu'elles se sont passées et de rendre compte des faits en toute objectivité, on va chercher maintenant à se faire une idée de la valeur numérique du système des experts, en restant complètement libéré de la gêne d'une opinion à défendre ou d'une thèse à soutenir. On a l'ambition de se placer devant un problème exclusivement numérique, problème dont l'énoncé est incomplet, ou plutôt indéterminé, et dont la solution exige par conséquent le choix de certaines hypothèses pour remplacer les données manquantes. Les hypothèses que l'on choisira seront celles qui paraîtront les plus vraisemblables, celles dont la réalisation apparaîtra comme le plus probable, sans avoir égard à l'influence qu'elles pourront avoir sur un résultat au sujet duquel on désire absolument ne rien préjuger.

Il faut d'ailleurs dire dès maintenant que si la nécessité de faire ces hypothèses entraîne forcément quelque incertitude quant au résultat final, la marge d'erreur dont ce résultat en sera entaché n'est pas exagérée, ainsi qu'on le verra. Si les résultats auxquels on arrivera ne peuvent être considérés comme mathématiquement exacts, ils seront néanmoins suffisamment approchés pour pouvoir être sans crainte utilisés en pratique, et notamment pour permettre la comparaison du système des experts avec les systèmes de Réparations antérieurs, avec n'importe quel autre programme de Réparations ou avec toute autre obligation internationale née de la guerre.

La première difficulté que l'on rencontre dans le calcul de la valeur du Plan Dawes consiste dans l'indétermination de la valeur des 3e et 4e annuités. Cette difficulté n'est pas grande, ou tout au moins l'erreur maximum que l'on risque de commettre à ce sujet n'est pas très importante.

La 3e annuité, fixée à 1.200 millions, peut descendre à 950 millions ou atteindre 1.450 millions. La 4e annuité, 1.750 millions, peut aller de 1.500 millions à 2.000 millions. C'est pour chacune de ces annuités un écart maximum de 500 millions entre les hypothèses extrêmes. En admettant, au seul point de vue des calculs, les chiffres moyens, c'est-à-dire respectivement 1.200 et 1.750 millions, on risque donc de commettre pour chacune de ces annuités une erreur qui sera au plus de 250 millions dans chaque sens. Dans le calcul de la valeur actuelle du système on commettra donc une erreur totale égale, au plus, à la valeur actuelle de 250 millions payables dans deux ans et demi (en supposant, ce qui est logique, le paiement de l'annuité réparti uniformément sur toute l'année) augmentée de la valeur actuelle de la même somme payable dans trois ans et demi. Le calcul donne pour le total de ces deux valeurs actuelles, au taux de 8 %, la somme de 398 millions. Non seulement cette première hypothèse, relative à la valeur des 3e et 4e annuités, est celle qu'en l'absence de tout élément de prévisions il est le plus logique de faire, mais on voit qu'en outre elle n'influera que très peu ($\pm$ 0,4 milliard) sur l'exactitude pratique du résultat final.

La seconde difficulté que l'on rencontre est plus grande. C'est celle qui se présente lorsqu'il s'agit d'estimer *a priori* quelle sera l'influence de l'indice de prospérité sur le montant des trente-cinq dernières annuités auxquelles on suppose qu'il doit être appliqué.

L'indice de prospérité proposé par les experts est basé sur les six éléments suivants :

1º Total des recettes et dépenses budgétaires réunies y compris celles des États de Prusse, Saxe et Bavière (déduction faite de part et d'autre du montant des paiements au titre de l'exécution du Traité de Paix compris dans l'année);

2º Total de la population de l'Allemagne (calculé d'après les résultats de recensement les plus récents dont on dispose, les statistiques démographiques et du mouvement des émigrations;

3º Consommation par tête du charbon (et du lignite exprimé en équivalent charbon);

4º Total des exportations et importations allemandes réunies;

5º Trafic des chemins de fer mesuré à l'aide des statistiques des poids transportés;

6° Valeur totale des quantités de sucre, tabac, bière et alcool, consommées en Allemagne (mesurées à l'aide des prix effectivement payés par le consommateur).

Ces six éléments doivent être calculés tout d'abord en prenant la moyenne des résultats des statistiques des trois années 1927, 1928 et 1929 en ce qui concerne les trois premiers, et des six années 1912, 1913, 1926, 1927, 1928 et 1929, pour les trois derniers. Les six valeurs ainsi obtenues constituent la base de comparaison à utiliser. Pour chaque année future on doit calculer le pourcentage de modification de chacun de ces six éléments par rapport à sa valeur de base. C'est la moyenne arithmétique, de ces six pourcentages qui est adoptée, comme indice de prospérité pour l'année considérée. On doit l'appliquer à 1 milliard 250 millions pour les 6e, 7e, 8e, 9e et 10e annuités (1929-1930 à 1933-1934), et à 2 milliards 500 millions à partir de la 11e (1934-1935). On obtient ainsi la valeur de chacune des annuités à payer par l'Allemagne à partir du 1er septembre 1929.

Il est évident qu'il est impossible de se rendre compte dès maintenant de la façon dont varieront dans l'avenir les six éléments de prospérité adoptés par les experts, et par conséquent d'estimer dans quelle mesure ils viendront modifier l'annuité normale de 2 milliards 250 millions de marks-or à laquelle leur variation moyenne doit être appliquée. Quoiqu'on en ait, on est donc obligé, pour calculer la valeur du système des experts, d'estimer *a priori* l'influence de l'indice de prospérité sur le montant des annuités futures.

Si l'on calcule tout d'abord la valeur actuelle du système des experts en ne tenant pas compte du jeu de l'indice de prospérité, et en supposant de plus, que le système s'arrête entièrement au bout de quarante ans (1), c'est-à-dire en supposant que de la 6e à la 40e année l'annuité reste fixée à 2,5 milliards, valeur de l'annuité normale, on obtient (2) pour la valeur actuelle des 40 annuités :

Au taux d'intérêt de 5 % : 39,5 milliards.
—   —   8 % : 26,8   —

C'est d'ailleurs le taux de 8 % qui correspond le mieux pour le moment aux conditions réelles des marchés financiers, et que l'on adoptera par conséquent dans les calculs (3).

Il ne reste qu'à tenir compte de la valeur actuelle des suppléments

---

(1) Voir *infra*.
(2) Voir appendice XXII.
(3) Les émissions d'emprunts étrangers aux États-Unis faites vers la fin de 1923 peuvent donner à penser que le taux de 8 % est lui-même encore un peu faible.

annuels provenant de l'application de l'indice de prospérité. De nombreuses recherches et de multiples évaluations ont été faites à ce sujet. Aucune d'elles, cela va sans dire, ne saurait prétendre à représenter plus ou moins exactement un avenir qui reste évidemment inconnu. Il est clair néanmoins, d'une part, que la limite inférieure des accroissements annuels est égale à zéro, et d'autre part on peut admettre qu'un accroissement annuel de 100 millions par an constitue un maximum, une limite supérieure, qu'il ne serait pas raisonnable de considérer comme susceptible d'être dépassée.

On a dressé un tableau (1) indiquant les valeurs actuelles à 8 % d'une série de systèmes d'annuités supplémentaires résultant d'un accroissement annuel, dû à l'indice de prospérité, que l'on a fait varier de 0 à 100 millions par bons réguliers de 10 millions. En tenant compte que le supplément annuel s'applique pour moitié de la 6e à la 10e annuité, et pour la totalité à partir de la 11e annuité seulement, on a obtenu les résultats suivants :

Supplément annuel résultant de l'indice	Valeur actuelle du système des annuités supplémentaires correspondantes
0 million	0,0 milliard.
10 millions	0,7 —
20 —	1,5 —
30 —	2,2 milliards.
40 —	2,9 —
50 —	3,6 —
60 —	4,4 —
70 —	5,1 —
80 —	5,8 —
90 —	6,6 —
100 —	7,3 —

Si l'on adopte le chiffre médian de cette série, hypothèse vraisemblable étant donnés les éléments d'appréciation de l'avenir dont on dispose aujourd'hui, on voit qu'on est conduit à risquer une erreur maximum finale de 3,6 milliards dans un sens ou dans l'autre. Toute autre hypothèse conduirait à une erreur également probable à celle-là, mais dont la grandeur, quoique plus faible dans un sens, serait plus élevée dans l'autre.

On admettra donc ici, en invoquant cette hypothèse uniquement au point de vue des calculs, que l'application de l'indice conduira à un

---

(1) Voir appendice XXIII.

supplément annuel régulier de 50 millions de marks-or. Les annuités
normales du Plan Dawes seraient donc augmentées annuellement de
25 millions de la 6e à la 10e année et de 50 millions à partir de la
11e année. La série des 40 annuités complètes se présenterait dès lors
comme suit :

1re année (1924-1925).	1.000	millions de marks-or.	
2e — (1925-1926).	1.200	—	—
3e — (1926-1927).	1.220	—	—
4e — (1927-1928).	1.750	—	—
5e — (1928-1929).	2.500	—	—
6e — (1929-1930).	2.525	—	—
7e — (1930-1931).	2.550	—	—
8e — (1931-1932).	2.575	—	—
9e — (1932-1933).	2.600	—	—
10e — (1933-1934).	2.625	—	—
11e — (1934-1935).	2.675	—	—
. . . .		. . . . (accroissement régulier de 50 millions par an).	
40e — (1963-1964).	4.125		

La grandeur de la dernière annuité (4.125 milliards), qui serait à
payer dans quarante ans, de même que la valeur moyenne des trente
et une dernières annuités, qui ressort à 3.375 millions, ne sortent pas
du domaine des estimations raisonnables, et montrent en quelque sorte
que l'hypothèse qui a été faite n'a en tout cas rien d'invraisemblable.

La dernière indétermination que l'on rencontre dans le Plan Dawes
résulte du fait que les experts, s'ils ont arrêté les versements des chemins de fer et des obligations industrielles à la quarantième année,
n'ont pas mis de limite aux versements devant provenir des recettes
budgétaires.

Si l'on veut bien se rappeler que l'opinion unanime a toujours été
de ne pas prévoir pour un grand pays, quel qu'il soit, la charge d'une
dette de guerre pendant une période supérieure à la durée d'une génération, que le Traité de Versailles lui-même avait fixé à trente années la durée d'acquittement de la dette allemande, et que les Gouvernements alliés, lorsqu'ils se virent obligés en 1921 d'augmenter cette
durée autant que possible, ne se crurent pas permis d'aller au delà
de trente-sept ans, on est bien forcé de reconnaître qu'il serait illogique de supposer dès maintenant que des versements allemands con-
tinuent à se faire après la quarantième année. En limitant à cette quarantième année les versements des chemins de fer et des obligations
industrielles, les experts ont certainement sous-entendu que les versements budgétaires s'arrêteraient en même temps. S'ils ne l'ont pas

prévu explicitement, c'est qu'ils voulaient et devaient éviter le reproche de procéder à une nouvelle fixation de la dette allemande, et qu'ils ne pouvaient y échapper définitivement qu'en créant précisément l'indétermination supplémentaire qui résulte de la non-limitation dans le temps du paiement d'une fraction de l'annuité. Il est donc logique d'admettre que les versements du budget s'arrêteront en même temps que les autres, c'est-à-dire à la quarantième année. Ceci ne préjuge nullement, qu'on ne s'y trompe pas, de la durée réelle pendant laquelle se feront les versements allemands. On veut dire simplement que, dès à présent, il est légitime de considérer, au seul point de vue du calcul, de la valeur du système des experts, que les paiements du budget cesseront comme les autres au bout de la quarantième année.

En faisant cette hypothèse on n'agit d'ailleurs pas très fort sur le résultat final. La valeur actuelle de sommes à percevoir dans un grand nombre d'années diminue en effet très rapidement avec ce nombre d'années, et devient quasi négligeable lorsque ce nombre devient très grand. En prolongeant de dix ans par exemple les paiements du budget, c'est-à-dire en les faisant continuer jusqu'à la cinquantième année, tout en supposant que l'accroissement dû à l'indice continue à raison de 50 millions par an, on n'obtiendrait, au taux d'intérêt de 8 %, qu'une augmentation de 1 milliard 250 millions de la valeur actuelle totale du système. Ce chiffre est la mesure de l'erreur que l'on commettrait en supposant tout le système arrêté après la quarantième année si les versements budgétaires devaient continuer encore pendant dix ans.

Au prix des trois hypothèses qui viennent d'être faites la valeur actuelle à 8 % du système de paiement des experts, la valeur négociable de ce système, ressort à 30,4 milliards de marks-or (1), ce montant pouvant être entaché d'une erreur qui ne saurait dépasser dans le cas le plus défavorable 5,4 milliards en moins ou 4 milliards en plus (2).

Il est donc permis d'affirmer que la valeur réelle de la créance des Alliés sur l'Allemagne, telle qu'elle résulte en fait du Plan Dawes, est comprise entre 25 et 35 milliards de marks-or, sa valeur la plus probable devant se tenir aux environs de 30 milliards de marks-or.

Les 800 milliards de Loucheur, les 500 milliards de Lloyd George

----

(1) 26,8 milliards pour le système d'annuités normal plus 3,6 milliards pour les annuités supplémentaires résultant de l'indice.

(2) Total des trois erreurs maxima ($\pm$ 0,4 $\pm$ 3,6 — 1,4) correspondant aux trois hypothèses faites.

et de Lord Cunliffe, les 250 milliards de M. Lamont (1), les 132 milliards de la Commission des Réparations, sont donc ramenés en fait par les experts à cette trentaine de milliards que, dès la Conférence de la Paix, le comte Brockdorff avait offerte (2).

M. Pirelli, l'industriel italien qui fit partie du premier Comité d'experts, aimait à rappeler un entretien qu'il avait eu au sujet des Réparations avec l'ancien ministre allemand Rathenau.

Un jour, c'était peu après la Conférence de Cannes, M. Pirelli disait à Rathenau : « Vous devriez faire un effort, offrir réellement 30 milliards de marks-or, *cash down*. Au nom de tous les Alliés, je vous garantis que j'accepterais. »

Et Rathenau de répondre : « J'espère bien que tout le monde ne va pas devenir aussi raisonnable que vous. Nous serions obligés de payer. »

Ceci se passait, il est vrai, en 1922.

Le temps, et l'Angleterre, ont depuis travaillé pour l'Allemagne.

En 1922 Rathenau prévoyait l'impossibilité, pour l'Allemagne, d'esquiver le paiement d'une dette ramenée à 30 milliards de marks-or. Trois ans plus tard, alors que la dette allemande est en fait, sinon officiellement, réduite à ce chiffre, il n'est plus du tout aussi certain que les Alliés l'encaisseront.

*
* *

Il reste à faire, au sujet de la valeur numérique du système des experts, deux observations dont l'importance pratique est loin d'être négligeable : c'est tout d'abord que le montant de 30,4 milliards de marks-or qui vient d'être calculé n'est pas destiné exclusivement aux Alliés, et ensuite que la partie qui doit aller à ceux-ci n'est pas affectée uniquement aux Réparations. La créance Réparations proprement dite des Alliés, telle qu'elle résulte du Plan Dawes, est ramenée à une somme sensiblement inférieure aux 30,4 milliards dont il vient d'être question (3).

Les experts ont estimé, en effet — et l'on retrouve ici la trace des opinions de M. Stamp — que les paiements annuels qu'ils ont fixés

---

(1) On trouvera à l'appendice XXIV une liste des principales estimations de la dette allemande qui ont été faites depuis l'armistice jusqu'aujourd'hui.

(2) C'est la valeur actuelle à 8 % des 100 milliards de marks-or de l'offre allemande faite à Versailles (Voir troisième partie, chap.. V).

(3) Encore a-t-on supposé jusqu'à présent que tout ce qui serait versé par l'Allemagne serait encaissé par les Alliés, ce qui n'est rien moins que sûr, comme on le verra dans le chapitre suivant.

atteignaient la limite des possibilités allemandes, et que ces paiements devaient comprendre par conséquent, non seulement les Réparations, mais la totalité des obligations internationales de l'Allemagne dérivant du Traité de Paix, et de plus les obligations supplémentaires contractées par elle envers les États-Unis par le Traité de Berlin. Les experts précisent dans leur rapport que les paiements allemands tels qu'ils les ont arrêtés doivent comprendre « tous les montants que l'Allemagne serait tenue de verser aux puissances alliées et associées pour les dépenses résultant de la guerre, y compris les Réparations, les restitutions, toutes les dépenses de toutes les armées d'occupation, pour la partie des soldes des Offices de Vérification et de Compensation que la Commission des Réparations jugera devoir légitimement rester à la charge définitive du Gouvernement allemand, pour le coût des Commissions de contrôle et de surveillance, etc... » ainsi que « les paiements spéciaux, tels que ceux dus au titre des articles 58, 124 et 125 du Traité de Versailles » et enfin « le coût des contrôles administratifs qui sont institués » par le Plan Dawes lui-même.

Si l'on se rappelle (1) comment, dans le passé, les paiements de l'Allemagne ont été absorbés en grande partie, au détriment des Réparations, par les dépenses de l'occupation militaire, et notamment des armées d'occupation américaine et anglaise, on peut éprouver quelque inquiétude quant aux sommes qui, sur les annuités du Plan Dawes, resteront finalement disponibles pour les Réparations.

C'est pourquoi il faut, pour compléter l'étude de la valeur numérique du système des experts, chercher à se faire une idée de la mesure dans laquelle les versements prescrits par les experts seront utilisés à la couverture des diverses dépenses, et de ce qui en restera finalement pour les Réparations.

Les annuités Dawes doivent servir à éteindre toutes les obligations de l'Allemagne envers les Alliés et envers les États-Unis.

Outre les Réparations dues aux Alliés et les Réparations réclamées par les États-Unis, ces obligations comprennent le service de l'emprunt de 800 millions de marks-or de 1924, le paiement de l'occupation militaire, les frais des diverses commissions et organismes interalliés, le remboursement des dépenses d'occupation anciennes et non encore payées des États-Unis, de la Grande-Bretagne et de la France, le paiement des soldes des Offices de Vérification et de Compensation, le remboursement aux puissances créancières de la dette de guerre de la Belgique que le Traité de Versailles a mis à charge de l'Alle-

---

(1) Voir troisième partie, chapitre IV : Le coût de l'occupation militaire.

magne, et enfin la restitution des valeurs et objets enlevés par les armées allemandes dans les territoires alliés qu'elles ont occupés.

La première de ces obligations dérive de l'emprunt extérieur de 800 millions de marks-or effectué par l'Allemagne en 1924, conformément au plan des experts, pour le financement partiel de la première annuité.

La charge annuelle du service de cet emprunt est de 92 millions de marks-or environ la première année et décroît progressivement pour atteindre 61 millions la 25e et dernière année.

On rencontre après cette charge celle plus importante encore du remboursement des dépenses de l'occupation militaire. Cette occupation doit normalement, aux termes du Traité de Paix, durer jusqu'au 10 janvier 1935.

Les dépenses de l'occupation militaire sont de deux sortes : celles qui étaient assumées jusqu'ici par l'Allemagne sous forme de prestations en nature faites directement et gratuitement aux troupes alliées (en vertu des articles 6 et 8 à 12 de l'arrangement du 28 juin 1919 concernant l'occupation militaire des territoires rhénans), et celles qui étaient assumées par les Gouvernements alliés respectifs et que l'Allemagne était tenue de leur rembourser.

On sait que le montant de cette seconde catégorie de dépenses, après avoir atteint au 1er mai 1921 des sommes si considérables qu'elles avaient absorbé la presque totalité des 3,7 milliards de marks-or que l'Allemagne avait versés à cette date (1), a été ramené à partir du 1er mai 1922 à un montant forfaitaire annuel de 220 millions de marks-or. Il est probable que ce montant, qui paraît d'ailleurs relativement modéré, sera encore quelque peu réduit dans l'avenir par suite de la réduction d'effectifs qui résultera probablement de l'évacuation progressive des zones occupées. On peut admettre que le forfait de 220 millions sera ramené à 160 millions pour la prochaine année, à 130 millions pour les quatre années suivantes, et à 100 millions pour les cinq années suivantes que l'on supposera être les cinq dernières.

Quant à la première catégorie de dépenses, les prestations en nature (logements, casernements, combustibles, fourrages, etc.), faites directement par l'Allemagne aux armées alliées, et qui constituaient jusqu'ici une prestation gratuite du Reich, elles ont atteint dans le passé

---

(1) Ces 3,7 milliards de marks-or représentent la valeur totale des prestations faites par l'Allemagne au 1er mai 1921 sous forme de matériel remis en vertu des conventions d'armistice aux Alliés, de marchandises délivrées à ceux-ci, et, pour une faible part, de numéraire. La valeur des biens d'État se trouvant dans les territoires cédés aux Alliés n'y est pas comprise. (Voir troisième partie, chap. IV).

des montants considérables, tant à cause des estimations grossièrement exagérées qui en ont été faites par les fonctionnaires allemands que par suite des exigences immodérées des officiers anglais et américains. Le budget allemand prévoit pour ces prestations, pour l'exercice 1924-1925, une dépense de 300 millions de marks-or environ. Ce chiffre dépasse certainement la réalité. D'un autre côté, il faut supposer que les Alliés, maintenant qu'ils auront à encourir en quelque sorte eux-mêmes ces dépenses, couvertes désormais elles aussi par les versements du Plan Dawes, s'arrangeront pour les réduire à un montant plus raisonnable. On peut espérer, avec les effectifs actuels, les voir ramenées à quelque 100 millions de marks-or par an. En tenant compte des diminutions futures d'effectifs devant résulter de la réduction successive des zones d'occupation, on peut admettre que ces dépenses seront limitées annuellement à 70 millions pendant les cinq prochaines années et à 50 millions pendant les cinq dernières années d'occupation. Mais les Alliés paraissent s'être mis d'accord pour que ces dépenses ne soient pas prélevées par préciput sur l'annuité, mais soient couvertes pour chacun des Gouvernements intéressés par prélèvement sur les versements Réparations qu'il recevrait.

En somme, l'occupation militaire donnera donc lieu, probablement, à un prélèvement de 160 millions sur la première annuité, de 130 millions sur chacune des quatre suivantes, et de 100 millions sur chacune des cinq suivantes (1).

Les dépenses des diverses commissions interalliées donnent lieu à un nouveau prélèvement sur les annuités.

L'accord financier interallié du 14 janvier 1925 (art. 1) a fixé pour ces dépenses les montants maxima suivants :

Commission des Réparations et organismes dérivant du Plan Dawes :

Année commençant le 1er septembre
1924. . . . . 9 1/4 millions de marks-or par an.
Années suivantes. . . . . 7 1/2   —   —

---

(1) L'accord financier interallié du 14 janvier 1925 (art. 2) s'est borné à fixer le coût des armées d'occupation pour l'année commençant le 1er septembre 1924. Pour cette année, le chiffre arrêté est de 160 millions de marks-or (France : 110 millions; Grande-Bretagne : 25 millions; Belgique : 25 millions). Cette somme semble destinée uniquement à couvrir les dépenses en numéraire des Gouvernements occupants, à l'exclusion du paiement des prestations en nature prévues par les articles 8 à 12 de l'arrangement rhénan. Ces dernières devraient être couvertes pour chaque puissance intéressée au moyen de prélèvements correspondants sur leurs parts de Réparations.

Ces dispositions doivent être revisées le 1er septembre 1925 pour les annuités suivantes.

Haute Commission interalliée des territoires rhénans :

Année commençant le 1er septembre
  1924. . . . .   10 millions de marks-or par an.
Années suivantes. . . . .   à fixer ultérieurement.

Commission Militaire interalliée de contrôle :

Année commençant le 1er septembre
  1924. . . . .   8 millions de marks-or.
Années suivantes. . . . .   à fixer ultérieurement.

On peut estimer le prélèvement annuel nécessité par l'ensemble de ces commissions à 20 millions de marks-or pour les dix premières et à 10 millions de marks-or pour les trente dernières annuités.

Le remboursement aux États-Unis de leurs dépenses d'occupation militaire restées impayées par l'Allemagne avait fait, comme on sait, l'objet, le 25 mai 1923, d'un accord (1) en vertu duquel les Gouvernements alliés s'engageaient à verser en espèces au Gouvernement américain douze annuités de 87 millions de marks-or environ à prélever sur les sommes qu'eux-mêmes toucheraient de l'Allemagne.

L'accord financier interallié du 14 janvier 1925 a annulé cet arrangement et a stipulé que le remboursement en question se ferait au moyen de prélèvements de 55 millions de marks-or sur chacune des annuités Dawes à partir du 1er septembre 1926, jusqu'à concurrence du montant à rembourser. -

La créance américaine se montant à 1 milliard 48 millions de marks-or, déduction faite des 23 millions de marks-or de livraisons reçues par les États-Unis en exécution des conventions d'armistice, et le Gouvernement américain ayant déjà touché en vertu de l'accord du 25 mai 1923 une somme de 62 milliards 5 millions provenant des bénéfices réalisés par la Belgique dans la Ruhr (1), le remboursement du solde, soit 985 millions, exigera dix-huit prélèvements annuels de 55 millions sur les annuités Dawes à partir de la troisième.

La France et l'Angleterre se voient également à la tête de créances de même nature, leurs frais d'occupation arrêtés au 1er mai 1921, et qui auraient dû être remboursés en espèces, étant restés impayés, à raison de 217 millions de marks-or pour la France et de 143 millions de marks-or pour la Grande-Bretagne.

L'accord financier interallié du 14 janvier 1925 (art. 21), a disposé que ces créances seraient remboursées par les prélèvements suivants :

---

(1) Voir troisième partie, chapitre IV : Les Dépenses de l'Occupation militaire.

Sur l'annuité partant du 1er septembre 1924. .　15 millions de marks-or.
　—　　　—　　　　—　　　1925. .　20 millions de marks-or.
　—　　　—　　　　—　　　1926. .　25　　—　　　—
　—　　　—　　　　—　　　1927. .　et
sur chacune des annuités suivantes, jusqu'à
extinction... . . . . 30　　—　　　—

Ce remboursement sera donc complété avec la treizième annuité. .

Les soldes des Offices de Vérification et de Compensation (règlement des dettes privées d'avant-guerre entre nationaux allemands et alliés) devraient également être prélevés éventuellement sur les annuités Dawes, de même que dans le passé des sommes importantes ont été payées de ce chef à certains Gouvernements alliés. Il semble que les Alliés aient renoncé désormais à rendre le Gouvernement allemand comptable de ces dettes privées. L'accord financier interallié du 14 janvier 1925 stipule en tout cas (art. 10) qu'aucun montant ne sera réservé en faveur de ces paiements pendant les quatre premières années de l'application du Plan Dawes.

La dette de guerre de la Belgique, qui se monte à 5 milliards 6 millions de marks-or environ, et dont le Traité de Versailles a, par l'article 232, imposé à l'Allemagne le remboursement aux puissances créancières, doit également donner lieu à un prélèvement sur les annuités Dawes en faveur de ces dernières puissances. L'arrangement financier interallié du 14 janvier 1925 a stipulé (art. 4) que ces prélèvements seraient de 5 % de la partie de chacune des annuités disponible pour les Réparations. Il y a là, tous calculs faits, un prélèvement qui croît assez rapidement de 35 à 100 millions environ de la première à la cinquième année, et graduellement de 100 millions à 200 millions environ de la sixième à la quarantième.

Il reste encore une créance des Alliés sur l'Allemagne, distincte des Réparations. C'est celle qui concerne l'obligation imposée à l'Allemagne par le Traité de Paix de restituer les objets et valeurs emportés par les armées allemandes dans les territoires envahis et occupés par elles pendant la guerre. Cette créance fait désormais partie de la créance générale des Alliés couverte par le Plan des Experts. L'accord financier interallié du 14 janvier 1925 a disposé (art. 5) qu'il serait affecté au paiement des restitutions 1 % de la partie de chacune des quatre premières annuités disponible pour les Réparations, et, à partir de la cinquième annuité, 1 % de la partie du premier milliard disponible pour les Réparations et 2 % du surplus de chaque annuité.

Ces prélèvements destinés aux restitutions représentent une charge annuelle, qui s'élève de 7 à 14 millions pour les quatre premières annuités, qui atteint une quarantaine de millions pour la cinquième annuité, et qui croît ensuite graduellement de 1 million par an environ jusqu'à atteindre 72 millions à la quarantième annuité.

En totalisant le montant des charges autres que les Réparations qui viennent d'être définies, le calcul montre (1) qu'il faudra prélever dès le début sur les annuités Dawes, avant toute affectation aux Réparations, une somme de plus de 300 millions de marks-or, somme qui dépasse 400 millions de marks-or la quatrième année et qui, après avoir oscillé autour de 440 millions de marks-or jusqu'à la dixième année, décroît ensuite graduellement pour se tenir entre 250 et 350 millions de marks-or.

Le calcul à 8 % donne pour la valeur actuelle de l'ensemble de ces prélèvements un chiffre de 4 milliards 4 millions de marks-or.

C'est ce chiffre qu'il faut déduire de la valeur actuelle du système des experts pour connaître, en valeur actuelle, la somme que ce système affecte aux Réparations.

Des 30 milliards 4 millions du Plan Dawes il ne reste donc en somme en valeur actuelle que 26 milliards pour couvrir les dommages de guerre des Alliés et les réclamations produites par les États-Unis.

Ces dernières, qui atteignaient primitivement pour les dommages de guerre (en dehors de la somme de 1 milliard de marks-or relative au remboursement des dépenses de l'armée d'occupation américaine) un montant de 5 milliards 2 millions de marks-or, ont été réduites récemment au chiffre de 1 milliard 5 millions de marks-or.

L'accord financier interallié du 14 janvier 1925 a stipulé (art. 3) que les États-Unis participeraient à raison de 2 1/4 % dans toutes les recettes provenant de l'Allemagne au titre des annuités du Plan Dawes et disponibles pour les Réparations, avec une limite de 45 millions de marks-or par an (2).

---

(1) On trouvera à l'appendice XXVI un tableau indiquant la valeur des annuités Dawes (annuités fixes, annuités variables dans l'hypothèse d'un accroissement normal annuel de 50 millions, et annuités totales), la valeur des différentes charges autres que les Réparations qui doivent être rencontrées par ces annuités, et le montant de ce qui reste disponible chaque année pour les Réparations. Le tableau indique en regard de chaque chiffre la valeur actuelle à 5 % et à 8 %.

(2) Ce prélèvement de 2 1/4 % se faisant, non pas concurremment avec les prélèvements des Alliés, mais avant tout prélèvement de ces derniers, les pourcentages de Spa ne s'appliquent plus désormais qu'à 97,75 % de la partie Réparations de l'annuité.

On pourra s'étonner, et, semble-t-il, à juste titre, du traitement privilégié ainsi accordé aux États-Unis. Alors qu'en droit, sinon en équité, rien n'autorisait le Gouvernement américain à prendre sa part des paiements exécutés en vertu d'un Traité qu'il avait refusé de signer (le plan Dawes n'a été élaboré que sous les auspices de la Commission des Réparations, elle-même émanation du Traité de Versailles), non seulement les Gouvernements alliés lui ont reconnu ce droit le 14 janvier 1925, mais encore l'ont-ils placé avant leurs droits propres. Tels sont les petits profits de l'hégémonie.

Dans l'état actuel des choses, cette limite de 45 millions serait atteinte dès la cinquième année, les prélèvements des quatre premières années en faveur des États-Unis se montant respectivement de leur côté à 15, 20, 19 et 30 millions de marks-or.

La valeur actuelle à 8 % de l'ensemble des prélèvements affectés aux réparations américaines atteint 5 milliards de marks-or environ (1).

De 26 milliards de marks-or affectés par le Plan Dawes aux Réparations, il restera ainsi finalement aux Alliés, en valeur actuelle, 25 milliards 500 millions de marks-or.

C'est, en y ajoutant les quelque 6 milliards de marks-or déjà payés par l'Allemagne au titre des Réparations (y compris les bénéfices de l'occupation de la Ruhr), un total de 31 milliards 500 millions de marks-or à mettre en regard des 132 milliards auxquels la Commission des Réparations avait arrêté la valeur des dommages de guerre. Les Alliés toucheront donc, si le Plan Dawes est scrupuleusement exécuté, 24 % de leurs dommages.

Le rapprochement n'est pas moins frappant si l'on met en face de cette somme totale de 31 milliards 500 millions payée et à payer par l'Allemagne les seules dépenses de restauration de la France, de l'Italie et de la Belgique (2), dépenses qui, pour ces trois pays, atteignent près de 90 milliards de marks-or, dont 46 pour leur restauration matérielle.

Ainsi se confirme cette vérité que les guerres modernes, qui mettent aux prises les nations entières avec la totalité de leurs ressources, sont désormais trop dispendieuses pour que les vainqueurs puissent espérer, non seulement rentrer dans leurs dépenses, mais même être indemnisés de leurs pertes matérielles.

------

(1) Voir appendice XXVI.
(2) Voir première partie, chapitre II : Les Destructions et les Pensions.

CHAPITRE X

LE PLAN DAWES

VI — LE MÉCANISME FINANCIER DU PLAN ET SA VALEUR PRATIQUE

On a vu dans les chapitres précédents que, par l'institution de trois autorités alliées ou neutres : les Commissaires à la nouvelle Reichsbank, à la Compagnie des chemins de fer, et aux Revenus gagés, les experts avaient voulu établir le contrôle des Alliés sur la monnaie allemande et sur les ressources affectées aux Réparations. Quant à la défense des intérêts des porteurs éventuels des obligations des chemins de fer et des obligations industrielles, les experts l'ont confié à deux Trustees chargés respectivement de tout ce qui concerne ces deux catégories d'obligations.

Bien que les trois Commissaires doivent exercer leurs fonctions sous leur propre responsabilité et dans une indépendance pratiquement complète, la nécessité de coordonner leur activité a conduit les experts à prévoir en outre la création d'une sorte de Commissaire général, auquel ils ont donné le nom d' « Agent des Paiements de Réparations » (1). Cet Agent, auquel il appartient, aux termes du Plan Dawes, de donner aux Commissaires les « directives de coordination qui pourraient se trouver nécessaires pour éviter tout double emploi, chevauchement de fonctions, frictions inutiles et, d'une manière générale, tout ce qui peut compromettre le fonctionnement harmonieux du Plan », est l'intermédiaire entre les différents Commissaires et la Commission des Réparations, sous l'autorité de laquelle il remplit ses fonctions. Mais son autorité sur les Commissaires est limitée par l'autorité que la Commission des Réparations elle-

____

(1) La Commission des Réparations a appelé à ces fonctions, le 29 août 1924, à titre intérimaire, M. Owen D. Young (Américain), qui fut membre du Comité Dawes. Le 3 septembre 1924, elle a désigné à titre permanent M. Seymour Parker Gilbert (Américain), ancien sous-secrétaire du Trésor des États-Unis.

même possède sur ceux-ci, autorité qui est, comme on l'a vu, faible ou même nulle.

Le rôle de l'Agent des Paiements de Réparations, en tant que coordinateur de l'activité des Commissaires, apparaît donc plus nominal que réel.

Toutefois, là n'est pas sa principale fonction. L'Agent des Paiements de Réparations est doté par le Plan des Experts d'une activité d'un tout autre genre.

C'est à son compte à la Banque d'Émission que doivent être versés tous les paiements de Réparations, quelle qu'en soit la provenance (1). Il est donc comptable vis-à-vis de la Commission des Réparations des sommes versées à son compte, et il lui incombe spécialement de s'assurer que les versements attendus du Gouvernement allemand (contribution budgétaire), de la Compagnie des chemins de fer et de la Banque des obligations industrielles sont faits aux dates prévues et atteignent les montants prescrits.

Là s'arrête d'ailleurs son rôle financier. Contrairement à ce que l'on a souvent écrit et que l'on croit communément, il n'appartient pas à l'Agent des Paiements de Réparations, aux termes du rapport des Experts, de disposer de quelque manière que ce soit des fonds déposés à son compte. Tout au moins ses pouvoirs en cette matière sont partagés avec cinq autres personnalités (de nationalité américaine, française, anglaise, italienne et belge), avec lesquelles il constitue un comité spécial, le Comité des Transferts (2). C'est à ce Comité qu'il incombe d'utiliser en faveur des Alliés les fonds déposés en Allemagne au compte de l'Agent des Paiements de Réparations, et c'est en sa seule qualité de membre de ce Comité que l'Agent des Paiements de Réparations participe au maniement de ces fonds. La présidence

---

(1) Il faut remarquer que les experts ont libellé en marks-or tous les paiements stipulés par eux, mais qu'ils ont prévu explicitement que les versements correspondants se feraient en la monnaie allemande émise par la nouvelle Banque d'émission, les montants en monnaie allemande devant correspondre aux montants stipulés en marks-or d'après le cours du change de l'échéance. En effet (Voir quatrième partie, chap. V), les nouveaux billets de banque, s'ils sont en principe remboursables en or ou en devises étrangères, ne le seront en fait qu'après une décision unanime du Directoire et du Conseil général de la nouvelle Banque d'émission. Pour le moment, et pour un temps indéterminé, la nouvelle monnaie n'est donc pas convertible. Le mark-or que les experts ont employé dans leur rapport n'est donc qu'une unité de calcul (1/4,2 dollar). Les paiements se feront réellement avec les nouveaux billets de banque non convertibles, qu'ils soient dépréciés ou non par rapport au dollar, mais à concurrence de montants calculés pour tenir compte de cette dépréciation éventuelle.

(2) Ce Comité a été constitué le 10 octobre 1924 par la Commission des Réparations, de MM. Joseph Sterret (Américain), A. E. Janssen (Belge), Henry Bell (Anglais), Jean Parmentier (Français) et Jannacone (Italien).

du Comité des Transferts lui revient de droit mais ne lui confère pas d'autorité particulière à cet égard (1).

C'est dans l'activité du Comité des Transferts, telle que les experts l'ont prévue, que se trouve la clef du mécanisme financier de leur Plan. Il importe donc d'en dire quelques mots.

La mission dévolue par le Plan Dawes au Comité des Transferts est triple, et se rapporte à trois ordres d'activité bien distincts.

Cette mission comprend les rapports avec la Banque d'Émission, les livraisons en nature, et enfin l'utilisation des fonds pour les paiements aux Alliés.

C'est cette dernière fonction, la plus importante, et qui domine en fait toute l'économie future des Réparations, que l'on examinera plus spécialement.

En ce qui concerne les rapports du Comité des Transferts avec la Banque d'Émission, le Plan des Experts se borne d'ailleurs à spécifier que le Comité se tiendra en contact avec le président et le commissaire de la Banque, qu'il entretiendra avec celle-ci des relations de client à banquier, et enfin qu'il lui appartiendra d'informer le président de la Banque lorsqu'il jugera que le taux de l'escompte n'est pas en rapport avec la nécessité de transferts importants.

On voit que ces prescriptions ne sont guère précises et que les droits d'intervention du Comité des Transferts auprès de la Banque d'Émission ne sont pas fort étendus.

En ce qui concerne les livraisons en nature, il appartient au Comité des Transferts, aux termes du Plan Dawes, de donner son avis à la Commission des Réparations sur le genre et le montant des livraisons en nature que celle-ci prescrit à l'Allemagne. Il lui appartient, en sus de ce rôle purement consultatif, de consentir éventuellement, mais à condition de réunir l'unanimité, à la réexportation (2) par le pays destinataire de produits fournis par l'Allemagne, réexportation qui exige d'ailleurs également le consentement du Gouvernement allemand.

On voit que ces deux premières parties de la mission dévolue au Comité des Transferts sont sans grande signification et sans grand intérêt pratique. Il n'en va pas de même des fonctions du Comité se rapportant à l'emploi des fonds de Réparations, fonctions par les-

---

(1) L'accord du 30 août 1924 entre les Gouvernements alliés et allemands (Conférence de Londres) a toutefois stipulé que le président aurait voix prépondérante si le Comité des Transferts était divisé à égalité de voix, sauf dans le cas où il s'agirait de décider s'il y a eu manœuvre financière concertée pour entraver les transferts, cas auquel le recours à l'arbitrage est obligatoire.

(2) Cette réexportation est interdite en principe par le rapport des experts.

quelles il tient en mains, en fait, tout le système, sinon des versements de l'Allemagne, en tout cas des encaissements des Alliés.

Le Plan Dawes, en effet, rend le Comité des Transferts maître souverain et sans appel pour tout ce qui concerne l'utilisation, en vue des versements aux Alliés, des montants versés en monnaie allemande au compte de l'Agent des Paiements de Réparations. Les experts ont prévu que ces montants pouvaient être utilisés de quatre manières :

1° Paiement des livraisons en nature et du Reparation Recovery Act (1), conformément aux programmes établis périodiquement par la Commission des Réparations, dans les limites où le marché des changes permet ce paiement sans compromettre la stabilité de la monnaie allemande;

2° Conversion en devises étrangères des montants disponibles, en vue de versements à effectuer aux Alliés suivant les instructions de la Commission des Réparations, en s'efforçant d'obtenir le maximum de transferts sans compromettre la stabilité de la monnaie allemande;

3° Dès que le solde créditeur de l'Agent des Paiements de Réparations à la Banque d'Émission atteint 2 milliards de marks-or (ce qui pourra se produire par suite de l'impossibilité de transférer en devises étrangères les montants accumulés), placement, en Allemagne même, en obligations ou sous toute autre forme de prêt, des montants dépassant cette limite de 2 milliards (2).

L'accumulation totale en Allemagne, c'est-à-dire le montant de ces placements augmenté du solde créditeur de l'Agent des Paiements de Réparations à la Banque, est limité à 5 milliards de marks-or. Dès que ce chiffre est atteint, les versements allemands, ceux du Gouvernement comme ceux de la Compagnie des Chemins de fer et

---

(1) Il s'agit d'une taxe de 26 % prélevée en livres sterling par le Gouvernement anglais sur les marchandises allemandes entrant en Angleterre, taxe qui est payée par l'importateur anglais, déduite par celui-ci de son paiement au fournisseur allemand, et remboursée à ce dernier en monnaie allemande par le Gouvernement allemand. Le Gouvernement allemand à son tour est crédité en compte Réparations de la somme correspondante. L'origine de cette taxe réside dans les sanctions qui furent décidées à la Conférence de Londres de mars 1921 (Voir troisième partie, chap. V). Elle a été constamment en vigueur en Angleterre depuis cette époque jusqu'aujourd'hui. La France vient tout récemment de l'appliquer à son tour.

(2) Le rapport des experts est quelque peu contradictoire à cet égard : alors qu'il prescrit à certains endroits que les placements en Allemagne devront se faire lorsque le solde créditeur de l'Agent des Paiements de Réparations dépassera 2 milliards de marks-or; il indique ailleurs que ces placements pourront se faire à partir de tels montants que le Comité des transferts jugera raisonnables, et ailleurs encore, avec les montants dépassant la somme que la Banque d'émission consentira à garder en dépôt.

de la Banque industrielle, doivent cesser *ipso facto*. Ils ne peuvent reprendre que lorsque le montant limite de 5 milliards a été réduit, et à concurrence de la réduction.

Il y a dans cette disposition, on ne peut se dispenser de le constater, un véritable stimulant pour l'Allemagne à entraver les transferts en devises étrangères. Moins ces transferts seront importants, plus vite l'accumulation totale de 5 milliards sera atteinte, et plus vite l'Allemagne sera déchargée de tout paiement ultérieur aux Alliés;

4⁰ Transferts éventuels à des particuliers, d'après les instructions de la Commission des Réparations, à la demande des États créanciers et par le débit de leur compte, de monnaie allemande destinée à des achats ou à des placements définitifs en Allemagne (1). Ces achats et ces placements doivent être faits d'après une liste à dresser de commun accord par le Comité des Transferts et le Gouvernement allemand.

Tels sont les quatre moyens de paiement aux Alliés que prévoit le Plan Dawes.

Le Comité des Transferts, qui a le double et contradictoire devoir de transférer aux Alliés le montant maximum de devises étrangères et de veiller à la stabilité de la monnaie allemande, a été doté à cet effet de certains pouvoirs. Le Plan Dawes prévoit qu'il lui appartiendra de déceler les manœuvres financières qui pourraient se produire pour entraver les transferts en devises étrangères, et de prendre les mesures nécessaires pour faire échouer ces manœuvres. Ces mesures consistent notamment à accumuler les fonds à la Banque au delà du maximum de 2 milliards prévu, à utiliser sans restriction à l'achat de biens allemands, quels qu'ils soient, les fonds disponibles, enfin (moyennant toutefois une majorité des deux tiers), à décider que le montant limite de 5 milliards fixé pour l'accumulation totale en Allemagne peut être dépassé, et par conséquent que les versements allemands doivent continuer même après que cette limite aurait été atteinte.

En revanche le Plan Dawes accorde explicitement au Comité des Transferts le pouvoir de suspendre (moyennant une majorité des deux tiers) l'accumulation des fonds en Allemagne avant que la limite de 5 milliards ne soit atteinte, si cette accumulation constitue à ses

---

(1) Par un accord germano-allié du 30 août 1924 (Conférence de Londres), les Gouvernements alliés ont accepté que ces transferts de marks ne pourraient être faits « que quand les fonds accumulés excéderont les montants que la Banque d'émission acceptera comme dépôts ».

C'est là une nouvelle limitation des paiements à recevoir par les Alliés, limitation introduite dans le plan Dawes après coup.

yeux une menace pour la situation fiscale ou économique de l'Allemagne ou pour les intérêts des pays créanciers.

On voit donc que c'est le Comité des Transferts qui tient désormais en mains tout le financement des Réparations. C'est lui qui décide souverainement ce qui, sur les versements prescrits à l'Allemagne et effectués par elle, sera payé aux Alliés. C'est lui qui décide souverainement de la continuation des paiements allemands au delà de 5 milliards, ou de leur arrêt à cette somme, ou de l'octroi d'un moratoire complet même si cette limite n'est pas atteinte.

Si les experts se sont efforcés d'entourer d'un certain nombre de garanties les versements qu'ils ont mis à la charge de l'Allemagne, force est de constater le peu de sûreté qu'offrent désormais les encaissements à faire par les Alliés. Ces encaissements sont livrés entièrement à la volonté d'un organisme souverain et irresponsable, composé de deux Américains, d'un Anglais et d'un Italien, et d'un Français et d'un Belge. Les experts se sont bornés à prescrire que le Comité des Transferts devra « s'efforcer d'obtenir le maximum de transferts sans compromettre la stabilité de la monnaie allemande ». Les experts, néanmoins, déclarent explicitement, et c'est là peut-être le point le plus remarquable de toute leur œuvre (1), que les paiements faits en monnaie allemande à la Banque d'émission au crédit de l'Agent des Paiements de Réparations — que ces paiements représentent le service des obligations des chemins de fer ou des obligations industrielles, l'impôt sur les transports ou la contribution budgétaire — constituent l'acte définitif du Gouvernement allemand dans l'accomplissement des obligations financières que lui impose le Plan. Du moment que l'Allemagne aura fait en monnaie allemande les versements prescrits, et même si aucune somme n'a pu être versée aux Alliés, le débiteur sera réputé quitte et libre.

Mme de Sévigné disait de son fils Charles qu'il avait trouvé le moyen de dépenser sans paraître, de perdre sans jouer et de payer sans s'acquitter. Les experts ont réalisé un tour de force du même genre. Ils ont trouvé pour l'Allemagne le moyen de s'acquitter sans que les Alliés soient payés.

*
* *

Il n'est pas inutile de s'arrêter un moment à cette question des transferts et à ses difficultés.

On a vu plus haut que les experts avaient nettement fait la dis

---

(1) Il est à craindre que cette disposition, qui a passé généralement inaperçue, ne fasse sentir plus tard, au détriment des trésoreries alliées, toute son importance.

tinction fort légitime entre les versements que l'on pouvait exiger de l'Allemagne en monnaie allemande, versements dépendant uniquement des facultés contributives du peuple allemand, et le montant que l'on pouvait transférer aux pays alliés, montant qui, lui, dépend exclusivement de la Balance des Comptes de l'Allemagne.

Les experts ont arrêté le montant des paiements allemands. Avec beaucoup de sagesse, ils se sont abstenus de chercher à évaluer le montant transférable aux Alliés. Ils ont déclaré que l'expérience seule pouvait indiquer le volume des transferts à l'étranger qu'il serait possible d'effectuer. C'est au Comité des Transferts qu'ils ont confié la tâche ingrate de suivre pas à pas les indications de l'expérience et de déterminer dans chaque cas les montants transférables. En prescrivant que ce Comité devait s'efforcer d'effectuer le maximum de transferts possibles, ils lui ont imposé cette condition de ne pas compromettre la stabilité de la monnaie allemande.

La question a deux aspects en effet :

C'est la dépréciation de la monnaie allemande qui, dans le passé, a servi de prétexte au non-paiement des Réparations. C'est cette dépréciation qui a fini par justifier aux yeux des Alliés eux-mêmes la suspension des paiements allemands. C'est cette dépréciation qu'il convient d'éviter désormais si l'on veut que les Réparations soient payées régulièrement dans l'avenir. Il faut donc n'autoriser les transferts aux Alliés que dans la mesure où ils ne mettront pas la stabilité de la nouvelle monnaie allemande en péril.

D'un autre côté, il est clair qu'il faut assurer aux pays sinistrés, dont les finances, déjà avariées par la guerre, ont été complètement délabrées par suite des emprunts nécessités par leur restauration, le maximum possible des fonds provenant des paiements allemands.

Les experts ont fort soigneusement prévu toutes les mesures propres à réaliser la première de ces deux conditions contradictoires. « Les fonds réunis en Allemagne au titre du Traité ne pourront être retirés par les nations créancières que sous des conditions et avec des garanties qui protégeront de façon adéquate le marché du change allemand. »

Mais on ne trouve malheureusement dans leur œuvre aucune prescription pratique destinée à faciliter les transferts de fonds aux Alliés et à les porter au maximum compatible avec la bonne tenue du change allemand. Le Plan Dawes ne contient aucune disposition propre à éviter que les Allemands ne diminuent eux-mêmes, jusqu'à la réduire à rien, ce solde favorable de la Balance des Comptes qui conditionne tout transfert en monnaies étrangères. En supposant même que l'on ne revoie plus l'évasion systématiquement généralisée des capitaux et des revenus allemands qui s'est produite dans le passé, il est clair que, tant que les particuliers auront en Allemagne la liberté de placer leur épargne dans des entreprises étrangères, tout solde actif de la Balance des Comptes, quelque important qu'il soit, pourra toujours être neutralisé complètement par ces opérations, ce qui fera disparaître toute possibilité de transferts aux Alliés. Ces opérations privées de placement à l'étranger, sans avoir nécessairement le caractère de manœuvre concertée, peuvent même, malgré la discrétion dont les vainqueurs font preuve désormais vis-à-vis de l'Allemagne, amener un solde passif de la Balance des Comptes de ce pays, causer par conséquent la dépréciation de la nouvelle monnaie, et cela sans qu'un mark-or ait été versé aux Alliés.

Le Plan Dawes, ayant ignoré ce point dont l'importance est cependant primordiale, prive de ce fait les Alliés de toute garantie de paiement.

Si l'on voulait donner quelque assurance de paiement aux Alliés, si l'on voulait leur garantir des paiements effectifs, il était nécessaire de prévoir, sinon la suspension, tout au moins le contrôle des opérations privées de placements allemands à l'étranger.

Certes, on n'ignore pas combien un tel contrôle est difficile en pratique, et que la plupart des législations créées dans ce but dans divers pays ont plus ou moins échoué.

Néanmoins, il est dans cet ordre d'idées certaines mesures simples qui auraient pu être prescrites, en particulier parce qu'elles avaient reçu la sanction de l'expérience.

Il est suffisamment connu que l'un des modes les plus courants et l'une des formes les plus importantes de l'évasion générale des capitaux consiste dans le non-rapatriement par les exportateurs de la valeur des marchandises vendues à l'étranger. En rendant ce rapatriement obligatoire, comme cela a été de règle en Allemagne après l'armistice, en subordonnant par exemple la délivrance des licences d'exportation à l'engagement de rapatrier tout ou partie du paiement, on pouvait prévenir ce danger dans une large mesure. En prélevant sur la valeur des exportations, en devises étrangères, une certaine taxe remboursable aux exportateurs en monnaie allemande, système qui fut longtemps en vigueur en Allemagne après la fin de la guerre, on s'assurait *a priori* un change pour un montant qui pouvait varier (sur la base du prélèvement de 25 % appliqué dans le passé) entre 1 et 2 milliards de marks-or par an.

On pouvait aussi, puisque le produit des droits de douane était affecté en garantie des paiements allemands, prescrire que ces droits seraient perçus en monnaies étrangères, comme cela s'était déjà pratiqué. On s'assurait ainsi annuellement quelques centaines de millions de marks-or supplémentaires qui eussent aidé à opérer les transferts de fonds aux Alliés.

Des dispositions d'une autre sorte, mais visant au même but, eussent également pu être envisagées.

On aurait par exemple pu faire appel au concours de la Banque d'é-mission, banquier des Réparations, pour favoriser les conversions en devises étrangères. Il n'eût pas été difficile d'y intéresser cet Institut, en stipulant par exemple le paiement sur le solde créditeur de l'Agent des Paiements de Réparations d'un intérêt assez substantiel pour engager la Banque à réduire ce solde le plus possible. On aurait pu prévoir en revanche, en faveur de la Banque, une commission sur les transferts en devises suffisamment importante pour l'inciter à les favoriser le plus possible.

Dans le même ordre d'idées, l'obligation imposée à la nouvelle Banque de posséder une couverture en or et en effets pour les dépôts de l'Agent des Paiements de Réparations aurait eu une influence salu-taire sur les transferts en monnaies étrangères.

Les experts avaient prévu une disposition de ce genre (1) : ils exigeaient pour les dépôts à la Banque une couverture or de 12 % du montant des dépôts, et en outre une réserve de 30 % de ce mon-tant en dépôts à vue à d'autres banques, chèques et effets à trente jours maximum. Mais (1) le Comité d'organisation, composé de MM. Kin-dresley et Schacht, qui arrêta les dispositions définitives du projet de Banque, avait modifié cette stipulation en renonçant pour les dépôts à la couverture or de 12 % et en portant la couverture effets de 30 % à 40 % du montant des dépôts, exception faite pour les dépôts du Gouvernement allemand et pour ceux de l'Agent des Paie-ments de Réparations.

La raison donnée par le Comité d'Organisation pour justifier cette importante et malheureuse modification au projet des experts était que « s'il fallait constituer une réserve or en contre-partie des dépôts de l'agent général, le change qui, dans d'autres circonstances, eût été disponible pour transfert au fonds de Réparations, devrait être attribué à la Reichsbank pour renforcer sa réserve ».

Cette raison n'est pas si bonne qu'elle le paraît, et la modification introduite par MM. Kindersley et Schacht n'est guère favorable, contrairement à leurs allégations, au paiement des Réparations.

Du fait de la suppression de toute couverture pour les dépôts de l'Agent des Paiements de Réparations, la Banque perd tout intérêt

---

(1) Voir chapitre V : La Stabilité monétaire et la Banque d'émission.

à favoriser les transferts aux Alliés. Il n'y a plus aucun inconvénient pour elle à voir le compte de l'Agent atteindre sa limite de 2 milliards de marks-or.

L'exigence d'une couverture or pour les dépôts de l'Agent des Paiements de Réparations aurait au contraire eu pour effet de stimuler la Banque à faire le maximum possible de transferts en monnaies étrangères, afin de ne pas voir le solde créditeur de l'Agent chez elle s'enfler et déterminer parallèlement l'immobilisation improductive d'or et de devises dans les caves de la Banque.

Il est clair qu'en supprimant la couverture des dépôts de Réparations, le Comité d'organisation de la Banque, au lieu de favoriser les transferts aux Alliés, les a rendus plus incertains encore. Cette malheureuse modification au Plan Dawes, que la Commission des Réparations et les Gouvernements alliés entérinèrent les yeux fermés, est de nature à faciliter grandement la manœuvre qui tenterait tout créancier à la place du Gouvernement allemand et qui consisterait à entraver les transferts le plus possible pour arriver le plus tôt possible aux 5 milliards à partir desquels l'Allemagne ne devra plus rien payer.

On ne peut songer ici à s'étendre sur ce sujet et à faire une étude générale de tout ce qu'il était possible de prévoir pour garantir des versements réels aux Alliés. Les mesures dont on vient de parler n'ont été citées que parce qu'elles ont déjà été appliquées avec succès en Allemagne, ou parce que leur simplicité même les conseillait. Il reste que, faute d'avoir prévu des mesures de la sorte, faute d'avoir établi les éléments de la pression discrète, mais continue, à exercer sur le faisceau des activités privées allemandes pour les empêcher d'entraver, consciemment ou non, les transferts de fonds, les experts ont laissé les Alliés bien démunis de garanties quant aux sommes à encaisser.

Mais en même temps les Alliés ont été dûment avertis que, même s'ils n'encaissent rien, l'Allemagne aura reçu quittance. C'est peut-être là qu'il faut voir l'aspect le plus important du Plan Dawes. Instrument de concorde et de paix, conçu de telle et si habile façon que tous les intéressés ont pu y souscrire sans réserve, il a amené les vainqueurs à s'incliner d'avance devant les inévitables désillusions de l'avenir. Les Gouvernements alliés, en suite de leur acceptation du projet des experts, ne pourront plus désormais exercer de représailles sur l'Allemagne s'ils ne reçoivent pas d'elle les sommes qu'ils espéraient. La paix future ne sera plus troublée par la question des Réparations. C'est un grand résultat. N'est-ce pas là la vraie valeur du Plan Dawes ?

CHAPITRE XI

L'ACCEPTATION DU PLAN DAWES
L'ÉCHEC D'UNE POLITIQUE

Le 9 avril 1924, les experts remettent leur rapport à la Commission des Réparations. Celle-ci en décide immédiatement la publication intégrale.

Deux jours plus tard la Commission fait connaître publiquement son sentiment dans les termes suivants :

La Commission des Réparations, ayant pris connaissance des rapports des experts, considère qu'ils offrent une base pratique pour la solution rapide du problème des Réparations. Elle est donc disposée dès maintenant et dans les limites de ses attributions, à en approuver les conclusions et à en adopter les méthodes. Afin de faciliter et de hâter la mise en œuvre du programme des experts, la Commission se propose de recommander aux Gouvernements intéressés les conclusions des rapports qui relèvent de leur compétence.

Toutefois, la Commission des Réparations se voit dans l'obligation de réserver cette approbation et ces initiatives jusqu'à ce que le Gouvernement du Reich soit prêt à assurer sa collaboration aux projets des experts. A cet effet, elle entendra les délégués du Gouvernement allemand dès le jeudi 17 avril, à moins que ce Gouvernement ne préfère envoyer une réponse écrite.

Le Gouvernement allemand, saisi de cette communication, répond le 16 avril qu'il « considère lui aussi ledit rapport comme une base pratique pour la solution rapide du problème des Réparations et qu'il est donc prêt à assurer sa collaboration au projet des Experts ».

Le lendemain, la Commission des Réparations prend acte de l'adhésion de principe du Gouvernement allemand et de sa promesse de collaboration. Elle confirme en même temps sa décision du 11 avril, et en la faisant connaître aux Gouvernements alliés, leur recommande les conclusions des experts qui relèvent de leur compétence, afin que les projets proposés puissent produire leur plein effet le plus tôt possible.

Les Gouvernements alliés ne perdent pas de temps. Ils acceptent en quelques jours les conclusions de cette expertise dont la mise en œuvre leur avait demandé plusieurs années. Dès le 24 avril les Gouvernements belge, britannique et italien envoient à la Commission des Réparations leur adhésion sans réserve. Le lendemain, le Gouvernement français lui communique la sienne. Les seules réserves que l'on trouve dans l'acceptation française sont que l'échange des gages détenus à ce moment dans la Ruhr avec ceux qui seront remis indivisément à tous les Alliés en vertu du Plan Dawes ne pourra avoir lieu avant que l'Allemagne ait effectivement mis ce plan à exécution, et que c'est aux Gouvernements alliés qu'il appartient de déterminer d'un commun accord les garanties que cet échange pourra rendre nécessaire. Le Gouvernement serbe-croate-slovène accepte à son tour le rapport des experts le 27 avril, et le Gouvernement japonais le lendemain. Le Gouvernement des États-Unis, à qui la Commission des Réparations avait fait le 17 avril la même communication qu'aux Gouvernements alliés, fut le seul à ne pas y répondre.

Le 30 avril la Commission des Réparations constitue les comités d'organisation prévus par le Plan Dawes pour mettre au point la constitution de la Compagnie des chemins de fer, de la Banque d'émission et de l'hypothèque sur les industries.

L'acceptation inconditionnelle du Plan Dawes par tous les Gouvernements alliés a de quoi surprendre.

Le Gouvernement français, en particulier, ne pouvait ignorer, et la réduction considérable de sa créance qui en résultait, et l'incertitude qui allait peser plus que jamais sur les versements allemands, ou tout au moins sur la partie de ces versements qui pourrait être encaissée par les Alliés.

On a vu plus haut que la valeur actuelle, calculée à 8 %, du système de réparations Dawes n'atteignait que 25 milliards 500 millions de marks-or, ce qui réduisait à 13 milliards, en valeur actuelle, la part de la France.

Alors que la thèse française avait été invariablement jusque là de revendiquer une somme *nette* de 26 milliards de marks-or, c'est-à-dire 26 milliards plus la somme qui lui serait réclamée à elle-même du chef de ses dettes de guerre (somme qui se réduirait donc à 26 milliards si les dettes de guerre étaient annulées), on voit soudain le cabinet Poincaré se rallier sans condition à un chiffre infiniment plus faible (1). On eût compris que le plan des experts, et la réduction de

---

(1) La comparaison n'est toutefois pas absolument rigoureuse. Les 26 milliards réclamés jusque-là par le Gouvernement français représentent sa part des obligations

la créance française qu'il entraînait, fussent acceptés par le Gouvernement français moyennant un accord formel relatif tant à l'annulation des dettes de guerre qu'à une revision des pourcentages basée sur les seuls dommages matériels. De cette façon, sur les 25 milliards 500 millions du Plan Dawes, on aurait pu assurer à la France une part mieux en rapport avec les dommages subis par ce pays. L'acceptation du Plan sans ces correctifs s'explique mal. Ce brusque abandon apparaît moins compréhensible encore si l'on se rappelle que le coût de la seule restauration matérielle — abstraction faite de toutes dépenses pour les pensions et les allocations et de tout calcul d'intérêt — devait atteindre en France 34 milliards de marks-or.

En se contentant désormais de 13 milliards de marks-or, tout en restant comptable de ses 23 milliards de dettes de guerre (1), non seulement la France se résignait en définitive à ne rien recevoir pour les Réparations, mais encore à rester finalement débitrice de l'étranger. Les multiples emprunts émis successivement en France pour la réparation des dommages, et dont le total atteindra près de 200 milliards de francs, resteraient désormais entièrement à la charge du budget français. C'était pour ce dernier un poids supplémentaire dépassant 10 milliards de francs par an, somme énorme qui égale à la moitié de ses dépenses annuelles la charge de la dette publique de la France (2).

Il est clair qu'une décision si grave pour l'avenir français, si contraire à tout ce qui avait été défendu si tenacement jusqu'alors, ne fut pas prise dans de sérieux motifs. Mais ceux-ci sont demeurés secrets Dans ce domaine, on en est réduit aux hypothèses.

Est-ce la grandissante détresse financière de la France et la chute ininterrompue de la monnaie française qu'il faut voir à l'origine de ce profond et définitif revirement?

On doit s'y arrêter un instant.

Le franc français, qui s'était déprécié dès le début de la guerre d'environ 10 %, n'avait pas vu augmenter cette dépréciation jusqu'au

---

A et B de l'État des Paiements, obligations dont le service d'intérêt et d'amortissement était prévu au taux de 6 %. Au taux plus normal de 8 %, ces 26 milliards équivalaient en réalité à quelque 20 milliards et demi. C'est ce dernier chiffre qui doit être comparé aux 13 milliards que le Plan Dawes laisse espérer à la France.

(1) Ce chiffre représente le « solde débiteur » de la France, c'est-à-dire le total de ses dettes de guerre (29 milliards et demi de marks-or) diminué du total de ses créances de guerre (6 milliards et demi de marks-or) (Voir première partie, chap. I et appendices III et XIX). On ne tient pas compte des créances françaises sur la Russie (4,8 milliards de marks-or) et sur la Pologne (0,9 milliard de marks-or).

(2) Dans le projet de budget pour 1925 le service de la dette publique est inscrit pour 17,8 milliards de francs, plus de la moitié du total des dépenses (33,5 milliards de francs) tant ordinaires qu'extraordinaires et exceptionnelles.

début de 1919, grâce aux accords financiers franco-anglo-américains qui restèrent en vigueur jusqu'à l'armistice. Mais dès le mois de mars 1919 ces accords sont dénoncés par le Gouvernement américain, ce qui entraîne immédiatement la chute de la monnaie française. Depuis cette époque, malgré quelques améliorations temporaires, cette chute ne devait plus s'arrêter. Le 1er avril 1919 le franc avait déjà perdu 15 % de sa valeur, le 1er juillet 20 %, le 1er décembre près de 50 %. Au début de mai 1920 la dépréciation atteint presque 70 %. Malgré une légère amélioration pendant les mois suivants, la dépréciation revient à la fin de 1920 au même chiffre. Pendant les années 1921 et 1922, le franc se maintient généralement, à travers de nombreuses oscillations, à une valeur moyenne de 40 centimes-or.

Au milieu de 1923 commence une dépréciation plus profonde. Après une stabilité relative aux environs de 33 centimes-or pendant le premier semestre de cette année, la dépréciation se précipite. Malgré une légère amélioration au moment de la fin de la résistance passive dans la Ruhr, le franc français ne vaut plus à la fin de l'année 1923 que 27 centimes-or, pour tomber deux mois plus tard à moins de 23 centimes-or. Le 11 mars 1924, le dollar cote à Paris 27f 08, ce qui donne au franc la valeur de 19 centimes-or.

A ce moment, où la monnaie française a perdu plus des quatre cinquièmes de sa valeur, il y a deux mois déjà que les experts ont commencé leurs travaux, et l'on escompte la remise de leur rapport à bref délai.

Mais le Gouvernement français, devant l'accélération de la baisse du franc, a pris peur. Il cherche à se procurer à l'étranger les crédits qui pourront l'enrayer.

C'est le 13 mars que sont ouverts les crédits que la Banque de France a réussi à négocier avec les banques anglaises et américaines (1) Faut-il croire que la chute profonde et continue du franc qui a précédé immédiatement la remise du rapport des experts n'a été que le résul-

---

(1) Ces crédits ont été consentis à la Banque de France le 13 mars 1924, pour une durée de trois mois renouvelable pour un nouveau trimestre, à concurrence de 100 millions de dollars par des banques américaines, sous le patronage de MM. J. P. Morgan et Cie, et de 4 millions de livres par des banques anglaises, par l'intermédiaire de la Maison Lazard Brothers et Cie. On sait que leur utilisation amena une rapide revalorisation du franc, qui dura jusqu'au 7 mai, date où le dollar cota à Paris 15 f 20, ce qui correspondait à une valeur du franc égale à 34 centimes-or. En moins de deux mois, la dépréciation était revenue de 80 % à 66 %, et la situation qui existait au début de 1923 était rétablie. Mais la dépréciation a recommencé à partir du 7 mai et s'est poursuivie, avec des oscillations diverses, jusqu'aujourd'hui, sans toutefois atteindre les chiffres dangereux du début de 1924. Le crédit anglais n'a pas été renouvelé à l'échéance et a été remboursé. Le crédit américain a été renouvelé pour trois autres mois, et consolidé le 12 décembre 1924 par l'émission aux États-Unis d'un emprunt à long terme (vingt-cinq ans) pour un montant équivalent.

tat d'une manœuvre financière destinée à impressionner le Gouvernement français et à le contraindre à s'incliner? Faut-il croire que les crédits anglais et américains n'ont été accordés au Gouvernement français que moyennant la promesse d'accepter sans conditions le rapport Dawes, dont le dépôt était imminent?

La dépendance financière de la France a déjà fait au cours de ces pages l'objet de nombreuses allusions, sans qu'il ait été possible de s'étendre sur ce sujet. L'exposé fait dans la première partie de cet ouvrage des dépenses de la guerre et de la manière dont elles furent couvertes jette quelque clarté sur l'origine de cette situation. Quant à ses effets, on en voit la terrible importance dans l'insuccès continuel et dans l'échec final de la politique française des Réparations.

On ne peut entreprendre ici l'examen détaillé de cette question, qui ne fait pas l'objet de ce travail. Mais l'un de ses aspects tout au moins exige quelques mots d'explication. C'est celui de la mise en œuvre de la menace financière, celui des moyens mêmes par lesquels peut être influencée la politique d'un grand pays. Ces moyens restent souvent mystérieux. Sans pouvoir entrer dans les détails, il doit suffire de rappeler à cet égard que c'est par l'intermédiaire de ceux de leurs nationaux qui sont de gros détenteurs de francs que l'Amérique, l'Angleterre et les pays neutres sont en mesure de contrôler jusqu'à un certain point l'action d'un Gouvernement français quel qu'il soit.

On a vu au début de cet ouvrage les énormes déficits que la balance commerciale de la France avait présentés pendant la guerre. Ces déficits avaient été, pour partie, comblés par des ventes de francs français à l'étranger. En 1919 et 1920, le franc n'avait été sauvé de la catastrophe que par les achats des spéculateurs neutres, et surtout des spéculateurs anglo-saxons. Bien que ces achats de monnaie française eussent été faits évidemment dans l'espoir de son relèvement ultérieur, ils n'en empêchèrent pas moins à ce moment une chute trop profonde de celle-ci, malgré le déficit considérable de la balance des comptes résultant des importations énormes que la France avait dû faire pendant ces deux années. Le franc ne s'étant pas relevé, contrairement aux espérances des spéculateurs, ces derniers restèrent en général en possession des avoirs en argent français qu'ils avaient acquis.

Or, ces détenteurs étrangers de monnaie française, sous forme de billets de banque, d'actifs en banque ou d'emprunts d'État, constituent une masse spéculative extrêmement impressionnable, masse que les Gouvernements étrangers, devenus fort habiles en cette matière, manient à peu près à leur gré.

Il suffit qu'un gouvernement étranger témoigne d'une façon quelconque sa désapprobation d'un acte ou d'une intention du Gouvernement français pour semer aussitôt l'inquiétude chez les porteurs de francs. Ainsi est provoquée la pression des spéculateurs, qui vient accentuer fortement les tendances qui se produisent spontanément dans les cas de tension internationale. L'offre de francs en grande quantité sur les marchés financiers amorce une nouvelle baisse de sa valeur, effraye les Français eux-mêmes, et stimule par conséquent l'évasion des capitaux français hors de France, évasion qui vient agir à son tour comme une nouvelle cause, plus importante que la première, de la chute du franc.

Un Gouvernement français, quel qu'il soit, craint avant tout une chute profonde du franc, génératrice de la hausse des prix, de l'élévation du coût de la vie, du mécontentement général de la population, et finalement de troubles sociaux dont on ne saurait prévoir l'étendue et la violence.

C'est pourquoi aucun des Gouvernements français qui se sont succédés depuis l'armistice n'a osé rompre cette Entente « cordiale » qui a coûté si cher à la France. C'est pourquoi chaque tentative isolée de la politique française a été vouée finalement à l'échec, si elle allait à l'encontre des désirs des autres grands pays. Il a suffi de plus en plus à l'Amérique, et surtout à l'Angleterre, de brandir le spectre de la baisse du franc aux yeux effrayés des hommes d'État français pour les voir s'incliner devant les solutions anglo-saxonnes.

C'est sans doute là qu'il faut voir entre autres le secret de l'acceptation sans condition du Plan Dawes par le Gouvernement de M. Poincaré, alors que ce Gouvernement paraissait si bien armé pour la subordonner à un règlement convenable des dettes interalliées et à une revision des pourcentages basée sur la limitation des Réparations aux dommages matériels. C'est là qu'est probablement le secret de toutes les concessions supplémentaires que le Gouvernement anglais sut arracher au Gouvernement français l'acceptation du Plan des experts.

Terrorisée par la menace de la chute du franc et de ses conséquences, la France, quelle que fut la valeur de ses hommes d'État, était finalement devenue incapable de faire prévaloir ses vues en Europe et d'y soutenir convenablement ses droits les moins contestables.

Bien que les comités d'organisation des nouveaux organismes prévus par les experts aient été constitués dès la fin du mois d'avril, les élections législatives, en Allemagne d'abord, en France ensuite, suspendent le cours des événements. A la suite des élections françaises, M. Poincaré démissionne. Un cabinet présidé par M. Herriot lui succède.

Celui-ci reprend bientôt la question des Réparations dans l'état dans lequel il la trouve en arrivant au pouvoir.

Dans les derniers jours du mois de juin 1924, le nouveau président du Conseil français se rend à Londres et à Bruxelles. Les chefs des trois Gouvernements alliés se mettent d'accord sur la convocation à Londres d'une conférence, le 16 juillet suivant, dont l'objet sera d'adopter définitivement le rapport des experts et les mesures destinées à le mettre en exécution. Comme toujours les trois premiers ministres se montrent également désireux de voir les États-Unis prendre part à cette conférence. Mais sachant par expérience que le Gouvernement américain n'y consentira que s'il a l'assurance préalable que la question des dettes de guerre n'y sera pas soulevée, ils se mettent d'accord pour exclure cette question du programme de la conférence. Ainsi disparaissait pour la France la dernière chance de se voir libérée de ses dettes de guerre en échange du sacrifice qu'elle avait gratuitement consenti en acceptant le Plan Dawes sans condition.

Le Gouvernement américain ayant reçu l'assurance nette, ainsi qu'il s'empresse de le publier, que seul le Plan Dawes sera discuté à la Conférence de Londres et que la question des dettes interalliées n'y sera pas évoquée, donne le 26 juin le communiqué de presse suivant :

Le Gouvernement américain a le désir de voir le Plan Dawes entrer en application aussitôt que possible. Il considère cette application comme essentielle et constituant le premier pas vers la reprise économique à l'extérieur, qui est pour les États-Unis d'un intérêt vital. Aussi, en réponse à l'invitation présentée par le premier ministre, M. Mac Donald, des instructions ont-elles été données à l'Ambassadeur Kellogg pour qu'il assiste à la Conférence de Londres de juillet, en vue de négocier sur toutes les questions touchant aux intérêts des États-Unis et de tenir son Gouvernement informé de toutes les autres.

M. Mac Donald n'avait pas manqué déjà d'apprendre à son Parlement que, non seulement la question des dettes de guerre était exclue de la future conférence et remise à plus tard, mais encore que la Grande-Bretagne n'entendait voir remettre en question ni ses créances de guerre sur ses alliés, ni le pourcentage qui lui avait été attribué à Spa sur les versements allemands.

Ainsi donc, dès avant la Conférence du 15 juillet, le Gouvernement français avait non seulement souscrit définitivement à l'énorme réduction de sa créance Réparations qu'impliquait l'adoption du rapport des experts, sans avoir réclamé ni une réduction correspondante de ses dettes de guerre, ni une augmentation de son pourcentage. mais il s'était même engagé à ne pas soulever ces questions, à ne pas les lier à l'application du Plan Dawes.

Ce que l'Amérique et l'Angleterre attendaient depuis si longtemps et avaient tenacement essayé d'obtenir pendant cinq ans se réalisait enfin. Mais cette abdication avait été rendue inévitable dès le 25 avril par l'acceptation sans conditions du Plan Dawes par la France. Ce qui suivit ne fut que la consécration de la défaite française dans la question des Réparations.

L'échec définitif de la France dans la liquidation de la guerre, échec préparé à Versailles, poursuivi pendant cinq ans, et couronné à Londres en août 1924, peut-il être expliqué autrement que par la dépendance dans laquelle la guerre et une politique financière faible (1) et maladroite avaient précité ce grand pays?

Une des multiples moralités que l'on pourrait tirer de la malheureuse histoire des Réparations, maintenant que cette histoire est probablement près de son terme, est que, pour un État comme pour un homme, l'indépendance financière est le premier des biens. Retournant une formule célèbre, on peut affirmer qu'on ne peut désormais faire de bonne politique quand on a de mauvaises finances.

La conférence projetée par MM. Herriot et Mac Donald se tint à Londres du 16 juillet au 16 août 1924 et régla certains détails d'application du Plan Dawes.

Les lois nécessaires à la mise en vigueur du Plan furent votées le 30 août par le Parlement allemand.

Le Plan Dawes entra en application, en fait, le 1er septembre 1924 (2).

L'emprunt de 800 millions de marks-or, qui devait servir au financement des quatre cinquièmes de la première annuité fut émis, avec un grand succès, mais à des conditions financières très onéreuses, le mois suivant.

---

(1) Il faut se rappeler, comme cause première de la déplorable situation des finances publiques françaises, que le déficit budgétaire des cinq années de guerre atteignit 145 milliards de francs, et que celui des six années d'après-guerre s'élève à 160 milliards de francs.

(2) On trouvera à l'appendice XXV la longue liste des organismes d'exécution et d'arbitrage créés par le Plan Dawes lui-même et par les Comités d'organisation qu'il instituait, ainsi que par les accords et arrangements intervenus à la Conférence de Londres de juillet-août 1924.

CHAPITRE XII

LA PAIX ?

Il faut laisser à ceux qui ont le don de prophétie le soin de prévoir la façon dont le plan Dawes fonctionnera dans l'avenir et ce qu'il apportera de substantiel aux Alliés.

Mais une question s'impose avec force : la mise à exécution du projet des experts marque-t-elle le terme des difficultés dans lesquelles l'Europe se débat depuis cinq ans?

Pendant les cinq années de paix, aussi bien qu'à Versailles même, les chefs d'État se sont vus dans l'impossibilité de procéder au règlement des formidables engagements internationaux contractés pendant la guerre.

En l'absence d'une liquidation financière générale de celle-ci, le « nouvel ordre » que Wilson prétendait instaurer ne devait être en réalité qu'un nouveau désordre : à la crise militaire succéda une crise économique et financière, peut-être plus grave dans ses conséquences, et qui n'est pas finie.

C'est ainsi que la stérile paix de Versailles, si elle ne l'a pas créé de toutes pièces, a contribué sérieusement à aggraver le trouble qui devait, à la suite de la guerre, s'emparer du monde.

Ce trouble, on croit longtemps en voir la cause dans l'épineuse question des Réparations. Aussi, est-ce à la solution de ce problème que les hommes d'État s'acharnent. On a vu sur quelles difficultés ils ne cessèrent de trébucher. On a vu comment, malgré les 132 milliards et malgré l'État des Paiements, le problème ne s'était pas éclairci. On a raconté comment, jusqu'à la fin de l'année 1923, les Gouvernements alliés se sentaient incapables de consentir ouvertement à l'inéluctable réduction de leurs créances sur l'Allemagne. Les nations intéressées avaient bien fini par comprendre, d'abord confusément, puis de plus en plus clairement, cette nécessité. Mais leur instinct de conservation les empêchait d'accepter une diminution de leurs créances tant qu'elles se sentaient chargées du poids entier de leurs dettes. Or, l'Amérique, dont dépendait en dernier ressort l'allégement de ces dernières, ne sortait de temps à autre de son silence que pour avertir solennellement le monde qu'elle ne lui laissait aucun espoir à ce sujet.

A la fin de l'année 1923, les difficultés financières de la France l'amènent enfin à consentir à cette consultation d'experts qu'elle avait refusée jusqu'alors. Elle y met comme condition que la dette allemande ne sera pas revisée. Les États-Unis, de leur côté, subordonnent leur collaboration à l'engagement des Alliés d'exclure de toute discussion la question des dettes de guerre.

C'était appeler le médecin en lui interdisant par avance d'examiner la partie malade. Mais ainsi sont conduites les affaires des peuples..

Les experts obéissent à la seconde interdiction qui leur est faite, et s'abstiennent de s'occuper des dettes interalliées. Mais ils éludent, avec beaucoup d'habileté, la première. Avec tous les ménagements dus à une opinion publique encore sensible, bien que déjà fort calmée, ils réduisent les Réparations dues aux Alliés à une valeur actuelle de 25 milliards 500 millions de marks-or. Ils couronnent l'œuvre en décrétant que, si les transferts de fonds aux Alliés sont impossibles, l'Allemagne sera néanmoins réputée s'être acquittée. Ils évitent ainsi les conflits futurs dans la mesure du possible. Ils ont sacrifié les paiements à la paix.

Si elle n'avait été obligée, par suite du veto américain, de se borner là, l'œuvre des experts eût permis de grands espoirs. Si les experts avaient pu procéder pour les dettes des Alliés de la même façon qu'ils le firent pour la dette de l'Allemagne l'horizon eût été désormais éclairci.

Mais qui ne voit que l'on n'a éteint qu'un seul foyer d'incendie, et que plusieurs autres subsistent et éclateront tôt ou tard? La question des Réparations peut désormais être considérée comme réglée. Il est peu probable qu'elle engendre dans l'avenir d'importantes difficultés. Mais la question des dettes dè guerre reste entière. Et il y a en réalité autant de ces questions qu'il y a de débiteurs.

Le problème allemand est écarté. Mais c'est seulement maintenant que vont naître les problèmes français, italien, russe, serbe, polonais...

Mais en acceptant le Plan Dawes sans réserve, les peuples européens se sont livrés pieds et poings liés à leurs créanciers anglo-saxons. Leur avenir dépend désormais de la volonté de ces derniers.

Les nations débitrices n'auraient logiquement dû souscrire un arrangement de l'espèce qu'à la condition d'être libérées de toutes les autres charges que la guerre leur a laissées. Elles ont préféré l'accepter sans condition, et espérer en l'avenir, et en la générosité de leurs créanciers... Alors que leurs dépenses de guerre ne leur ont pas été remboursées, alors que le coût de leur reconstruction ne sera couvert que pour une faible partie par les versements de l'Allemagne, s'ils se font effecti-

vement, les nations ravagées et ruinées par la guerre restent
exposées à se voir réclamer à tout moment par les États-Unis le
remboursement des marchandises que ceux-ci leur ont vendues, à bon
prix, pour la poursuite de la guerre commune.

Un règlement général reste cependant toujôurs possible. En suivant les experts, les peuples européens en ont ouvert les voies. Il
ne dépend désormais que du bon sens américain. L'annulation des
créances américaines conditionne seule la liquidation définitive de
la longue crise qui s'est ouverte en 1914. Le peuple américain finira-
t-il par le comprendre?

Ou bien ce peuple riche et puissant continuera à se désintéresser
de l'Europe, de cette Europe vidée de ses richesses et incertaine de
son avenir. Il s'obstinera à la considérer comme un continent lointain,
habité par des peuplades astucieuses et dépravées qui s'entre-déchi-
rent en des luttes obscures et incompréhensibles, à l'écart desquelles
il vaut mieux se tenir. Et, s'il en est ainsi, n'est-il pas à craindre que
ce continent européen, malgré l'ancienneté et la perfection de sa civilisation, ne s'enfonce de plus en plus dans la misère et dans le chaos,
ne finisse par abandonner peu à peu les conquêtes des siècles, par perdre
ce qu'il possède encore de noblesse et de beauté, et par retourner on
ne sait à quel mode de vie primitive et sauvage? Et faut-il se faire
à l'idée que, quelque jour, cette Europe, telle que deux mille ans du
meilleur effort humain l'avaient faite, ne sera plus qu'un îlot désolé,
une péninsule quasi déserte dans l'étendue du monde, une terre stérile habitée par quelques tribus sauvages, sans industrie et sans civilisation, et qui auront perdu jusqu'au souvenir de leur ancienne splen-
deur?

Ou bien les Américains se rendront compte enfin que leur aveugle
intransigeance s'oppose à l'intérêt de cette humanité civilisée dont
ils font partie, s'oppose même à leurs intérêts propres et immédiats.
Ils étudieront plus attentivement les qualités et l'activité de ces
peuples qu'ils paraissent mépriser aujourd'hui de toute la hauteur
de leur prodigieuse hégémonie. Ils comprendront qu'à la suite d'un
hasard ils tiennent entre leurs mains le sort des vieilles nations, mères
de la civilisation, qu'ils peuvent décider de leur décadence ou de leur
relèvement. Ils se rendront compte qu'il dépend d'eux de laisser
l'Europe sombrer dans une misère sans espoir, ou de lui permettre
de rétablir son ancienne prospérité et de retrouver son ancien éclat.

Tel est l'étrange pouvoir dévolu en ce siècle au plus jeune des peuples civilisés. L'avenir va montrer ce qu'il en adviendra.

Mais si rien n'est possible sans ce règlement général qui ne dépend

que des États-Unis, si la liquidation définitive de la guerre est l'indispensable condition du retour à l'ordre et à la prospérité, si sans
cette liquidation une vraie paix ne peut être espérée, l'équilibre économique auquel le monde civilisé était arrivé au début du xxᵉ siècle,
terme ultime d'une évolution lente, continue et plusieurs fois séculaire,
ne saurait cependant être rétabli en quelques mois, par le simple
énoncé d'un *fiat* pas plus que par la seule annonce d'un règlement.
Il n'est pas de panacée qui puisse le ramener brusquement. L'œuvre
du temps, que la guerre et une paix maladroite ont détruite, ne peut
être refaite que par le temps. Les hommes seuls, avec toute leur
science, et malgré tout leur orgueil, y sont impuissants. Tout ce que
cette science et cet orgueil doivent leur enseigner, c'est de ne pas
contrarier le travail du temps, c'est de ne pas entraver le jeu des lois
naturelles, c'est de le hâter, de le faciliter au contraire, en déblayant
la route des obstacles qu'y ont accumulés la malice, l'imprévoyance,
la folie humaine. De ces obstacles, le premier, le plus considérable,
c'est l'incertitude qui pèse sur l'avenir du fait que les redoutables
engagements internationaux résultant de la guerre n'ont pas encore
été liquidés. La route s'ouvrirait plus facile, l'avenir apparaîtrait
moins sombre, une aurore d'espoir se lèverait enfin sur le monde, si
le bon sens américain autorisait enfin cette liquidation.

Mais il reste d'autres obstacles. Ce n'est qu'à force de travail,
d'économie, de patience et de bonne volonté que les peuples civilisés
pourront retrouver l'équilibre et la prospérité. Ils les reconquerront
d'autant plus vite qu'ils verront plus clairement comment ils doivent
se comporter pour ne pas contrarier le cours naturel des événements,
pour ne pas gêner le libre jeu des forces économiques qui mènent le
monde moderne.

APPENDICES

Les Dépenses de Guerre comparées aux

NATIONS BELLIGÉRANTES	POPULATION en 1914 (millions d'habitants)	FORTUNE d'avant-guerre	
		Total Milliards de dollars	Par habitant Dollars
Grande-Bretagne	46	70	1.522
Australie	5	8,6	1.720
Canada	8	14,7	1.831
Inde	244	30,0	123
Nouvelle-Zélande	1	1,8	1.860
Union Afrique du Sud	6	5,0	833
Colonies. Protectorats britanniques	38	10,0	263
Belgique	8	5,8	719
France	40	57,9	1.448
Grèce	5	2,7	550
Italie	36	21,8	605
Japon	53	11,7	220
Portugal	6	2,4	400
Roumanie	7	3,5	500
Russie	174	58,4	336
Serbie	5	2,3	460
États-Unis	98	200,0	2.062
TOTAL (Alliés)	780	506,6	649
Autriche-Hongrie	50	30,0	600
Bulgarie	5	2,5	500
Allemagne	68	80,5	1.184
Turquie	21	10,5	500
TOTAL (Puissances centrales)	144	123,5	858
TOTAL (Tous belligérants)	924	630,1	682

(1) Ces montants sont obtenus par la conversion au pair des dépenses calculées dans les mon
celles faites au moyen des prêts qu'ils ont obtenus. Les sommes prêtées par certains belligérant
sées, et non aux comptes de ceux qui les ont prêtées.

ICE I

ortunes et Revenus des Pays belligérants.

REVENU ANNUEL d'avant-guerre		DÉPENSES de guerre (1)		PROPORTION de la fortune absorbée par les dépenses de guerre	PROPORTION du revenu annuel absorbé par les dépenses de guerre
Total Milliards de dollars	Par habitant Dollars	Total Milliards de dollars	Par habitant Dollars		
10,9	237	40,2	873	57 %	369 %
1,3	260	1,8	360	21 %	138 %
2,0	250	2,3	288	16 %	115 %
3,0	12	1,0	4	3 %	33 %
0,3	300	0,6	600	33 %	200 %
0,8	133	0,2	33	4 %	25 %
1,5	39	0,3	9	3 %	20 %
1,1	138	1,4	175	24 %	127 %
7,3	182	30,6	765	53 %	419 %
0,3	66	0,3	60	11 %	100 %
3,9	108	18,6	516	86 %	477 %
1,6	30	0,8	15	7 %	50 %
0,2	33	0,8	133	33 %	400 %
0,4	57	1,1	157	31 %	275 %
7,5	43	19,5	112	33 %	260 %
0,2	40	0,4	80	17 %	200 %
34,4	351	27,2	278	14 %	79 %
76,8	98	147,3	189	29 %	192 %
4,5	90	14,4	288	48 %	320 %
0,3	50	0,8	160	32 %	267 %
10,5	154	44,9	660	56 %	427 %
1,1	50	1,3	62	12 %	118 %
16,3	113	61,4	426	49 %	377 %
93,1	101	208,7	226	33 %	224 %

ales nationales. Ils indiquent les dépenses faites par chacun des belligérants, en y comprenant
d'autres sont donc portées comme dépenses aux comptes de ceux qui les ont réellement dépen-

APPENDICE II

LE FINANCEMENT DE LA GUERRE

Nous nous proposons d'indiquer brièvement comment les différents États belligérants se sont procuré les fonds nécessaires à la conduite de la guerre.

Les trois sources de revenus auxquelles les Gouvernements pouvaient puiser : l'impôt, l'emprunt intérieur et l'emprunt extérieur, furent exploitées par chacun des belligérants dans des proportions fort différentes.

I. — L'Impôt.

Tous les gouvernements en guerre firent naturellement tout d'abord appel à l'impôt, mais d'une façon fort inégale.

C'est ainsi, pour ne parler que des grandes puissances, que la Grande-Bretagne, dont les dépenses normales furent couvertes, de 1914 à 1919, par 5 milliards de dollars d'impôts, put porter le chiffre total des impôts perçus pendant cette période à 19 milliards de dollars, la différence, soit 14 milliards de dollars, étant affectée à la conduite de la guerre.

La France, par contre, qui demanda à l'impôt, pendant la même période, pour la couverture de ses dépenses normales, la même somme de 5 milliards de dollars, ne put l'augmenter que de 1,5 milliard de dollars pour contribuer à la couverture de ses dépenses de guerre.

Les impôts perçus par l'Italie pendant la même période atteignirent au total 8 milliards de dollars, dont 3 environ furent affectés à la couverture des dépenses habituelles, et plus de 5 à la couverture partielle des dépenses de guerre.

Aux États-Unis, sur un montant total d'impôts de 16,5 milliards de dollars perçus pendant cette période, moins de 3 milliards servirent à couvrir les dépenses habituelles de l'État, plus de 14 milliards étant affectés à la conduite de la guerre.

La Russie consacra à la couverture de ses dépenses habituelles la quasi-totalité des 7 milliards de dollars perçus à titre d'impôts de 1914 à octobre 1917, date à laquelle elle cessa de participer aux hostilités.

Enfin, l'Allemagne, sur un total de 9 milliards d'impôts qu'elle a perçus pendant cette période, put en affecter près de 6 à la couverture de ses dépenses de guerre, un peu plus de 3 milliards ayant été utilisés pour ses dépenses normales.

Pour l'ensemble des vingt et un États belligérants, le montant total des impôts perçu de 1914 à 1919 atteignit 85 milliards de dollars, dépassant de 46 milliards, employés aux dépenses de guerre, la somme de 39 milliards nécessaire à la couverture de leurs dépenses normales.

Le tableau ci-après, établi en millions de dollars, indique pour chacun des États belligérants les recettes d'impôts affectées à d'autres buts que la guerre de 1914 à 1919, le montant des recettes d'impôts employées pendant la même période aux dépenses de guerre, et, par totalisation, le montant total des impôts perçus pendant ces six années par chacun.

TABLEAU

Montant des Impôts perçus pendant la Guerre par les États belligérants.

(De 1914 à 1919 inclus)

(Millions de $)

ÉTATS belligérants	AFFECTÉS à d'autres buts que la guerre	AFFECTÉS aux dépenses de guerre	TOTAUX
Grande-Bretagne.	4.902	14.042	18.944
Australie.	508	424	932
Canada	812	402	1.214
Inde	2.100	530	2.630
Nouvelle-Zélande.	500	198	698
Union Afrique du Sud.	440	80	520
Colonies et Protectorats britanniques.	636	297	933
Belgique.	492	—	492
France.	4.998	1.416	6.414
Grèce.	143	98	241
Italie.	2.748	5.238	7.986
Japon.	1.482	750	2.232
Portugal.	461	190	651
Roumanie.	410	— (1)	410
Russie.	6.082	745	6.827
Serbie.	144	—	144
États-Unis.	2.837	13.719	16.556
Total (Alliés).	29.695	38.129	67.824
Autriche-Hongrie.	5.410	1.821	7.231
Bulgarie.	213	245	458
Allemagne.	3.324	5.777	9.101
Turquie.	775	— (1)	775
Total (Puissances centrales).	9.722	7.843	17.565
Total (Tous belligérants)	39.417	45.972	85.389

(1) Cet État a perçu pendant la guerre moins d'impôts qu'en temps de paix.

II. — L'Emprunt intérieur.

Les recettes d'impôts, quel que soit le montant considérable auquel
on soit arrivé à les porter dans certains pays, ne suffisaient pas évi-

demment à couvrir les énormes décaissements qui devaient être opérés pendant la guerre.

Presque tous les États belligérants durent faire appel à leur épargne nationale, recourir à l'emprunt intérieur.

La Grande-Bretagne demanda à ses nationaux, de 1914 à 1919, de lui prêter au total 28 milliards de dollars, dont 26 furent affectés à ses dépenses propres, et 2 à effectuer des prêts à ses alliés.

La France, pendant la même période, emprunta à ses nationaux à peu près le même montant : 26 milliards de dollars, qui furent affectés entièrement à ses dépenses de guerre.

Les 10 milliards de dollars empruntés à ses nationaux pendant la même période par l'Italie furent presque entièrement engloutis dans la guerre.

Il en fut de même pour la Russie, qui obtint de l'emprunt intérieur 15 milliards de dollars depuis 1914 jusqu'en octobre 1917.

Les États-Unis seuls connurent une situation bien différente. Entre 1914 et 1919, ils obtinrent de l'emprunt intérieur plus de 22,5 milliards de dollars. Une somme de 13,5 milliards de dollars fut employée à financer leurs propres dépenses de guerre, et 9 milliards de dollars purent être prêtés par eux à leurs alliés européens.

Parmi les Alliés, la Grande-Bretagne, pour 2 milliards, et les États-Unis pour 9 milliards de dollars, furent donc les deux seuls pays qui, sur les fonds prêtés par leurs nationaux, purent à leur tour prêter à leurs alliés.

Quant à l'Allemagne, elle obtint, de 1914 à 1919, 41 milliards de dollars de l'emprunt intérieur, somme qu'elle employa, à concurrence de 39 milliards de dollars, à ses propres dépenses de guerre, le solde — soit 2 milliards — ayant été prêté à ses alliés. Comme on le sait, la dette intérieure que se créa ainsi l'Allemagne fut d'ailleurs complètement amortie quelques années plus tard par le jeu de la chute du mark.

Le tableau suivant indique pour chacun des belligérants le montant des emprunts intérieurs qui furent effectués de 1914 à 1919, et la partie de chacun de ces emprunts qui fut affectée à d'autres buts que la guerre, à des prêts de guerre et aux dépenses propres des États emprunteurs.

TABLEAU

Emprunts intérieurs effectués pendant la Guerre par les États belligérants.

(De 1914 à 1919 inclus)

(Millions de $.)

ÉTATS belligérants	AFFECTÉS à d'autres buts que la guerre	AFFECTÉS à des prêts de guerre	AFFECTÉS aux dépenses propres de guerre	TOTAUX
Grande-Bretagne	—	1.923	26.188	28.111
Australie.	52	—	1.144	1.196
Canada	689	—	1.919	2.508
Inde.	268	—	609	877
Nouvelle-Zélande. . . .	134	—	392	526
Union Afrique du Sud. .	201	—	100	301
Colonies et Protectorats britanniques	102	—	—	102
Belgique.	126	—	—	126
France.	132	—	25.550	25.682
Grèce	91	—	12	103
Italie	192	—	9.485	9.677
Japon.	42	—	10	52
Portugal.	—	—	483	483
Roumanie	—	—	680	680
Russie.	—	—	15.067	15.067
Serbie.	—	—	—	—
États-Unis.	48	9.126	13.501	22.675
Total (Alliés) . .	1.977	11.049	95.140	108.166
Autriche-Hongrie	—	—	11.570	11.570
Bulgarie.	261	—	77	338
Allemagne.	36	2.037	39.146	41.219
Turquie	138	—	715	853
Total (Puissances centrales) . .	435	2.037	51.508	53.980
Total (Tous belli- gérants) . . .	2.412	13.086	146.648	162.146

III. — L'Emprunt extérieur.

Malgré l'augmentation des ressources demandée à l'accroissement des impôts, et malgré les appels considérables faits à leur épargne nationale, certains pays belligérants ne se trouvèrent pas encore en possession de ressources suffisantes pour financer la guerre. Les sources de revenus provenant de l'impôt et de l'emprunt intérieur étant ou paraissant taries chez eux, ils durent s'adresser à leurs alliés pour trouver les suppléments de ressources nécessaires.

Certains États, comme la France, empruntèrent à leurs alliés à la fois pour financer leurs propres dépenses et pour être en mesure de faire eux-mêmes des prêts à d'autres alliés. C'est ainsi que la France emprunta au total 6,5 milliards de dollars, dont 3,5 milliards furent affectés à ses dépenses propres et 3 furent prêtés par elle à ses alliés.

D'autres États, comme la Grande-Bretagne, qui emprunta au total près de 7 milliards de dollars pour les affecter en totalité à des prêts à d'autres alliés, eussent pu se suffire à eux-mêmes, et ne durent emprunter que pour pouvoir prêter.

D'autres États enfin, comme la Russie, qui emprunta 4 milliards de dollars, affectèrent à leurs propres dépenses la totalité des ressources ainsi obtenues.

Du côté des anciens ennemis, l'Allemagne, nous l'avons vu, prêta au total 2 milliards de dollars environ, qui furent entièrement affectés par les États emprunteurs à la couverture de leurs dépenses; l'Autriche-Hongrie absorba sur cette somme 1 milliard, et la Bulgarie et la Turquie chacune un demi-milliard environ.

Le tableau ci-dessous indique pour chacun des États belligérants le total des emprunts de guerre effectués auprès d'autres États, avec la décomposition de ces emprunts en deux parties : celle qui fut affectée elle-même à des prêts à d'autres alliés, et celle qui servit à la couverture des dépenses propres des États emprunteurs.

TABLEAU

Emprunts extérieurs effectués pendant la Guerre par les États belligérants.

(De 1914 à 1919 inclus)

(Millions de $.)

ÉTATS belligérants	AFFECTÉS à des prêts de guerre	AFFECTÉS aux dépenses propres de guerre	TOTAUX des emprunts effectués
Grande-Bretagne.	6.847	—	6.847
Australie.	—	235	235
Canada	—	—	—
Inde.	—	—	—
Nouvelle-Zélande.	—	15	15
Union Afrique du Sud.	—	—	—
Colonies et Protectorats britanniques.	—	32	32
Belgique.	—	1.386	1.386
France	2.817	3.664	6.481
Grèce.	—	216	216
Italie.	—	3.911	3.911
Japon.	—	—	—
Portugal.	—	91	91
Roumanie.	—	413	413
Russie.	292	3.671	3.963
Serbie.	—	435	435
États-Unis.	397	—	397
Total (Alliés).	10.353	14.069	24.422
Autriche-Hongrie.	—	1.000	1.000
Bulgarie.	—	476	476
Allemagne.	10	—	10
Turquie.	—	571	571
Total (Puissances centrales).	10	2.047	2.057
Total (Tous belligérants)	10.363	16.116	26.479

Pour un montant total de dépenses de guerre de 147 milliards de dollars, les Alliés ont donc trouvé les ressources nécessaires :

Dans l'impôt : à concurrence de 38 milliards (26 % des dépenses totales).

Dans l'emprunt intérieur : à concurrence de 95 milliards (65 % des dépenses totales);

Dans l'emprunt extérieur : à concurrence de 14 milliards (9 % des dépenses totales).

On voit donc finalement que l'ensemble des Alliés a fait face aux dépenses de la guerre pour un quart seulement par les recettes d'impôts, les trois quarts restants ayant été demandés à l'emprunt; c'est cette énorme dette de 110 milliards de dollars qui va peser si lourdement sur leurs finances d'après-guerre.

Les Puissances centrales ont, dans l'ensemble, couvert leurs dépenses de guerre, qui se sont élevées à plus de 61 milliards de dollars, à concurrence de 8 milliards par l'impôt, ce qui représente 13 % des dépenses totales, et pour plus de 53 milliards (87 % des dépenses totales) par l'emprunt.

Les 209 milliards qu'a coûté la guerre à l'ensemble des vingt et une nations belligérantes ont été obtenus de la façon suivante :

Ressources d'impôts : 46 milliards de dollars (22 % des dépenses totales);

Ressources dues à l'emprunt intérieur : 147 milliards (70 % des dépenses totales);

Ressources dues à l'emprunt extérieur : 16 milliards (8 % des dépenses totales);

Les principaux États belligérants figurent d'ailleurs de façon très différente dans ce décompte : c'est ainsi que la Grande-Bretagne a financé la guerre, par l'impôt, pour 35 % et par l'emprunt, pour 65 %.

La France a demandé à l'impôt 5 % et à l'emprunt 95 % de ses dépenses.

L'Italie a obtenu de l'impôt 28 %, et de l'emprunt 72 % de ses dépenses.

La Russie a couvert 96 % de ses dépenses par l'emprunt, 4 % seulement ayant été demandés à l'impôt.

L'Amérique du Nord est la seule nation qui ait pu obtenir de l'impôt la couverture de plus de la moitié de ses dépenses de guerre, 49 % seulement de celles-ci ayant dû être couverts par l'emprunt.

L'Allemagne enfin a trouvé dans l'impôt la couverture de 13 % de ses dépenses, 87 % ayant été demandés à l'emprunt.

Le tableau suivant montre, pour chacun des États belligérants, la part des dépenses de guerre qui a été couverte par l'impôt, celle qui a été couverte par l'emprunt intérieur, et celle qui l'a été par l'emprunt extérieur; ce tableau donne en même temps pour chacune de ces trois catégories de ressources la proportion dans laquelle elle figure dans la dépense totale.

Le Paiement des

ÉTATS BELLIGÉRANTS	IMPOTS (1)	
	Montant	%
Grande-Bretagne	14.042	35 %
Australie	424	23
Canada	402	17
Inde	530	47
Nouvelle-Zélande	198	33
Union Afrique du Sud	80	45
Colonies et Protectorats britanniques	297	90
Belgique	—	—
France	1.416	5
Grèce	98	30
Italie	5.238	28
Japon	750	99
Portugal	190	25
Roumanie	—	—
Russie	745	4
Serbie	—	—
États-Unis	13.719	51
TOTAL (Alliés)	38.129	26
Autriche-Hongrie	1.812	13
Bulgarie	245	30
Allemagne	5.777	13
Turquie	—	1
TOTAL (Puissances centrales)	7.843	13
TOTAL (Tous belligérants)	45.972	22

(1) Part des impôts affectés à la couverture des dépenses de guerre (à l'exclusion des impôts
(2) Partie des emprunts intérieurs affectés à la couverture des dépenses de guerre (à l'exclu-
(3) Partie des emprunts extérieurs utilisée par le pays emprunteur lui-même (à l'exclusion de

des Dépenses de Guerre.

(Millions de $)

EMPRUNTS INTÉRIEURS (2)		EMPRUNTS EXTÉRIEURS (3)		TOTAL des dépenses de guerre
Montant	%	Montant	%	
26.188	65 %	—	—	40.230
1.144	64	235	13 %	1.803
1.919	83	—	—	2.321
609	54	—	—	1.139
392	65	15	2	605
100	55	—	—	180
—	—	32	10	329
—	—	1.386	100	1.386
25.550	83	3.664	12	30.630
12	4	216	66	326
9.485	51	3.911	21 %	18.634
10	1	—	—	760
483	63	91	12	764
678	62	413	38	1.091
15.067	77	3.671	19	19.483
—	—	435	100	435
13.501	49	—	—	27.220
95.138	65	14.069	9	147.336
11.570	80	1.000	7	14.391
77	10	476	60	798
39.146	87	—	—	44.923
715	56	571	45	1.286
51.508	83	2.047	4	61.398
146.648	70	16.116	8	208.734

affectés à d'autres buts que la guerre).
ion des emprunts intérieurs affectés à d'autres buts que la guerre et à des prêts de guerre).
a partie des emprunts extérieurs affectés à des prêts de guerre).

APPENDICE III

———

La Situation des Dettes de Guerre à l'Armistice.

(*Millions de dollars.*)

ÉTATS DÉBITEURS	CRÉANCES américaines	CRÉANCES britanniques	CRÉANCES françaises	DETTES totales
Grande-Bretagne . . .	3.696	—	—	3.696
France.	1.587	1.683	—	3.270
Italie	1.023	1.855	75	2.953
Belgique	172	434	535	1.141
Serbie	11	91	297	399
Portugal.	—	61	—	61
Grèce	—	90	155	245
Roumanie	—	78	220	298
Cuba.	10	—	—	10
Russie.	187	2.472	955	3.614
TOTAL GÉNÉRAL. .	6.686	6.764	2.237	15.687

Note. — Les créances sont nettes, c'est-à-dire compensation faite des dettes réciproques.
Les chiffres ci-dessus ne comprennent pas d'intérêts.

Les Dettes publiques d'avant et d'après Guerre et leur Service.   APPENDICE IV

ÉTATS BELLIGÉRANTS	MONTANT de la dette publique		CHARGE ANNUELLE de la dette publique	
	Au moment de la guerre	A fin 1919	Au moment de la guerre	A fin 1919
Grande-Bretagne. — Millions de £.	706,2	6.765,5	24,5	579,0
Australie. — Millions de £.	19,2	292,8	0,7	15,2
Canada. — Millions de dollars	544,4	3.043,6	14,3	140,0
Inde. — Millions de £.	307,7	411,0	10,1	19,0
Nouvelle-Zélande. — Millions de £.	99,7	174,7	3,1	8,7
Union Afrique du Sud. — Millions de £.	126,3	162,4	4,3	6,7
Belgique. — Millions de francs belges.	4.626,0	15.318,8	147,1	973,6
France. — Millions de francs français.	33.637,0	191.432,0	966,2	9.535,3
Grèce. — Millions de drachmes	1.216,5	1.812,0	55,0	122,0
Italie. — Millions de lires.	15.069,9	73.670,0	688,0	4.294,0
Japon. — Millions de yen.	2.719,4	3.527,0	142,6	113,1
Portugal. — Millions de milreis.	650,8	1.145,7	28,8	48,9
Roumanie. — Millions de lei.	1.456,0	11.147,0	72,5	668,8
Russie. — Millions de roubles.	8.855,0	—	425,0	—
Serbie. — Millions de dinars.	901,6	1.336,5	31,0	80,2
États-Unis. — Millions de dollars.	1.189,3	24.298,0	23,0	1.020,3
Autriche-Hongrie. — Millions de couronnes.	19.523,0	104.242,0	888,3	5.212,1
Bulgarie. — Millions de levas	900,5	1.550,1	41,4	77,5
Allemagne. — Millions de marks.	21.981,0	234.300,0	659,4	10.540,0
Turquie. — Millions de livres turques.	189,4	324,0	5,8	11,2

Note. — Les montants inscrits dans ce tableau comprennent les dettes publiques tant intérieures qu'extérieures dont le service est réellement effectué. Les dettes de guerre entre États n'y sont par conséquent pas comprises.

Les montants des dettes extérieures sont calculés au pair des monnaies créancières. — La comparaison entre les montants de 1919 et ceux d'avant-guerre n'est pas absolument rigoureuse, étant donné la dépréciation de certaines monnaies après la guerre.

LES DEMANDES DE RÉPARATION AMÉRICAINES

I. — *Revendications du Gouvernement américain* (Montant des Revendications en dollars)

Armée du Rhin	255.544.811
Dommages causés par la guerre sous-marine	67.266.626
Primes pour risques de guerre du « Veteran's Bureau »	37.982.000
Primes pour risques de guerre du « Shipping Board »	40.075
Réclamation de l'Administration des Chemins de fer	5.380.000
Total des revendications du Gouvernement	366.213.512

II. — *Revendications des particuliers*

Lusitania	22.606.000
Contrefaçon de brevets	109.011.000
Dommages causés par les sous-marins, environ	96.000.000
Dépréciation des valeurs allemandes	21.000.000
Autres réclamations des personnes civiles	864.233.802
Total des revendications des particuliers	1.112.850.802
Total général des revendications américaines	1.479.064.314

Etats sinistrés

er 1921.)

L	GRÈCE	
r	francs-or	livr
A.		
B.		

Dépenses de Restauration de la France

Dépenses de Restauration de la France. APPENDICE VII.

EXERCICES	TAUX de conversion *marks-or francs pap.* aux cours moyens annuels	DOMMAGES AUX PERSONNES Allocations militaires pensions et dépenses div. en faveur des mutilés, pupilles de la nation, etc.		DOMMAGES AUX BIENS		INTÉRÊTS servis aux capitaux empruntés pour le paiement des dommages		TOTAL	
		m. fr. F	m. m. or	m. fr. F.	m. m. or	m. fr. F.	m. m. or	m. fr. F.	m. m. or
I. *Dépenses effectuées au 31 décembre 1923.*									
1914	1.2345	701	568	—	—	—	—	701	568
1915	1.2345	2.291	1.856	5	4	78	63	2.374	1.923
1916	1.2345	2.897	2.347	42	34	227	184	3.166	2.565
1917	1.2345	3.705	3.001	114	92	419	339	4.238	3.432
1918	1.2345	4.731	3.832	284	230	670	543	5.685	4.605
1919	1.7	4.787	2.816	8.410	4.947	1.099	646	14.296	8.409
1920	3.4	4.672	1.374	13.084	3.849	1.970	579	19.726	5.802
1921	3.2	4.503	1.407	17.769	5.555	3.119	975	25.391	7.935
1922	2.9	3.194	1.101	14.136	4.875	4.398	1.516	21.728	7.492
1923 (prévis.)	3.9	2.696	688	12.740	3.267	5.423	1.391	20.849	5.346
Total des dépenses effectuées au 31 décembre 1923.		34.167	18.990	66.584	22.851	(1) 17.403	6.236	118.154	48.077

II. — *Estimation des dépenses restant à effectuer au 1er janvier 1924.*

	TAUX de conversion *marks-or francs-papier* aux cours moyens des années 1920 à 1923	VALEUR ACTUELLE des pensions des invalides de la guerre		DOMMAGES AUX BIENS					
		m. fr. F.	m. m. or	m. fr. F.	m. m. or			m. fr. F.	m. m. or
	3.35	31.500	9.403	36.400	10.866			67.900	20.269
III. — *Total toutes dépenses faites et à faire.*								186.054	68.346

(1) Total officiel, discrimination affirmative

Dépenses de Restauration de l'Italie.   APPENDICE VIII

I. — Dépenses effectuées au 31 décembre 1923.

EXERCICES	TAUX de conversion marks-or lires-papier aux cours moyens annuels ou semestriels	DOMMAGES AUX PERSONNES		DOMMAGES AUX BIENS		INTÉRÊTS servis aux capitaux empruntés pour le paiement des dommages		TOTAL	
		Millions lires	Millions marks-or	Millions lires	Millions marks-or	Millions lires	Millions marks-or	Millions lires	Millions marks-or
1916-1917	1.2345	30	24,0	---	—	—	—	30	24
1917-1918	1.2345	154	125,0	—	—	3	2	157	127
1918-1919	1.2345	218	177,0	1.689	1.368	33	27	1.940	1.571
1919-1920	3.4	1.090	321,0	1.752	515	140	41	2.982	877
1920-1921	5.2	1.122	216,0	3.328	640	302	58	4.752	914
1921-1922	5.2	1.407	271,0	2.418	465	523	100	4.348	836
1922-1923	5.1	1.422	279,0	1.689	331	699	137	3.810	747
1er sem. 1923-1924.	5.2	711	137,0	972	187	800	154	2.483	479
TOTAL des dépenses effectuées au 31 décembre 1923.		6.154	1.550,0	11.848	3.506	2.500	519	20.502	5.575

II. — Dépenses restant à effectuer.

TAUX de conversion marks-or lires-papier aux cours moyens des années 1920 à 1923	VALEUR ACTUELLE des pensions		DOMMAGES AUX BIENS				
	Millions lires	Millions marks-or	Millions lires	Millions marks-or		Millions lires	Millions marks-or
5,1	16.300 (1)	3.196	5.028	986		21.328	4.182

III. — Total toutes dépenses faites et à faire. 41.830   9.757

(1) Estimation par comparaison avec les chiffres du budget français.

Dépenses de Restauration de la Belgique.

ANNÉES	TAUX de conversion *marks-or francs-papier* aux cours moyens annuels ou semestriels	DOMMAGES AUX PERSONNES		DOMMAGES AUX BIENS		DOMMAGES FINANCIERS Reprise dettes interprov. et commerciales. Intérêts capitaux empruntés		TOTAL	
		Millions francs B.	Millions marks-or	Millions francs B.	Millions marks-or	Millions francs B.	Millions marks-or	Millions francs B.	Millions marks-or
I. — *Dépenses effectuées au 31 décembre 1823.*									
1919-1921	2,6	399	153	9.034	3.475	3.704	1.425	13.137	5.053
1922	3,1	328	106	1.607	518	787	254	2.722	878
1er semestr. 1923	4,3	81	19	1.306	303	443	103	1.829	425
2e semestre 1923	4,9	97	20	614	125	361	74	1.072	219
Totaux des dépenses effectuées au 31 décembre 1923.		905	298	12.561	4.421	5.295	1.856	18.760	6.575

II. — *Dépenses restant à effectuer.*

	TAUX de conversion *marks-or francs-papier* aux cours moyens des années 1920 à 1923	VALEUR ACTUELLE des pensions.		DOMMAGES AUX BIENS				TOTAL	
		Millions francs B.	Millions marks-or	Millions francs B.	Millions marks-or			Millions francs B.	Millions marks-or
	3,475	2.923	812	10.040	2.891			12.863	3.703

III. — *Total toutes dépenses faites et à faire.* | | | | | | | | 31.623 | 10.278 |

APPENDICE X

———

Le Commerce extérieur de la France de 1908 à 1913.

(Milliards de francs)

ANNÉES	IMPORTATIONS	EXPORTATIONS	EXCÉDENT des importations
1908	5,7	5,1	0,6
1909	6,2	5,7	0,5
1910	7,2	6,2	1,0
1911	8,1	6,1	2,0
1912	8,2	6,7	1,5
1913	8,4	6,9	1,5
Total des 6 années.	43,8	36,7	**7,1**

Le Commerce extérieur de la France de 1915 à 1920.

(Milliards de francs)

ANNÉES	IMPORTATIONS	EXPORTATIONS	EXCÉDENT des importations
1915	11,0	3,9	7,1
1916	20,6	6,2	14,4
1917	27,6	6,0	21,6
1918	22,3	4,7	17,6
1919	35,8	11,9	23,9
1920	49,2	26,8	22,4
Total des 6 années.	166.5	59,5	**107,0**

———

Le Commerce extérieur du Royaume-Uni de 1908 à 1913.

(Millions de £)

ANNÉES	IMPORTATIONS	EXPORTATIONS	EXCÉDENT des importations
1908	513	377	136
1909	533	378	155
1910	575	431	144
1911	577	454	123
1912	633	487	146
1913	659	525	134
Total des 6 années .	3.490	2.652	838

Le Commerce extérieur du Royaume-Uni de 1915 à 1920.

(Millions de £).

ANNÉES	IMPORTATIONS	EXPORTATIONS	EXCÉDENT des importations
1915	753	385	368
1916	851	506	345
1917	995	527	468
1918	1.285	501	784
1919	1.461	799	662
1920	1.714	1.336	378
Total des 6 années .	7.059	4.054	3.005

APPENDICE XII

———

Le Commerce extérieur des États-Unis de 1908 à 1913.

(Milliards de dollars)

ANNÉES	IMPORTATIONS	EXPORTATIONS	EXCÉDENT des exportations
1908	1,1	1,8	0,7
1909	1,5	1,7	0,2
1910	1,6	1,9	0,3
1911	1,5	2,1	0,6
1912	1,8	2,4	0,6
1913	1,8	2,5	0,7
Total des 6 années.	9,3	12,4	**3,1**

Le Commerce extérieur des États-Unis de 1915 à 1920.

(Milliards de dollars)

ANNÉES	IMPORTATIONS	EXPORTATIONS	EXCÉDENT des exportations
1915	1,8	3,6	1,8
1916	2,4	5,5	3,1
1917	3,0	6,2	3,2
1918	3,0	6,1	3,1
1919	3,9	7,9	4,0
1920	5,3	8,2	2,9
Total des 6 années.	19,4	37,5	**18,1**

LES QUATORZE POINTS

*Discours prononcé par le Président Wilson au Congrès des États-Unis
le 8 janvier 1918.*

1º Des conventions de paix connues de tous, préparées au grand
jour, après lesquelles il n'y aura plus d'ententes particulières d'aucune sorte entre nations, mais seulement une diplomatie qui procédera
toujours franchement et en vue de tous;

2º Absolue liberté de navigation sur mer en dehors des eaux
territoriales aussi bien en temps de guerre qu'en temps de paix,
excepté dans le cas où les mers seraient fermées totalement ou partiellement par une action internationale pour imposer le respect des
conventions internationales;

3º Suppression, dans toute la mesure du possible, des barrières
économiques et égalité de traitement en matière commerciale pour
toutes les nations consentant à la paix et s'associant pour la maintenir;

4º Échange de garanties efficaces pour que les armements de chaque
nation soient réduits au minimum compatible avec la sécurité intérieure;

5º Un règlement librement débattu dans un esprit large et absolument impartial de toutes les revendications coloniales, fondé sur
ce principe rigoureusement observé que, pour résoudre les problèmes
de souveraineté, les intérêts des populations en cause pèseront d'un
même poids que les revendications équitables du Gouvernement dont
les titres sont examinés;

6º Évacuation du territoire russe tout entier et règlement de toutes
questions concernant la Russie qui assure la meilleure et la plus libre
coopération de toutes les autres nations du monde, en vue de donner
à la Russie toute latitude de déterminer sans entraves ni obstacles,
en pleine indépendance, son propre développement politique et son
organisation nationale, qui lui prépare aussi un accueil sincèrement
bienveillant dans la Société des Nations libres où elle entrera avec

les institutions qu'elle aura elle-même choisies, qui même lui assure mieux qu'un accueil bienveillant, qui lui vaille l'aide de toute sorte dont elle pourra avoir besoin et qu'elle pourra souhaiter. Le traitement accordé à la Russie par ses sœurs les nations, au cours des mois qui vont suivre, sera la pierre de touche de leur bonne volonté, de leur compréhension des besoins de la Russie, abstraction faite de leurs propres intérêts, la preuve de leur sympathie intelligente et généreuse;

7º La Belgique — il n'y aura qu'un avis dans le monde sur ce point — doit être évacuée et restaurée, sans aucune tentative pour limiter l'indépendance dont elle jouit au même titre que toutes les autres nations libres. Aucun autre acte pris à part ne servira autant que celui-ci à rendre aux nations leur confiance dans les lois qu'elles ont elles-mêmes établies et fixées pour présider à leurs mutuelles relations. Sans cet acte réparateur, tout l'édifice du droit international est à jamais ébranlé;

8º Le territoire de la France devra être totalement libéré et les portions envahies devront être restaurées, le tort fait à la France par la Prusse en 1871 en ce qui concerne l'Alsace-Lorraine, tort qui a compromis la paix du monde pendant près de cinquante ans, doit être réparé, afin que la paix puisse être de nouveau assurée dans l'intérêt de tous;

9º Une rectification des frontières de l'Italie devra être opérée selon les lignes de démarcation clairement reconnaissables entre nationalités;

10º Aux peuples de l'Autriche-Hongrie dont nous désirons sauvegarder et assurer la place parmi les nations, doit être accordée la plus grande latitude pour leur développement autonome;

11º La Roumanie, la Serbie et le Monténégro devront être évacués, les territoires occupés devront être restaurés, à la Serbie devra être assuré un libre accès à la mer, les relations mutuelles des divers États balkaniques devront être déterminées par un amical échange de vues, en tenant compte des liens d'allégeance et des différences de nationalité que l'histoire a créés, des garanties internationales d'indépendance politique et économique et d'intégrité territoriale seront instituées en faveur de ces États;

12º Aux régions turques de l'Empire ottoman actuel devra être assurée une souveraineté non contestée, mais aux autres nationalités présentement soumises au joug turc, on devra garantir une sécurité absolue d'existence, la pleine possibilité d'un développement autonome et sans entraves; les Dardanelles devront rester ouvertes au libre passage des navires de commerce de toutes les nations, sous la protection de garanties internationales;

13° Un État polonais indépendant devra être créé qui s'étendra sur les territoires habités par les populations indiscutablement polonaises; on lui assurera un libre accès à la mer; son indépendance politique et économique, son intégrité territoriale devront être garanties par des conventions internationales;

14° Il faut qu'une association générale soit formée entre les nations, en vertu de conventions formelles aux fins de procurer à tous les États, grands et petits également, des garanties mutuelles d'indépendance politique et d'intégrité territoriale.

---

*Lettre de M. Rathbone, ministre adjoint du Trésor américain,
à M. Edmond de Billy, haut commissaire de France aux États-Unis.*

Treasury Department.

Washington, 8 mars 1919.

J'apprends qu'à une conférence du Financial Drafting Committee, nommé par le Conseil Exécutif des Dix à la Conférence de la Paix, un des Gouvernements alliés a proposé comme une des questions financières affectant la paix, une nouvelle répartition et une consolidation des dettes de guerre. Cette proposition a été fortement appuyée par les représentants de votre Gouvernement, M. Klotz déclarant que cette question devrait être discutée durant le séjour à Paris des délégués de toutes les Puissances.

Bien que le Drafting Committee n'ait pas signalé cette question comme devant être considérée dans le traité de paix, j'apprends que ce dit Committee a signalé au Conseil Exécutif une discussion relative à des accords entre les Alliés au sujet de la consolidation des dettes de guerre.

« Il n'est pas nécessaire que je vous exprime combien j'ai été surpris par l'attitude prise par M. Klotz au nom de votre Gouvernement, surtout après vos lettres du 27 décembre 1918 et du 5 février 1919, dont j'avais fait état quand je me suis présenté devant le Comité des voies et moyens de la Chambre des Représentants, au cours des récentes discussions au sujet du vote du Victory Liberty Bond Bill.

Je dois vous informer, toutefois, de la façon la plus nette, que la Trésorerie américaine, qui, comme vous le savez, a une autorité absolue, conférée par le Congrès, en matière de prêts consentis par elle à des Gouvernements étrangers, ne consentira à aucune discussion, à la Conférence de la Paix ou ailleurs, d'un projet ou d'un accord ayant pour objet la libération, la consolidation ou une nouvelle répartition des obligations de Gouvernements étrangers détenues par les États-Unis.

Vous comprendrez aussi que la Trésorerie ne saurait songer à continuer des avances à aucun Gouvernement allié favorable à un projet qui aurait pour résultat de rendre incertain le paiement à maturité des avances consenties par la Trésorerie américaine.

Je vous serais reconnaissant de communiquer l'opinion de la Trésorerie à votre Gouvernement. J'attendrai sa réponse avec impatience.

Appendice XV

---

*Lettre de la Commission des Réparations
à la Kriegslastenkommission pour lui signifier la fixation
de la dette allemande.*

Paris, le 28 avril 1921.

La Commission des Réparations, en exécution des dispositions de l'article 233 du Traité de Versailles, décide à l'unanimité de fixer à 132 milliards de marks-or le montant des dommages pour lesquels réparation est due par l'Allemagne aux termes de l'article 232, deuxième alinéa, et l'Annexe I à la Partie VIII dudit Traité.

En fixant ce chiffre, la Commission a effectué sur le montant des dommages les déductions nécessaires pour tenir compte des restitutions faites ou à faire en exécution de l'article 238, et, par conséquent, aucun crédit ne sera dû à l'Allemagne du fait de ces restitutions.

La Commission ne comprend dans le chiffre ci-dessus, ni la somme correspondant à l'obligation qui incombe en outre à l'Allemagne, en vertu du troisième alinéa de l'article 232, d'effectuer le remboursement de toutes les sommes que la Belgique « a empruntées aux Gouvernements alliés et associés jusqu'au 11 novembre 1918, y compris l'intérêt à 5 % par an desdites sommes », ni toute somme dont la Pologne pourra éventuellement revendiquer ou recevoir paiement, en tant que partie intégrante de l'ancien Empire de Russie, ainsi que le prévoient les dispositions de l'article 116 du Traité de Versailles.

Signé : Dubois,
John Bradbury, Salvago Raggi, L. Delacroix.

ULTIMATUM DU 5 MAI 1921 DES ALLIÉS A L'ALLEMAGNE

et

RÉPONSE DU 11 MAI 1921 DU GOUVERNEMENT ALLEMAND

Ultimatum des Alliés à l'Allemagne.

Les Puissances alliées constatant que, malgré les concessions successives faites par les Alliés depuis la signature du Traité de Versailles, et en dépit des avertissements et des sanctions décidées à Spa et à Paris, comme des sanctions notifiées à Londres et appliquées depuis, le Gouvernement allemand manque à remplir les obligations qui lui incombent, aux termes du Traité de Versailles, en ce qui concerne :

1º Le désarmement;

2º Le versement de 12 milliards de marks-or, échu le 1er mai 1917, aux termes de l'article 235 du Traité, et que la Commission des Réparations l'a déjà sommé de payer à cette date;

3º Le jugement des coupables, dans les conditions où il a été de nouveau stipulé par les notes alliées des 13 février et 17 mai 1920;

4º Certaines autres questions importantes, et notamment celles que posent les articles 264 à 267, 273, 321, 322 et 327 du Traité;

Décident :

a) De procéder, dès aujourd'hui, à toutes mesures préliminaires nécessaires à l'occupation de la vallée de la Ruhr par les forces alliées sur le Rhin, dans les conditions prévues au paragraphe *d ;*

b) D'inviter, conformément à l'article 233 du Traité, la Commission des Réparations à notifier au Gouvernement allemand, sans délai, les époques et les modalités de l'acquittement par l'Allemagne de l'intégralité de sa dette et d'annoncer sa décision sur ce point au Gouvernement allemand le 6 mai. au plus tard;

c) De sommer le Gouvernement allemand de déclarer catégoriquement dans un délai de six jours, à dater de la réception de la décision
ci-dessus, sa résolution :

I. — D'exécuter sans réserve, ni condition, ses obligations telles
qu'elles sont définies par la Commission des Réparations;

II. — D'accepter et de réaliser sans réserve ni condition, à l'égard
de ses obligations, les garanties prescrites par la Commission des
Réparations;

III. — D'exécuter sans réserve ni retard :

Les mesures concernant le désarmement militaire, naval et aérien,
notifiées au Gouvernement allemand par les Puissances alliées, par
leur lettre du 29 janvier 1921, les mesures d'exécution déjà venues
à échéance étant complétées, sans délai, les autres devant être réalisées aux dates fixées;

IV. — De procéder sans réserve ni retard au jugement des criminels
de guerre, ainsi qu'à l'exécution des autres parties du Traité n'ayant
pas encore reçu satisfaction et dont il est question dans le premier
paragraphe de la présente note;

d) De procéder, le 12 mai, à l'occupation de la vallée de la Ruhr
et de prendre toutes autres mesures militaires et navales, faute par
le Gouvernement allemand d'avoir rempli les conditions ci-dessus.

Cette occupation durera aussi longtemps que l'Allemagne n'aura
pas exécuté les conditions énumérées au paragraphe *c*.

Londres, le 5 mai 1921.

Signé : Lloyd GEORGE, BRIAND,
Comte SFORZA, JASPAR, HAYASHI.

Réponse du Gouvernement allemand.

En vertu de la décision du Reichstag, je suis chargé de déclarer,
comme demandé, ce qui suit, au nom du nouveau Gouvernement,
relativement à la décision des Puissances alliées, du 5 mai 1921 :

Le Gouvernement allemand est décidé :

1º A remplir sans conditions ni réserves ses obligations telles qu'elles
sont fixées par la Commission des Réparations;

2º A accepter et à réaliser, sans conditions ni réserves, les mesures
de garanties prescrites par la Commission des Réparations, au point
de vue de ces obligations;

3º A exécuter sans réserves ni retard les mesures en vue du désarme ment sur terre, sur mer et dans les airs, qui ont été notifiées par la note des Puissances alliées du 21 janvier 1921. Les mesures dont l'exécution est en retard devront être exécutées immédiatement ; les autres, dans les délais prescrits :

4º A procéder sans réserves ni retard au jugement des coupables de guerre et à l'exécution des stipulations du Traité mentionnées dans la première partie de la note des Gouvernements alliés du 5 mai 1921.

Je vous prie de porter sans retard cette déclaration à la connaissance des Puissances alliées.

(11 mai 1921.)

Signé : WIRTH.

Le Bilan de l'Occupation de la Ruhr à la fin de l'année 1923.   APPENDICE XVII

(Millions M.-O.)

RECETTES ENCAISSÉES EN 1923						DÉPENSES ENCOURUES EN 1923	
CATÉGORIES DE RECETTES	RECETTES BRUTES		Dépenses de perception	RECETTES NETTES		CATÉGORIES DE DÉPENSES	DÉPENSES totales
	En marchandises	En numéraire		En marchandises	En numéraire		
Droits de douane.	18,5	—	3,2	15,3	—	Armées d'occupation	85,2
Licences et dérogations en Rhénanie	17,6	—	0,3	17,3	—	Transports militaires	16,9
Licences et dérogations dans la Ruhr.	6,2	—			—	Frais d'exploitation des mines.	18,2
Impôt sur le charbon.	22,1	—	1,0	27,3	—	Agio et frais généraux	2,0
Exploitation des forêts.	7,5	—	0,7	6,7	—		
Exploitation des mines.	—	90,7	—	—	90,7	Dépenses totales 1923.	122,3
Matériel reçu à titre de restitutions.	—	83,2	—	—	83,2		
Exploitation de la région franco-belge des Chemins de fer.	2,2	—	—	2,2	—		
Taxe sur les permis de circulation.	0,6	—	—	0,6	—		
Saisies de l'armée française.	16,9	—	—	16,9	—		
Saisies de l'armée belge.	2,4	—	—	2,4	—		
Amendes, intérêts et divers.	0,4	—	—	0,4	—		
Recettes totales 1923.	89,9	173,9	5,2	84,7	173,9	Bénéfices 1923.	136,3
Recettes nettes totales en numéraire et en marchandises.				258,6		Balance	258,6

APPENDICE XVIII

Le Bilan de l'Occupation de la Ruhr du 1er janvier au 31 août 1924.

(Millions de marks-or)

	RECETTES ENCAISSÉES DU 1er JANVIER AU 31 AOUT 1924					DÉPENSES ENCOURUES du 1er janvier au 31 août 1924	
CATÉGORIES DE RECETTES	RECETTES BRUTES		Dépenses de perception	RECETTES NETTES		CATÉGORIES DE DÉPENSES	DÉPENSES totales
	En numétaire	En marchandises		En numéraire	En marchandises		
Droits de douane.	124,0	- -	5,1	118,9	—	Armées d'occupation.	28,8
Licences et dérogations en Rhénanie.	47,3	- - -	1,1	46,2	- - -	Transports militaires.	22,8
Licences et dérogations dans la Ruhr.	29,2	- - -	0,9	132,7	—	Frais d'exploitation des mines.	34,7
Impôt sur le charbon.	104,4	—			—	Agio, frais généraux et divers.	4,7
Exploitation des forêts.	16,6	—	2,1	14,5	- - -		
Exploitation des mines.	- -	249,0	- - -	- -	249,0	Dépenses totales 1924.	91,0
Matériel reçu à titre de restitutions.	- -	13,5	- -	- -	13,5		
Exploitation de la régie franco-belge des Chemins de fer.	107,8	- -	- -	107,8	- - -		
Taxe sur les permis de circulation.	1,7	- - -	0,1	1,6	- - -		
Saisies de l'armée française.	34,6	- -	- -	34,6	- - -		
Saisies de l'armée belge.	2,3	- - -	- -	2,3	- -		
Amendes, intérêts et divers.	0,7	- - -		0,7	- -		
Recettes restant à encaisser au 31 août 1924	21,2	- -	- -	21,2	—		
Recettes totales 1924.	489,8	262,6	9,3	480,5	262,5	Bénéfices 1924.	652,0
Recettes nettes totales en numéraire et en marchandises.				743,0		Balance.	743,0

APPENDICE XIX

Le Bilan de l'Occupation de la Ruhr du 11 janvier 1923 au 31 août 1924.

(Millions de marks-or)

RECETTES ENCAISSÉES DU 11 JANVIER 1923 AU 31 AOUT 1924.						DÉPENSES ENCOURUES du 11 janvier 1923 au 31 août 1924	
	RECETTES BRUTES		Dépenses de per- ception	RECETTES NETTES			DÉPENSES totales
CATÉGORIES DE RECETTES	En nu- méraire	En mar- chandises		En nu- méraire	En mar- chandises	CATÉGORIES DE DÉPENSES	
Droit de douane.	142,5	---	8,3	134,2	---	Armées d'occupation.	114,0
Licences et dérogations en Rhéna- nie.	64,9	---	1,4	63,5	---	Transports militaires.	39,7
Licences et dérogations dans la Ruhr.	35,4	---	1,9	160,0	---	Frais d'exploitation des mines.	52,9
Impôt sur le charbon.	126,5	---				Agio, frais généraux et divers.	6,7
Exploitation des forêts.	24,0	---	2,8	21,2	---		
Exploitation des mines.	—	339,7	---	—	339,7	Dépenses totales.	213,3
Matériel reçu à titre de restitutions.	—	96,7	---	—	96,7		
Exploitation de la régie franco- belge des Chemins de fer.	105,6	---	---	105,6	---		
Taxe sur les permis de circulation.	2,3	---	0,1	2,2	---		
Saisies de l'armée française.	51,5	---	---	51,5	---		
Saisies de l'armée belge.	4,7	---	---	4,7	---		
Amendes, intérêts et divers.	1,1	---	---	1,1	---		
Recettes restant à encaisser au 31 août 1924.	21,2	—	—	21,2	—	Bénéfices du 11 janvier 1923 au 31 août 1924.	788,3
Recettes totales.	579,7	436,4	14,5	565,2	436,4		
Recettes nettes totales en numéraire et en marchandises.				1.001,6		Balance.	1.001,6

APPENDICE XX

Les Dettes de Guerre à fin 1923.

(Millions de M.-O. au pair).

ÉTATS DÉBITEURS	CRÉANCES américaines (1)	CRÉANCES britanniques (2)	CRÉANCES françaises (3)	DETTES totales (7)
Grande-Bretagne.	19.310 (4)	—	—	19.310
France	16.752	12.733	—	29.485
Italie	8.459	11.304	40	19.803
Belgique (5).	985	184	330	1.499
Japon.	—	—	—	—
Serbie	259	628	1.464	2.351
Portugal	—	440	—	440
Grèce	69	477	697	1.243
Roumanie	184	551	957	1.692
Brésil	—	—	—	—
Tchécoslovaquie	466	—	465	931
Cuba	—	—	—	—
Libéria.	—	—	—	—
Siam.	—	—	—	—
Allemagne (6).	923	2.192	2,557	5.672
TOTAL (7)	47.407	28.509	6.510	82.426
Russie.	1.015	14.761	4.811	20.587
Pologne	766	91	855	1.712
Autres États ne participant pas aux Réparations . . .	347	330	23	700
TOTAL GÉNÉRAL (7) . .	49.535	43.691	12.199	105.425

(1) Rapport annuel (20 novembre 1923) du secrétaire du Trésor américain Mellon (p. 255). Principal et intérêts jusqu'au 15 novembre 1923.

(2) *Financial Statement 1924-1925.* Les Dominions (2 milliards 686 millions marks-or au total) sont exclus. Les chiffres sont arrêtés au 31 mars 1924 et comprennent les intérêts à l'exception de ceux dus par la Russie depuis le 1er janvier 1918.

(3) Exposé des motifs du budget 1923. Ann. 10. Les intérêts semblent ne pas être compris.

(4) Montant nominal du règlement anglo-américain de février 1923 (4.704,6 millions $). La valeur actuelle à 5 % est *14,2 milliards marks-or.*

(5) Partie de la dette de guerre de la Belgique restant à la charge de ce pays.

(6) Partie de la dette de guerre de la Belgique mise à la charge de l'Allemagne.

(7) Ces montants totaux ne sont qu'approximatifs, étant donnée l'incertitude régnant sur certains des chiffres qui y rentrent.

LA GESTION FINANCIÈRE DE L'ALLEMAGNE
PENDANT L'EXERCICE 1922-1923

Le tableau ci-dessous — basé sur une publication officielle du Gouvernement allemand — indique en marks-papier et en marks-or (1) pour chacun des mois de l'exercice, les recettes et les dépenses effectuées, ces dernières divisées suivant qu'elles ont trait à l'Administration générale, aux régies d'État et au Traité de Paix.

Les totaux en marks-papier se rapportant à l'exercice entier sont sans signification, étant la somme de montants exprimés en marks ; la valeur du mark a varié trop considérablement au cours de l'exercice (au début de l'exercice le mark valait 1/70 mark-or, à la fin de l'exercice 1/5000 mark-or) pour que l'addition de ces montants mensuels corresponde à une réalité quelconque.

Si l'on veut se faire une idée de que fut la gestion financière de cet exercice, il n'y a donc que les montants exprimés en marks-or qui puissent être utilement considérés.

Les recettes totales ordinaires et extraordinaires, à l'exclusion de l'emprunt forcé, se sont montées à *1.981,6 millions de marks-or.*

Les dépenses administratives ont atteint *2.090,1 millions de marks-or.*

Le déficit de l'Administration seule s'est donc élevé à 108,5 millions de marks-or.

L'exploitation déficitaire des services d'État (Chemins de fer et P. T. T.) a coûté *973 millions* de marks-or, ce qui a porté le déficit à 1.081,5 millions de marks-or.

Enfin, les « Dépenses pour l'exécution du Traité de Paix » (dépenses qu'il ne faut nullement identifier avec les versements faits par l'Allemagne pour les Réparations) se sont montées à *1.545,7 millions de marks-or*, portant le déficit total de l'exercice à 2.627,2 millions de marks-or, somme qui représente *grosso modo* la valeur or « instantanée » de l'augmentation de la Dette flottante au cours de l'exercice.

---

(1) Les montants en marks-or sont obtenus par la conversion des marks-papier au cours moyen de chaque mois basé sur les cours du mark à la Bourse de New-York.

Il a été escompté au cours de l'exercice pour 6.329 millions de marks-papier de Bons du Trésor. Remarquons néanmoins que le montant total des Bons du Trésor escomptés au premier jour de l'exercice (272 milliards marks-papier) représentait 3,8 milliards marks-or, et que le montant total des Bons du Trésor escomptés au dernier jour de l'exercice (6.601 milliards de marks-papier) ne représentait plus, par le jeu de la dépréciation du mark, que 1,3 milliard de marks-or. Malgré l'émission de plus de 6 trillions de marks-papier, la valeur de la Dette flottante avait donc diminué au cours de l'exercice de 2,5 milliards de marks-or.

Ainsi donc le déficit du Reich au cours de l'exercice, 2.627 millions de marks-or, a été comblé par l'escompte successif de 6 trillions de marks-papier de Bons du Trésor, dont la valeur « instantanée » est évidemment égale à ce déficit.

Néanmoins, et bien qu'ayant ainsi dû emprunter à son Institut d'émission, pendant l'exercice 1922-1923, plus de 2 milliards 500 millions de marks-or, le Reich a vu sa Dette vis-à-vis de la Reichsbank réduite par le jeu de la dépréciation monétaire de 3,8 à 1,3, soit de 2 milliards 500 millions de marks-or.

Le Reich a donc réalisé (au détriment des rentiers et en général des porteurs de marks ou de valeurs en marks) un bénéfice qui est représenté par plus de 5 milliards de marks-or, et qui est allé à certaines parties de l'économie allemande.

Ceci montre la manière dont subsistait financièrement le Reich à la faveur de la dépréciation du mark et permet de se rendre compte, en ce qui concerne les particuliers, des énormes changements qui ont dû se produire en Allemagne dans la répartition de la fortune.

TABLEAU

22

| MOIS | MOYENNE M. O. M. P. (d'après la bourse de New-York.) | RECETTES ordinaires et extraordinaires (emprunt forcé exclu) | | DÉPENSES | | | | | |
| | | Milliards M. P. | Millions M. O. | Administration générale (1) | | Pour les Régies | | Traité de Paix Non couvertes par l'emprunt forcé | |
				Milliards M. P.	Millions M. O.	Milliards M. P.	Millions M. O.	Milliards M. P.	Millions M. O.
1922.									
Avril . . .	68,9	14,5	210,4	7,0	101,6	0,3	4,4	16,2	235
Mai	69,3	21,0	303,0	12,3	177,5	0,9	13,0	16,1	232
Juin. . . .	74,8	21,6	288,8	11,1	148,4	2,8	37,4	13,5	180
Juillet . . .	116,7	26,1	223,7	20,4	174,8	1,9	16,8	16,6	142
Août	240,8	40,1	166,5	(2) 34,4	142,9	12,0	49,8	17,2 [3]	71
Septembre .	348,5	43,8	125,7	(2) 96,0	275,5	42,5	122,0	24,9 [3]	71
Octobre . .	717,7	67,6	94,2	100,4	139,9	71,1	99,1	48,8 [3]	68
Novembre .	1.618,2	144,8	89,5	163,2	100,9	78,9	48,8	138,0 [3]	85
Décembre .	1.756,8	230,1	131,0	441,7	251,4	257,3	146,5	187,1 [3]	106
1923.									
Janvier . .	3.275,3	355,7	108,6	301,5	92,1	195,0	59,5	445,9 [3]	136
Février. . .	6.209,4	524,8	83,8	872,5	139,8	735,8	118,5	423,1 [3]	68
Mars. . . .	5,060,5	791,2	156,4	1.747,2	345,3	1.304,1	257,7	752,8 [3]	148
Exercice 1922-1923.	—	2.281,3	1.981,6	3.807,7	2.090,1	2.702,6	973,0	2.100,2 [3]	1.54

Allemagne 1922-1923.

EXCÉDENT OU DÉFICIT						REMARQUES
Administration seule		Administration et Régies		Administration Régies et Traité		
Milliards M. P.	Millions M. O.	Milliards M. P.	Millions M. O.	Milliards M. P.	Millions M. O.	
+ 7,5	+ 108,8	+ 7,2	+ 104,4	— 9,0	— 130,7	(1) Les dépenses d'avril comprennent environ 20 Mds M. P. imputables à l'exercice précédent.
+ 8,7	+ 125,5	+ 7,8	+ 112,5	— 8,3	— 119,8	
+ 10,5	+ 140,4	+ 7,7	+ 103,0	— 5,8	— 77,5	(2) Dont 7 Mds d'avances aux États et communes à récupérer.
+ 5,7	+ 48,9	+ 3,8	+ 32,6	— 12,8	— 109,6	
+ 5,7	+ 23,6	— 6,3	— 26,2	— 23,5	— 97,6	(3) La partie des dépenses couvertes par l'emprunt forcé a été :
— 52,2	— 149,8	— 94,7	— 271,8	— 119,6	— 343,2	
— 32,8	— 45,7	— 103,9	— 144,8	— 152,7	— 212,8	*1922*
— 18,4	— 11,4	— 97,3	— 60,2	— 235,3	— 145,5	Août. 1,9 Mds M. P. Sept. 0,6 » » Oct. 0,3 » » Nov. 0,1 » » Déc. 0,9 » »
— 211,6	— 120,4	— 468,9	— 266,9	— 656,0	— 373,4	
						1923 :
+ 54,2	+ 16,5	— 140,8	— 43,0	— 586,7	— 179,1	Janv. 4,8 » » Févr. 0,8 » » Mars 3,5 » » —— 12,9
— 347,7	— 56,0	— 1.083,5	— 174,5	— 1.506,6	— 242,6	
— 956,0	— 188,9	— 2.260,1	— 446,6	— 3.012,9	— 595,4	
— 1.526,4	— 108,5	— 4.229,0	— 1.081,5	— 6.329,2	— 2.627,2	

Valeur actuelle des Annuités fixes du Plan Dawes.   APPENDICE XXII

(Compte non tenu de l'indice de prospérité).   (Millions de marks-or)

NUMÉROS des annuités	CHEMINS DE FER sans l'impôt (sur les transports)	OBLIGATIONS industrielles	BUDGET (avec l'impôt sur les transports)	ANNUITÉ totale	ANNUITÉS totales cumulées	VALEUR ACTUELLE au 1er septembre 1924 à 5 %	à 8 %
1	200	0	»	1.000(^{1})	1.000	975,6	961,5
2	595	125	500(^{2})	1.220	2.220	1.134,2	1.087,8
3	550	250	400(^{3})	1.200	3.420	1.062,5	990,7
4	660	300	790(^{3})	1.750	5.170	1.475,7	1.337,8
5	660	300	1.540	2.500	7.670	2.007,8	1.769,5
6	660	300	1.540	2.500	10.170	1.912,2	1.638,4
7	660	300	1.540	2.500	12.670	1.821,1	1.517,1
8	660	300	1.540	2.500	15.170	1.734,4	1.404,7
9	660	300	1.540	2.500	17.670	1.651,8	1.300,6
10	660	300	1.540	2.500	20.170	1.573,1	1.204,3
11	660	300	1.540	2.500	22.670	1.498,2	1.115,1
12	660	300	1.540	2.500	25.170	1.426,9	1.032,5
13	660	300	1.540	2.500	27.670	1.358,9	956,0
14	660	300	1.540	2.500	30.170	1.294,2	885,2
15	660	300	1.540	2.500	32.670	1.232,6	819,6
16	660	300	1.540	2.500	35.170	1.173,9	758,9
17	660	300	1.540	2.500	37.670	1.118,0	702,7
18	660	300	1.540	2.500	40.170	1.064,8	650,6
19	660	300	1.540	2.500	42.670	1.014,1	602,4
20	660	300	1.540	2.500	45.170	965,8	557,8
21	660	300	1.540	2.500	47.670	919,8	516,5
22	660	300	1.540	2.500	50.170	876,0	478,2
23	660	300	1.540	2.500	52.670	834,3	442,8
24	660	300	1.540	2.500	55.170	794,5	410,0
25	660	300	1.540	2.500	57.670	756,7	379,6
26	660	300	1.540	2.500	60.170	720,7	351,5
27	660	300	1.540	2.500	62.670	686,4	325,5
28	660	300	1.540	2.500	65.170	653,7	301,4
29	660	300	1.540	2.500	67.670	622,5	279,0
30	660	300	1.540	2.500	70.170	592,9	258,4
31	660	300	1.540	2.500	72.670	564,7	239,3
32	660	300	1.540	2.500	75.170	537,8	221,5
33	660	300	1.540	2.500	77.670	512,2	205,1
34	660	300	1.540	2.500	80.170	487,8	189,9
35	660	300	1.540	2.500	82.670	464,6	175,8
36	660	300	1.540	2.500	85.170	442,5	162,8
37	660	300	1.540	2.500	87.670	421,4	150,7
38	660	300	1.540	2.500	90.170	401,3	139,6
39	660	300	1.540	2.500	92.670	382,2	129,3
40 (^{4})	660	300	1.540	2.500	95.170	364,0	119,7
Totaux . .	25.765	11.475	58.670	95.170	—	39.531,8	26.769,8

N.-B. — Le paiement de chaque annuité est supposé se répartir uniformément sur la durée de chaque année.
(^{1}) Dont 800 millions provenant d'un emprunt extérieur. — (^{2}) Provenant en réalité de la vente d'actions de préférence de la Compagnie des chemins de fer.— (^{3}) Sujet à une modification maximum de 250 millions en plus ou en moins.— (^{4}) On suppose que les versements du budget cessent, comme ceux des Chemins de fer et des obligations industrielles, après la quarantième année.

APPENDICE XXIII.

Tableau du Jeu de l'Indice de Prospérité.
Au taux d'intérêt de 8 %.

TABLEAU

NUMÉROS des annuités	ACCROISSEMENT normal de 10 millions		ACCROISSEMENT normal de 20 millions		ACCROISSEMENT normal de 30 millions		ACCROISSEMNT normal de 40 millions		ACCROISSEMENT normal de 50 millions	
	Annuité supplémentaire	Valeur actuelle	Annuité supplémentaire	Valeur actuelle	Annuité supplémentaire	Valeur actuelle	Annuité supplémentaire	Valeur actuelle	Annuité supplémentaire	Valeur actuelle
1	0	0	0	0	0	0	0	0	0	0
2	0	0	0	0	0	0	0	0	0	0
3	0	0	0	0	0	0	0	0	0	0
4	0	0	0	0	0	0	0	0	0	0
5	0	0	0	0	0	0	0	0	0	0
6	5	3,3	10	6,6	15	9,8	20	13,1	25	16,4
7	10	6,1	20	12,1	30	18,2	40	24,3	50	30,8
8	15	8,4	30	16,9	45	25,3	60	33,7	75	42,[illegible]
9	20	10,4	40	20,8	60	31,2	80	41,6	100	52,[illegible]
10	25	12,0	50	24,1	75	36,1	100	48,2	125	60,2
11	35	15,6	70	31,2	105	46,8	140	62,4	175	78,[illegible]
12	45	18,6	90	37,2	135	55,8	180	74,2	225	92,9
13	55	21,0	110	42,1	165	63,1	220	84,1	275	105,[illegible]
14	65	23,0	130	46,0	195	69,0	260	92,1	325	115,[illegible]
15	75	24,6	150	49,2	225	73,8	300	98,4	375	123,0
16	85	25,8	170	51,6	255	77,4	340	103,2	425	129,0
17	95	26,7	190	53,4	825	80,1	380	106,8	475	133,[illegible]
18	105	27,3	210	54,7	315	82,0	420	109,3	525	136,[illegible]
19	115	27,7	230	55,4	345	83,1	460	110,9	575	138,6
20	125	27,9	250	55,8	375	83,7	500	111,6	625	139,5
21	135	27,9	270	55,8	405	83,7	540	111,6	675	139,5
22	145	27,7	290	55,5	435	83,2	580	111,0	725	138,[illegible]
23	155	27,5	310	54,9	465	82,4	620	109,8	775	137,8
24	165	27,1	330	54,1	495	81,2	660	108,2	825	135,[illegible]
25	175	26,6	350	53,1	525	79,7	700	106,3	875	132,[illegible]
26	185	26,0	370	52,0	555	78,0	740	104,1	925	130,[illegible]
27	195	25,4	390	50,8	585	76,2	780	101,5	975	126,[illegible]
28	205	24,7	410	49,4	615	74,1	820	98,9	1.025	123,[illegible]
29	215	24,0	430	48,0	645	72,0	860	96,0	1.075	120,0
30	225	23,3	450	46,5	675	69,8	900	93,0	1.125	116,[illegible]
31	235	22,5	470	45,0	705	67,5	940	90,0	1.175	112,[illegible]
32	245	21,7	490	43,4	735	65,1	980	86,8	1.225	108,[illegible]
33	255	20,9	510	41,8	765	62,8	1.020	83,7	1.275	104,[illegible]
34	265	20,1	530	40,3	795	60,4	1.060	80,5	1.325	100,[illegible]
35	275	19,3	550	38,7	825	58,0	1.100	77,4	1.375	96,[illegible]
36	285	18,6	570	37,1	855	55,7	1.140	74,3	1.425	92,[illegible]
37	295	17,8	590	35,6	885	53,4	1.180	71,2	1.475	88,[illegible]
38	305	17,0	610	34,1	915	51,1	1.220	68,1	1.525	85,[illegible]
39	315	16,3	630	32,6	945	48,9	1.260	65,1	1.575	81,[illegible]
40	325	15,6	650	31,1	975	46,7	1.300	62,2	1.625	77,[illegible]
Totaux . .	5.475	728,4	10.950	1.456,9	16.425	2.185,3	21.900	2.193,6	27.375	3.642,[illegible]

N.·B. — Conformément au plan Dawes, l'accroissement «normal» s'applique à chaque annuité à parti[r]...

Prospérité. — Au taux d'intérêt de 8 %.

(*Millions marks-or*).

ACCROISSEMENT normal de 60 millions		ACCROISSEMENT normal de 70 millions		ACCROISSEMENT normal de 80 millions		ACCROISSEMENT normal de 90 millions		ACCROISSEMENT normal de 100 millions	
Annuité supplémentaire	Valeur actuelle	Annuité supplémentaire	Valeur actuelle	Annuité supplémentaire	Valeur actuelle	Annuité supplémentaire	Valeur actuelle	Annuité supplémentaire	Valeur actuelle
0	0	0	0	0	0	0	0	0	0
0	0	0	0	0	0	0	0	0	0
0	0	0	0	0	0	0	0	0	0
0	0	0	0	0	0	0	0	0	0
0	0	0	0	0	0	0	0	0	0
30	19,7	35	22,9	40	26,2	45	29,5	50	32,8
60	36,4	70	42,5	80	48,5	90	54,6	100	60,7
90	50,6	105	59,0	120	67,4	135	75,9	150	84,3
120	62,4	140	72,1	160	83,2	180	93,6	200	104,8
150	72,3	175	84,0	200	95,3	225	108,4	250	128,4
210	93,7	245	109,3	280	124,9	315	140,5	350	156,1
270	111,5	315	130,1	360	148,7	405	167,3	450	185,9
330	126,2	385	147,2	440	168,3	495	189,3	550	210,3
390	138,1	455	161,1	520	184,1	585	207,1	650	230,2
450	147,5	525	172,1	600	196,7	675	221,3	750	245,9
510	154,8	595	180,6	680	206,4	765	232,2	850	258,0
570	160,2	665	186,9	760	213,6	855	240,3	950	267,0
630	164,0	735	191,3	840	218,6	945	245,9	1.050	273,3
690	166,3	805	194,0	920	221,7	1.035	249,4	1.150	277,1
750	167,3	875	195,2	1.000	223,1	1.125	251,0	1.250	278,9
810	167,4	945	195,3	1.080	223,2	1.215	251,1	1.350	279,0
870	166,4	1.015	194,2	1.160	221,9	1.305	249,6	1.450	277,4
930	164,7	1.085	192,8	1.240	219,6	1.395	247,1	1.550	274,6
990	162,4	1.155	189,4	1.320	216,5	1.485	243,6	1.650	270,6
1.050	159,4	1.225	186,0	1.400	212,5	1.575	239,1	1.750	265,7
1.110	156,1	1.295	188,1	1.480	208,1	1.665	234,1	1.850	260,1
1.170	152,3	1.365	177,7	1.560	203,1	1.755	228,5	1.950	253,9
1.230	148,3	1.435	173,0	1.640	197,7	1.845	222,4	2.050	247,1
1.290	144,0	1.505	168,0	1.720	192,0	1.935	216,0	2.150	240,0
1.350	139,5	1.575	162,6	1.800	186,0	2.025	209,3	2.250	232,5
1.410	134,9	1.645	157,4	1.880	179,9	2.115	202,4	2.350	224,9
1.470	130,3	1.715	152,0	1.960	173,7	2.205	195,4	2.450	217,1
1.530	125,5	1.785	146,5	2.040	167,4	2.295	188,3	2.550	209,2
1.590	120,8	1.855	140,9	2.120	161,1	2.385	181,2	2.650	201,3
1.650	116,1	1.925	135,6	2.200	154,7	2.475	174,1	2.750	193,4
1.710	111,4	1.995	129,9	2.280	148,5	2.565	167,1	2.850	185.6
1.770	106,7	2.065	124,5	2.360	142,3	2.655	160,1	2.950	177,9
1.830	102,2	2.135	119,2	2.440	136,2	2.745	153,3	3.050	170,3
1.890	97,7	2.205	114,0	2.520	130,3	2.835	146,7	3.150	162,9
1.950	93,3	2.275	108,9	2.600	124,5	2.925	140,0	3.250	155,6
32.850	4.370,4	38.325	5.098,4	43.800	5.826,9	49.275	6.555,7	54.750	7.284,1

de la 11ᵉ. Il est toujours nul pour les 5 premières, et réduit de la moitié de la 6ᵉ à la 10ᵉ.

ÉVALUATIONS DIVERSES DE LA CRÉANCE RÉPARATIONS

(Milliards de marks-or).

	EN VALEUR totale (Estimation globale ou total brut des annuités prévues)	EN VALEUR réelle (Valeur actuelle à 8 % des annuités prévues)
Estimation LLOYD GEORGE après l'armistice	500	?
Estimation CUNLIFFE à la Conférence de la Paix.	500	?
Estimation LOUCHEUR à la Conférence de de la Paix.	800	356
Première estimation LAMONT à la Conférence de la Paix.	250	70
Projet NITTI-LLOYD GEORGE (San Remo : avril 1920).	90	34
Projet de BOULOGNE (juin 1920).	269	65
Projet de PARIS (janvier 1921).	248	65
COMMISSION DES RÉPARATIONS (avril 1921).	132	?
ÉTAT DES PAIEMENTS (mai 1921).	117	35
PLAN DAWES (entrée en vigueur : 1er septembre 1924).	110	26

APPENDICE XXV

ORGANISMES D'EXÉCUTION ET D'ARBITRAGE
DÉRIVANT DU PLAN DAWES

I. Conseil général de coordination (créé par le Plan Dawes).

1. *Agent des Paiements de Réparation :* Seymour Parker Gilbert (américain, nommé par la C. R. le 3 septembre 1924).
2. *Commissaire à la Reichsbank :* G. W. J. Bruins (hollandais, nommé par le Conseil général de la Reichsbank le 9 octobre 1924).
3. *Commissaire à la Compagnie des Chemins de fer :* Gaston Leverve (français, nommé par les membres étrangers du Conseil le 27 septembre 1924).
4. *Commissaire aux Revenus Gagés :* A. Mac Fadyean (anglais, nommé par la C. R. le 29 août 1924).
5. *Trustee des Obligations de Chemins de fer :* Léon Delacroix (belge, nommé par la C. R. le 29 août 1924).
6. *Trustee des Obligations Industrielles :* Nogara (italien, nommé par la C. R. le 29 août 1924).

II. Comité des transferts (créé par le Plan Dawes).

1. Seymour Parker Gilbert (agent des Paiements de Réparation, américain).
2. Joseph E. Sterrett (américain, nommé par la C. R. le 10 octobre 1924).
3. Jean Parmentier (français, nommé par la C. R. le 10 octobre 1924).
4. Henry Bell (anglais, nommé par la C. R. le 10 octobre 1924).
5. Jannaccome (italien, nommé par la C. R. le 10 octobre 1924).
6. Albert Edmond Janssen (belge, nommé par la C.R le 10 octobre 1924).

III. Citoyen américain votant a la C. R. sur les questions relatives au Plan Dawes (créé par le paragraphe 2 *bis* à l'Ann. II à la Partie VIII du Traité comme suite à la décision des Gouvernements alliés du 30 août 1924).

1. Thomas Nelson Perkins (américain, nommé par la C. R. le 10 octobre 1924).

IV. Reichsbank (créée par le Plan Dawes, le Comité d'Organisation, la Loi et les Statuts).

A. *Conseil général.*

1. Charles Stewart Addis (anglais, nommé par le Comité d'Organisation le 9 octobre 1924).

2. Gates W. Mac Garrah (américain, nommé par le Comité d'Organisation le 9 octobre 1924).
3. C. L. Sergent (français, nommé par le Comité d'Organisation le 9 octobre 1924).
4. Émile Francqui (belge, nommé par le Comité d'Organisation le 9 octobre 1924).
5. Carlo Feltrinelli (italien, nommé par le Comité d'Organisation le 9 octobre 1924).
6. G. Bachmann (suisse, nommé par le Comité d'Organisation le 9 octobre 1924).
7. G. W. J. Bruins (hollandais, nommé par le Comité d'Organisation le 9 octobre 1924). *Commissaire.*
8. Oscar Wassermann (allemand, nommé par le Comité d'Organisation le 9 octobre 1924).
9. Franz von Mendelssohn (allemand, nommé par le Comité d'Organisation le 9 octobre 1924).
10. Franz Urbig (allemand, nommé par le Comité d'Organisation le 9 octobre 1924).
11. Remshard (allemand, nommé par le Comité d'Organisation le 9 octobre 1924).
12. Louis Hagen (allemand, nommé par le Comité d'Organisation le 9 octobre 1924).
13. Max M. Warburg (allemand, nommé par le Comité d'Organisation le 9 octobre 1924).
14. Hjalmar Schacht (allemand, nommé par le Comité d'Organisation le 9 octobre 1924). *Président.*

B. *Directoire.*

1. Karl von Grimm (allemand, nommé par le Président le 9 octobre 1924 avec l'assentiment du Conseil général).
2. Karl Kaufmann (allemand, nommé par le Président le 9 octobre 1924 avec l'assentiment du Conseil général).
3. Paul Scheider (allemand, nommé par le Président le 9 octobre 1924 avec l'assentiment du Conseil général).
4. Arnold Budczies (allemand, nommé par le Président le 9 octobre 1924 avec l'assentiment du Conseil général).
5. Bruno Bernhardt (allemand, nommé par le Président le 9 octobre 1924 avec l'assentiment du Conseil général).
6. Otto Seiffert (allemand, nommé par le Président le 9 octobre 1924 avec l'assentiment du Conseil général).
7. Wilhelm Vocke (allemand, nommé par le Président le 9 octobre 1924 avec l'assentiment du Conseil général).
8. Karl Friedrich (allemand, nommé par le Président le 9 octobre 1924 avec l'assentiment du Conseil général).
9. Richard Fuchs (allemand, nommé par le Président le 9 octobre 1924 avec l'assentiment du Conseil général).
10. Paul Schneider (allemand, nommé par le Président le 9 octobre 1924 avec l'assentiment du Conseil général).
11. Hjalmar Schacht (allemand, nommé par le Conseil général le 9 octobre 1924). *Président.*

V. **Compagnie des chemins de fer** (créée par le Plan Dawes, le Comité d'Organisation, la Loi, les Statuts).

A. *Conseil d'administration.*

1. K. F. von Siemens (allemand, nommé par le Gouvernement allemand le 27 septembre 1924). *Président* (élu par le Conseil le 27 septembre 1924).
2. Peter Kloeckner (allemand, nommé par le Gouvernement allemand le 27 septembre 1924).
3. Johann Wilhelm **Buck** (allemand, nommé par le Gouvernement allemand le 27 septembre 1924).
4. Eduard Arnhold (allemand, nommé par le Gouvernement allemand le 27 septembre 1924).
5. Otto **Blum** (allemand, nommé par le Gouvernement allemand le 27 septembre 1924).
6. Von Batocki (allemand, nommé par le Gouvernement allemand le 27 septembre 1924).
7. Von Hertel (allemand, nommé par le Gouvernement allemand le 27 septembre 1924).
8. Franz Ott (allemand, nommé par le Gouvernement allemand le 27 septembre 1924).
9. Fischer (allemand, nommé par le Gouvernement allemand le 27 septembre 1924).
10. William Acworth (anglais, nommé par le Trustee le 23 septembre 1924).
11. Jules Jadot (belge, nommé par le Trustee le 23 septembre 1924).
12. Bianchini (italien, nommé par le Trustee le 23 septembre 1924).
13. Margot (français, nommé par le Trustee le 23 septembre 1924).
14. Stieler (allemand, nommé par le Trustee le 23 septembre 1924).
15. Richard Sarre (allemand, nommé par le Trustee le 23 septembre 1924).
16. Von Miller (allemand, nommé par le Trustee le 23 septembre 1924).
17. Carl Bergmann (allemand, nommé par le Trustee le 23 septembre 1924).
18. Münchmeyer (allemand, nommé par le Trustee le 27 septembre 1924).

B. *Commissaire :* Gaston Leverve (français, nommé par les membres étrangers du Conseil le 27 septembre 1924).

C. *Directeur général :* Geser (allemand, nommé par le Conseil le 27 septembre 1924).

D. *Trustee des Obligations :* Léon Delacroix (belge, nommé par la C. R. le 29 août 1924).

VI. **Banque pour les obligations industrielles** (créée par le Plan Dawes, le Comité d'Organisation, la Loi, les Statuts).

A. *Conseil d'Administration.*

1. Hermann Bucher (allemand, nommé par le Gouvernement allemand le 29 septembre 1924).
2. Klemens Lammers (allemand, nommé par le Gouvernement allemand le 29 septembre 1924).

3. Julius Flechtheim (allemand, nommé par le Gouvernement allemand le 29 septembre 1924).

4. Ernst Trendelenburg (allemand, nommé par le Gouvernement allemand le 29 septembre 1924).

5. Herbert Dorn (allemand, nommé par le Gouvernement allemand le 29 septembre 1924).

6. Ernst Bail (allemand, nommé par le Gouvernement allemand le 29 septembre 1924).

7. Paul von Schwabach (allemand, nommé par le Gouvernement allemand le 29 septembre 1924).

8. Patyn (hollandais, nommé par les membres étrangers du Conseil général de la Reichsbank le 29 septembre 1924).

9. G. W. Mc. Garrah (américain, nommé par les membres étrangers du Conseil général de la Reichsbank le 29 septembre 1924).

10. Mario Alberti (italien, nommé par les membres étrangers du Conseil général de la Reichsbank le 29 septembre 1924).

11. L. Dubois (suisse, nommé par les membres étrangers du Conseil général de la Reichsbank le 29 septembre 1924).

12. De Peyster (français, nommé par la C. R. le 16 septembre 1924).

13. Charles Frerichs (belge, nommé par la C. R. le 16 septembre 1924).

14. Dudley Ward (anglais, nommé par la C. R. le 16 septembre 1924).

15. Krupp von Bohlen (allemand, nommé par le Conseil d'Administration le 31 octobre 1924). *Président.*

B. *Trustee des Obligations :* Nogara (italien, nommé par la C. R. le 29 août 1924).

VII. Comité de l'indice (créé par le Protocole du Contrôle des Revenus Gagés, Titre II, art. 8, annexé à l'Arrangement du 9 août 1924 entre la Commission des Réparations et le Gouvernement allemand).

Composition : Quatre membres, dont deux nommés par la Commission des Réparations et deux par le Gouvernement allemand. En cas de désaccord un Président, neutre, si l'Allemagne le demande, à nommer par la Section Financière de la Société des Nations.

Mission : a) Fixer les règles d'après lesquelles doit être calculé l'Indice de Prospérité et les bases et les méthodes des statistiques correspondantes;

b) Vérifier les statistiques relatives au Commerce Extérieur et à la consommation de charbon;

c) Arbitrer les contestations éventuelles entre la Commission des Réparations et le Gouvernement allemand au sujet des statistiques, de leur application, ou du calcul luimême de l'Indice.

VIII. Comité d'arbitrage de la valeur de l'or (créé par le Protocole du Contrôle des Revenus Gagés, Titre II, art. 9, annexé à l'Arrangement du 9 août 1924 entre la Commission des Réparations et le Gouvernement allemand).

Nommé par la Société des Nations pour décider de la modification de l'annuité résultant de la variation du pouvoir d'achat de l'or, si le Gouvernement allemand et la Commission des Réparations (ou l'un des gouvernements y représentés) sont en désaccord sur cette modification.

IX. COMITÉ CONSULTATIF DES REVENUS GAGÉS (créé par le Protocole du
Contrôle des Revenus Gagés, Titre III, art. 2, annexé à l'Arrangement
du 9 août 1924 entre la Commission des Réparations et le Gouvernement allemand).

Mission non définie. Est adjoint au Commissaire et composé de cinq membres, respectivement américain, français, anglais, italien et belge.

X. ARBITRE DES REVENUS GAGÉS (créé par le Protocole du Contrôle des
Revenus Gagés, Titre III, art. 14, annexé à l'Arrangement du 9 août
1924 entre la Commission des Réparations et le Gouvernement allemand).

Arbitre, neutre si le Gouvernement allemand le demande, nommé par le
Président en exercice de la Cour Permanente de Justice Internationale
de La Haye.

> *Mission :* a) Règler tout différend entre le Commissaire et le Gouver
> nement allemand au sujet de l'interprétation du Pro
> tocole des Revenus gagés;
> d) Décider si la création d'organismes autonomes et indé
> pendants de l'État, pour gérer certains impôts dans cer
> tains cas d'insuffisance, est nécessaire et utile;
> c) Décider si et dans quelle mesure des dépenses supplémen
> taires du contrôle, occasionnées par l'inertie du Gouver
> nement allemand, doivent être mises à la charge de ce
> dernier et exclues de l'annuité.

XI. COMITÉ D'ARBITRAGE D'INTERPRÉTATION (annoncé par l'art. III *b*) de
l'Arrangement du 9 août 1924 entre la Commission des Réparations et
le Gouvernement allemand — créé par la Clause 1 de l'Accord du
30 août 1924 entre les Gouvernements alliés et allemand concernant
l'Arrangement précité).

> *Composition :* Trois arbitres nommés pour cinq ans :
> un par la Commission des Réparations,
> un par le Gouvernement allemand, et
> un Président de commun accord ou, à défaut, par le
> Président en exercice de la Cour Permanente de Justice
> Internationale de La Haye.

> *Mission :* Arbitrer les contestations entre la Commission des Répa
> rations et l'Allemagne au sujet de l'interprétation, soit
> du 9 août 1924, soit du Plan des Experts, soit de la
> législation allemande édictée en exécution dudit Plan.

XII. COMMISION ARBITRALE DES LIVRAISONS EN NATURE (créée par la Clause
2 de l'Accord du 30 août 1924 entre les Gouvernements alliés et allemand concernant l'Arrangement du 9 août 1924 entre la Commission
des Réparations et le Gouvernement allemand).

> *Composition :* Trois membres, dont un Président américain, désignés à
> l'avance pour une période déterminée, par accord entre
> la Commission des Réparations, unanime, et le Gouver
> nement allemand, ou, à défaut d'accord, par le Prési
> dent en exercice de la Cour Permanente de Justice
> Internationale de La Haye.

> *Mission :* a) Établir sans appel les programmes des livraisons de cer
> tains produits cessant d'être exigibles en vertu du Traité,
> à défaut d'accord sur ces programmes au sein de la Com
> mission des Réparations ou entre la Commission des Ré
> parations, unanime, et le Gouvernement allemand ;
> b) Décider s'il y a, pour l'exécution de ces programmes, dis
> crimination ou obstruction de parti pris du Gouverne
> ment ou des fournisseurs allemands et, dans l'affirmative,
> fixer les quantités, conditions et prix et exiger du Gou
> vernement allemand la livraison ;
> c) Juger en dernier ressort les litiges relatifs à l'interprétation
> de ses propres décisions.

XIII. COMITÉ SPÉCIAL DES LIVRAISONS EN NATURE (créé par la Clause 3 de
l'Accord du 30 août 1924 entre les Gouvernements alliés et allemand
concernant l'Arrangement du 9 août 1924 entre la Commission des
Réparations et le Gouvernement allemand).

> *Composition :* 1. Aron (français, nommé par la C. R. le 21 octobre 1924).
> 2. Urwick (anglais, nommé par la C. R. le 21 octobre 1924).
> 3. Laviosa (italien, nommé par la C. R. le 21 octobre 1924).
> 4. Bemelmans (belge, nommé par la C. R. le 21 octobre
> 1924).
> 5. Cuntze (allemand, nommé par le Gouvernement alle
> mand le 24 octobre 1924).
> 6. Schaeffer (allemand, nommé par le Gouvernement alle
> mand le 24 octobre 1924).
> 7. Litter (allemand, nommé par le Gouvernement alle
> mand le 24 octobre 1924).
> 8. Riepert (allemand, nommé par le Gouvernement alle
> mand le 24 octobre 1924).

pouvant s'adjoindre, en cas de désaccord, un neutre, nommé d'accord
par les 8 membres ou, à défaut, par la Commission des Réparations.
(Les décisions de ce Comité doivent être approuvées par la Commission
des Réparations et, en ce qui le concerne, par le Comité des Transferts).

> *Mission :* a) Déterminer les modes de passation des commandes et les
> conditions d'exécution des livraisons ;

b) Fixer les périodes des programmes de livraison établis par la Commission Arbitrale XII ;

c) Étudier l'application de l'engagement allemand de faciliter les livraisons au moyen de contrats commerciaux sans obstruction ni discrimination ;

d) Étudier l'application de la clause de limitation aux livraisons non anti-économiques ;

e) Recommander les mesures contre les réexportations éventuelles.

XIV. ARBITRE POUR LES PLACEMENTS DES PARTICULIERS EN ALLEMAGNE (créé par la Clause 4 de l'Accord du 30 août 1924 entre les Gouvernements alliés et allemand concernant l'Arrangement du 9 août 1924 entre la Commission des Réparations et le Gouvernement allemand).

Arbitre, neutre si l'Allemagne le désire, nommé d'accord par le Comité des Transferts et le Gouvernement allemand ou, à défaut, par le Président en exercice de la Cour Permanente de Justice Internationale de La Haye.

Mission : Trancher les divergences éventuelles du Comité des Transferts et du Gouvernement allemand au sujet de la liste des avoirs pouvant être acquis en Allemagne par des particuliers au moyen des versements de Réparations.

XV. ARBITRE DES MANŒUVRES FINANCIÈRES CONCERTÉES (créé par la Clause 5 de l'Accord du 30 août 1924 entre les Gouvernements alliés et allemand concernant l'Arrangement du 9 août 1924 entre la Commission des Réparations et le Gouvernement allemand).

Expert financier choisi d'accord par le Comité des Transferts ou, à défaut, par le Président en exercice de la Cour Permanente de Justice Internationale de La Haye.

Mission : Décider s'il y a eu manœuvre financière concertée si le Comité des Transferts est divisé à égalité de voix sur ce sujet.

XVI. TRIBUNAL ARBITRAL D'APPEL DES DÉCISIONS DU COMITÉ DES TRANSFERTS (créé par la Clause 5 de l'Accord du 30 août 1924 entre les Gouvernements alliés et allemand concernant l'Arrangement du 9 août 1924 entre la Commission des Réparations et le Gouvernement allemand).

Composition : Trois experts financiers, dont un américain Président, nommé par le Comité des Transferts à l'unanimité ou, à défaut, par le Président en exercice de la Cour Permanente de Justice Internationale de La Haye.

Mission : Juger en appel, à la demande de la minorité éventuelle du Comité des Transferts, si des manœuvres concertées ont eu lieu et si des mesures propres à les faire échouer doivent être prises.

XVII. COMITÉ DU FONCTIONNEMENT TECHNIQUE DU PLAN (créé par la clause 6 de l'Accord du 30 août 1924 entre les Gouvernements alliés et allemand concernant l'Arrangement du 9 août 1924 entre la Commission des Réparations et le Gouvernement allemand).

> *Composition :* Trois experts choisis d'accord par la Commission des Réparations, unanime, et le Gouvernement allemand ou, à défaut, par le Président en exercice de la Cour Permanente de Justice Internationale de La Haye.

> *Mission :* Décider, à la demande d'un Gouvernement allié, et dans le cas où la Commission des Réparations, après consultation du Conseil général de Coordination, ne serait pas unanime, ou dans le cas où la décision unanime de la Commission des Réparations n'était pas acceptée par le Gouvernement allemand, s'il y a un défaut dans le fonctionnement technique du Plan en ce qui concerne l'encaissement des versements allemands ou le contrôle des garanties de ces versements.

XVIII. COMMISSION ARBITRALE DES MANQUEMENTS (créée par le paragraphe 16 *bis* ajouté à l'Annexe II à la Partie VIII du Traité, comme suite à l'article 1 de l'Arrangement du 30 août 1924 entre les Gouvernements alliés).

> *Composition :* Trois membres, dont un Président américain, nommé par la Commission des Réparations unanime ou, à défaut, par le Président en exercice de la Cour Permanente de Justice Internationale de La Haye.

> *Mission :* Décider en appel, à la demande d'un membre de la Commission des Réparations, si la décision de la C. R. n'a pas été unanime, s'il y a manquement de l'Allemagne à une des obligations du Traité ou du Plan Dawes.

P. M. COUR PERMANENTE DE JUSTICE INTERNATIONALE DE LA HAYE (évoquée par l'article 4 de l'Arrangement du 30 août 1924 entre les Gouvernements alliés).

> *Mission :* Arbitrer tout différend entre les Gouvernements alliés au sujet des sanctions à prendre en cas de manquement.

XIX. TRIBUNAL SPÉCIAL D'ARBITRAGE DES CHEMINS DE FER (créé par le paragraphe 44 de la loi du 30 août 1924 concernant la Compagnie des Chemins de fer allemands).

> *Composition :* Un Président (allemand) désigné pour cinq ans par le Président du Reichsgericht et deux membres (allemands) désignés par le même dans chaque cas conformément à la proposition du Gouvernement allemand pour l'un et de la Compagnie pour l'autre.

Mission : Juger les différends entre le Gouvernement allemand et
la Compagnie, relatifs à l'interprétation de la Loi et des
Statuts de la Compagnie, ou aux mesures à prendre en
vertu de cette loi et de ces statuts, ou au sujet de toute
autre question du même ordre.

XX. ARBITRE DES CHEMINS DE FER (créé par les paragraphes 44 et 45 de
la loi du 30 août 1924 concernant la Compagnie des Chemins de fer
allemands et le paragraphe 24 des Statuts).

Neutre, si l'une des parties le désire, et désigné par le Président en exercice
de la Cour Permanente de Justice Internationale de La Haye.

Mission : a) Décider sans appel dans tous les différends entre la Commission des Réparations ou l'un des Gouvernements y
représentés ou le Commissaire ou le Trustee, et le Gouvernement allemand et la Compagnie, ou l'un des deux,
au sujet de l'interprétation de la Loi ou des Statuts, ou
des mesures à prendre en exécution de la Loi ou des Statuts, ou au sujet de toute autre question du même ordre ;
b) Décider sans appel dans tous les différends entre le Gouvernement allemand et la Compagnie, au sujet de l'interprétation de la Loi ou des Statuts, ou des mesures
à prendre en exécution de la Loi ou des Statuts, ou au
sujet de toute autre question du même ordre, mais dans
les deux seuls cas : 1° où le Gouvernement allemand ou
la Compagnie estimerait qu'une décision du Tribunal
spécial XIX compromettrait le service des obligations ;
2° où ce Tribunal n'a pas rendu sa sentence dans un délai
de trois mois en matière de tarifs et d'un an pour toute
autre question, et où il en résulte un danger pour le
service des obligations ;
c) Décider si le Commissaire peut affermer tout ou partie
du réseau en appréciant si c'est nécessaire et serait efficace pour assurer le service des obligations.

XXI. ARBITRE DES OBLIGATIONS INDUSTRIELLES (créé par le paragraphe 69
de la Loi du 30 août 1924 sur la Charge de l'Industrie. Voir aussi
paragraphes 8, 42, 48 et 55 de cette Loi).

Nommé pour cinq ans au moins par accord entre la Commission des Réparations et le Gouvernement allemand, ou à défaut par le Président en
exercice de la Cour Permanente de Justice Internationale de La Haye.
Il peut s'adjoindre deux autres arbitres désignés par les parties.

Mission : Juger sans appel tout désaccord entre le Gouvernement allemand ou la Banque, et la Commission des Réparations
ou le Trustee, sur l'interprétation de la Loi ou de la
légalité, de l'opportunité ou de l'équité d'une mesure
prise ou à prendre conformément aux dispositions de la
Loi, en particulier :
a) à la demande de la Banque, si le Trustee ne veut pas

renoncer à une nouvelle répartition de la charge entre les industries dans certains cas spécifiés;

b) à la requête du Trustee ou de la Banque, au sujet de la répartition de l'hypothèque entre les biens et les droits immobiliers d'une entreprise, ou de sa limitation à une partie de ces biens et droits, ou à son remplacement par un autre gage;

c) en cas de faillite, à la requête de la Banque, si le Trustee estime insuffisante la garantie prescrite par le paragraphe 48 alinéa 2, de la Loi, pour le service des obligations correspondantes;

d) à la requête de la Banque ou du Trustee, **en cas de désaccord** sur les mesures à prendre si le Trustee estime qu'une mesure administrative compromet la sécurité ou le service des bons.

APPENDICE XXVI.

Valeur numérique du plan Dawes.

Valeurs actuelles au 1er septembre 1924 (5°/₀ et 8°/₀)

1° des annuités fixes;
2° des annuités variables (dans l'hypothèse d'un accroissement normal de 50 millions de marks-or);
3° des annuités totales;
4° des charges de l'Allemagne autres que les Réparations;
5° des montants annuels disponibles pour les Réparations;
6° de la part des États-Unis dans les montants annuels disponibles pour les Réparations.

(Millions de marks-or.)

ANNUITÉS DAWES

NUMÉROS des annuités	Annuités fixes — Montants annuels	Annuités fixes — Valeur actuelle à 5 %	Annuités fixes — à 8 %	Partie variable (Accroissement normal de 50 millions) — Montants annuels	Partie variable — à 5 %	Partie variable — à 8 %	Annuités totales — Montants annuels	Annuités totales — à 5 %	Annuités totales — à 8 %
1	1.000	975,6	961,5	»	»	»	1.000	975,6	961,5
2	1.220	1.134,2	1.087,8	»	»	»	1.220	1.134,5	1.087,8
3	1.200	1.062,5	950,7	»	»	»	1.200	1.062,5	995,7
4	1.750	1.475,7	1.337,8	»	»	»	1.750	1.475,7	1.337,8
5	2.500	2.007,8	1.769,5	»	»	»	2.500	2.007,6	1.769,5
6	2.500	1.912,2	1.638,4	25	19,1	16,4	2.525	1.881,5	1.654,8
7	2.500	1.821,1	1.517,1	50	36,4	30,3	2.550	1.857,5	1.547,4
8	2.500	1.734,4	1.404,7	75	52,0	42,1	2.575	1.786,4	1.446,6
9	2.500	1.651,8	1.300,6	100	66,1	52,1	2.600	1.717,9	1.352,7
10	2.500	1.573,1	1.204,3	125	78,7	60,2	2.625	1.651,6	1.264,6
11	2.500	1.498,2	1.115,1	175	104,9	78,1	2.675	1.603,1	1.193,2
12	2.500	1.426,9	1.032,5	225	128,4	92,9	2.725	1.555,5	1.125,4
13	2.500	1.358,9	956,0	275	149,5	105,2	2.775	1.508,4	1.061,2
14	2.500	1.294,2	885,2	325	165,6	115,1	2.825	1.462,5	1.000,3
15	2.500	1.232,6	819,6	375	184,9	123,0	2.875	1.417,5	942,6
16	2.500	1.173,9	758,9	425	199,6	125,0	2.925	1.375,5	897,9
17	2.500	1.118,0	702,7	475	212,4	133,5	2.975	1.330,4	836,2
18	2.500	1.064,8	650,6	525	223,6	136,7	3.025	1.288,4	767,5
19	2.500	1.014,1	602,4	575	233,2	138,6	3.075	1.247,3	741,0
20	2.500	965,8	557,8	625	241,4	137,6	3.125	1.207,2	657,3
21	2.500	919,8	516,5	675	248,3	136,5	3.175	1.168,1	656,0
22	2.500	876,6	478,2	725	254,0	138,7	3.225	1.130,0	616,9
23	2.500	834,3	442,9	775	258,6	137,3	3.275	1.092,9	580,1
24	2.500	794,5	410,0	825	262,1	135,3	3.325	1.056,6	545,3
25	2.500	756,7	375,6	875	264,9	132,9	3.375	1.021,6	512,4
26	2.500	720,7	351,5	925	266,6	130,1	3.425	987,8	481,6
27	2.500	686,4	325,5	975	267,6	126,9	3.475	954,0	452,4
28	2.500	653,7	301,4	1.025	268,0	123,5	3.525	921,7	424,9
29	2.500	622,5	279,0	1.075	267,7	120,0	3.575	890,2	399,0
30	2.500	592,9	258,4	1.125	265,8	116,2	3.625	859,7	374,6
31	2.500	564,7	239,3	1.175	265,4	112,4	3.675	830,1	354,7
32	2.500	537,8	221,5	1.225	263,5	108,6	3.725	801,3	330,1
33	2.500	512,2	205,1	1.275	261,2	104,6	3.775	778,4	809,7
34	2.500	487,8	189,9	1.325	258,5	100,7	3.825	746,3	290,6
35	2.500	464,6	175,8	1.375	255,5	96,9	3.875	720,1	272,6
36	2.500	442,5	162,8	1.425	252,1	92,8	3.925	694,6	255,6
37	2.500	421,4	136,7	1.475	248,6	88,9	3.975	670,0	239,7
38	2.500	401,3	129,6	1.525	244,8	86,2	4.025	646,1	224,8
39	2.500	382,2	129,3	1.575	240,9	81,4	4.075	623,1	210,7
40	2.500	364,0	119,7	1.625	236,6	77,8	4.125	600,6	197,5
	95.170	39.539,8	26.769,8	27.375	7.250,2	3.642,3	122.545	46.762,0	30.412,1

CHARGES DE L'ALLEMAGNE AUTRES QUE LES RÉPARATIONS

NUMÉROS des annuités	Service emprunt 500 millions	A. O. coût net et prestations	Coût des Commissions interalliées	Remboursement A. O. américaines	Remboursement A. O. françaises et britanniques au 1er mai 1921	Remboursement dettes de guerre belges	Restitutions	Total	Valeur actuelle de la charge totale à 5 %	à 8 %
1	92	160	20	»	15	36	7	330	321,9	317,3
2	90	180	20	»	20	48	10	318	295,6	288,5
3	89	130	20	55	25	44	9	372	329,4	307,1
4	88	130	20	55	30	71	14	408	344,1	311,2
5	87	130	20	55	30	109	37	468	375,9	331,8
6	85	100	20	55	30	112	36	440	336,5	285,4
7	84	100	20	55	30	113	38	440	320,5	257,0
8	83	100	20	55	30	114	39	441	305,9	247,8
9	81	100	20	55	30	116	39	441	291,4	229,4
10	80	100	20	55	30	117	40	442	278,1	213,9
11	79	»	10	55	30	126	42	341	204,4	152,1
12	77	»	10	55	30	128	43	343	195,8	141,7
13	76	»	10	55	30	130	44	345	187,5	131,9
14	75	»	10	55	»	133	45	318	164,6	112,6
15	74	»	10	55	»	137	46	322	158,8	105,6
16	72	»	10	55	»	139	47	323	151,7	99,9
17	71	»	10	55	»	142	48	326	145,8	91,6
18	70	»	10	55	»	145	49	329	140,1	85,6
19	68	»	10	55	»	147	50	330	133,9	79,5
20	67	»	10	50	»	150	51	328	126,7	73,2
21	66	»	10	»	»	155	53	284	104,5	58,7
22	65	»	10	»	»	158	54	287	100,5	54,9
23	63	»	10	»	»	160	55	288	96,1	51,0
24	62	»	10	»	»	163	56	291	92,5	47,7
25	61	»	10	»	»	165	57	293	88,7	44,5
26	»	»	10	»	»	171	58	239	66,9	33,6
27	»	»	10	»	»	173	59	242	66,4	31,5
28	»	»	10	»	»	176	60	246	64,8	29,6
29	»	»	10	»	»	179	61	250	62,2	27,9
30	»	»	10	»	»	180	62	252	59,8	26,0
31	»	»	10	»	»	183	63	256	57,8	24,5
32	»	»	10	»	»	186	64	260	55,9	23,0
33	»	»	10	»	»	188	65	263	53,9	21,6
34	»	»	10	»	»	191	66	267	52,1	20,3
35	»	»	10	»	»	193	67	270	50,2	19,0
36	»	»	10	»	»	196	68	274	48,5	17,8
37	»	»	10	»	»	198	69	277	46,7	16,7
38	»	»	10	»	»	201	70	281	45,1	15,7
39	»	»	10	»	»	203	71	284	43,4	14,7
40	»	»	10	»	»	206	72	288	41,9	13,8
	1.905	1.180	500	885	360	5.881	1.986	12.797	6.108,0	4.460,0

DISPONIBLE POUR LES RÉPARATIONS — PART AMÉRICAINE SUR LE DISPONIBLE

NUMÉROS des annuités	Montants annuels disponibles pour réparations	Valeur actuelle de la partie disponible pour réparations à 5 %	à 8 %	Montants annuels attribués aux États-Unis	Valeur actuelle de la part américaine pour réparations à 5 %	à 8 %
1	670	653,7	644,2	15	14,6	14,4
2	802	838,6	804,3	20	18,6	17,8
3	828	783,1	683,6	19	15,8	15,7
4	1.342	1.131,6	1.025,9	30	25,3	22,9
5	2.032	1.631,9	1.438,2	45	36,1	31,9
6	2.025	1.554,8	1.365,4	45	34,4	29,8
7	2.110	1.537,0	1.280,4	45	32,8	27,3
8	2.134	1.480,5	1.199,0	45	31,2	25,3
9	2.155	1.426,5	1.123,3	45	29,7	23,4
10	2.183	1.373,7	1.051,6	45	28,3	21,7
11	2.384	1.396,7	1.041,1	45	27,0	20,1
12	2.382	1.359,5	963,7	45	25,7	18,6
13	2.430	1.320,9	929,3	45	24,5	17,3
14	2.507	1.297,9	887,7	45	23,3	15,9
15	2.592	1.258,7	837,0	45	22,2	14,8
16	2.608	1.221,8	782,0	45	21,1	13,7
17	2.649	1.184,6	744,6	45	20,1	12,6
18	2.695	1.148,8	701,7	45	19,2	11,7
19	2.745	1.113,4	661,5	45	18,3	10,8
20	2.797	1.080,5	621,1	45	17,4	10,0
21	2.891	1.063,6	587,3	45	16,6	9,3
22	2.930	1.029,5	562,0	45	15,6	8,6
23	2.987	996,8	529,1	45	15,0	8,0
24	3.034	964,1	497,6	45	14,3	7,4
25	3.082	932,9	467,9	45	13,6	6,8
26	3.180	918,4	448,0	45	13,0	6,3
27	3.233	897,8	420,9	45	12,4	5,9
28	3.279	867,4	395,3	45	11,8	5,4
29	3.325	828,6	371,1	45	11,2	5,0
30	3.373	759,9	348,6	45	10,7	4,7
31	3.412	772,3	327,2	45	10,2	4,3
32	3.465	745,4	307,1	45	9,7	4,0
33	3.512	719,5	288,1	45	9,3	3,7
34	3.558	694,2	270,3	45	8,8	3,4
35	3.605	669,9	253,6	45	8,4	3,2
36	3.651	646,1	237,8	45	8,0	2,9
37	3.698	623,2	223,0	45	7,6	2,7
38	3.744	601,0	209,1	45	7,2	2,5
39	3.791	579,7	196,0	45	6,9	2,3
40	3.837	558,7	183,7	45	6,6	2,2
	109.746	60.674,0	35.951,2	1.704	708,6	473,9

NOTA. — Tous les versements annuels devant se répartir sur toute la longueur de l'année, on les suppose effectués en une fois au milieu de chaque année.

TABLE DES MATIÈRES

IVe PARTIE

L'EXPERTISE DE 1924

TABLE DES APPENDICES

IMPRIMERIE BERGER-LEVRAULT, NANCY-PARIS-STRASBOURG — 1927